本书出版得到了武汉大学“211工程”和“985工程”经费资助

管理思维方式

MANAGEMENT THINKING STYLE

赵修卫 著

中国社会科学出版社

图书在版编目（CIP）数据

管理思维方式/赵修卫著．—北京：中国社会科学出版社，2011.6

ISBN 978－7－5004－9784－4

Ⅰ.①管…　Ⅱ.①赵…　Ⅲ.①管理—思维形式—研究　Ⅳ.①C93

中国版本图书馆 CIP 数据核字（2011）第 078143 号

策划编辑　卢小生（E－mail：georgelu@ vip. sina. com）
责任编辑　卢小生
责任校对　李　宏
封面设计　杨　蕾
技术编辑　李　建

出版发行　中国社会科学出版社
社　　址　北京鼓楼西大街甲 158 号　　邮　编　100720
电　　话　010－84029450（邮购）
网　　址　http：//www. csspw. cn
经　　销　新华书店
印　　刷　北京新魏印刷厂　　装　订　广增装订厂
版　　次　2011 年 6 月第 1 版　　印　次　2011 年 6 月第 1 次印刷
开　　本　710×1000　1/16　　插　页　2
印　　张　24. 25　　印　数　1—6000 册
字　　数　398 千字
定　　价　50. 00 元

前　　言

思维方式对人的认识和行为有重要影响作用。不同的专业活动都会表现出不同的思维方式特点，管理活动也有自己特定的思维方式。为了做好管理工作，管理者应具备管理的思维方式，以便从管理的角度，按照管理的要求来观察、分析和解决有关问题。

对管理者来说，很多时候管理的理论和思维方式是既定的，需要对之进行学习。具有普遍性意义的管理思维方式主要存在于管理理论中，并由理论来表现和规范。因此，管理理论的学习不只是针对有关的概念、观点和方法，更要把握其中的思维方式。为此，我们试图对管理思维方式作一系统的探讨，以为管理者的学习和体会提供可能的借鉴。

本书分为四个部分：

第一部分（第一章）说明管理思维方式在管理活动中的意义，认为是否具备管理的思维方式，应作为管理者的一个基本要求。

第二部分（第二章和第三章）主要阐述管理理论及其思维方式的形成与基本框架，并分析管理理论的思维方式意义，认为管理理论是对思维方式的规范。

第三部分（第四章至第九章）主要讨论管理思维方式的构成和特性。其中，第四章至第六章分别讨论了管理思维方式的三个构成要素，即价值标准、基本观念和主要的思维方法。第七章至第九章讨论了管理思维方式的主要特性，认为：管理思维方式的根本特征是协调性；将一般管理思维方式应用于组织实践，就产生了组织思维方式的特定性；在应用管理理论于实际的管理活动时，管理者应注重思维的辩证性。

第四部分（第十章）主要说明管理创新与思维方式变革的关系，认为思维方式的变革是管理创新的关键和实质性内容。

由于作者水平有限，因此虽尽力而为，仍难免存在错误疏漏之处，还请读者批评指正。

武汉大学经济与管理学院为本书的出版提供了支持；中国社会科学出版社卢小生编审为本书的修改提出了建议，并为其出版做了大量的工作，在此一并表示感谢。

作者

2011 年 4 月

目　　录

第一章　思维方式与管理中人的行为

一　思维、思维形式与思维方式

（一）思维与思维形式

思维就其本质而言，是指人脑对客观事物的本性及其规律的反映。心理学的定义是，思维是人脑反映事物的一般特性和事物之间的有规律的联系，以及以已有的知识为中介进行推断和解决问题的过程。认识论认为，认识是人脑对客观世界的反映，它来源于人的实践活动。人的认识是一个由浅入深的辩证发展过程，是基于实践活动的由感性认识到理性认识的推移运动。思维则是指人们的高级认识活动，即人的理性认识。或者说，思维属于认识过程的理性认识阶段。

思维活动要借助一定的形式，思维形式是指各个不同领域的具体思维所需要应用的共同思维因素，而各个不同领域的具体思维所涉及的特殊对象就是思维内容。因此，思维形式是与思维内容相对而言的，是指思维内容借以存在的外在形式。思维形式是形式逻辑研究的内容，形式逻辑是一门以思维形式及其规律为主要研究对象，同时也涉及一些简单的逻辑方法的科学。逻辑学所研究的思维形式主要是概念、判断和推理。

概念是反映事物的特征或本质的思维形式。概念来源于感觉、知觉和表象，但是又高于感觉、知觉和表象。它是认识过程中的质变，是对事物的本质、全体和内部联系的反映。概念不是生动的直观，而是经过抽象思维的作用和认识的理性加工，摆脱了与具体事物的形象的联系，具有抽象性质的理性认识形式。

判断（或陈述、命题）是对事物情况有所断定的思维形式，或者说是对事物情况有所肯定或否定的思维形式。判断与概念有密切关系，概念是判断的因素，判断是概念的发展。判断必须用语句来表达，它们的关系是：判断是语句的思想内容，语句是判断的语言表现形式。

推理是由一个或几个判断推出另一个新判断的思维形式，也是认识客观事物的一种思维过程。推理由前提和结论两个部分所组成，其中，作为推理根据的判断叫前提，从前提推出来的新判断叫结论。推理的一个主要分类是归纳推理和演绎推理，它们在推理的逻辑形式和结论的真理性上有区别。归纳是从个别到一般的推理方式（或从有关的信息资料中得出某种结论与观点），归纳推理（除了完全归纳外）的结论只有“或然性”；演绎是从一般到个别的推理方式（或以一般原理为前提，来说明或证明某一具体事物的特征），就演绎的逻辑形式而言，其结论具有“真理性”。

（二）思维方式

至于思维方式的定义，文献研究中有多种表述，例如，李秀林等人主编的《辩证唯物主义和历史唯物主义原理》认为，所谓思维方式是一定时代人们的理性认识方式，是人的各种思维要素及其结合按一定的方法和程序表现出来的相对稳定的定型化的思维样式，是主体观念地把握客体，即认识的发动、运行和转换的内在机制和过程[①]。

陈中立等人认为，思维方式是人的认识定式和认识运行模式的总和。认识定势指认识活动开始前的一种认识态势，即主体先有的状态，如思维的功能结构、认识图式、认识的心灵状态等。认识运行模式指认识运行中的方法、逻辑、线路、公式等。认识定式和认识运行模式紧密相连，认识定式中已包含着、隐藏着或决定着认识运行模式，认识运行模式是认识定势的显现和展开。或者，思维方式从语词上看，表达了主体思维活动展开的路径（包括思维的视角）、思维的规模、思维的方向及思维所采取、应用的方法与手段和思维的习惯、定式等多重含义[②]。

鲍宗豪认为，思维方式指的是人们观察问题、分析问题的角度和逻辑

---

① 李秀林、王于、李淮春主编：《辩证唯物主义和历史唯物主义原理》第三版，中国人民大学出版社 1990 年版，第 267—268 页。

② 陈中立、杨楹、林振义、倪健民：《思维方式与社会发展》，社会科学文献出版社 2001 年版，第 27、125 页。

方法。它是一个综合性的范畴，是以一定的文化背景、知识结构和传统习惯等因素构成的思维形式、思维方法和思维程序的有机统一。思维形式指人们思考问题所使用的概念、判断和推理；思维方法是人们认识和思考问题的手段和工具；思维程序是按照确定的目标按一定程序进行思维的过程①。

安应民认为，思维方式是不同的思维主体在思维过程中如何反映、把握和调理客观对象的一般方式与方法。它是思维观念、思维模式、思维形式和思维方法的有机综合与统一②。

陈勇勤认为，思维方式是思维系统诸要素相结合和运用的方式③。

以上列举的这些思维方式定义虽然各有不同，但其基本含义大致相似，由此也表明对思维方式含义的认识还是较为明确的。据此，我们可给出如下定义：思维方式是指人们从一定的出发点、立场、角度及按一定的方法和思维路径观察、分析和解决问题的相对稳定的思维模式或程式。

由于思维方式的重要性，很多作者都对其作了探讨，有的时候具体说法可能就会有所不同，如圣吉《第五项修炼》中说的就是“心智模式”。芮明杰和袁安照认为，心智模式也即是思维方式④。刘大星编著的《共同愿景——创建学习型组织培训教程》中也认为，所谓“心智模式”，其实就是一个人的思维方法、思考方式和思想观念，是一种隐含很深的心理活动和思维活动⑤。管理文献中的其他说法还有：“思想方式”、“认识模式”、“认识图式”、“概念思考”、“思考问题的方法”、“构想方式”、“经营哲学”、“管理风格”等。这些说法虽然所用词汇不一样，但是都表达了思维方式的含义。

（三）思维方式的分类

思维方式具有多样性特点，如从类型上通常可分为：辩证思维方式和形而上学思维方式；常识思维、科学思维和哲学思维；理智型思维和情感

---

① 鲍宗豪：《决策文化论》，上海三联书店1997年版，第170页。

② 安应民：《略论思维方式及其创新》，《兰州学刊》1994年第5期。

③ 陈勇勤：《管理思维导论》，经济管理出版社2000年版，第92页。

④ 芮明杰、袁安照：《管理重组》，浙江人民出版社2000年版，第17页。

⑤ 刘大星编著：《共同愿景——创建学习型组织培训教程》，北京大学出版社2004年版，第54页。

型思维；定量思维和定性思维；逻辑思维、形象思维和直觉思维；唯理论的思维方式与唯经验的思维方式；发散思维和收敛思维，等等。从有关研究来看，几乎所有的思维类型都可被看成是思维方式的某种分类。从层次上看，则有社会（或民族）思维方式、群体（或组织、或专业）思维方式和个体思维方式三个层次。

社会思维方式是社会文化的一种表现形式。社会学中，广义的文化指人类在劳动中所创造的物质财富和精神财富的总和，包括物质文化和非物质文化两部分：物质文化指人类创造并赋予意义的全部制品或者说有形物品，如汽车、住房、工厂、城市等；非物质文化指的是抽象的创造物，如语言、思想、信仰、规范、习俗、技术、家庭模式、政治制度等。狭义的文化专指人类所创造的精神财富的总和（精神创造物）。波普诺对社会文化的定义是：一个群体或社会所共有的价值观和意义体系，包括使这些价值观和意义体系具体化的物质实体[①]。Kluckohn 则认为，社会文化是指种种一定格局的思维、感觉和反应之方式，主要借助符号来获取并予以传输，它们构成了人类各群体的杰出成就，其中包括这些成就在人类制品中的体现；文化的根本核心部分由传统的（即经历史衍生并选择的）思想，特别是这些思想所附带的价值观念所组成[②]。

有观点认为，社会文化的要素包括价值观、规范、意义和符号、物质文化。其中，价值观是文化的核心；物质文化是文化的载体。也有说法认为社会文化包括物质文化、规范文化、认知文化、符号和语言等四个要素，其中规范文化指那些用来约束人们社会互动的规则与标准，它告诉人们哪些可以做，哪些不可以做；哪些应该怎么做，以及哪些应该不怎么做，具体包括风俗习惯、禁忌、道德、法律以及各种规章制度等。认知文化由思想、态度、价值观念、信仰等构成，这些因素为社会中的成员提供了观察世界、了解现实的手段。正是通过这样一些构成要素，社会文化也规范了社会中人们的思维方式，并会从整体上表现为社会的思维方式。

与社会整体文化相对应的是民族的思维方式，民族思维方式是“在一个民族的发展过程中，那些长久地、稳定地、普遍地起作用的思维习惯

---

① 戴维·波普诺：《社会学》，辽宁人民出版社 1987 年版，第 97 页。

② 转引自徐渊《比较管理学》，上海远东出版社 1994 年版，第 23 页。

和思维方式”，是“对待事物的审视趋向和公认的观点”[①]。思维方式是心理底层结构的一种外在表现，是民族特殊性的重要标志。在某种意义上，思维方式是从方法论的角度对民族文化和其他实践活动的一种抽象。莫登认为，从民族的角度，文化可以被定义为“共同思维定式”或“继承的民族习惯”[②]。

社会是有结构的，其中又可分出多种多样的社会群体。社会学中，社会群体也称为社会团体，是指一定数量的人们通过持续的社会互动或社会关系结合起来进行共同活动，并有共同利益的人类集合体[③]。群体是人存在的普遍形式，群体生活也是人类生活的一个基本特征。群体之能作为群体，一个重要的原因是在其共同利益基础上，通过持续互动而形成了共同的群体意识和规范，或者说群体的文化和思维方式。社会群体分为实体群体和专业群体，实体群体如企业、学校、政府部门等，它们有自己特定的组织边界；专业群体是由各类专业人员组成的虚拟群体，它们没有自己的特定组织边界，如科学家、教师、律师、医生、计算机软件人员等。实体群体和专业群体都有自己特定的文化和思维方式，尤其专业群体更有自己特点鲜明的专业文化和思维方式作为其标志，包括本群体特定的体制目标、行为规范和精神气质作为其内涵，并以这些无形因素作为纽带而使其成为具有生命力的社会存在。社会活动中，群体文化和思维方式是社会文化和思维方式的一个组成部分。

个人思维方式是各个个人所持有的思维习惯与方式。个人思维方式与其生理心理特征有一定关系（这方面有许多研究文献，本书不再赘述），但主要是后天学习的结果。社会和群体文化与规范是个人思维方式形成的基本影响因素，社会化则是个人学习和接受现有社会思维方式的主要途径。个人通过学习社会和参与社会，掌握了社会知识和规范，同时也会形成应用这些知识和规范观察、分析问题的特定模式和程式。尤其是专业性

---

① 鲍宗豪：《决策文化论》，上海三联书店 1997 年版，第 141 页。

② 托尼·莫登：《管理学原理》，中国社会科学出版社 2006 年版，第 21 页。

③ 临时聚集起来的一“群”人不是我们所说的社会“群体”，如电影院里的观众、一辆公共汽车里的所有乘客等，他们之间没有密切的交往，也没有共同规范和利益，因此都不是社会群体。社会群体有以下特征：一是有明确的成员关系；二是有持续的互动关系；三是有一致的群体意识和规范；四是有一致的行动能力。

的高级社会更要学习某种特定的理论和知识参考系，由此形成的思维方式也更为明确和精确。总的来讲，人们的思维方式与其所处的社会环境及所参与的社会实践（包括在社会中担当的角色、承担的责任及所获得的知识和经验等）密切相关。不同的人社会实践不同，思维方式也会有差别，其看待问题及开展活动的出发点、立场或角度都会有所不同。

（四）思维方式的一般特点

从上述思维方式的三个层次，可概括出思维方式的三个一般特点：一是社会性；二是群体性；三是个体性。

社会性首先是指一定思维方式的产生、发展和发挥作用都与社会历史条件和社会活动的发展状况相关联，思维方式不能脱离具体的社会实践；其次是指一定社会历史条件和社会活动状况下，其思维方式也有相应的特点，也即不同的社会历史时代有不同的思维方式，这可以看做思维方式的时代性。社会中的人千差万别，各有各的想法和目的，因此具体到各个不同的个人，也都有自己的思维方式，这是思维方式的个体性。而社会为正常运行，各种各样的人又常常结成一定的社会群体，为了一个共同的目标而共同工作。由此，也使思维方式具有群体性，即不同的社会群体也有自己特定的思维方式。生活在这些群体中的个人，其思维方式虽然有自己的个人特点，同时也必然带有该群体思维方式的特征。与此同时，群体和个体的思维方式也必然会反映社会或民族文化的特点。

除此之外，思维方式在社会实践中产生和发展，它一旦产生，就具有一定的相对独立性和稳定性。其主要表现是：思维方式产生后，通常都能存在一定时间，其发展与社会实践的发展也不会完全同步；思维方式可以学习和继承；尤其是思维方式对人们的实践活动及行为有明显的引导和制约作用。思维方式的相对独立性和稳定性与思维方式的层次有很大关系，一般来讲，越是高层次的思维方式，其稳定性越大，如社会或民族的思维方式；越是低层次的思维方式，则稳定性也越小，如个人的思维方式。

二　思维方式的功能

思维方式表明的是人们“如何”看待和思考他们所面临的问题（本

质上则是指人们如何加工与处理思维对象和思维材料），以进行相应的认识和实践活动的方式。现实活动中，在人们观察、分析和解决问题的时候，思维方式有很大的影响作用。

（一）问题解决的一般观点

关于人们如何观察、分析和解决问题，有多种观点对其进行了说明。例如，波普尔提出了科学研究的基本认识过程：问题—假设—观察—问题……

在医学诊断中，医生对疾病的诊疗过程大致如下：第一，全面的问诊，获得关于病史、症状等方面的信息和资料；第二，根据问诊所提供的线索，进行有计划的系统检查；第三，根据问诊和检查的结果，提出初步诊断或假设诊断，再进行必要的有目的的辅助检查，以证实假设诊断；第四，对辅助检查仍不能证实的，则可根据假设诊断进行治疗，观察经过，以求得诊断的最后确定；第五，经过以上步骤仍然不能或无法肯定的诊断，那就应进行手术探查，直到进行尸体剖检。所以，“治疗”与“观察经过”也是成立诊断的重要形式，即治疗中有诊断。另外，已经成立的诊断也不能认为就是最后的结论，它可能是相对的，也可能会发生变化[①]。

朱智贤和林崇德从思维发展心理学角度认为，解决问题有四个环节：首先是发现和提出问题；其次是分析问题，明确问题的核心；再次是提出假设，找出并明确解决问题的方案（包括解决问题的原则、途径和方法）；最后是检验假设。主要途径，一是实践，二是逻辑推理和论证[②]。

以上三种观点的提出角度虽然不同，但却具有相似性，特别是都表明了假设是关键。假设是对问题的试探性解释，并据此作为问题解决的基础或指导。而假设提出的主要依据，就是人们已有的知识、经验及在此基础上形成的认识框架（或者模式、图式）。在这方面，亨普尔特别论证了：科学研究中，科学家并不完全是依据归纳而形成某种观点或结论。其实在归纳之前，或者说为了进行归纳，科学家就已经形成了（或必须要有）

---

① 王玉辛：《诊断方法论》，《科学方法论文集》，湖北人民出版社 1981 年版，第 322 页。

② 朱智贤、林崇德：《思维发展心理学》，北京师范大学出版社 1986 年版，第 16 页。

某种假设，并以这一假设来引导资料数据的收集和整理[①]。换言之，科学家在进行归纳的时候，他/她的知识和经验及认识框架将借助假设的形式而进入到归纳过程中、并引导归纳的实际进行。在这方面，汉森的“观察渗透理论”大致也包含了这样的一种意思。

认知心理学以思维作为核心，其研究表明了思维在认知过程中的重要作用，同时也为思维方式的功能提供了清楚具体的说明。朱智贤和林崇德指出，认知包括感知、表象、记忆、思维等，而思维是它的核心。思维是认知的核心，是信息加工过程的最高的综合阶段。它在知觉、表象和记忆的基础上形成，又影响着知觉、表象、记忆的进行，因而它是认知心理学研究的核心[②]。李月明认为，认知心理学对思维的研究主要是从问题解决和推理过程进行的，并认为问题解决是指向一定目标的认知序列的操作过程。从信息加工的观点，问题解决是“输入—加工—输出”的模式。这个过程不是被动地接受外界刺激并对之作出反应，而是主动地寻找信息，对转入的信息以一定策略进行加工处理，并经决策过程再转出去[③]。

从认知心理学的角度来看，问题解决是一个知识（包括信息）的寻求和应用过程：明确问题—观察模式—引出知识—用知识解决问题。就是：首先确定问题；然后观察问题中所表现出来的某种模式；模式是知识的索引，通过发现某种模式而引出相应的知识；最后用此知识来解决问题。例如图 1－1 中，A 和 B 两线平行，现已知角 a 为 60 度，要求角 b、c、d 各为多少度。通常情况下，人们会观察图 1－1，由此也会发现其中所熟悉的“模式”，如角 a 和角 b 是对顶角，而对顶角相等（由对顶角所引出的“知识”），这样角 b 也为 60 度（用知识来解决问题）；同样，角 b 和角 d 是内错角，内错角也相等，因此角 d 也为 60 度；角 c 与角 d 为平角关系，由于角 d 为 60 度，这样角 c 就是 120 度。

（二）问题解决与认知调节

认知心理学认为，人并不是消极地应答外界刺激，就好比是一块“白

① 亨普尔：《自然科学的哲学》，生活·读书·新知三联书店 1987 年版，第 23 页。

② 朱智贤、林崇德：《思维发展心理学》，北京师范大学出版社 1986 年版，第 87、90 页。

③ 李月明：《传统心理学从认知心理学中受到的几点启示》，《人大复印报刊资料·心理学》1987 年第 7 期。

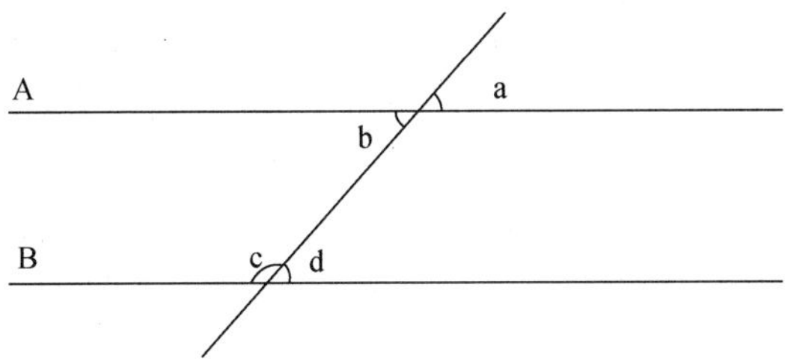

图1-1　模式观察

板”，接收到什么刺激就在上面留下什么印迹。在问题解决过程中，人们往往要借助自身已有的知识和观点。这些已有的知识和观点，以及人们所具有的态度和倾向等构成了一个既定的认知框架或图式，会对人们的认识和实践活动产生很大影响，这之中主要有三个方面：

其一，问题解决的基本指导。在人们认识和解决问题的过程中，一般都事先存在着某种指导或图式。这种指导或图式可能是人们已有的某种知识结构，或者是人们在问题解决过程之前提出的某种“假设”。人们通常是在他所具有的知识结构范围内，或者在他的知识结构基础上提出的假设的引导下去思考问题。

其二，模式识别。这是关键环节，它对知识的引出和问题的解决有重要作用。认知心理学中，模式是指刺激的空间组合和时间组合，如三条直线组成一个三角形，是一个视觉模式；几个音节组成一个单词，是一个听觉的模式。机械故障维修中，机械的故障都有某种特定的表现模式，据此可判断机械的故障，并应用相应知识进行维修。管理工作中，或者人与人关系中，各种问题也都会有相应的征兆表现，并因此而成为分析解决这些问题的某种有用的模式。总之，模式是作用于我们感官的刺激物，是刺激的某种组合。人们能够确认某种模式是什么，并把它与其他模式区别开来，就是模式识别。模式识别既依赖于感官直接输入的信息，又依赖于人的记忆系统中保存的信息，即人们已有的、有组织的知识经验或图式。心理学研究表明，人对模式的识别是一种积极的、主动的、有选择的过程。人们根据头脑中已有的知识结构把大量信息带入当前的知觉情境，并决定他们对外部世界刺激信息的取舍。这之中有两种加工过程，一是自下而上的加工，指人脑直接接受由感官输入的信息；二是自上而下的加工，指人脑根据已有的知识结构或图式对外部输入的信息进行的加工。

特别是自上而下的加工有突出的意义，这是因为在人的模式识别中，期望和已有的知识结构有重要作用。例如对某一图形，由于人们的期望和知识结构不同，他们从图形中关注的特征也会不同。如期望看到 A 的人往往会忽略与 A 无关的因素，而期望看到 B 的人则会忽略与 B 无关的因素。同样，人们有什么样的知识结构，也往往只能发现与此知识结构相关联的特征。总体来看，人们的知识结构及在此基础上形成的期望、假设和推理是人们模式识别中的重要影响因素，从而也使模式识别具有目的性、适应性和自我调节性。

其三，信息资料的取舍。认知心理学将认识看做人们从环境中输入、识别、存储、提取信息和反应的连续过程，而人们主观的选择性在认识的不同阶段都有明显的表现。例如在（模式）识别阶段，对信息的选择主要是基于已有认知结构的意义特征，即有意义的信息被识别，无意义的信息则可能不被识别。选择有意义和需要的信息加以保持的这一过程，通常要受人们已有认知结构、个性倾向性和情绪状态的影响。对人有意义、符合人的认知结构和需要的刺激通常会被优先选择并保持，其余则逐渐被衰减而被抹掉。在信息存储阶段，一般情况下，适合于一定的认知结构、目的任务和情绪状态的刺激最易被记住，且保持时间也较长。最后为利用信息而对信息进行提取和反应时，反应的先后、快慢也不一样，这也取决于主体的认知结构等有关因素的影响。

实际上，在问题解决的整个过程中，都存在有意或无意的自我控制和调节。所以，朱智贤和林崇德认为，思维心理结构中有一个监控结构，其实质就是思维活动的自我意识，它的功能主要表现为三个：定向、控制和调节。第一，对思维课题的意识、定向或注意，提高思维活动的自觉性和正确性。第二，控制思维活动内外的信息量，排除思维课题外的干扰和暗示，删除思维过程中多余或错误的因素，提高思维活动的独立性和批判性。第三，及时调节思维活动的进程，修改课题（或目标）、手段（或策略），提高思维活动的效率和速度①。

① 朱智贤、林崇德：《思维发展心理学》，北京师范大学出版社 1986 年版，第 47 页。

基尔伯特里克也从数学解题的角度认为，为了成功地解出一道复杂的数学题目，要求解题者：一是对与此有关的数学内容拥有丰富且系统化的知识；二是有一组能呈现并转换此问题的处理过程；三是有一个控制系统能导引挑选出有用的知识与过程①。他强调指出，我们常会低估在一个有效的数学解题典例中，所要求于解题者对有关的数学知识的了解的深度，以及此解题者在解题方面的经验广度。另外，我们常会低估一位解题专家在解题时，用来追踪及指导解题活动的控制系统的复杂性。

这样一种选择和调节的过程不是随意产生或变化的，由于人们的心理及知识是相对稳定的，因此人们在认识中的选择和调节过程也具有稳定性，从而会形成并表现为一定的思维方式。

（三）思维方式的一般功能

以上问题解决过程中所表现出来的人们的主观目的性、意识性、选择性等，其实都与人们的思维方式密切关联，都是思维方式功能的体现。

思维方式有一定的结构，其中主要是三个构成要素：一是人们用以衡量和区别客观事物重要性的价值标准；二是构成思维基点和依据并指导思维活动进行的基本观念；三是思维活动所采取的具体路径或方法。思维方式是这三种构成要素的综合表现，这三种构成要素既是不同的思维方式之所以产生区别的根源，同时也是思维方式功能的主要基础。

总的来看，思维方式的功能主要在于：它通常决定了分析和观察问题的出发点与角度，进而影响了认识和解决问题过程的一般进展，并因此而预示了可能获得的结果。即不同的思维方式将推动人们从各自的角度和出发点去认识问题，同时也会采用相应的认识和解决问题的手段或方法，最终将一般地决定问题解决结果的性质或特点。概括来讲，一是导向功能。人们都是从其所特有的价值标准和基本观念出发来观察、分析问题的，也即思维方式预先设定了人们认识和思考问题的出发点和角度。二是选择功能。选择就是对认识内容或“思维资料”的取舍。思维方式中内含的价值标准和基本观念，将影响人们对思维资料的选择，从而也为人们的认识和思维活动限定了范围，即可能关注什么，可能不关注什么。三是解释功

---

① 杰里米·基尔伯特里克：《数学解题教学研究的25年回顾》，《国外科技动态》1989年第2期。

能。人们在认识过程中总是依据自己的思维方式赋予思维资料一定的性质、意义和价值，并采用相应的方法来对之进行解释。人们的思维方式规定了对有关信息资料的解释空间以及解释或理解的途径与方法。四是评价功能。即人们是按照他们的思维方式来评价他们所面对的问题、所获取的信息资料及可能得出的认识和思维结果。如果符合他们的思维方式，人们就会重视并接受这些问题、信息资料和结果，否则可能就会忽视或放弃。

思维方式一旦产生，就有一种保持自身稳定的倾向，难以改变，从而表现出稳定性和惯常性。换言之，人们一旦形成了某种思维方式，他就“总是”这样思维和行为①。思维方式的稳定性即“思维定式”、“思维惰性”。思维定式是指思维方式所具有的保持自身稳定的一种倾向，是指人们的思维活动总是倾向于以过去遇到过的类似问题为模式，沿着习惯的思路去认识和解决问题。思维定式表明，人们的认识或思维过程中存在某种现成的程序和图式，人们一般是在已有的知识和经验范围内进行思维，这种思维总是重复和模仿以往的思维活动。无论在什么环境和条件下遇到类似的问题，思维定式总是驱使人们按照已有的认知结构和图式，去筛选、组合、评价、解释信息，并期望得到相同或相似的思维结果。

思维方式稳定性的主要原因，一是思维方式要受多种因素（如个人的生理、心理特征，个人的知识和经验，社会文化和规范，组织管理实践等）的综合影响，这些因素相互关联和制约，从而为思维方式提供了其赖以存在的整体基础。二是个人的思维方式深深植根于个人的历史经历中，是其在一定的环境条件下长期生活工作的结果。三是思维方式的变化存在一定的限制，例如，一定时期内个人知识和经验发展或变化的限制，或者组织管理制度或社会文化的规范作用。

思维方式的稳定性有其必要的意义。首先，思维方式的稳定性为人们的正常活动所必需，其中主要是为了保持组织活动和社会生活的正常秩

① 也正是为此，日常生活中我们也常常根据一个人的思维和行为方式来认识或判断一个人。如我们常说：他就是这样的一个人。如果一个人的思维或行为方式突然发生了改变，我们就会感到不可理解：他怎么变了？这还是不是他呀？

序，例如，对组织活动秩序或者对社会文化及思维方式的维持。其次，它也是人们正常思维活动及过程的要求。一种稳定的思维方式可以帮助人们凭借现有的知识经验和惯常的思路，简捷、快速地解决一般的常规性问题。如果缺乏稳定性，人们的思维活动和过程就难以保持同一性，观点、看法和态度也会游移多变。特别地，人们因为自己曾经的成功经验而形成的思维方式更会被长期保留，要完全忘却曾使人们获得成功的行为准则，是非常困难的。最后，由于现实的复杂性，人们不可能对某项行为所涉及的所有因素全部进行考虑，而必须有所选择，而人们所习惯的特定的思维方式使人们能够迅速地作出选择。所以西蒙认为，理性的限度是从这样一个事实中看出来的，即人脑不可能考虑一项决策的价值、知识及有关行为的所有方面。与其说人类抉择的模式像是在备选方案当中进行选择，不如说它往往更接近于刺激—反应模式。因此，人类理性是在心理环境的限度之内起作用的。这个环境迫使个人不得不选择一些要素，作为他的决策必须依据的“给定条件”①。特劳特从企业战略行为的角度也认为，（人们的）心智只接受与其现有认知相符的信息，对其他的一律排除……人类的心智不仅拒绝接受与其现有知识或经验不符的信息，也没有足够的知识或经验处理这些信息②。

所以，我们不能一般地反对思维方式的“定式”，我们反对的只是不合要求的思维方式。对于正确的思维方式，符合我们活动要求的思维方式不能反对，而且还要努力遵循。

三　思维方式在管理中的作用

（一）思维方式决定了人们在管理中的认识与行为

人们的思想决定了人们的行动，而思维方式之所以受到很大重视，主要是由于它所具有的功能限制或规定了人们的认识和思维空间，从而影响了人们的认识和行为方式，最终也将影响到人们的行为和结果。这是因为

① 西蒙：《管理行为》，北京经济学院出版社 1988 年版，第 106 页。

② 杰克·特劳特：《什么是战略》，中国财政经济出版社 2004 年版，第 20 页。

思维方式“是实践方式在人脑中的内化”[①]。行为方式是现实化了的思维方式，是思维方式的具体体现[②]。弗勒德认为，心智模式是存在于人们头脑中的概念性结构，它们主导了人们对事物的感知过程。它们影响人们的行为，因为它们塑造人们对所见所闻的理解[③]。芮明杰和袁安照则直接指出：思维方式决定了我们对问题的选择，最终就决定了我们行为的结果[④]。

现实中，思维方式与人们行为的关系主要有两个方面的表现，首先，在既定的价值观念和思维方式的引导下，人们往往不必对“是否必要”“怎么办”等问题进行考虑和判断，就会自觉不自觉地得出某种结论并采取相应的行动或行为。Gassmann 和 Zedtwitz 就表达了这样的观点：在高度分散化的自我协调形式的项目（团队）组织中，不存在明确的领导和管理中心，但在专业文化和企业文化（及其中所体现的思维方式）的影响下，组织成员的行为仍能达到一致[⑤]。其次，由于各个个人的思维方式不同，因此各个个人的行为及其结果也会不一样。对此，圣吉等人认为，心智模式的差异性解释了为什么两个人在观察了同一事件后却对事件描述不一致……心智模式同样决定着我们如何行动[⑥]。

尤其是由于不同专业的思维方式通常都有区别，因此当某一问题涉及不同专业或活动的领域时，思维方式对人们行为方式的影响也更为明显。霍尔茨纳就曾经从知识社会学的角度表达了这样的观点：不同行业（或专业）的人，由于各自的专业训练、社会处境和社会责任的影响，会形成不同的思维方式[⑦]。因此，即使是对同一个问题，也往往会有不同的思路和理解。当他们就某一问题出现意见不一致的时候，人们往往是用各人性格特征的差别来解释。但在很多时候，其实是由于他们的思维方式不同，而在观察分析问题的角度和出发点等方面的区别所造成的。例如，为

---

① 李秀林、王于、李淮春主编：《辩证唯物主义和历史唯物主义原理》第三版，中国人民大学出版社 1990 年版，第 268 页。

② 肖明、张保生、陈新夏、李培松：《管理哲学纲要》，红旗出版社 1987 年版，第 51 页。

③ 罗伯特·路易斯·弗勒德：《反思第五项修炼》，中信出版社 2004 年版，第 25 页。

④ 芮明杰、袁安照：《管理重组》，浙江人民出版社 2000 年版，第 17 页。

⑤ Oliver Gassmann & Maximilian Von Zedtwitz, Trends and Determinants of Managing Virtual R&D Teams. *R&D Managenent* 33, 3, 2003.

⑥ 彼得·圣吉等：《第五项修炼·实践篇》，东方出版社 2002 年版，第 255 页。

⑦ 参见伯·霍尔茨纳《知识社会学》，湖北人民出版社 1984 年版，第二章。

了寻求使“失学”儿童重回学校学习的对策，心理学家强调从心理因素上进行分析，医生从健康上找原因，政府官员注重法律法规的规定，学校教师谨慎言辞，社会学家则力图从中进行调解，以求寻找某种可行的“社会学”方案。

霍尔茨纳还谈到了计算机软件人员特有的专业思维方式，也影响到了他们的生活方式。其实，我们在现实中也常会遇到因思维方式不同，其行为方式也不同的情况。例如，现实生活中各人的生活卫生习惯各有不同，有的人不怎么讲究，认为“不干不净，吃了不生病”；但有的人则有特别的卫生准则：为请客人吃梨子，先把梨子用清水洗，削皮后再用开水泡，搞得黑乎乎的，没人敢吃。但他们认为，这是讲究卫生所必需的，也是对客人负责的表现。有人曾谈到专业投入的医生，其现实生活中的行为往往会带有明显的专业思维的特点。他们可能经常会产生条件反射式的联想：饭桌上一盘炒腰花，他就想到“换肾手术”；吃猪肚，他就会细细观察：这是胃体，这是胃蒂，这里则可能是胃溃疡。

由于思维方式与人们的认识和行为有密切关系，因此卡斯特和罗森茨韦克强调：理解行为的一个有用的关注点是，个体用何种方式获取和利用信息来解决问题，并制定决策[①]。在我们这里就是：要理解管理者的行为，必须从他们的思维方式入手。

管理工作也是管理中问题解决的过程。由于人是管理的主体，管理是人的有目的、有意识的行为，因此管理活动中虽然也要借助一定的手段和方法，但人的思想观念和思维方式仍是主要方面。人的行为都是在一定的思维方式影响下进行的，人们在管理过程中贯彻的是他所奉行的管理哲学，是他所习以为常的思维和行为方式[②]。很多时候，管理活动的进行及其后果如何，常取决于人们如何看待管理中的有关问题。虽然在管理活动中，人们同处于某一管理环境，所面对的管理问题及可能获取的信息应该大致相同。但在特定思维方式的约束下，人们对管理问题的认识、对信息的取舍、及通过思维活动而得出的认识结果不同，所采用的管理措施和方

① 弗莱蒙特·E. 卡斯特、詹姆斯·E. 罗森茨韦克：《组织与管理——系统方法与权变方法》第四版，中国社会科学出版社2000年版，第564页。

② 徐渊：《比较管理学》，上海远东出版社1994年版，第262页。

法也会有差别，最终的结果也会有很大区别。换言之，思维方式如何将直接影响到人们的管理行为及后果。对此，肖明等人认为，任何人都是用一定的思维方式来考虑问题并指导自己行动的。思维方式和行为方式贯穿于人们的一切管理活动中，对管理活动的效果有直接的影响[①]。圣吉也指出：心智模式影响我们认知的方式，在管理上同样重要[②]。

例如，仅就对管理的认识而言，不同的人在研究管理时出发点不同、角度不同，对管理一词所下的定义也往往有所区别。强调工作任务的人认为“管理就是由一个人或多个人来协调其他人的活动，以便收到个人单独活动所不能收到的效果”；强调决策作用的人认为“管理就是决策”；强调管理过程的人认为“管理就是为了达到一定的组织目标所进行的计划、组织、指挥和控制过程”；强调管理中人的因素的人认为“管理就是调动人的积极性，通过他人的努力以达到组织目标”。这些定义虽然都在某种程度上反映了管理的性质和内容，但是也确实表明了不同的人在对管理的认识角度上存在差别，而这样的差别也会导致行为上的不同。

又如，组织管理中是以人为中心还是以工作为中心，也是两种不同思维方式的表现。以人为中心的思维方式，在管理中倾向于尊重人和人际关系，发扬民主，以及激励人的主动性和创造性；以工作为中心的思维方式，管理中则主要关心技术和物质因素，同时也更强调工作的目标和职责。

思维方式对管理中人们行为的影响，还可用管理者和员工之间的区别来表现。有句话说道：在其位，谋其政；不在其位，就不谋其政。组织管理中，由于管理者和一般员工的职责和地位不同，其思维方式也会不一样，进而也会影响到他们的实际行为。很多时候，关于某一问题的道理是明显的，管理者和员工也都清楚，也都能讲得头头是道，但实践中管理者和员工的思想和行为有时就是不能达成一致。这背后的原因就是他们的思维方式不一致，管理者从其职责出发，考虑问题时不能只强调个别员工的利益，而是要以组织整体为出发点；员工则无职责约束，往往会从自身角度出发，对个人利益的考虑就要多一些，从而也可能会不理解管理者的决

---

① 肖明、张保生、陈新夏、李培松：《管理哲学纲要》，红旗出版社 1987 年版，第 51 页。

② 彼得·圣吉：《第五项修炼——学习型组织的艺术与实务》，上海三联书店 1998 年版，第 203 页。

定，甚至产生抵触情绪。

管理活动中是不是关注细节、认真负责，也是思维方式的一种表现。有些管理者经常说的是：要关心大事；或者说：整天柴米油盐、婆婆妈妈，如何干得了大事。这样的思想或言辞，其实反映了很多人的思维方式，并常以这样的思想和言辞来开脱自己“粗枝大叶”的行为方式。然而，随着现代管理实践日趋复杂和管理水平不断提高，是不是重视细节也越来越对管理绩效有着重要的影响。因此，现代管理也特别强调要关注细节，因为管理是“知行合一”的活动，细微之处才见真功。有观点就特别认为：细节决定成败。方言也写道：在要害问题上，大思路、大战略不能代替对细节时时处处的把握，重要的是关注细节①。“细节决定成败”这句话的意义不仅仅是一种观点、或者（提高一点）是一句警示、或者（再高一点）是一句格言，它其实表明了思维方式的一种转变②。为了实现这种转变，在管理活动中切实关注细节，首先就要有专业的知识。缺乏管理的专业知识，很可能难以发现管理中的细致问题。但更重要的是要有专业的态度，如果缺乏管理者应有的专业态度和责任感，那么即使具有专业的知识，可能也不会去费心发现细致的问题，或者即使看到了也不会认为那是一个问题，从而导致管理行为上的“粗枝大叶”。专业的态度是专业训练和培养的结果，是专业思维方式的一种体现。

（二）思维方式决定了人们对管理方法的选择与应用

有很多作者强调管理中方法的重要性，特别是有观点认为管理方法是构成管理体系中最重要的成分。例如奥马罗夫认为，管理系统的所有组成

---

① 方言：《天使还是魔鬼》，《经济日报》2005年1月23日。

② 为了开展“微笑服务”，国外有企业要求员工“一笑露出八个牙齿”，因为这样才“笑”得最好，于是有企业也学习如何“笑”。于是又有文章谈道，学习国外管理经验不是说要学习外国人怎么笑。我们的看法是：仅学习外国人怎么笑，那确实不是我们所强调的学习国际管理经验的本意。但“一笑露出八个牙齿”这件事仍有其意义，就是应从中体会出“关注细节”的思维方式。方祥生则认为，成功企业在企业成本方面关注细节、精打细算。从表面上看，是从每一个小环节入手，打好“小算盘”；但从本质上看，它反映出一种节俭创业的企业文化。他认为，中国加入世界贸易组织后，许多国内企业家看到的是市场竞争、产品质量竞争、企业管理竞争、企业创新能力竞争，等等。这些方面的竞争，无疑十分重要。但对我们来说，似乎更应该重视那些几乎不需要投入就能有“产出”的领域（方祥生：《大企业的“小算盘”》，《光明日报》2002年8月9日）。

成分——它的干部、结构、信息流、技术设备，最后还有方法——都是组织管理活动的必不可少的因素。但是其中意义最大的，毫无疑问是方法，管理任务是借助于管理方法实现的。管理系统的所有其他因素的作用归根到底是为选择并尽可能更有效地运用管理方法创造条件①。

管理活动中方法确实占有极重要的地位，这是不容置疑的。但就管理的整体性而言，如果只强调管理方法的重要性和地位，可能会导致对管理活动的片面理解，并且忽视管理活动中人的思想或思维的重要性。从管理是人的理性活动出发，同时突出思维方式及管理方法的作用，并将思维方式放在主导地位才是更全面的观点。首先，由于人的行动要受其思想支配，管理者采取什么样的管理方法，也是其思维方式支配的结果。其次，管理活动具有复杂性，不仅仅是应用某种管理方法的问题。管理者采用某种方法，都有一定的考虑，就是要结合管理的环境或情景，明确为什么采取这种方法而不采用别的什么方法。换言之，管理方法的应用是与管理者的整体考虑相关联的。最后，虽然管理中要应用多种方法，而且也确实有多种方法可以应用，但方法不能代替管理。例如，应用 ABC 分析法使我们能够区别不同管理对象的重要性，但它不是实际的管理措施，真正要实行“区别管理”还需要管理者的具体行动。又如，为了进行决策，通常要进行预测，但预测也不能代替决策。在预测的基础上，决策者还需要发挥自身的知识、经验和能力，作出科学的判断或选择。

就管理的整体过程而言，管理者对管理问题的认识和思维过程比管理方法更重要，明茨伯格对战略思维和战略规划关系的论述就表达了这样的观点②。他认为，战略思维和战略规划有区别，它们是两件不同但有联系的两件事。从过程上看，是先有战略思维，再有战略规划。先通过战略思维形成一个企业战略的整体综合观点，这其间更多地强调创造性或者甚至直觉；而后以此为基础来进行战略规划，战略规划是对战略的表述、阐释

---

① A. M. 奥马罗夫主编：《社会主义经济管理的科学原理》，生活·读书·新知三联书店 1979 年版，第 86 页。

② H. Mintzberg, The Fall and Rise of Strategic Planning. *Havard Business Review*, Vol. 72 Issue 1 - Jan/Feb1994.

和形式化。战略思维不是将组织仅仅看做一个分散的、互不相关的、部分的聚合物，而是将其当做一个完整的统一体进行系统化思考和进行管理。这种管理思维方式一方面要求组织管理者在理解问题时，既要重视事件的表征，更要考虑和评估事件背后所隐含的本质，并且要特别重视问题彼此之间的联系、相互影响的程度，以及某个特定领域的解决方案对其他领域的影响。另一方面又要求管理者应当具有对组织及其环境进行系统化观察的能力。此外，这种整体化、系统化思维方式还要求管理者必须跳出日常的工作事务，去了解问题和事件是如何与具体的细节和总体模式相联系的等影响组织成长和发展的重大问题。

只有在战略思维的基础上，战略规划才能真正反映组织的意图和环境的限制，并且有切实的可行性。

这里应该强调，管理中为执行某种职能必须要用到一定的方法，但管理不仅是管理职能的执行和方法应用的问题，它常常是更深层次的思维与行为方式问题。管理环境具有复杂性，很多时候对某一问题的处理往往会有多种可能的方法或方案。而如何从多种方法或方案中进行选择，则取决于管理人员自身的考虑。在这过程中，管理人员自身的思维方式将发挥很大作用。例如，日常工作中为提高员工的积极性，偏重于工作的专制型领导可能会采取严格的制度性考核与奖惩方法；偏重于人的民主型领导则可能会采取较为温和的宣传教育或精神激励的方法。决策制定中，冒险型风格的领导可能倾向于选择收益较大但风险也大的方案；保守型领导则往往会选择风险较小但收益也小的方案。或者说，一个乐观的管理者会坚持探索更多的选择性，从而会比一个悲观的管理者发现更好的战略①。在计划的执行和实施过程中，目的明确、思想坚定的领导者会努力贯彻原定的目标直至最终实现；而优柔寡断的领导者可能会出于多种考虑而中断原定的目标，使计划不能完全或不能顺利实现。所以圣吉认为，在管理的许多决策模式中，决定什么可以做或不可以做，也常是一种根深蒂固的心智模式②。唐伟也认为，管理中既包括认识活动，也包括实践活动。因此管理

① Hazhir Rahmandad，Effect of Delays on Complexity of Organizational Learning. *Management Science* 54（7）2008.

② 彼得·圣吉：《第五项修炼——学习型组织的艺术与实务》，上海三联书店 1998 年，第 9 页。

中既有认识方法，也有实践方法。认识的方法、思维的方法总是要通过管理者的思维活动对管理过程及其结果产生影响的[①]。也正是因为如此，有的管理人员选择了正确的方法或方案，并正确地解决了有关问题；而有的管理人员没有选择正确的方法或方案，因而也没能正确地解决问题，从而造成了管理人员在工作水平、能力与结果上的明显差别。

管理中有关方法的采用和问题的解决与思维方式密切相关。丁荣贵就认为，理论的背后是假设，而假设的背后则是思维方式。在管理活动中，不同的假设会产生不同的行动，不同的行动将会有不同的结果。为解决绩效管理问题，人们在工作中想得最多的是去改变绩效考评的方法……而没有去反思这些方法和理论赖以生存的“种子”——绩效管理的假设和思维方式本身是否存在问题。他特别指出，作为管理人员，应该不断地去反思管理过程中的假设以及产生这些假设的思维方式究竟是不是正确的，而不应该仅仅去改变方法或理论，这常常是徒劳无益的[②]。

实际工作中也往往有这样的情况，某一问题难以解决，通常都会归咎为某种原因。但如果从这一原因出发，有时又会发现这一原因其实并不重要；或者是如果从这一原因着手，则又产生了一个更大的问题[③]。其实有些时候，人们变换一下思维方式（例如看待问题的角度或立场），就会很快发现新的解决途径和方法。正是针对这样的情况，现实中人们也经常说：换一种思维方式（或者说“换位思考”、或者换一个思路），往往能有意想不到的结果。

特别地，一种方法必须是使用它的人说“好”，这种方法才是好方法。但在思维方式的影响下，人们对某一方法是不是认为“好”，往往也大不一样。例如，ERP（企业资源计划）是现在管理上的一个重要发展方向，但一些企业在推行 ERP 过程中，效果并不理想。柳松认为原因之一，

---

① 唐伟：《管理方法论》，中国广播电视出版社 1991 年版，第 3 页。

② 丁荣贵：《项目管理：项目思维与管理关键》，机械工业出版社 2004 年版，第 205—206 页。

③ 秦海曾撰文谈道：街道上人们争先恐后挤公共汽车，有人看到后感叹民众素质不高。但若为了解决这一问题而提高民众素质，就需要一个较长的过程，那么在这期间这一问题是否就解决不了，或不去解决；而且假设民众素质整体上真的提高了，是不是有关问题就都会解决了，其实也不尽然。为此秦海认为，我们有时不妨换一种思维方式，这样可能更有利于问题的解决（秦海：《换一种思维方式》，《中国青年报》1998 年 10 月 26 日）。

就是企业中人们的思维和行为方式并不接受这样的管理模式①。长期以来，一些企业的管理粗放，制造工序多、流程长、环节多；加之管理不严，责任不清，发生差错经常上推下卸，整个制造过程就像一个“黑箱”。而ERP的成功实施，会使生产线上的每个环节、每个责任人处于某种受控状态，这与原有的随意散漫的工作行为模式大相径庭。于是，从管理人员到员工，都以种种理由拒不执行。

（三）思维方式是影响组织成功的重要因素

由于人们的思维方式有差别，而思维方式对人们的行为有影响，因此思维方式也成为组织是否成功的一个重要原因，索尼（Sony）的发展和盛田昭夫的经营哲学是这方面的一个突出例子。

20世纪50年代中期，盛田昭夫带着Sony开发的小晶体管收音机到美国纽约开拓市场，期间遇到了很多困难。但盛田昭夫的观点或思维方式一直都是：我们不能做别人的制造商，我们应闯出自己公司的名号，也不能为了赚钱而不顾质量。正是按照这样的思维方式，当有经销商愿意销售Sony的产品，但提出必须得在Sony产品上打上他们的商标时，盛田昭夫拒绝了这笔生意；当有经销商只注重降低产品售价，而对质量的提高毫无兴趣时，盛田昭夫又终止了与他们的合作关系。现在看来，盛田昭夫的观念或思维方式对Sony公司的发展起到了很大的推动（而不是妨碍）作用。后来盛田昭夫自己说：我并不是50年代中期唯一在纽约做生意的日本人。很多人，即使不是大多数，都依靠那些大型的日本贸易公司，他们熟悉美国市场并且在海外已设有办事处。但对我们不够合适，因为这些贸易公司没有哪一个了解我们的产品，也不了解我的经营哲学②。

很多时候人们都希望了解成功企业的成功“秘诀”，而且也常把“秘诀”理解为成功企业的某种特别的做法。然而，在成功企业“怎么做”的背后，更重要的是它们“怎么想”的（或者说它们是怎么看问题的）。例如，1999年9月份《财富》杂志发表了一篇题为《美国公司快速发展的七大秘诀》文章，其中概括了这些取得快速发展的公司的七项秘诀③：

① 柳松：《千万元工程失败，谁之过》，《经济日报》2004年3月30日。

② 《索尼走向世界——盛田昭夫自述》，中国文史出版社1988年版，第83页。

③ 《美国公司快速发展的七大秘诀》，《参考消息》1999年10月5日。

一是从不拖延，一旦制订了计划，就要克服困难，按时完成计划；二是不做过高承诺，外界通常会要求企业“超越自我”，但企业抵制做出过多承诺的诱惑同样重要；三是关注细枝末节，既要做好工作，也要精打细算、节约成本；四是设置壁垒，尤其对中小型技术企业而言，要有专业化特色；五是创造一种文化，在企业内部要有严明的规章制度，要形成一种气氛；六是吸取教训，善于从错误中学习；七是公布实情，企业出现问题并不可怕，怕的是出现问题后总想遮遮掩掩。这七项秘诀实际上表达了成功企业的思维方式特点。按说，这七条秘诀其实也没有什么特别之处，我们在平时也能归纳出来。问题在于要把它们变成企业的思维和行为常规，并在日常的经营管理活动中自觉地予以实现，这就困难了。成功企业和不成功企业之间的区别，在很大程度上这是一个重要原因。

龚雯奕曾分析了一些成功企业后来为什么会失败的原因：个人英雄主义导致企业决策出现完全的独断；经验主义导致经营决策僵化教条；浪漫主义使商业行为非商业化，最终因企业偏离目标而衰败[①]。在某种程度上，这三个方面的原因其实也都是思维方式的反映。概而言之，组织的成败都与思维方式有关，这正好应验了一句古语：成也萧何，败也萧何。

哈默尔和普拉哈拉德（Hamel and Prahalad）则对思维方式的这种影响作用做了总结：因此我们认为，为重振竞争力，首先要了解公司的“遗传基因密码”。在管理方面，“遗传现象”不含生物方面的因素，而是与组织管理者对产业、对公司、对自身角色的构想方式，以及这些构想在特定情况如何影响他们的行为方式有关。（通常，产业结构分析注重的是产业和市场及从管理程序的角度如何看待组织资源的组织和部署。然而）如果一个组织不管怎样利用资源并参与市场竞争，都是失败的结果。人们就不免会怀疑，问题不是出在市场上，而是出在组织管理者的头脑里，他们是否带着关于战略、组织、动机和竞争战术全新观点、价值观和信念参与市场竞争的。简而言之，他们是否依据完全不同的管理参照框架，并在该种框架范围内运作[②]。

---

① 龚雯奕：《企业家缘何功成再落败》，《经济日报》2004 年 9 月 19 日。

② 哈默尔、普拉哈拉德：《竞争大未来》，昆仑出版社 1998 年版，第 294 页。

也许有人会认为思维方式是一个很“虚”的东西，管理中应该强调“实际”或“实务”[①]。但实际上，思维方式是管理中具有实质性的因素，因为它事关人的心理和行为。其实，从某种程度上看，西蒙的《管理行为》一书也是对人们在决策中如何考虑问题（也即思维方式）的探讨。西蒙认为，组织中人们的行为“所体现的理性决不是经济人那样的全智全能。因此，我们不可轻率地将心理学放在一旁，而仅仅把组织理论建立在经济学基础上。的确，只有在人的行为具有理性意向的领地里，而且仅仅是有限理性的领地里，才存在着组织与管理理论生长的真正土壤”[②]。换言之，管理决策中不仅要有经济学的思想、观点和方法，还要考虑现实中人们思维方式的特点。只有这样，才能真正做好管理工作。

在现代社会，随着科学技术的进步和管理实践的发展，“实”有“实”的用处，“虚”也有“虚”的意义；而且“虚”和“实”之间也在相互融合与转化，已经很难区别哪些是无意义的“虚”的东西，哪些则是有用处的“实”的东西。特别是管理中，有些所谓“虚”的东西（如组织文化）也往往具有更深层次的意义。正是基于这样的考虑，现代组织特别重视组织文化及管理制度的构建与发展，以求形成组织所希望的思维与行为方式。这样的考虑又进一步延伸到组织对其成员的要求及组织中对成员的挑选和培养。例如，松下幸之助认为“松下电器公司必须调整方向，把重点转移到培养人才方面来。出产品是重要的，但是为了出产品需要做些什么呢？这就需要人，并且是有正确思想方法的人。这样，为了出重要产品，首先就要在怎样培养人才的问题上动脑筋，我想这样做了以后，我们的理想必然实现”[③]。Ridderstrale 则说道：企业必须找到具有共同价值观的人们。现在，招聘工作是要找到有正确态度的人员，然后训练

① Rahmandad 认为，由于物理资产如设备与人员容易直接观察或测量，因此通常在组织“认识图式”中具有显著性；其他不能直接观察或测量的资产如道德、精神、生产力、质量和客户满意等则会成为组织的盲点。但实际上，组织“认识图式”中是否包括了这些不能被直接观察或测量的资产，往往会产生关键的影响［Hazhir Rahmandad，Effect of Delays on Complexity of Organizational Learning. *Management Science* 54 (7) 2008］。

② 西蒙：《管理行为》，北京经济学院出版社 1988 年版，第 19 页。

③ 转引自徐国华主编《现代企业管理》，中国经济出版社 1993 年版，第 43 页。

他们使之掌握适当、有效的技能——而不是反过来[①]。

由于以上这些原因或观点，管理中要特别重视人的思维方式问题。如果组织管理中不是从规范人们的思维和行为方式出发，而仅仅是规定或限制人们的某种具体行为（如规定员工应该做什么、不应该做什么），即使这样的规定十分细致，其效果也令人怀疑[②]。最终将是管理者“疲于奔命”，员工还是“为所欲为”，或者“为组织（或社会）不希望之所为”。

四 管理者的思维方式

由于管理的性质、任务及管理者所负有的职责，管理者尤其要重视思维方式问题。

（一）管理的理性特征与管理者思维方式

关于什么是管理，文献中有多种定义。例如，管理就是实行计划、组织、指挥、协调和控制[③]。管理是一个为了达到同一目标而协调集体所做努力的过程[④]。管理就是设计并保持一种良好环境，使人在群体里高效率地完成既定目标的过程[⑤]。管理是根据组织资源（人力、财务、物质和信息）所进行的一系列活动（包括规划与决策、组织、领导和控制），其目的是以有效率的和有效能的方式实现组织的目标[⑥]。管理是通过计划、组织、控制、激励、领导等环节有效地争取和使用人力、物力、财力、信息、时间资源以期达成组织目标的过程[⑦]。管理是指组织中的如下活动或

---

① 转引自斯图尔特·克雷纳《管理百年》，海南出版社 2003 年版，第 224 页。

② 现在有些组织或部门，出台有关文件对人们的行为进行规定或限制，如对员工“八小时工作以外”的行为进行规定，这种做法就值得商榷。先不说这种规定是否有必要和正当，只说这种规定是不是能够产生预期的效果就值得怀疑。为此有文章评论道：规定了“八小时以外”，是不是还要规定其他事情。

③ 法约尔：《工业管理与一般管理》，中国社会科学出版社 1982 年版，第 5 页。

④ 小詹姆斯·唐纳利等著：《管理学基础》，中国人民大学出版社 1982 年版，第 10 页。

⑤ 哈罗德·孔茨、海因茨·韦里克：《管理学》（第十版），经济科学出版社 1998 年版，第 2 页。

⑥ 里奇·格里芬：《管理学》第八版，中国市场出版社 2006 年版，第 5 页。

⑦ 徐国华主编：《现代企业管理》，中国经济出版社 1993 年版，第 2 页。

过程：通过信息获取、决策、计划、组织、领导、控制和创新等职能的发挥来分配、协调包括人力资源在内的一切可以调用的资源，以实现个人无法实现的目标①。

以上有关管理的各种定义尽管措辞各不相同，但都表明了管理是有意识、有目的的社会性活动，有明确的理性特征和要求。所谓“理性”，主要是指人的活动的目的性，以及人的自觉能动作用。管理基本属性（或功能）的二重性就是对管理的理性特征和要求的明确表述，即管理有合理组织生产力的一般功能，这是自然属性；同时也有维护和完善现存生产关系，实现其生产目的的特殊功能，这是社会属性。此外，徐国华主编的《现代企业管理》也提出了管理通常面临的三个具体问题：一是如何使个人适合组织的需要以提高工作的效率。二是如何使组织适应环境，即使组织的产品和服务满足环境的需要并得到环境的承认和回报以提高效益。三是如何使组织适应人的需要②。管理的这些功能和问题都表明了，管理有明确的目的性，而不是无意识、无目的的随意性活动。

以上定义也表明了管理活动具有复杂性和动态性。管理是复杂的，其中涉及了多种因素、资源及活动，各种因素、资源及活动都有自己的作用及特点。在管理过程中，如计划、组织、指挥（领导）和控制等各种职能活动③，都应该从各种因素及资源的作用和特点出发，进行恰当的管理，从而表现出了复杂性。管理过程还是动态的，这是因为管理的内外环境及条件是变化的，管理活动必须要适应环境及条件的变化，而随时做出动态的控制和调整。

为了在复杂及动态的环境下实现管理的预期目标，管理者必须要有相应的思维方式。为此，组织管理中要有一定的思想和理论作指导，同时要有相应的原则、制度、文化和方法作为其规范和手段。管理思想和理论及管理的原则、制度、文化和方法的一个重要作用，就是规范了管理者的思维和行为方式，使管理者能够从组织管理的全局出发来观察

---

① 周三多主编：《管理学》，高等教育出版2000年版，第4页。

② 徐国华主编：《现代企业管理》，中国经济出版社1993年版，第5页。

③ 管理职能有多种分类，但由于这一问题不是我们讨论的内容，而且不管哪种分类对本书都有一样的意义，所以我们暂且认为管理职能是“计划、组织、指挥（领导）、控制”四种。

和分析有关问题，明确应该做什么、怎么做，并且能自觉地采取相应的行动或行为。尤其是管理思想和理论或者是管理中客观规律的反映，或者是管理实践中前人经验的总结，管理者应该学习，并结合实践努力贯彻。

（二）管理者的职责与管理者思维方式

管理者是以执行管理过程为主要职责的人。具体来说，管理者是负责规划与决策、组织、领导和控制人力资源、财务资源、物质资源和信息资源的人①。罗宾斯则认为，管理者是指挥别人活动的人②。管理者要能承担其所负的职责、有效完成管理的任务并实现管理的目的，就必须得具有相应的知识、能力和素质，以便其行为符合管理活动的性质和要求。为此，有关文献对管理人员所应具有的知识、能力和素质等都做了多方面的探讨和表述。例如，管理者应该“德才兼备”，德是指政治素质与道德素质的统一；才是指管理者的知识结构与技能。与此同时，管理者还必须得有相应的体力和脑力条件。

更详细的观点则认为，管理者应具备八个性格特征和五种激励特征。八个性格特征是：个性特征；才智（口头表达和文辞方面的天资）；主动性（愿意开拓新方向）；督察能力（指挥别人的能力）；自信（有利的自我评价）；为雇员所亲近；决断能力；男性—女性。五种激励特征是：对工作稳定的需求；对金钱奖励的需求；对指挥别人的权力的需求；自我实现的需求；对专业成就的需求。

或者，管理者应该具有十项品格和十项能力。十项品格为：使命感、责任感、信赖感、积极性、忠诚老实、进取心、忍耐性、公平、热情、勇气。十项能力为：思维决策能力、规划能力、判断能力、创造能力、洞察能力、说服能力、对人理解能力、解决问题能力、培养下级能力、调动积极性能力。

或者概括为：五种体质特征（如精力、外表和身高等）；四种智力与才干特征（如适应性、进取性、热情和自信心）；六种与任务有关的特征（如自我实现、创新精神、敢于冒险等）；九种社会性特征（如合作精神、

---

① 里奇·格里芬：《管理学》第八版，中国市场出版社 2006 年版，第 5 页。

② 斯蒂芬·罗宾斯：《管理学》，中国人民大学出版社 1997 年版，第 5 页。

人际关系能力、行政管理能力等）。

从具体作者的观点来看，如法约尔认为，任何管理人员都需要有下列品质和能力：身体条件、智力条件、精神条件、全面教育、特别的知识及经验。他特别指出：对一个企业而言，一个管理能力不错而技术上平庸的领导人一般要比一个技术上出色而管理能力平庸的领导人有价值得多。雷恩据此指出：根据法约尔的观点，组织成功更多地取决于其领导人的管理能力而不是技术能力①。换言之，管理人员更强调管理能力。

孔茨和韦里克则提出了管理人员所需要的四项能力：专业技能是指在涉及方法、工艺和过程等活动中所需的知识和水平。人际交往技能是指与他人一起工作的能力，即协作精神和团队精神；是指创造出一种良好的氛围，以使员工们能够自由地无顾忌地表达个人观点的能力。理性技能是指能够总揽全局，判断出重要因素并了解这些因素之间关系的能力。设计技能是指以有利于企业利益的种种方式解决问题的能力②。不同层次的管理人员这四项能力的要求不一样。基层管理人员专业技能要求较多，理性技能不太重要；高层管理人员专业技能要求不高，但理性技能、人际交往和设计技能要求较多，特别是理性技能是重要能力。

以上这些探讨和表述可谓详尽备至，按说也都是一个管理者所必须要具备的。但在这些探讨和表述的基础上，我们还可以从中抽取出一个重要要求，就是一个人之能（或要）成为管理人员，还应该具有相应的管理思维方式。这是因为管理是人的有目的、有意识、有组织的理性行为，有自己相应的理性规范（如指导思想、原则）。管理者知识和能力的掌握、发展和应用，都和其思维方式密切关联，从而也对管理者的思维方式提出了相应的要求。对此，丁荣贵就认为，作为一个有效的项目经理，需要具备三种基本能力：解读项目信息的能力、发现和整合项目资源的能力、将项目构想变成项目成果的能力。要具备这些能力，首先必须树立有效的项目管理思维方式③。

---

① 丹尼尔·A. 雷恩：《管理思想的演变》，中国社会科学出版社 1997 年版，第 239、237 页。

② 哈罗德·孔茨、海因茨·韦里克：《管理学》第十版，经济科学出版社 1998 年版，第 4 页。

③ 丁荣贵：《项目管理：项目思维与管理关键》，机械工业出版社 2004 年版，前言。

特别地，管理者是负责或从事管理工作的人，他们的思维和行为方式对管理活动的进行及其结果有重要影响。他们应该具有正确的管理思维方式，才能按照管理的要求去思考问题并开展管理工作①。这就像一个人要想在化学领域里做出成就，他必须具有化学学科领域的知识和思维方式；或者要想在软件领域里做出成就，也必须得具有软件领域的知识和思维方式一样。在这方面，曾有人问爱因斯坦：哪件事对他的相对论帮助最大，爱因斯坦回答说：找对思考问题的方法②。爱因斯坦的这一回答，亦可作为对管理者思维方式的一个基本要求③。

由于科学技术的进步和市场竞争的发展，管理环境也日益趋向复杂性和动荡性，对管理者思维方式的要求也越来越严格和明确，以至于思维方式也成为划分管理者类型的一个重要标准。例如，有观点提出了“新型企业主管”的概念，以与传统型主管相区别。传统型主管是指思想保守、循规蹈矩，以做好目前工作为全部任务的保守型主管。新型主管的一个突出方面则是具有创新的思维方式，他们把创新和变革作为基本的经营理念，反对僵化和保守，推崇变化和灵活，并努力在创新和变化中寻求和把握机会。

（三）管理者思维方式的一般要求

由于管理的理性特征及管理者所负的职责，对管理者的思维方式也有以下一般要求。

管理者首先应具备一种管理的愿望和意识，管理者的管理愿望和意识

---

① 郑宇民曾撰文谈道：浙江民企往何处去，这是所有浙江民营企业家都必须面对的问题。他提出了“四个走”，首先就是要往思想的深处走，把创业者的胆略型变成思想者的思考型。民营企业家必须是创业者同时又是思想者，既保持激情又拥有理性，过去我们靠胆子，现在还要靠脑子。科学发展观的确立不是宏观调控时期对于民营企业的特殊要求，而是民营企业自身发展的内在要求，每一个清醒的企业家都应该懂得，有序的是最快的，适应的是最好的，和谐的是最优的，守信的是最久的。靠打一枪换一个地方已经行不通，靠无序竞争挖第一桶金也已不现实（郑宇民：《浙江民企的“四个走”》，《经济日报》，2004年11月12日）。

② 转引自杰克·特劳特《什么是战略》，中国财政经济出版社2004年版，第24页。

③ Rahmandad也表达了类似的观点：由于一定的“认识图式”会表现出相应的指向性或取向性，而组织战略的形成及其构成又是多样化的，因此组织管理者在制定战略、发展组织适应性时，要重视“认识图式”的选择［Hazhir Rahmandad，Effect of Delays on Complexity of Organizational Learning. *Management Science* 54（7）2008］。

是管理者能否做好工作的重要前提。对此，周三多主编的《管理学》就强调：强烈的管理愿望是有效开展工作的基本前提①。徐国华主编的《现代企业管理》中也明确指出：成本管理的核心是管理者的成本意识，成本意识是指能自觉地将生产经营活动与成本、收益进行挂钩考虑的习惯、能够比较准确地判断成本效率的能力和提高成本效率积极性的综合表现。成本意识是一种问题意识，一种改进意识。管理者对自己担任的工作，能自觉反省以往的做法，找出问题，并努力探求能改进成本的方法。成本意识强的人，一般应能考虑出多个替代方案，进行分析选择。成本意识不仅是成本知识，它还必须从管理者的目标、责任高度去考虑、认识和判断成本；成本意识也不等于节约意识，节约是控制浪费。管理者是否有很强的成本意识，是判断管理者能否提高成本效率的有效方法。只会沿用过去做法的管理者，缺乏成本意识，是不能完成自己肩负的成本责任的②。

对管理者而言，首先要养成一种“管理的”愿望和意识。这不是指“总想管制别人”的思想，而是一种“发现问题、解决问题”的愿望和意识，是使管理协调渗透到工作各个方面的思维方式。管理者不能仅仅满足于问题出现后能够想办法解决，然后便等待下一个问题的出现。管理者应走出去主动地发现问题，尤其是要主动地去发现问题的根源（病源），并及时地将其消灭在初始状态。如果只是等待问题，那么管理者看到的很可能就会是病情的“恶化”。另外，要有一种管理的“意识”也是强调：要从组织管理的系统角度去综合统筹考虑问题，通过协调各方面的关系，力求把工作做好做细③。而不是“简单被动”地对待管理中的工作与问题，

---

① 周三多主编、陈传明副主编：《管理学》，高等教育出版社2000年版，第162页。

② 徐国华主编：《现代企业管理》，中国经济出版社1993年版，第326—327页。

③ 在这方面，思科（中国）人力资源部的一些做法就是一个很好的例子：思科与其他企业一样也面临着人力资源的流失问题，员工离职率在15%—20%。对一些企业来说，员工离开了企业，那就不用管了。但思科人力资源部不是这样，他们表现出了强烈的“管理意识”。员工离开企业有多种多样的原因，不管什么原因，思科公司都非常想知道员工为什么要走，以此来获得改进工作的机会。为此，公司人力资源部专门为辞职的员工做了档案，统计分析为什么人走了。并尽量了解员工离开的原因，希望员工是有正确的理由和对自己有利的理由而离开，而不是一种盲目的“流动”（《员工：企业生存的关键》，《经济日报》2000年9月28日）。

“头痛就医头、脚疼就医脚”[①]。

一种自觉的“管理的”意识是重要的，如人本管理要有“人本”的意识，真正把人放在管理的中心地位；计划管理要有“计划”意识，对管理活动中的有关事物，都要有预测和计划，将有关问题考虑在前，事情发生了也有相应对策；质量管理要有“质量”意识，工作中要力求“精益求精”，并努力去设法提高质量，等等。如果有关工作需要“想起来”才做，什么时候想起来什么时候做，想不到就不做；或一直要等到问题发生后再根据情况去做，工作就难做好了。

其次也是更重要的，管理者还应具备有关管理的基本认识和思维框架，并据此来观察、分析和解决管理中的各种问题。所谓管理的基本认识和思维框架包括：管理者要掌握管理的价值标准、基本观念（原理和原则）和主要的思维方法；要有管理的协调性思想，把实现组织（及组织与外部环境的）协调作为管理活动的根本要求；要把握组织活动的特定性和管理实践的多样性，在管理理论和观点的指导下，根据管理实践的具体情况灵活应用相应的管理手段和方法，等等。管理的基本认识和思维框架从整体上表明了管理的目标、过程、结果和要求，从而也为管理者开展管理活动提供了某种认识或思维的“范式”。尤其是管理的价值标准和基本观念更是管理者观察、分析管理中有关问题的出发点，是管理者思维和行为的基本依据。根据管理的基本认识和思维框架以及管理的价值标准和基本观念，管理者将知道“做什么”、“为什么做”及“如何做”。

在这方面，特别要提到“范式”的作用。“范式”是现在有关研究中的一个重要概念，提出这一概念是要表明：某一领域中的基本观点和认识框架对在该领域中活动的人们的思维和行为有着重要影响，例如库恩提出的科学“范式”概念。

科学范式是指科学理论，同时还包括了各种与该理论密切联系的哲学信念、价值标准、研究方法以及所使用的实验仪器。用库恩的话说，是科

① 有财务管理专家强调：控制成本不应只是简单地“削减”费用，而是应对费用进行“管理”。有的管理者为了控制成本，就只简单地采取降低工资、招待费、差旅费等措施。虽然一时间费用是降低了，但往往也会导致员工工作效率下降，并影响工作成果。有效的成本管理模式是在组织内建立一个由绩效指标所组成的机制，使得组织内每一个人在使用资源时，就好像在使用自己口袋里的钱一样。

学理论、方法、标准的综合在一起的“混合物”。或者是指科学家群体的共同信念、共同传统、共同理论框架以及理论模式、基本方法等。范式是行动的指南，研究的纲领，不同范式表达的是“看待世界和运用科学的不同方式”[①]。库恩强调科学只能透过范式的眼镜去同一个由它所限定的世界打交道，去研究范式在这个有限范围内所提出的具体问题。

范式规范了科学家的思维和行为方式，如科学家应该做什么、如何去做、最后大致会得出什么样的结果。范式的这一规范作用，在科学研究中是明显的。例如，科学史上常有所谓“机遇”的发现，一般观点是：机遇偏爱有准备的头脑。但若只把“有准备”理解为“开始起跑”的那种准备，那就是误解了，如奥斯特对电磁现象的偶然发现。奥斯特从事科学研究，目的就是为了发现某种自然的规律。但更重要的是，奥斯特还有某种哲学信念，认为光、电、磁都是同一自然力的不同形式，它们之间有相互作用。正是从这一信念出发，他做了长期不懈的探索，最后终于发现了电流的磁效应。所以，所谓“有准备的头脑”，其实也包括了具有科学研究中相应的范式，如此才能从这样的范式去观察、分析和认识自然现象。可以想得到的是，在奥斯特之前，很可能其他一些科学家也观察到了相同的现象。但是由于他们的“范式”不同，因此即使看到了这一现象，也不能识别出其中的意义。可以认为，正是范式的作用，才使科学成为一种高度自觉的、有目的性的理性活动。

所以库恩认为，科学界如果认为对下面一些问题没有得到可靠的回答，实际研究工作就没有开始：组成宇宙的实体是什么？它们之间怎样相互作用？又怎样同感官发生作用？对这种实体提出什么问题才合理？用什么办法才能找到答案？[②] 与库恩的观点相类似的是，马丁和波尔纳也指出，要适时了解经济和社会的发展，就要有一个思想框架，对现实要有一个基本的认识，尽可能全面地详尽地了解现实[③]。同样我们也可以认为，一个管理者要做好管理工作，首先就要对管理的基本目标、管理的对象、

① T. S. 库恩：《科学革命的结构》，上海科学技术出版社 1980 年版，第 3 页。

② 同上书，第 4 页。

③ 曼弗雷德·马丁、加比·波尔纳：《重塑管理形象》，中国经济出版社 1996 年版，第 14 页。

管理对象之间及管理对象与管理目标之间的各种联系，以及管理的指导思想、价值标准、原理、原则和方法等有深刻的理解和把握，形成一个整体的思想框架和基本认识，并据此来观察、分析和解决有关问题。如此，他/她才能有效地开展并做好管理工作。

一个人以前是不是管理者，这并不重要。但一个人一旦走上管理岗位而成为管理者，就必须得有管理的思维方式，也即要具有相应的管理知识和方法，要以管理的价值标准和基本观念为依据，并且要从组织的角度，从整体、长远的观点来看待问题。如果一个人成了管理者，还是沉浸在以前“无官一身轻”的状态，只从他/她自己的角度来考虑问题，或者还是按先前所从事专业工作的要求那样观察、分析问题，那我们可以说，这个管理者很可能是不称职的。

总而言之，管理者需要了解和把握管理的基本认识和思维框架，将其作为自己观察、分析和解决问题的基本规范和依据，并据此形成自己的思维方式；同时，根据实践需要调整自己的思维方式，以便适应管理中的具体情况和发展要求，推动工作产生更好的结果。

实际活动中，思维方式作为一种内在的指导，很多时候并不为人们所察觉。但也正因为如此，认识我们的思维方式，以便了解我们行为的深层次根源就更有必要了。由此出发，探讨和把握管理的思维方式，并用其来指导我们的管理行为就具有特别重要的意义，而这也正是本书的目的。

第二章　管理思维方式的发展与形成

一　管理活动的专业化

管理思维方式属于人类思维方式的范畴，符合人类思维方式的一般特点。同时，管理思维方式针对的是管理活动中的特定对象和问题，因此也是一种特定领域里的人类思维方式。

管理思维方式与管理活动有关，是在管理实践中形成和发展起来的。在古代有关文献中，就可以看到很多堪称经典的管理实践和思想。如我国宋朝丁渭为了修皇宫而提出的"一举三得"方案，就表现出了系统管理的思维方式。当时为修复因火灾而毁损的昭应宫，丁渭提出：先把昭应宫前的大街挖成一条河沟，将附近的汴河水引入河沟，以便用船运送建筑材料；河沟中挖出来的土就地烧制砖瓦，用来建筑宫殿，这样能解决建筑材料及其运输问题；新宫殿建好后，将各种碎砖烂瓦填平河沟，既方便处理了碎砖烂瓦，又能恢复原来大街。

"田忌赛马"则可看做运筹学思维方法的充分运用：齐王和田忌赛马，各出三匹，每匹马各出场一次，共赛三场，胜场多者获胜。齐王和田忌各自的三匹马都有快慢之分，只不过齐王的一、二、三等三匹马都分别比田忌的三匹马要快一些。就是齐王的一等马比田忌的一等马要快、二等马比田忌的二等马要快、三等马也比田忌的三等马要快。如果一等马比一等马、二等马比二等马、三等马比三等马，田忌必输无疑。为此，孙膑出主意道：让田忌的三等马与齐王的一等马比，反正是输，但由此可使田忌的一等马与齐王的二等马比赛，二等马与齐王的三等马比赛，这样都可占有一定优势。结果，田忌在总比分上获得了比赛的胜利。

古希伯来人耶特鲁也表达了现在组织管理中的一些基本思想和观点。他看到摩西在管理有关事务时，凡事都要亲自过问，认为这不是好的管理办法。为此他建议摩西：首先制定法令，并广告民众；其次建立等级，实行等级管理；最后委派管理人，各负其责。

这些古代管理例子中所表现出来的管理思想和思维方式，现在还都有一定的借鉴意义。但是，由于以往的管理活动大都以经验为基础，没有形成系统的理论和科学的管理，管理思维方式也没有定型。

现代管理理论及其思维方式是随着管理作为一种专门活动而逐渐形成的，其主要背景：一是资本主义大机器工业的产生；二是企业组织及其在管理活动中所发生的变化。

18 世纪 60 年代开始的工业革命，推动了工业技术、生产组织以及社会关系等方面出现了巨大的变化，使社会生产活动进入一个新的时代。科学技术进步及其在生产活动中的应用，促进了资本主义大机器工业的加速发展，为物质资源和人力资源的大规模利用和结合提供了可能，也为资本主义大生产提供了基础。大机器生产不断扩展，原有的小手工业和工场手工业则日渐衰微，社会生产的组织形式迅速从以家庭或工场为单位转向以工厂为单位。生产分工日渐突出，生产规模日益扩大，需要的资源和涉及的因素日益增多，资本主义工厂制度开始建立和发展。资本主义大生产的特点，一是大批量生产；二是劳动分工。从而也提出了更多的生产组织与管理问题，如生产组织、分工协作、资源调配、人员激励等问题，以便提高生产的效率和效益。以往的小手工业和工场手工业的管理方式显然不能满足需要，发展新的管理思想和方法的重要性越来越明显。

传统企业中的管理者就是企业的所有者，如业主制企业、合伙制企业、合股公司等。随着企业规模日益增大，技术越来越复杂。尤其是股份公司的出现，企业股东日益增多，经营业务日趋多样化，企业所有者直接进行管理（或者大股东亲自担任高层经理人员，只有中下层经理人员才由支薪的雇员担任）已难以适应企业经营和管理发展的要求。

在过去的企业中，企业主本人或家庭成员因其所拥有的财产，而在企业的经营管理决策中居于绝对的支配地位。但拥有企业财产的所有权并不一定就能保证所有者也具有组织经营管理和决策的能力。能否在组织管理决策中发挥真正及有效的作用，还取决于个人的管理能力和素质，取决于是否受过职业训练，而不仅仅是所占有的资本或股份。随着对这一问题的认识以及管理实践中的需要逐渐明确，企业的所有权与经营管理权也逐渐开始分离，从而也形成了专门的经营管理人员。主要是从19世纪80年代开始，以由一个法人治理结构来统治和管理企业为主要特征的现代公司制度开始产生，高层管理人员由支薪的雇员担任的情况越来越普遍。这些高级管理人员是一些专业经营管理人员，可能是也可能不是公司的股东，关键是由于他们的经营管理能力而被代表所有者的董事会雇用。于是，企业也就从过去的“企业主企业”逐步演化成后来的“经理人员企业”。这些经营管理人员都受过专业训练，具有一定的专业技术知识和能力，尤其是具有管理知识和能力。由此，在很多股份公司中，资产所有权和管理控制权出现了明显的分化，以前的制度开始让位给新出现的管理制度，而这种控制上的转移也被称为“管理革命”和“管理主义”①。

莫登认为，由于所有权和控制权相分离，大中型组织的增长必然带来管理实践的发展。因为对于所有者来说，组织过于庞大，难以独自控制。同时专业化和复杂化的趋势也要求由专业的行政管理和经理人员正式管理，以维持组织高效的运转。这样，到20世纪30年代，所有权和控制权就已经分离，并带来了管理职业的发展②。

克雷纳认为，过去的一百年见证了管理形成的戏剧性过程，管理成为一种职业③。小钱德勒等人的《管理学历史与现状》对这段历史专门做了研究，他们在前言中写道：两个世纪以前，并没有专业的企业管理。也就是说，并不存在这样一群人，他们为了工薪而为企业工作，并拥有极少量的该企业的股票。管理企业的人就是这些企业的所有者。因此，我们的问题是：第一，企业管理是如何成为专业职业的？一些大企业的管理是如何与其所有权相分离的？第二，随着企业规模的扩张，企业经历了由所有者管理到专职经理人管理的变革，这些企业的职员做何反应？④ 在这里，小

① 亨利·艾伯斯：《现代管理原理》，商务印书馆1980年版，第9页。

② 托尼·莫登：《管理学原理》，中国社会科学出版社2006年版，第7页。

③ 斯图尔特·克雷纳：《管理百年》，海南出版社2003年版，前言。

④ 阿尔弗雷德·小钱德勒、托马斯·麦克科劳、理查德·特德劳：《管理学历史与现状》，东北财经大学出版社2001年版，前言。

钱德勒等人的用词中突出了“专职管理人员”的意思[①]。

艾伯斯特别指出，这样的发展不仅发生在企业管理领域，同样也发生在其他管理领域[②]。在政府中，公共事业的专业行政管理人员在很多方面已经替代了政治活动家，医院的行政管理人员也已取得专职地位，而无须参加实际医务工作，教育部门的行政管理也成为一个单独的领域。

正是在这样的背景下，美国人汤恩在1886年发表了《作为经济学家的工程师》，认为管理问题同工程技术一样重要。随着工业大规模的发展，以及经营管理面临的种种复杂问题，管理企业需要有专门才能的职业管理人员。他认为，管理应当做一门专门的学问，从工程技术领域独立出来。应该从有经验的人员中选择有管理才能的人，并应经过生产技术和行政事务两个方面的训练[③]。

管理活动的专门化和经营管理人员的专业职业化，是现代管理理论发展及其思维方式形成的主要历史前提。一般来说，这一发展从泰罗的科学管理开始，大致经历了三个主要的阶段：古典管理理论；行为科学理论；管理科学理论。这三个阶段又可概括为管理思维方式的形成和完善两个主要的进程，即科学管理的奠基阶段、行为科学和管理科学的完善阶段。最终形成了具有明确对象和问题的系统的管理理论和思维方式，并构成了现代管理思维方式的基本框架。

二　古典管理理论

古典管理理论包括以泰罗为代表的科学管理和以法约尔为代表的组织

① 卡斯特和罗森茨韦克在其1985年出版的英文版著作《组织与管理》中提出：组织的发展变化促进了新型专业人士——管理者的出现。同时他们也认为：如果用理想的职业化模型来衡量，很难将现代管理划分为一种职业。现代管理还没有发展出传统的职业团体所表现出来的五个要素。但是管理的确是朝这个方向发展的。当考虑管理的作用问题时这是很重要的，因为职业化的基本特征之一是在自我控制而不是单纯的私利（弗莱蒙特·E. 卡斯特、詹姆斯·E. 罗森茨韦克：《组织与管理——系统方法与权变方法》第四版，中国社会科学出版社2000年版，前言第211—212页）。

② 亨利·艾伯斯：《现代管理原理》，商务印书馆1980年版，第9页。

③ 转引自何钟秀《现代管理学教程》，河南人民出版社1986年版，第28页。

管理两个学派，它们的产生和发展可看做现代管理理论及其思维方式的奠基时期。一是采用科学方法进行管理，以提高生产的效率；二是提出了组织管理的原则，以保证组织管理的秩序和效率。

（一）科学管理学派

科学管理学派以泰罗为代表。泰罗有丰富的实践经历，他 19 岁到工厂里去做学徒，从普通工人、工长、技工长一直到工程师，其间通过夜校学习获得了工程学位。他在技术上发明了高速金属切削工具，在管理上则不断得到了提升。丰富的经历使他熟悉生产现场和基层工作，同时也提供了机会去观察和发现企业和生产管理中的有关问题，尤其是这样的经历也影响了他在发展科学管理思想过程中所采取的思维方式。

在泰罗的时代，企业中还没有一套建立在科学理论基础之上的管理方法，企业的生产率低下。主要有两个方面的原因，一是一些企业中实行“计件工资制”，以刺激工人的积极性。但计件工资标准的制定缺乏科学性，通常标准定得较低，工人很容易超过，工厂不得不多次提高定额。这样几经反复，使标准成为一个“无底洞”，最后导致工人怠工，靠“磨洋工”来表示抵制。二是工人在工作中容易疲劳，也在很大程度上影响了生产率的提高。这方面主要是因为工作方法设计不科学，工人的劳动没有科学性，如工作与休息不协调、劳动姿势和工作的布置不合适等。实际上，如何提高生产的效率是当时存在的一个普遍性问题，泰罗认为，这些问题的关键是没有用科学的方法进行管理和生产。为此，他提出了后来所说的“科学管理”的理论和方法。

泰罗科学管理主要考虑了两个方面的问题：一是怎样提高管理人员的工作效率；二是怎样提高工人的劳动生产率。主要内容是在生产组织方面强调建立各级责任制，企业的管理者应当负起管理的职责。在工资支付方面制定“级差计件工资制”，明确按规定方法工作，超过标准定额和分级者以高工资率计件，否则一概以低工资率计件。目的是希望提高生产作业和管理工作的效率，主要手段就是采用科学方法进行工作。其思想中的基本概念是：标准、合理化、效率。即通过采用科学方法制定标准，使工作合理化，最终达到提高工作效率的目的。实际上，这种方法也确实促进了管理工作和生产活动中效率的提高。

泰罗科学管理思想的一个中心点，是主张用科学的方法研究管理问题，把自然科学中常用的观察、实验和数学手段引进管理领域。泰罗认为：在每个行业的每个具体活动上所使用的众多办法和工具中，往往有一种办法和一样工具比其他任何的办法和工具都要更好些。要发现和发展这个最佳办法和最佳工具，只有通过对一切实用的办法和工具进行科学的研究和分析，结合着进行准确、精密的动作和工时研究。这就意味着通过机械工艺逐步以科学替代单凭经验的办法①。泰罗运用观察、实验的方法，对工人们的操作情况进行了系统的研究，制定了标准的定额（合理的日工作量）、标准的工人（第一流工人）、标准的操作方式、标准的工具、标准的作业环境等。在组织方面，泰罗提出，把管理职能和执行职能分开，管理部门的工作是进行调查研究，制定有科学根据的定额和操作方法；比较“标准”和实际情况，进行有效的控制。泰罗还特别强调经济刺激的方法，制定了“差别计件制”的付酬制度。为此，有观点认为，所谓泰罗的科学管理，其实就是对管理的工作进行科学的考察。具体就是对决定某项具体活动或工作的操作效率的所有因素进行系统的、客观的和认真细致的考察，以便改进这项工作，提高其效率。

与泰罗同时代并对科学管理思想的发展作出重要贡献的其他人物，也大都具有与泰罗相似的生产实践经历。例如，吉布雷斯曾做过多年的砌砖工人，甘特则是泰罗的同事和助手。他们对科学管理所作的贡献，主要是围绕着“标准、合理化、效率”而展开的。具体包括工作分析（动作—时间研究）、计划管理和效率原则等方面，例如：

吉布雷斯总结出五条改进生产动作的原则：一是尽量减少动作的种类、数量和方向的变化，缩短动作的长度；二是力求减少动作所引起的疲劳；三是使动作尽量成为习惯；四是为合理的动作制定一定的标准，并据此对工人进行培训；五是应充分注意改进提高产品质量的动作。

甘特的主要贡献则是发明了用图解法来阐明计划。在图上，X 轴表示计划的工作任务及其完成情况；Y 轴表示为完成任务所花费的时间。这一图解法使计划具有了直观性，也有利于更好地进行管理控制活动。这种图因此也被称为“甘特图”。

爱默生提出了十二项效率原则，概括起来就是：（1）要有明确的目

① 泰罗：《科学管理原理》，中国社会科学出版社 1984 年版，第 163 页。

标来引导组织成员；（2）管理人员要注意观察和分析工作中的各种问题及其相互关系，解决问题；（3）为提高决定的有效性，应强调协商，集体决定；（4）强调纪律，这是组织工作的保证；（5）应公平处理各种事务；（6）要有可靠、及时、准确的工作记录；（7）对生产进行统一的调度、安排和控制，局部要服从整体；（8）规定标准的工作时间、工作方法和秩序；（9）工作环境标准化，减少浪费；（10）通过作业标准化来提高工作效率；（11）重视书面指导的作用；（12）对提高效率的建议和行动进行奖励。

以泰罗为代表的科学管理将标准、合理化、效率作为管理的中心因素，为此在实际的管理工作中，注重生产工作分析，特别是开展了大量的动作—时间研究；建立工作标准；注重企业内部的分工合作；强调职责分明、量才用人和物尽其用。并且建立了相应的制度，对企业中有关人、财、物、事的管理，均定有系统的、条理的方法，使各种管理工作有章可循。所有这一切，就构成了当时管理思维方式的明显特点。

不过，这样的管理思维方式也存在缺陷，主要是它强调采用科学的方法进行管理和生产，重视的是物质和技术的因素，而人的因素相对来说则不太看重。首先，他们把人看做机器的一个组成部分，主要的问题是使人适应机器。其次，他们认为人的问题可通过经济手段加以解决，就是管理人员设计了一种好的工作方法后，通过增加工资或奖金，就可以要工人按照管理人员设计的这种方法及相应的要求进行生产或劳动，从而达到提高生产率的目的。由此也形成了“经济人”的观点，即认为工人看重的是经济利益，利用物质刺激的手段，可以要工人做任何事。这样一种“经济人”的观点，也是科学管理受到后人诟病的一个重要原因。

（二）组织管理学派

古典组织理论形成于19世纪末和20世纪初，也有多位代表人物，其中突出的是韦伯、法约尔和穆尼。这一学派着重研究管理的行政控制问题，中心是如何使管理组织机构合理化以达到高效率。基本路线是从理想型组织出发进行探讨，据此而提出了组织管理的基本原则。

韦伯是德国的社会学家和经济学家，他研究了如何运用行政方法来实现最有效率的管理，为此提出了三种理想型组织，即传统型组织、神圣型组织和科层制组织。这里的“理想型”（或“纯粹形态”）是指一种科学分析方法，即对现实中的多种因素进行概括、抽象和综合，含有从现象中抽取出“本质”的意思。他认为：传统型组织是只忠于个人，无所谓章程，也没有正规性，统治者可以任意支配被统治者，而且这种支配或统治是以被统治者对统治者的完全信赖为基础。神圣型组织是松散的组织，其成员认为组织领导人有着非凡、超人的力量，领导人也通过某种象征来证明自己的超人的力量。科层制组织是一种宝塔式的组织结构，与传统型和神圣型组织不同的是，科层制组织带有正规性、非个人性、专业技术性和权力垄断性四个基本属性。韦伯认为，只有这四者结合起来，理想型的科层制才是高效、准确和稳定的。

韦伯认为，理想的组织模式应该：成员间有明确的任务分工；上下级间有职、权、责分明的结构；组织内部任何人都必须遵循共同的法规和制度；上下左右是工作与职位之间的关系，不应受个人情感的影响；选拔任用任何人都必须一视同仁，严格掌握标准。他认为，这种组织是对人进行绝对必要的控制的最合理的手段。在精确性、稳定性、严格的纪律性和可靠性等方面，它比任何其他形式都优越……而且能够正式地应用于各种行政管理任务①。

法约尔担任过一家大煤矿公司经理，也曾在大学里当过教授。这样的双重经历，使他形成了看待管理问题的独特角度和出发点。他不是分析研究生产过程中工人的劳动效率，而是在企业管理的更高层次上，着重关注高层管理的效率和一般管理原则。他认为，他以前在公司管理上的成功不是由于他个人的领导能力，而是因为应用了一般管理原则的结果。由此，他明确提出和阐述了“一般管理”的概念和理论，并认为他的理论和原则超出了企业管理的范围，不仅适用于工商企业，而且也可用于政府、教会、团体、军事组织及其他各种事业组织。

法约尔认为管理活动是企业所有活动中的一种基本活动，他概括了管理的五个要素（现在我们是说管理的职能）：计划、组织、指挥、协调和控制，这五个管理要素提供了现代管理过程的基本框架。他还首次提出了组织管理的十四条原则：分工；权威和责任；纪律；统一命令；统一指导；个人利益服从整体；人员报酬；集中；等级链；秩序；公平；工作稳

① 丹尼尔·A. 雷恩：《管理思想的演变》，中国社会科学出版社 1997 年版，第 257 页。

定；首创性；集体精神。法约尔的工作在很大程度上明确和充实了管理的概念，尤其是他第一个提出和阐述了“一般管理”的理论，这被后人认为是他的一个重要贡献。

穆尼则提出了三条组织管理的原则：（1）以统一行动为目标的协调原则；（2）以授权、尽责为基础的等级原则；（3）以专业化分工为前提的职能原则。

这些代表人物所提出的观点和原则，在现代组织管理活动中也还有明显的反映。可以认为，他们的观点和原则实际上构成了现代组织管理思想的某种基础。

总的来看，古典管理理论突出了效率和制度的重要性，具体有四个方面的贡献：一是突出了用科学方法进行管理的思想；二是突出了效率的思想，即管理的根本目的是提高效率；三是认为管理具有相应的制度和原则，并以此作为评价管理工作的标准；四是认为管理是一种专门的活动。其思维方式特点是：注重对工作和技术（物）的管理，强调工作的高效率，把科学方法放在中心位置。为此，采用等级制管理方式，突出专业化、标准化、明确分工、职责范围、纪律和服从等，以组织、制度、技术、计划等正式手段来控制规范人们的活动，以达到整个组织的目标。至于人及其社会心理需要，则不是古典管理理论关注的重点内容。

但不管怎样，古典管理理论总是现代管理发展的一个起点，尤其是奠定了现代管理思维方式的基础。泰罗自己就强调，科学管理法的本质是从经验走向科学的思想革命①。纽曼和萨默也认为，最早的管理理论关心的是生产率问题。这一派的注意力集中于研究了解如何才能生产得更多。科学管理（属于生产率学派）的奠基者们作出了两个方面的重要贡献②：第一，他们创造和发展一系列大幅度地提高劳动生产率的技术。第二，尤为重要的是，他们从根本上改变了我们对管理问题的看法。我们不再依靠传统的和个人的直观感觉，而是认为任何管理问题都应经受严格的分析，创造性试验和客观的评价。

---

① 泰罗：《科学管理原理》，中国社会科学出版社 1984 年版，第 238 页。

② W. H. 纽曼、小 C. E. 萨默：《管理过程——概念、行为和实践》，中国社会科学出版社 1995 年版，第 12 页。

三　行为科学与管理科学

（一）行为科学

行为科学是心理学、社会学、人类学等在管理领域中应用的结果，这一发展的起点是人际关系学说。20 世纪初期，尤其是第一次世界大战后，心理学在工业中的应用已有了相当规模。在美国，这种应用研究主要包括：工人与工作的关系；利用测验来选择工人和安排工作；决定最好的工作条件；研究最好的管理组织形式；制订培训方案，使人力得到有效发展等。工作的重点是选择和训练，使人适应机器。正是在这样的背景之下，开始了梅奥的霍桑实验。

霍桑实验的最初目的是研究物质条件如何影响生产效率，但后来却发现，工人的生产效率与物质条件没有多大的关系，而是与工人之间的人际关系，以及工人与管理之间的关系密切相关，也即社会因素在生产效率中起了重要作用。进一步研究的结果，就是现在所谓的“人际关系学说”。人际关系学说的基本观点是：以前的管理把人看成“经济人”，现在认为人是“社会人”，不能忽视社会和心理的影响；以前的管理认为生产效率主要受工作方法和工作条件的影响，现在认为生产效率主要取决于职工的积极性，而这又取决于职工家庭和社会生活以及组织中人与人的关系；以前的管理只注意组织机构、职权划分、规章制度等，现在则强调除了正式团体外，还有非正式组织，它们对职工的行为有重要影响；以前的管理强调通过生产作业的安排和科学技术的应用来提高生产效率，现在认为提高生产效率更重要的应是“提高士气”，组织好集体内部持久的真诚合作，改善人与人之间的关系，使正式团体的经济需要和非正式团体的社会需要得到平衡。

总的来看，人际关系学说认为人的因素对工作效率有很大影响，因此管理中应重视人的因素，重视人的社会的和心理的需求，以及组织内部人与人之间关系的改善等。

霍桑实验是管理学教材中的一个经典案例，在现代管理思想的发展史上有重要意义，其根本的原因就是它开创了管理上新的思想和路径。就是在当时强调的注重工作（或技术、物质条件）的通常思维方式的基础上，突出了人的因素的重要性，认为管理者应以人的需要作为考虑问题的出发点。这些新思想的一个重要表现就是“社会人”的概念。

人际关系学说开始了新的发展线索，后来导致了“行为科学”的产生与发展。关于行为科学，《美国管理百科全书》的定义是：行为科学是运用研究自然科学那样的实验和观察的方法，来研究在一定物质和社会环境中的人和动物的行为的科学。行为科学使人的问题及其研究成为管理领域中的一个基本内容，并且也推动了现代“软管理”的发展。事实上，现代管理理论中，行为科学的概念、观点和思想已成为主要的内容。

行为科学主要针对的是人的管理，为此应用了心理学、社会学、人类学、伦理学、生理学等多种学科的知识和方法。其主要考虑的问题是：什么因素决定人的行为，用什么方式才能激励人的行为，如何正确处理人与人之间的关系，等等。中心观点是关于需要和动机的理论，认为人的行为由动机所引起，管理的首要任务就是调动员工的积极性和发挥其创造性，即如何激励动机。为了激励动机，就要满足人的需要。因为动机由需要引起，需要是人的行为的原始动力，从而也把人的需要的满足放在了重要地位。按照这样的思想，行为科学认为管理活动中的主要工作就是协调组织目标和个人目标，激发人的内心动力，促使组织成员主动地发挥自己的力量。其基本方法就是关心人、尊重人，实行“参与式”管理，增强人的工作兴趣等，以此来达到满足人的需要、强化人的工作动机及提高工作效率的目的。同时，强调人的行为和人群关系，注重整个集体的影响，因为人是“社会人”，人的心理和行为与群体和组织的行为密切关联。据此，行为科学对个体、群体及组织的行为作了广泛的探讨，形成了一整套关于人的管理的理论与知识体系，以及以人的管理为主旨的心理行为方法。

相比于人际关系学说而言，行为科学的发展有两个特点：一是不仅重视人的心理与社会需求，同时也考虑了人的物质需求，认为人的需要来源包括了精神和物质两个方面。二是它集成了多种学科和领域的知识和方法，是多方面集体的贡献。如孔茨和韦里克就指出，在20世纪50年代早期以前，有关管理方面的研究主要出自实际工作者之手①。但在这之后，

① 哈罗德·孔茨、海因茨·韦里克：《管理学》，经济科学出版社1998年版，第27页。

多种领域的学者开始进入管理领域，为管理活动和理论的探讨带来了新的视角和观点，推动了管理学理论的新发展。这一特点尤其表现在行为科学领域，例如人际关系学说的代表人物梅奥、双因素理论的提出者赫茨伯格都是心理学家，X 理论和 Y 理论的提出者麦格雷戈是美国麻省理工学院教授，等等。正是这些新领域里的人物，为人的管理带来了新的思想和内容，同时也使其他学科领域的思维方式融入了人的管理领域。

行为科学的产生导致了一系列新的发展，在泰罗科学管理时代，注重的是工作和方法（包括技术和物质因素），人的因素可以不予重视；现在则是将人作为组织的重要资源，人成为管理的中心。为了适应人的主观能动性与创新精神得以充分发挥的需要，管理思想与方式也开始了从以工作为中心到以人为中心的转变，即从原来的以“事”为中心，转变到以“人”为中心；由原来的对“组织制度和纪律”的研究，转向对“人的心理和行为”的研究；由原来的“监督管理”发展到“人性激励”的管理；由原来的“专制式”管理，发展到职工“参与式管理”等。

但更重要的是，行为科学体现了一种新的思维方式。首先，它与科学管理将管理的重点放在工作和技术等物质因素上不同，突出的是人的问题在管理活动中的地位。其次，它将心理学、社会学等领域的成果引入管理领域，试图通过人的心理来说明人的行为，以便使人的行为符合组织管理的要求或目的。为此，行为科学把重点放在人的态度、信念、期望、动机、士气等主观的因素上，应用心理学、社会学和人类学等学科的研究成果来分析人的行为。最后，行为科学对组织中激励、群体互动和其他人际关系进行了深入研究，改变了将人看成“工具”的认识，深化了“人作为资源”的观点。所有这些，都体现了一种与科学管理相比有明显区别的新思维方式，同时也开辟了管理活动中探讨人的行为及其积极性和创造性的新领域。

行为科学是重要的，纽曼和萨默认为，首先，它能够对某一问题提出新的看法，而这将使我们对所涉及的事物有一个明确的理解；其次，它为我们提供了一些特殊的管理技术，如启发式的访谈①。格里芬也认为，组

① W. H. 纽曼、小 C. E. 萨默：《管理过程——概念、行为和实践》，中国社会科学出版社 1995 年版，第 15 页。

织行为学采用一种整体的行为研究方法，其对象包括个体、群体和组织过程。这些过程是当代管理理论中的主要成分。这一领域中的重要主题包括工作满意、人际冲突以及组织的结构和设计①。

（二）管理科学理论

管理科学研究的目的是为了把科学知识和方法用于对复杂问题的分析和解决，它的产生与第二次世界大战及其后的形势有关。如英国在第二次世界大战中就集中了多种领域的专家，以便综合应用他们的知识来解决雷达系统、防空火炮、反潜武器、飞机轰炸及国内防务等方面的问题。为了战争的需要，在这一领域发展了很多新的科学技术方法与手段，如控制论、运筹学，以及计算机的应用等。战争结束后，这些新的科学技术方法和手段要寻找新的应用领域。与此同时，战后的经济恢复和建设成为重要任务，各有关国家都努力将新的科学技术应用于生产力的发展。为此成立了多种机构，开展了相应的研究。这其中就包括了 1953 年成立的美国管理科学研究所，其目标是“确立、拓展并运用有助于理解管理实践的科学知识”②，所有这些，都促进了管理科学的迅速发展。

管理科学理论将现代自然科学和技术科学的最新成果广泛地应用于管理，形成了一系列新的科学管理方法和技术，使管理工作纳入了科学的轨道，所有这些总称为管理科学。现代管理科学的内容和方法多种多样，其基础是三个重要领域：一是运筹学；二是系统分析；三是决策科学化。也有人认为管理科学的两大支柱是“运筹学”和“系统分析”。

管理科学的基本思想是将组织看做一个开放性的系统，把组织管理归结为简单明了的、可用数量关系表示的程序化过程。其主要的观点包括：首先，它要求管理工作建立在现代科学理论，特别是现代系统科学理论的基础上。认为管理工作除了应该运用经济科学、社会科学、心理科学等知识外，尤其需要运用系统理论、控制理论、信息理论等科学知识。其次，以科学决策为主要的着眼点。认为管理既是决策的手段，又是决策的过程，管理的过程离不开决策。决策涉及目的，目的性问题是现代管理科学十分强调的问题，认为管理的全过程都要为确定的目标服务。再次，依靠

---

① 里奇·格里芬：《管理学》第八版，中国市场出版社 2006 年版，第 35—36 页。

② 丹尼尔·A. 雷恩：《管理思想的演变》，中国社会科学出版社 1997 年版，第 509 页。

正规的数学方法和模型。它要求管理工作尽可能做到程序化、定量化和数学模式化。程序化指处理管理的过程和过程中的每一环节时，都要符合对象自身运动客观逻辑规律的合理顺序；定量化和数学模式化是指要尽量用数学和数学模型反映管理对象中各种因素之间的定量和动态关系，使之具有严格的科学性和说服性。现代管理科学反对主观任意的随机管理，反对只求定性不求定量或不能建立数学模型的管理。认为不能程序化、定量化、数学模型化的管理不能算是真正科学的管理。最后，以经济效益作为评价的主要标准，一方面，管理科学突出的是能够量化的经济指标；另一方面，经济指标也能更好地表明组织的经营绩效。

管理科学突出了数学方法的应用，因此也带有明显的定量化思维特征，特别是应用运筹学、系统工程、模型方法等对管理过程进行定量化、形式化的研究。为此，管理科学理论强调，管理就是用数学模型表示计划、组织、控制等合乎逻辑的过程，以寻求最佳的行动方式和最优的结果。

数学方法为管理问题的研究提供了准确的形式化语言，同时也为电子计算机在管理活动中的应用开辟了道路，由此也形成了一种互相促进的关系：一方面，电子计算机的快速、准确的计算能力，为数学方法的运用打开了新的局面，使许多计算量巨大而非人力所能胜任的问题获得了精确的数值解，为管理的研究和决策提供了依据；另一方面，为适应电子计算机的广泛运用，一些新的数学方法也相继产生，从而又促进了数学方法自身的丰富和发展。

从其共同的思维方式特征来看，纽曼和萨默把管理科学称为“数理学派”或“唯理论—模型学派”，认为这一学派主张以逻辑推理为主导，而运筹学是最有前途的唯理论模型学派。在目前实践中，运筹学主要是一种选择行动方案的技术。这一技术主要有三个使其区别于非规范决策的特点[①]：第一，用数学符号描述问题。因此描述是简洁的，数学家能容易地运算。第二，为每个问题设计一套方程，或“模型”。这种模型能表示出应考虑的各种不同因素，并同时反映出它们之间的内在联系。这一模型要能概括地反映出对整个问题的有次序的描述。否则，管理人员在处理时头

① W. H. 纽曼、小 C. E. 萨默：《管理过程——概念、行为和实践》，中国社会科学出版社 1995 年版，第 15 页。

脑中会毫无系统性。第三，必须给每一个变量及其权数提供定量数据。为了实现这种以数量化表示的要求，需要对大量的事实、主观的判断和价值进行核实并用数字形式加以表示。然后，通过把数据输入到模型里去，就可以得出高度合理的决策。

其他作者也持有相同观点，如孔茨和奥唐奈认为，管理学派的着重点是模式，因为通过这个方法，就可使要解决的问题以其内在的基本联系和选定的目标来表示。由于把迄今为止的自然科学方法更有效地引入管理的决策工作中，使运筹学的注意力集中在确定目标、找出变量、研究相互关系和基本原理上，从而有可能通过模式、高等数学和计算，从前所未有的那么多的方案中找出最优的方案来①。后来孔茨和韦里克又指出，管理科学把管理工作看成数学过程、概念符号和模式，把管理看成一种纯粹的逻辑过程，用数学符号和数学关系来表示②。

关于管理科学与泰罗科学管理之间的关系，不同作者的观点有所区别。如雷恩认为，管理科学与泰罗科学管理有相似之处，其中主要是都试图用科学的方法来进行分析评价，以找出最佳的决策可能③。而格里芬则指出，管理科学在字面上让人们联想到科学管理，但实际上两者间几乎没有共同之处④。管理科学与泰罗科学管理的主要区别在于：泰罗科学管理强调用科学方法来分析安排生产的管理和作业，以提高管理和作业的效率。管理科学认为管理工作是一种逻辑程序，可以用数学符号及其关系式表达出来；并可以应用现代科学的理论、方法与技术特别是数学方面的知识对问题做系统的分析，以最合理或最优化的决策方案供决策者选择。

我们认为，管理科学与泰罗科学管理有相似之处，它们都强调管理中应采用科学的方法，在这方面，可以认为管理科学是泰罗科学管理的发展。但两者之间也有区别，主要是管理科学更具有现代性，其方法也更为系统与精确，不过它的注意力大多集中在数学方法的应用以及方法或技巧的探讨上。另一方面，虽然泰罗科学管理主要探讨的是生产的作业和管理

---

① 哈罗德·孔茨、西里尔·奥唐奈：《管理学》，贵州人民出版社1982年版，第72、251页。

② 哈罗德·孔茨、海因茨·韦里克：《管理学》，经济科学出版社1998年版，第29页。

③ 丹尼尔·A. 雷恩：《管理思想的演变》，中国社会科学出版社1997年版，第510页。

④ 里奇·格里芬：《管理学》第八版，中国市场出版社2006年版，第37页。

问题，但它的主要指向更多的是在效率及管理的科学性上，由此也奠定了现代管理思想及其思维方式的基础。正是在这方面，管理科学已不再具有泰罗科学管理那样的奠基意义。

也不能把管理科学等同于科学的管理。科学的管理是指科学化的管理，是符合管理对象的特点、合乎管理内在规律性的管理，它是与单凭个人主观设想、不顾管理对象的客观特点和规律的管理相对而言的。管理科学则是现代管理中的一种理论，是为了实现科学的管理所应该采用的一种手段或方法。

最后，应该指出，行为科学与管理科学都是现代管理理论及其思维方式的一个不可或缺的构成内容，但单独行为科学或管理科学都不代表管理理论的全部，因为它们“并不研究管理人员的全部工作”[①]。对此，纽曼和萨默特别强调：但要记住，行为科学的主要目的是描述和解释行为，而不是去创造提高生产效率的工具[②]。孔茨和奥唐奈也表达了鲜明的观点：很难把数学看成管理理论的一种独立方法，正如难以把数学看成物理学、化学、工程学与医学中的一门独立学科一样。管理科学的着重点几乎完全放在为某些企业与管理问题的数学解法拟制模式并使之完美的方面……把管理学搞得如此狭隘就很难管理的科学。因此，我们在强调管理科学或运筹学重要性的同时，也要避免“它似乎包括了整个管理领域”这样的观点[③]。

四 管理理论及其思维方式的发展特点

以上三个阶段的发展奠定了管理理论及其思维方式的基本框架。其中，古典管理理论提出了要用科学方法进行管理的基本思想，并且（从效率的角度看）奠定了管理思想的基础或主线；行为科学和管理科学则

① W. H. 纽曼、小 C. E. 萨默：《管理过程——概念、行为和实践》，中国社会科学出版社 1995 年版，第 16 页。

② 同上书，第 15 页。

③ 哈罗德·孔茨、西里尔·奥唐奈：《管理学》，经济科学出版社 1998 年版，第 73 页。

分别突出了管理中人和物（工作）的两个方面。不过，三种管理理论虽然各有侧重点，但并不是各行其是。

首先，三种理论相互补充，构成为管理理论及其思维方式的整体。管理中的基本问题是人与工作，同时管理中需要应用各种科学的方法与手段。这三种理论分别针对了管理的一个方面，它们必须相互结合才能构成管理的整体。对此，纽曼和萨默指出，唯理论模型学派、行为学派和生产率学派所提出的各种管理思想，往往相互重叠。三种方法是用不同观点来解决同一问题的。它们也各有特点，行为科学家更着重注意的是描述而不是行动；生产率学派则是以工作为中心，而可能过于忽视人和社会的重要性；而唯理论模型学派则热衷于对整个过程的某个环节做巧妙的解答①。格里芬也认为在管理活动中，这三种理论互相补充。管理者们仍可以应用科学管理中的许多基本技术。但是，管理者们不应当一味依赖这些技术，也不应当忽视人的因素。行为理论也同样对今天的管理者有用。通过应用当代组织行为的理论，管理者们可以更好地了解员工的需求和工作场所中的行为。激励、领导、沟通和群体过程对于有效管理极为重要。定量分析为管理者们提供了有用的工具和技术。管理科学模式的开发和使用以及运营管理方法的应用可以帮助管理者提高效率和效能②。

其次，三种理论也不是人为地捆绑在一起的简单组合关系，而是一种整合或"耦合"的关系，或者说，三种理论是在功能及作用上相互结合的。其中，科学管理的效率思想是基础。为了提高效率，科学管理、行为科学和管理科学分别从各自的角度对管理中的有关问题做了探讨，如科学管理强调标准化与合理化；行为科学通过人的积极性的提高来促进效率；管理科学则依靠现代技术与方法的应用，希望借此实现有关因素的优化来促进效率的提高。所以，纽曼和萨默就认为，（正是在科学管理的基础上）行为科学家和唯理论者并不研究管理人员的全部工作，所以应该经常注意它们是如何对生产率学派提出的观点进行修改或补充的③。

---

① W. H. 纽曼、小 C. E. 萨默：《管理过程——概念、行为和实践》，中国社会科学出版社1995年版，第17页。

② 里奇·格里芬：《管理学》第八版，中国市场出版社2006年版，第40页。

③ W. H. 纽曼、小 C. E. 萨默：《管理过程——概念、行为和实践》，第13、16页。

在此三个阶段发展的基础上，后来的发展形成了多样化局面。如孔茨和韦里克认为，到20世纪90年代初为止，共存在12种管理分析的方法[①]。这些新的发展中，最重要的仍是系统思想和权变观点。卡斯特和罗森茨韦克就指出：系统和权变观念已成为组织和管理研究中重点考虑的事情。系统哲理观是思考复杂人类活动的一种方式，它便于人们认识组织运行的环境并强调要理解实现目标所需的各种活动间的相互关系。权变观是关于管理组织活动的一种思维方式，它便于进行情境诊断，使管理行动适合特定情境[②]。在某种意义上可以认为，系统和权变的观念是现代组织管理中最基本的观点，组织管理理论和思想的发展演变过程，其实就是向系统和权变观念转变的过程。特别地，格里芬认为，古典管理理论、行为科学和管理科学是一个整体，而将它们三者综合起来的主要方法是系统观和权变观。为此他给出了一个综合方法的基本框图（见图2－1）[③]。

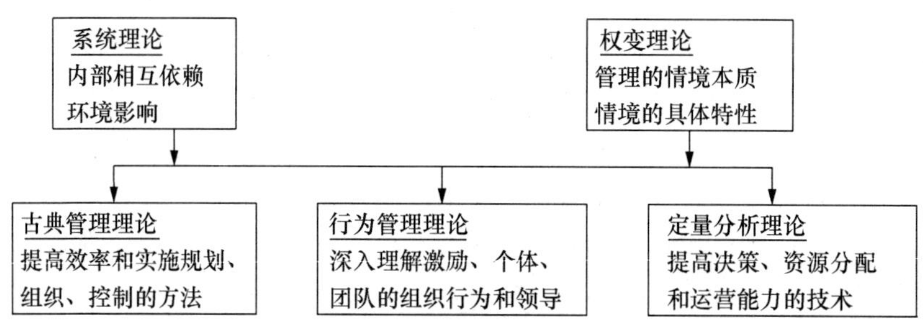

图2－1 管理理论的综合

他认为，当管理者们试图应用来自三大理论的某一具体的概念或观念之前，他们必须认识到组织内各单位之间的相互依赖及环境对组织的影响，并对每一情境的独特性作出反应。子系统的相互依赖和环境影响的理

① 即经验法（或案例法）：人际行为法、集体行为法、协作社会系统法、社会技术系统法、决策理论法、系统法、管理科学（或数学）法、随机制宜（或因情况而异）法、管理任务法、7—S法和运筹法。（哈罗德·孔茨、海因茨·韦里克：《管理学》第十版，经济科学出版社1998年版）。

② 弗莱蒙特·E. 卡斯特、詹姆斯·E. 罗森茨韦克：《组织与管理——系统方法与权变方法》第四版，中国社会科学出版社2000年版，前言。

③ 里奇·格里芬：《管理学》第八版，中国市场出版社2006年版，第40页。

念来自系统理论，而管理的情境观点则来自权变理论。在明确上述基本假设之后，管理者们就可以用古典理论、行为理论和定量分析理论中有效的工具、技术、概念和理论来指导管理实践。

现代的研究则进一步提出了资源观和能力观理论、竞争优势理论、产业组织理论、创新管理理论、动态能力观，以及供应链、社会责任和可持续发展等概念和观点。这些概念、观点和理论一方面是在现代管理实践基础上，对组织管理的任务、性质和要求的探讨和反映；另一方面也扩展和深化了管理的视界和思想内涵，使管理思维方式具有现代特点，从而也能在更高层次上为现在组织的管理活动提供有效的指导①。

在这个过程中，管理理论和思维方式的发展表现出三个特点。

（一）管理理论及其思维方式的科学来源

管理理论及其思维方式的发展与管理实践有密切的相互作用关系，在此基础上，还特别表现出了科学知识和方法应用的意义。

在现代工业体制和组织制度条件下，如何进行管理。对这一问题，管理理论的先驱者们有一个明确的思想，就是要用科学的知识和方法进行管理。这一思想一直贯穿管理理论发展的始终，由此也使管理领域中应用了许多现代科学的成果，其中主要包括经济学、数学、心理学、社会学、人类学等多种学科的成果，同时还利用了信息论、控制论、系统科学、运筹学、计算技术等领域的成就。这些科学成果或成就将科学的思想和思维方式带入了管理领域，也使管理者能够利用科学的知识和方法更好地观察、分析并解决管理中遇到的各种问题，并据此而形成了科学的管理理论和思维方式。

就现代管理理论的三个基本构成来看，科学管理是科学方法应用的结果，它强调用科学的方法研究管理问题，把自然科学中常用的观察、实验和数学手段引进管理领域，并为组织管理提出了理性的原则。行为科学则主要是利用了心理学、社会学和人类学等领域的科学知识和方法，据此，行为科学才能从人的心理和社会特征出发来科学地解释管理活动中人的行

---

① 这些现代理论也都不能单独概括管理的全部，它们和管理领域中已有的其他理论一起，共同构成为管理理论的整体。由于这些理论内容多样，远不是我们这里能够讨论的，但有关文献已经作了详尽的说明和介绍，因此我们只在需要的时候引用其思想和观点。

为。管理科学则主要是数学，尤其是运筹学和系统科学在管理领域中应用的产物，因此现在有时也将运筹学看做管理科学的同义语。从这些方面的发展来看，我们可以说，管理理论及其思维方式中的很多内容不是自生的，而是为了管理的目的从管理领域外部输入的。这些输入的科学知识和方法成为了管理理论和思维方式的生长点，在其上后来也产生了管理理论及其思维方式自身的发展①。

各个科学学科及其知识和方法被引入管理领域并加以应用，不是单纯、被动的过程，而是为了解决管理领域中的有关问题。为此，这些科学知识和方法在管理领域中应用的同时，自身也得到了发展，以更好地适应管理中应用的要求，最终也成为管理中的重要思想和思维方式。

例如，行为科学是心理学在管理领域中应用的结果，但它的思维方式与心理学特别是其中的“行为主义”不同。心理学为研究人的心理及其规律，离不开行为研究。尤其行为主义强调的是通过人的行为来研究人的心理，因为人的心理看不见、摸不着，必须要借助某种可以观察的效应来研究，而人的行为就是这样一种可观察效应。反之，行为科学借用了心理学的知识和方法，但它是要用人的心理来解释人的行为，以为人的管理提供某种可以依赖或某种“科学的”依据。心理学是以心理活动作为对象，而通过人们的行为来研究心理活动；行为科学对心理问题的关注，侧重的是研究组织中的行为规律，是用心理活动来说明人的行为。心理学中的行为主义学派不讲意识，回避内省或自我观察的方法，把人的内部心理活动看做一个“黑箱”，因此也没有动机和期望的问题；行为科学则强调人的动机、态度、信念、目标、意识等这样一些内在的因素与特征。所以，虽然行为科学与心理学都和人的心理与行为有关，尤其行为主义和行为科学的字词差不多，但心理学是心理学，行为科学则主要是管理学的一个内

① 这一过程不光是对整个管理理论体系而言，在一些管理的具体领域也是如此，例如 R&D 管理。起初，R&D 管理者并没有本领域内的管理工具，他们一般是从其他来源了解管理的思想和方法：一是来自当时的学术性科学研究机构的经验；二是“干中学”或“在工作中培训”；三是与从事类似工作的行政部门交流经验。借助这些管理思想的来源，工业 R&D 活动有了很大发展，R&D 管理也逐渐形成并有了初步成效，同时也为以后的发展奠定了基础（Klaus Brockhoff, Technology Management as Part of Strategic Planning – some Empirical Results. *R&D Management* 28，3，1998）。

容。行为科学结合了管理的特点，是心理学在管理领域中应用的一种发展。

又如，运筹学的思想和方法最初是出于解决军事领域有关问题的需要，但其长足的发展，是在管理领域中应用（即管理科学）后才出现的。由于管理领域中多种问题解决的要求，加上电子计算机技术的应用，管理科学的发展导致了多种管理方法和技术的产生，也形成了现在运筹学的各个分支学科，如规划论、对策论、排队论、网络技术等。

再如，系统论的概念和思想最初由贝塔朗菲所提出，但是系统论的一般思想和方法最终成为系统管理的基本技术和“系统分析”方法，也是系统论在管理领域中应用后的结果。现在，“系统管理”、“系统原理”和“系统分析”等概念，已成为管理思想和思维方式中的一个重要组成内容，以至于“没有哪一本管理学书籍，当然也没有哪一个从事实际工作的主管人员，会忽视系统的方法”[①]。

（二）管理理论及其思维方式发展的“否定之否定”过程

否定之否定规律是唯物辩证法的基本规律之一，它是指任何肯定自身存在的事物内部都包含着否定的方面，由于这一否定方面的作用及其发展，使事物转化为自己的对立面，由肯定达到对自身的否定；而后，再由否定进到新的肯定，即否定之否定。这一规律特别强调的是包含“扬弃”的“辩证的否定”，就是既有克服，也有保留，这是事物自身否定的基本特点。

管理理论及其思维方式的发展也是一个“否定之否定”的辩证发展过程：首先，管理理论和思维方式如同其他事物一样，也是不断发展的，不会永远只停留在某一水平上。其次，管理理论和思维方式发展的基础是管理实践的扩展和理论研究的深入，以及科学技术在管理领域中的应用。先前产生的管理理论和思维方式是以当时的管理实践活动为基础的，因此有其合理性。随着科学技术及管理实践活动的发展，先前的管理理论和思维方式可能会表现出其局限性，这样又需要在新的管理实践基础上发展出新的理论和思维方式。最后，管理理论和思维方式的发展是一个否定之否定过程。就是这种发展不是凭空而来的，而是在先前发展基础上形成的，

① 哈罗德·孔茨、西里尔·奥唐奈：《管理学》，贵州人民出版社1982年版，第17页。

因此管理理论和思维方式的发展具有继承性。但是这种继承不是简单地全盘接受，而是批判地继承，是“辩证地否定”。与此同时，新产生的理论又包含了否定自身的某些方面，从而又为以后进一步的发展留下了空间。

例如，科学管理理论强调用科学方法进行管理，但它不注重人的因素，因此从一开始，科学管理理论就包含了对自身否定的一面。行为科学是对科学管理局限的修正或补充，但行为科学并不研究“管理人员的全部工作”，因此它不能全盘否定科学管理。同样，管理科学提出了新的管理技术和方法，但由于它也不研究“管理人员的全部工作”，例如它主要不是针对人的管理，甚至非规范性决策也不是它的重点，因此它也必须和科学管理及行为科学共同组成一个管理理论的整体。

在这种“否定之否定”的“扬弃”过程中，管理思想的发展明显表现出：一是逐渐扩展；二是不断深化。先前提出的理论和思想为以后的理论和思想的提供了基点或出发点，以后的理论和思想则在此基础上进一步扩展和深化。如行为科学和管理科学被看做对泰罗科学管理的发展，但它们都没有全盘否定科学管理。泰罗的科学管理中确实有很多内容和思想后来被批判或修正，然而科学管理强调的“用科学方法进行管理”和“效率”等思想，却也构成了现代管理发展的某种基点或起点，行为科学和管理科学都是在这一基点上的发展、扩展和深化。又如科学管理为人际关系学说提供了基点，人际关系学说首先就是为了验证科学管理的观点，而在其中发现新的问题后产生的。人际关系学说产生后，人们据此而认识到管理中同时存在物质因素和人的因素，它们对管理的绩效都是重要的。这样，先前科学管理仅只强调管理中的物质因素是片面的，应该同时强调物质和人的因素。这种发展正如雷恩所说：正如管理思想的历史所展示的一样，新的知识总是在重新塑造过去已经掌握的理论。规律和理论出现了，受到检验，再确认其有用还是无用……①正是这样的一种渐进的发展，使管理的思维方式不断趋向全面和完善，对问题的认识也更深入。

在这方面，芮明杰和袁安照的观点值得重视：管理的本质并不是营造一个根本没有问题的环境，而是引导企业进入新的发展阶段，这样做的过

① 丹尼尔 · A. 雷恩：《管理思想的演变》，中国社会科学出版社 1997 年版，第 450 页。

程中，实际上是把一类问题转化成了另一类问题[①]。换句话说，在管理实践的发展过程中，管理并不消除问题，只是改变了问题的特点及看待问题的方式，从而也扩展和深化了管理者与组织的思想和视界，并具备了处理更大、更复杂的问题的能力。

另外，客观事物的“否定之否定”或“扬弃”的发展是一个螺旋式的上升发展过程，常表现出某种“周期性”特点。这在管理理论及其思维方式的发展中也有同样的表现，例如对组织管理的重点是在组织内部还是在组织外部的认识。

在泰罗科学管理时代，主要关注的是组织内部的生产作业管理，因此有人干脆将科学管理说成是“生产班组的管理”。20 世纪 50 年代以后，组织外部环境如科学技术、市场结构、政府政策等发生了很大变化，从而促使组织必须要注重分析和适应外部环境问题，有关决策的理论也应运而生。组织决策必须要以内部和外部环境为依据，但在某种程度上，可以认为，决策理论中所包含的基本观点是以外部环境为重点的。20 世纪八九十年代以来，竞争优势和能力概念的提出，又使组织在继续关注外部市场和环境的前提下，同时也要重视内部问题。现在的“核心能力”概念强调的就是一种内生能力，主要靠组织从内部来发展。动态能力观则认为组织管理在发展自身能力的过程中有着重要作用，尤其是能力发展具有“路径依赖性”，需要组织长期投资、不断学习和积累。因此重要的是，管理者要把注意力集中在组织内部的过程上，以增强技能、专长和特定资产为战略基点，通过投资决策决定组织能力的发展方向，推动组织的学习[②]。

“否定之否定”是客观事物发展的普遍规律，在此规律的作用下，管理理论及其思维方式的发展也符合一般事物的发展特点：首先，针对管理中的某一问题提出一个简单的理论；其次，在此基础上（或以此为基点），后来的理论对其进行某种修正和补充，产生了新的思想和观点；最后，从最初的理论基础上生长出的新思想和观点与原有理论一起，共同构

① 芮明杰、袁安照：《管理重组》，浙江人民出版社 2000 年版，第 15 页。

② 维克托和博因顿也认为，组织应当找到创造价值的正确路径，“当你四处找寻时，不要盯着新的市场、其他的组织或是商学院。看看自己组织的内部，告诉你自己：我们就在这里创造组织的增长和盈利能力”。（巴特·维克托、安德鲁·博因顿：《创新的价值》，新华出版社 2000 年版，导读）

成了一个完整的理论体系，理论的视角和思维方式也更趋全面和深刻。这一过程实际上是与辩证唯物主义关于发展的观点相一致的，即发展是从简单到复杂；从低级到高级。

（三）管理理论及其思维方式发展的整体全面性趋向

否定之否定的规律强调的是事物自己运动、自我完善的辩证发展性质，管理理论及其思维方式也正是通过这种辩证发展而逐渐达到了一种整体性和全面性态势①。整体性是指各种管理理论相互补充而形成一个有机的整体；全面性是指管理理论的视角倾向于全面地考虑管理领域中的相关问题。这样一种态势在管理活动的各个领域和方面都有表现。

从管理对象的构成要素来看，科学管理时代强调的是工作和物质（技术）因素；行为科学使人的因素成为管理考虑的重要内容；现代管理理论则进一步考虑知识和能力等无形因素。这一发展过程大致可归纳为：管理的对象最初是物质和技术；之后是人、财、物；再就是人、财、物、信息、时间；后来又是人、财、物、信息、时间、士气、方法；现在的观点至少包括了人、财、物、信息、时间、士气、方法、知识、能力等因素。

从管理理论的思想和观点来看，行为科学中马斯洛首先提出了需要层次理论，认为需要是人的行为和原动力、动机是行为的直接动力，并据此而提出“激励”的概念。在此基础上，赫茨伯格对人的需要的满足进行了分析，由此区分了激励因素和保健因素。激励因素指那些可以使人感到满意并得到激励的因素；保健因素指那些能预防员工产生不满意和消极情绪的因素。他认为，调动人的积极性主要应从激励因素入手，即从工作本身采取措施。组织应增加激励因素，而不是保健因素，因为保健因素不产生激励作用。特别地，组织应设法使保健因素成为激励因素，相反而不是使激励因素变为保健因素。期望理论则进一步提出：人们的行为除了要考虑需要的满足外，还要考虑需要实现的可能性。其基本观点是：只有当人们认为存在实现预期目标的可能性，并且实现这种目标又是非常重要的时

① 严格说来，管理思维方式的发展有两种趋向或态势：一是管理思维方式的整体性和全面性；二是管理思维方式的细化和深化（例如原来重视的是比较优势，后来提出竞争优势，进一步则是核心能力等，这样一种趋向推动了管理者分析考虑问题也越来越深入细致）。不过，这两种趋向或态势同时并存、互相包含，并且整体性和全面性的意义更突出一些。

候，他们的激励程度或动机水平才会最高。换言之，决定行为动机的因素有两个：期望与效价。正是通过这样一些发展，才使行为科学关于需要和动机的理论及其思维方式趋向了整体性和全面性，并且日益深化和细化。

从管理活动的内容和方式来看，例如，质量管理的发展大体经历了四个阶段：第一，标准化阶段，强调的是产品规格化、系列化、通用化、检验方法标准化。第二，质量控制阶段，主要是发展了运用数理统计原理做出的“质量控制图”，以对生产各个流程进行控制并用抽样办法对产品质量进行检验。第三，可靠性阶段，主要是利用数理统计办法来预测并检验产品的可靠性；并采用可靠性物理办法来分析产品的缺陷，研究产品的失效模式与机理，从而控制产品的可靠性。第四，质量保证或称总的质量控制阶段，除了保证产品的技术性能和可靠性指标外，还有小型化、易操作、易维修、经济性等指标，以最大限度地满足用户的要求。在质量管理的方式上，则是从专门的质量控制人员发展到全面质量管理，这一发展大体上经历了三个阶段：第一，质量检验阶段，主要是在生产过程中专门设置一个“检验”环节，由专门的质量检验人员负责质量的检验。第二，统计质量管理阶段，这是对质量检验环节的进一步完善，主要内容包括质量控制办法、管理体制、组织机构、控制图和各种抽样检验方案等。第三，全面质量管理阶段，其含义是将质量管理与组织管理相结合，从市场调查、设计试制、生产准备、辅助生产、生产制造、产品销售到售后服务等各环节实行全过程及全员的管理。主要特点是管理内容的全面性、管理范围的全面性、管理人员是全体员工、管理的方法也是全面的。与质量管理的这种发展类似的还有全面财务管理、全面创新管理等。

如从管理的范围和视界来看，突出的例子就是供应链管理。以往的管理主要是在组织内部，为此曾有观点将管理与营销进行比较，认为，管理针对的是组织内部，营销则针对的是组织外部。但在企业网络概念提出后，管理的对象和范围也逐渐扩展到了单个组织的界限之外，其中的一个突出后果，就是强调供应链管理，组织只是供应链中的一个组成部分或单元。供应链管理认为：组织活动与其所关联的整个供应链有关，因此组织的管理不能只限于组织内部，而应从整个供应链出发进行综合统筹考虑。为此，供应链管理也提出了相应的管理内容、管理思想、管理手段与方法。在这方面，例如珀克斯和杰夫里（Perks and Jeffery）通过对纺织工业供应链创新的研究认为，企业必须扩展它们能力的范围。特别地，对许多工业部门而言，通过参与下游环节的活动来激励、促进需求很明显有关键意义，下游环节往往是发展关键价值（最终用户的应用）的地方。管理者需要看到整个的创新网络，并关注网络中的各个部分如何互相适应成为一个整体。传统企业的激励是根据公司目标的实现来回报管理人员，然而现在则必须根据网络绩效标准来评价管理者的贡献①。

豪厄斯等（Howells et al.）更是突出了从整个行业角度观察问题的重要性。他们将现代制药工业分为四个层次，一是传统的制药工业企业；二是新的基于生物技术的企业，以及进行合同研究、开发和临床试验企业；三和四是从事软件咨询、数据处理和/或数据库活动以及知识管理的企业。他们特别强调，认识到制药工业的这种演化模式对制药部门的影响以及制药工业的边界正面临革命性的变化和可渗透性是重要的。如果还像以前那样对制药工业采取过于传统和静态的观点，可能会错过“制药工业主体”上的重要发展，而这些发展正具有不断增长的意义②。

管理理论及其思维方式的整体性和全面性态势具有基础性效应，与之相适应（或者相伴随）的至少有三个方面：一是管理思维层次的提高，就是在管理理论及其思维方式的整体性全面性态势的基础上，管理活动不再是“就事论事”，而是有了更全面更深刻的理解，含有“登高望远”的意思。例如，质量管理不仅仅是对产品质量的检查和监督，质量管理是通过应用特定的问题解决方法和技术，而对改变组织常规的持续追求③。人力资源管理不仅仅是解决人员的挑选、工作和待遇等问题，人力资源管理涉及的是组织与员工之间关系的管理④。知识管理也不仅仅是对“知识资产”（如数据、专利）的管理，而是组织中对知识的生产、积累和传播产

---

① Helen Perks and Richard Jeffery, Global Network Configuration for Innovation: A Study of International Fibre Innovation. *R&D Management* 36, 1, 2006.

② Jeremy Howells, Dimitri Gagliardi, Khaleel Malik, The Growth and Management of R&D Outsourcing: Evidence from UK Pharmaceuticals. *R&D Management* 38, 2, 2008.

③ Winter, S. G., Organizing for Continuous Improvement: Evolutionary Theory Meets the Quality Revolution. J. Baum, J. Singh, eds. *Evolutionary Dynamics of Organizations.* Oxford Uruversity Press, New York, 1994, p. 93.

④ Karin Bredin and Jonas SÖderlund, HRM and Project Intensification in R&D - based Companies: A Study of Volvo Car Corporation and Astrazeneca. *R&D Management* 36, 5, 2006.

生清晰影响的管理活动[①]。二是对系统观和权变观的把握，就是由于管理中涉及的因素日益增多，针对管理中各种关系处理的系统思维和协调性要求的意义更加突出了。也正是为此，我们可以把系统观和权变观的产生作为现代管理思想中的一个最重要的发展。因为正是这两种理论观点，使管理理论及其思维方式成为一个整体，同时也对管理者全面整体地考虑问题提供了概念和工具[②]。实际上可以认为，在管理理论及其思维方式的整体性和全面性态势与系统观和权变观之间，存在某种逻辑必然性关系。三是战略管理视角和观点的产生，也即要从整体、全面和长远的角度来观察、分析组织管理问题，突出的是组织运作及其发展的整体性、长远性、及组织与外部环境的相互联系与关系等要求。在这方面，管理理论及其思维方式的整体性和全面性态势首先是为战略考虑提供了思维基础和空间。例如，伊达尔戈和艾伯斯（Hidalgo and Albors）针对创新战略管理的必要性谈道：由于创新活动涉及组织中人力资源的利用、组织内外的合作网络、组织对外部环境的适应性、在秩序和混乱及个人与组织激励之间的平衡等多方面的因素和关系，创新管理需要具有战略观点，以便对这些因素和关系进行全面衡量和把握[③]。同时也为管理者的战略考虑提供了思维途径，如组织管理的全面性观点、组织中要素、资源和能力的协调作用的观点、组织与外部因素相互作用的观点、组织合作网络的观点等，都为管理者从战略角度观察、分析问题提供了可能的角度和依据。

至此，用艾伯斯的话来说就是：20 世纪开始以来，管理领域已经大步向前发展。现在，已经有足够的知识为科学管理提供牢固的基础[④]。

---

① C. Van Drongelen et al. , Describing the Issues of Knowledge Management in R&D: Towards a Communication and Analysis Tool. *R&D Management* 26, 3, 1996.

② 复杂性理论可看做这一方面的进一步发展。复杂性理论的一个重要贡献是提出了“网络分析”[Luis A. Nunes Amaral and Brian Uzzi, Complex Systems - A New Paradigm for the Integrative Study of Management, Physical, and Technological Systems. *Management Science* 53 (7) . 2007]，其中所体现的思维实质仍是整体、系统、动态地考虑问题。

③ Antonio Hidalgo & Jose Albors, Innovation Management Techniques and Tools: A Review from Theory and Practice. *R&D Management* 38, 2, 2008.

④ 亨利·艾伯斯：《现代管理原理》，商务印书馆 1980 年版，第 3 页。

第三章　管理思维方式的规范与存在形式

一　管理思维方式的专业群体性

（一）专业群体性与思维方式

现代社会中，由于职业和专业的分化，因此存在大量的专业群体。各个专业群体中的文化既是社会整体文化的一个组成部分，同时又与社会整体的文化有区别，表现出明显的专业文化的特点。

专业文化集中表现为专业中特有的思维和行为方式，如我们前面曾经表述过的霍尔茨纳的观点。萨奇科夫则强调了思维方式的专业基础性：思维方式问题首先是关于基础研究的特点及其在科学认识体系中的地位和作用问题。每一个基本的研究方向制约着相当广阔的认识领域中提出课题的特点，并影响着整个认识。独特的思维方式也可以同某一门基础科学有关。思维方式这个概念把握着基础科学和基础研究方向的总体。从研究者的活动的角度来看，思维方式表现了独特的研究方法。思维方式的变化，就是科学方法方面涉及基本的、主导的知识表述形式的变化。思维方式方面的变化导致在科学中标志认识和解释的初始概念的变化①。

专业群体是虚拟群体，需要有某种共同的东西来维系和规范。在这方面，典型的概念是专业的“范式”，即某一专业群体的形成与存在，往往是与其专业特有的范式的形成相关联的。库恩就认为，范式概念与科学家集团或“科学共同体”有着密切的关系。范式意味着共同体成员围绕着特定

---

① Ю. 萨奇科夫：《思维方式和研究方法》，《自然科学哲学问题丛刊》1982 年第 1 期。

学科或专业领域建立起来的共同信念、共同取向和共同的研究范围[①]。专业范式既是对专业思维方式的“规范”，同时也是专业思维方式的某种表现。

从专业活动的实际要求来看，则通常包括：一是要具备有关的专业知识（包括知识的数量和质量）；二是要掌握必需的专业工作方法；三是要具备相应的专业价值标准和规则。例如，在化学研究的专业群体中，化学家不仅要求掌握化学领域里的科学技术知识，以及细致、高水平地化学实验和分析的技能，而且还要能够判断并吸收化学研究的文化，包括研究方法论、进行研究和积累知识的基本原则等。数学领域中，数学家也需要掌握必需的数学知识和思考方法，以及相应的数学研究的价值标准和规则。其他科学领域如物理学、医学、经济学、计算机软件、生物工程等，也都是如此。正是在这个意义上，艾伯斯认为，通常用来区分专门职业不同于普通职业的条件看来是：一是要有系统的整体知识的学问及应用这些学问的必要的技能；二是要遵守为指导职业和个人行为所制定的一套规范[②]。

各个专业都有自己特定的思维方式，这种思维方式以该专业的特有概念、观点、方法和规则为基础，并由这些概念、观点、方法和规则的整体表现——范式来规范。对此，霍尔茨纳从“专业参考系”的角度作了说明[③]。按照他的观点，每一专业（或社会中特定的活动）都有自己的参考系，这种参考系有四个方面的作用：

一是观察问题的取向性，它使人们偏重于注意客观事物或现象的某些方面，而忽略其他方面。

二是规定了人们的推理方法，即如何从有关的信息得出某种确切的结论，不同专业的人其推理方法有区别。

三是参考系内部的概念，每一个参考系内部都有许多概念，有些是一般概念，有些则是关键性的概念。但无论如何，每一特定活动中的参考系多少都有自己认同的主要概念。

以上三个方面相互依赖，一个医学院的学生会发现他所掌握的主要医

---

① T. S. 库恩：《必要的张力：科学的传统和变化论文选》，福建人民出版社 1981 年版，第 291 页。

② 亨利·艾伯斯：《现代管理原理》，商务印书馆 1980 年版，第 10 页。

③ 伯·霍尔茨纳：《知识社会学》，湖北人民出版社 1984 年版，第二章。

学概念是整个学习的结果。这些概念就成为他对病人从诊断到治疗的推理要素，而这一推理方式同其他专业如社会学的推理方式不会相同。又如一个农民与一位农业科学家的推理方法也不会一样：农民关切的是是否实际可行，而科学家首先要注意的是测量的准确性、数字的正确性和推理的逻辑性。

四是对真理的检验。人们对于所接受到的信息资料要确定是否真实可靠，是否可作为行为的根据，就要进行检验。而这种检验标准在不同的活动或参考系中很多时候不会相同，如中医讲的是“气”、“血”、“津液”，注重的是“辨证施治”；西医则讲“血压”、“血脂”等理化指标，注重的是病理分析。又如现实生活中，一般人认为鱼翅珍贵，营养学家则并不认同。一般人是因为鱼翅稀少难得或大家都这样认为，而觉得鱼翅珍贵；营养学家则是根据对鱼翅中所含物质的分析，而作出鱼翅“也不过如此”的结论。所以，不同的人因为其参考系的区别，他们判断是非（或事物重要性）的标准也会不同。

（二）管理专业与思维方式

随着管理理论及其思维方式的发展，管理活动也逐渐趋向专业群体性，即成为社会中从事某种特定活动的专业共同体。用雷恩的话来说就是：正是在现代，管理思想经历了其多样性的青春期，并在寻求其成熟的专业姿态[①]。

管理的专业群体性可从多方面理解。例如，管理是一种具有相同活动性质的领域；管理具有自己的理论知识体系和方法论；管理成为一种职业，即以管理作为谋生手段的一种职业；职业管理人员的数量不断增加，对管理者的要求也越来越具体和明确（见第一章有关论述）等。然而其中的关键，还是因为形成了明确的管理思维方式，即管理者在从事管理活动过程中所表现出来的特有的思维方式。

实际活动中，管理活动及其思维方式的专业群体性特点常有明显表现。如有人曾问了这样一个问题：工程技术人员与管理人员有什么区别？对此，Sŏderlund 的表述可作为一个简要的回答：一般而言，作为职业特征，设计者和工程师都有一种探索完美解决方案的倾向，他们的本性不是“这样就行了”，而是不断的工作和发展某一细节（或片断），力求使其更

① 丹尼尔·A. 雷恩：《管理思想的演变》，中国社会科学出版社 1997 年版，第 448 页。

完善。然而，有时这样一种方案可能并不适合管理的目标。因此，管理者的作用是设定一个到什么时候就已足够的界限，以便使设计者和工程师的工作与管理的总体要求和目标相协调[①]。例如在多数情况下，工程师的思维特点是追求技术和质量的“完美解决方案”，而管理者则要从管理目标中质量、成本和进度的统一协调来考虑问题，要从组织活动的整体角度来提出解决方案。福克尔借用斯马茨《整体主义与进化》一书中的看法也认为，整体大于各个部分的总和，“经理人员的独特作用就在于凭借其认识的完整性”来开展管理活动。他还特别强调：对管理者来说，钻到技术里面出不来是危险的。管理者不应该被自己的技术束缚，这是很重要的。管理者应该防止对技术的关注，但是对技术人员来说，这往往是他们最大的优点[②]。

在管理专业及其思维方式的形成过程中，管理理论所提供的知识和方法以及其中所包含的思想和观点起了基础性的作用。例如艾伯斯认为：经理人员是一种专业人员。经理的作用看来至少具备使这一职业成为专业的某些条件。经理需要具备通过正规教育、或通过经验、或二者兼有而获得的知识和技能[③]。卡斯特和罗森茨韦克的观点是，专业管理不是以所有权为基础的，而是以源于知识和专长的技能为基础的[④]。

总的来看，一方面，管理理论（及其中所包含的知识、方法、思想和观点，或者概念、定律等）为管理思维方式提供了所赖以存在的“专业知识参考系”。由于思维活动要借助一定的思维形式，因此一定的专业思维方式也必须要有一定的专业概念、定律和推理方式作基础。在这方面，在管理实践基础上产生，并反映管理实践要求的管理理论与管理思维方式的关系是一样的。首先，管理理论都有一定的取向性，在理论的指引下，管理者通常都会偏向于特定的内容或方面。例如，一般来讲，工程技术人员通常关注的是活动中的技术特征，管理者则更关注活动中所包含的管理

---

① Jonas Sőderlund, Managing Complex Development Projects: Arenas, Knowleddge Processes and Time, *R&D Management* 32, 5, 2002.

② 罗杰·福克尔：《漫谈企业管理》，新华出版社 1982 年版，第 15、17 页。

③ 亨利·艾伯斯：《现代管理原理》，商务印书馆 1980 年版，第 10—11 页。

④ 弗莱蒙特·E. 卡斯特、詹姆斯·E. 罗森茨韦克，《组织与管理——系统方法与权变方法》第四版，中国社会科学出版社 2000 年版，前言。

意义。其次，管理理论都有自己特定的概念和观念，从而为管理者的思维提供了基本术语或载体，如效率、责任、资源、能力等概念，以及系统观念、“人是管理的核心”的观念。再次，管理理论规范了管理者的思考方法或路径，使管理者能够据此得出明确的结论或答案。例如，从管理思维的整体特点上看，是系统性、综合性及整体性；从各种理论的具体实现上看，则有定量方法、心理行为方法等多种方法。最后，管理理论为管理者提供了价值标准，即什么重要、什么不那么重要。例如，效率就是一个基本的价值标准，人力资源的概念突出了人的价值；又如以往注重的是比较优势，现在进一步提出竞争优势，因此也把能力放在了重要地位，等等。由于基本的管理理论和思想是一致的，也使得各个具体领域里管理者的思维方式具有相似性；同时，由于管理理论主要针对的是特定的管理活动，因此管理思维方式也与社会中其他活动领域的思维方式相区别。

需要指出，各种管理理论构成为一个有机的系统整体，相应的专业知识参考系的各个组成部分也相互关联。由此也使得管理思维方式是相对于整个管理的理论和知识体系而言的，是管理者从事管理活动的全面的思想、认识和行为框架及依据。

另一方面，管理理论（及其中所包含的知识、方法、思想和观点，或者概念、原理等）也为管理的“范式”提供了内在的知识基础，并据此规范了管理的思维方式。正是在这方面，我们认为，管理领域成为专业性群体的最重要表现，就是管理理论中所表现出来的专业范式以及其中所蕴涵的思维方式。对此，很多作者都认为，与科学领域的范式一样，管理领域也存在相应的范式。例如，安索夫认为：（管理学）范式是关于研究对象的假设和事实的理论体系①。贝利认为，范式这个词用在社会科学中，就是观察社会世界的一种视野和参考框架，它由一整套概念和假定所组成②。德鲁克认为，范式是指像管理学这一类社会科学的关于“现实的基本假设”，它们通常为学科领域的学者和实务工作者在下意识里所持有，

---

① H. Igor Ansoff, The Emerging Paradigm of Strategic Behavior, *Strategic Management Journal*, 1987, 8 (6).

② Kenneth D. Bailey, *Methods of Social Research*: *Qualitative and Quantitative Approaches*, 4th ed. New York: Free Press, 1994, p. 36.

并以各式各样的表述进入到学科中去[①]。罗珉也认为，管理学范式就是在管理学研究和实践中能够被人们广泛接受的、具有典型意义的理论架构或模式。范式是日常生活中每个个体赖以观察、理解、分析和解决问题的预设前提、方式方法和基本假设，是一种支配、引导人们如何思、如何行的世界观和信念，是一种将组织及其管理活动中看似互不相干的事件以一种有意义的方式加以统一、整合的工具[②]。管理学范式表达了管理领域中人们共同的信念、价值标准及所采用的技术手段，从而也表现出了管理领域特有的思维方式。

管理领域中有许多其他各专业的人员，他们都具有原先专业的思维和文化。但他们进入管理领域成为管理者后，就必须将他们原先的思维和文化与管理的特点和要求相结合，或者说按照管理的特点和要求实现他们思维和文化的转化。例如，管理科学中有大量原先数学专业的人员，虽然他们仍要应用数学思维来解决管理问题，但他们要解决的已不再是纯粹的数学问题，而是要考虑到管理的具体实践。对此，格里斯利就认为，只要事情与组织管理有联系，那就是管理学问题，不管它是以社会学形式、心理学形式、经济学形式或其他什么形式来描述[③]。吴照云和余焕新也指出，管理学与伦理学有着密切的关系，但伦理是伦理，管理是管理。管理学的研究对象就是管理，即研究组织如何有效率的达到一种预期的秩序[④]。换言之，只要进入了管理领域，就要从管理学的角度运用管理思维方式来观察、分析和解决问题。因为问题的性质改变了，看待问题的出发点和角度也变了。如果还是坚持照搬过去工作的一套，即使以前是用正确的方法做正确的事，那么现在很可能是“用错误的方法做错事了”[⑤]。

---

① Peter F. Drucker, *Management Challenges for the 21st century*, New York: Harper Press, 1999, p. 3.

② 罗珉：《管理学范式理论的发展》，西南财经大学出版社 2005 年版，第 10 页。

③ 保罗·格里斯利：《管理学方法论批判》，人民邮电出版社 2006 年版，第 5 页。

④ 吴照云、余焕新：《管理的本质与管理思想的东方回归》，《当代财经》2008 年第 8 期。

⑤ 彼得·德鲁克：《有效的管理者》，求实出版社 1985 年版，第 61 页。一般来讲，有经验本是一件好事，但“富有经验”也可能会阻碍适应新的环境。如 Rahmandad 就认为：一个在其他环境中有经验的管理者在新的环境中可能做不好工作。因为他的“认识图式”会把他的努力限定在他曾经发现的有效的战略领域，即使这一领域现在已不再恰当（Hazhir Rahmandad, Effect of Delays on Complexity of Organizational Learning. *Management Science* 54 (7) 2008）。

由于管理活动及其思维方式的专业群体性与管理的“专业知识参考系”相关联，一个人要成为管理者也需要经过一定的专业训练（或高级化过程）。通过专业学习和训练，管理人员才能掌握必需的管理知识和基本技能，同时也能养成相应的管理思维方式，即学会从某种管理的角度或观点去观察、分析并解决相应的管理问题。在这方面，特别要强调的是管理理论的学习，因为正是管理理论为管理思维方式提供了主要的规范。

二　管理理论的思维方式意义

（一）管理理论的价值

管理作为一种特定的人类活动，具有“横断性”特点。就是管理不是像其他社会生产或科学研究活动那样有自己的特定对象，其本身也不能独立存在，它存在于其他人类活动之中，并以人类其他活动作为自己的对象。另一方面，人类其他活动也都需要有管理。正是由于这种“横断性”特点，管理活动表现出了明显的个性与共性的辩证统一。

首先，管理必须要附着于某种“对象”活动之上，因此所有管理都是特定的。例如，生产管理是与生产活动相关联的管理，营销管理也是与营销活动相关联的管理；生产活动原本的内容是进行产品生产，营销活动原本的内容是进行市场交换活动，等等。为了有效地开展这些生产、营销活动，在其原本内容之上加了一个管理活动。其原本的对象活动的功能是（产品）生产和（市场）营销，管理活动的功能就是对有关活动中的人、资源和工作进行组织协调，使这些活动达到高效率和高效益。例如，生产管理是附着于生产活动之上的，它考虑的是如何协调利用各种资源，以产生最大的综合效益。营销管理也是附着于营销活动之上的，考虑的是如何综合协调运用产品、价格、分销和促销等营销手段，在为客户创造最大价值的同时，也能保证组织获得最大的效益。当然，任何人类活动都需要进行管理，因此管理有其内在的必然性。但是管理必须附着于对象活动之上才能体现其意义，这一点应该还是明确的，也是客观的现实[①]。

不过，管理也不是简单地“附加”（或“堆砌”）到其他活动之上，管理与其他活动之间是“共生”或“融合”的关系。即管理需要以其他活动为对象，而其他活动也需要管理来提高活动的效率，管理渗透到其他活动之中并与其他活动整合在一起。所以，现实中不存在独立的管理，而只有特定的管理，如技术管理、生产管理、财务管理、营销管理；或者工商管理、行政管理、公共管理等。所有这些管理，都是以“原本的对象活动”为“修饰词”的。离开了对象活动，或者说离开了某种特定的需要对其进行管理的活动，管理的意义就无从体现。

其次，管理活动也有共同的属性。就是尽管实际的管理都是存在于各个领域的具体管理，但作为管理活动，其本质特征仍然是相同的，如管理的本质属性和规律、管理功能、管理的一般过程、职能及职责，以及对效率目标、资源利用、管理制度、基本方法和管理协调性的要求等。管理的本质特征是管理活动内在规定性的反映，不管什么领域或组织，只要是管理活动都会表现出这样的特征和规定性。所以，我们通常在指出管理活动个性的同时，也会强调管理的共性。而正是这种个性与共性的辩证统一，才使管理活动成为一种横贯人类所有活动领域的“横断性”活动。

管理理论则是对管理本质特征的概括和抽象，它的一个重要意义就是通过这种概括和抽象，揭示管理活动中共同的内在规定性，从而表现出不

---

① 在这方面，国内曾对经营与管理的关系作过探讨，蒋明新主编的《企业经营战略》对此作了概括：第一种意见认为：在企业管理中，经营是为实现企业目标对各种重要经济活动进行运筹、谋划的综合性职能；经营管理是企业执行经营职能所从事的各种管理工作的总称。第二种意见认为：经营仍是商品生产者以市场为对象，以商品生产和商品交换为手段，为了实现企业的目标，使企业的生产技术经济活动与企业的外部环境达到动态均衡的一系列有组织的活动。广义的经营管理是指对企业全部生产经营过程的管理，它既包括对企业经营活动的管理，也包括对企业生产活动的管理。狭义的经营管理只指对企业经营活动的管理。第三种意见认为，经营与管理是两个不同的范畴，经营从字面上来解释，“经”就是筹划或者说是大政方针的决定；“营”就是谋求或者说是目的的追求。所以，制定大政方针，确定方向和目标就是经营。管理则是指挥、组织、协调、计划、监督等关于执行方针政策路线、为达到既定目标的工作。书中的观点则认为，企业经营就是通过有计划的市场行销和创造革新来引导消费、创造顾客；而经营管理就是对企业经营活动的计划、组织与控制（蒋明新主编、段云程副主编：《企业经营战略》，西南财经大学出版社 1996 年版，第 6—8 页）。这几种观点虽然各有不同，但共同点是都认为经营与管理有区别，管理是叠加在经营之上的一种活动。

同领域或组织中管理活动的共性或一致性。

管理理论是针对管理活动的经过实践检验的综合性知识体系，是由一系列基本概念、管理原理及方法通过一定方式系统组合而成的体系。一般来讲，管理理论有多种价值，首先，它是管理的知识体系，包含了管理的一般概念、原理及原则；其次，它是管理的方法论，是关于管理活动中一般方法的内容、特点、应用及相互联系的理论体系；再次，管理理论具有科学性，它为管理活动提供了科学的规律和依据；最后，它适用于各种管理领域，具有普遍性。

在这些价值中，从本书的角度而言，首先强调管理的知识体系和方法论的意义，因为它们提供了管理思维方式的专业参考系；其次强调管理理论的科学性和普遍性意义，因为它们本身就是管理思维方式的一个规定性，从而也是我们讨论管理思维方式问题的基本前提。在此基础上，我们还强调管理理论的思维方式意义。在这方面，我们认为：关于管理理论的科学性和普遍性的争论之所以没有得出明确一致的意见①，很大程度上是因为管理理论的价值取向不仅限于“科学性”，还应更多地从思维方式上去理解。对此，我们可将管理理论与自然科学和数学的理论作一比较。

（二）管理理论与科学理论的比较

1. 理论的产生

科学是通过自然现象而对客观（自然）规律或本质（或一致性）的探讨，由于客观规律或本质的区别，因而也形成了多种学科或领域的科学理论。各种科学理论都是人们对所认识的自然规律或本质的表述，那么在科学研究领域，理论如何产生。对此，亨普尔从科学理论产生的一般过程作了描述：当先前对某一类现象的研究已经揭示出一个能以经验规律的形式表示的一致性系统时，理论通常就被引进来了。理论的引进是要设法解释这些规律性，并且一般会对所讨论的现象提供一个比较深入和比较精确的理解。为此目的，理论将那些现象看做可以说是隐藏在它们后面或下面的实体和过程的表现。这些实体和过程被假定为受特有的理论定律或理论原理所支配，然后借助这些理论定律和理论原理解释先前已经发现的经验

① 关于管理理论科学性和普遍性的争论及我们的观点，本书后面“附录”有一个简要的表述。

一致性，并通常预见类似的“新”规律性[①]。亨普尔特别强调：一个理论所断定的基本实体和过程以及所假定的支配它们的规律必须用适当的明晰性和精确性加以说明，否则这个理论就不可能在科学上有用。

在数学研究领域，理论如何产生，克莱因关于几何学的观点可以作为其说明。克莱因试图基于一种广泛的观点，即基于各种几何所要完成的目标是什么，来刻画各种几何的特征[②]。为此，他提出了变换下的“不变性”概念。他认为：几何学是研究图形在各种变换群下的不变性质的一门科学。每种几何都由变换群所刻画，并且每种几何所要做的实际就是在这个变换群下考虑其不变量。变换群的概念借自当时刚刚发展起来的群论，它是指的变换的这种集合：在其中一定包含恒同变换（把所有的点都留在原处的变换），以及每一个非恒同的变换和与它相反的变换（把所有的点都变回到原来的位置的变换），等等。因此，构成各种几何的普遍原则就是：可以考虑空间的一一变换的任何一个群，而且研究在这个群的变换下保留着的图形的性质。例如，讨论保留任何线之间的角的变换，研究在这种变换下保留的图形的性质，就构成保角几何；研究在仿射变换下保留不变的性质，就构成仿射几何，等等。所有这些，都是根据对空间的几何性质中划分出来的、由独特的封闭性和稳定性区别出来的各种性质的独立研究而得来的。

换言之，如果人们发现了图形变换中的某种新的不变性，就可以提出相应的新的几何学理论。

在管理领域，理论的产生通常都认为是由于解决某种管理问题的需要。但若仔细分析，其实管理理论的产生也是基于管理中事物之间某种联系的认识。例如，人、财、物、信息、时间、士气、方法、知识、能力，以及资源和功能的协调等与效率的联系；或者生产流程与产品特征及成本之间的联系，产品特征与消费者之间的联系等，都是管理中的基本联系。由此，管理理论产生的一般过程是：当人们发现了管理中事物的某种联系；这种联系对管理目标的实现有重要影响，因此有必要对相关事物及其联系进行管理；为了进行有效的管理，需要提出某种理论，以指导人们的管理活动、实现管理的目标。例如，科学管理强调了“效率”与“科学

① 亨普尔：《自然科学的哲学》，生活·读书·新知三联书店 1987 年版，第 130 页。

② 参见 M. 克莱因《古今数学思想》，第 3 册，上海科学技术出版社 1980 年版，第 341 页。

工作方法”的联系，为此提出科学管理的理论，指导人们如何运用科学方法进行生产和管理，以提高工作的效率；激励理论则突出人们的需要、动机、人的积极性及能力的发挥与工作效率和效益之间的联系，但是如何通过人的需要的满足来达到最终的工作效率和效益的提高呢？由此也提出了各种激励理论和方法。

管理中存在的这些联系都是管理规律的表现，而管理理论科学性的关键也是其所依据的这些联系或规律。一般来讲，管理中有关的联系或规律有两个来源：一是来自其他领域或学科，如经济学规律、数学规律、心理学规律等；二是管理领域自身中的认识或发现。不管哪种来源，我们都可以认为，如果没有对管理中事物之间某种联系或规律的认识，管理理论的产生将缺乏根据或基础，也是难以提出来的。

2. 理论的构成

理论都有一定的结构，以便能够“正确地”表达出其想要表述的规律和思想。科学理论由三个基本的要素构成：基本概念、联系这些概念的基本原理或定律、由这些概念与原理推演出来的逻辑结论（包括各种具体的规律和预见）。爱因斯坦说：理论物理学的完整体系是由概念、被认为对这些概念是有效的基本定律，以及用逻辑推理得到的结论这三者构成的[①]。

基本概念是思维的基本单位，是反映自然事物本质属性的思维形式。任何学科都有自己专有的一些基本概念，如力学中的“力”、“质点”、“速度”、“加速度”、“质量”、“功”、“能”；化学中的“元素”、“原子”、“化合”、“分子”、“分解”等。基本概念是构成科学理论的基石，科学理论首先需要若干基本概念作为它的支撑点或逻辑出发点，然后在此基础上展开它的理论体系。基本原理或定律是科学对所研究对象的基本关系的反映，是科学理论赖以建立的基础。它在语言结构上表现为判断的形式，如牛顿力学中的三个基本定律、爱因斯坦狭义相对论中的相对性原理和光速不变原理等。科学推论是科学理论中由基本原理演绎推导出来的结论，它执行着理论解释和预见的功能。例如，狭义相对论中引申出来的尺缩、钟摆效应，质能关系式等。在科学理论中，这些基本概念、基本原理或定律、科学推论都将通过前后一贯的逻辑结构而构成为一个严密的整体。

---

① 《爱因斯坦文集》第1卷，商务印书馆1976年版，第313页。

数学理论的主要构成方法是公理化方法，其中包括了基本概念、公理（或公设）、命题和定理。公理化方法是从尽可能少的基本概念、公理出发，运用演绎推理规则，推导出一系列的命题和定理，从而建立整体理论体系的方法。由公理化方法所得到的逻辑演绎体系称为公理化体系，欧几里得几何学（《几何原本》）是公理化体系最早的范例，希尔伯特的《几何基础》则可看做一个典型的代表。

管理理论的构成要素也包括概念、原理和原则，在这方面是与科学理论及数学理论相似的。管理理论与科学理论及数学理论不同的地方主要在于理论的构成方式：科学理论是论证性的（例如用归纳法进行实证探究，用演绎法进行证明和叙述），尤其数学理论是根据公理所作的一个严密的演绎推理结构。一般管理理论则大多是“陈述性”（或描述性）的，其中也包括了论证，但叙述总是其主要形式。多数情况下，它告诉我们的是：一个什么样的问题，为什么这一问题重要，应该如何解决，具体采用什么方法，应注意的原则或要求等。例如，人的需求是管理者应关注的问题；它之所以重要，是因为它与人们的工作动机、能力的发挥及积极性的大小有密切关系；应根据情况满足人们的各种需求，为此应强调激励方法的应用；在这过程中，应注意人的优势需求及需求的“效用”原则。或者如，管理者应考虑“库存批量”问题，此问题直接与生产需要和经营成本相关；为解决此问题，应寻求库存满足生产需要与降低库存成本的平衡点；为此要应用到某种数学模型和方法，以便求出优化（或平衡）解；在此过程中，要注意留有一定余地，以便应付特殊情况。

3. 理论的作用

理论的作用反映的是理论与实践的关系，即理论必须在实践中应用和检验。总的来看，在这方面科学理论、数学理论和管理理论没有区别。

科学理论主要有两个作用（或功能），就是在自然规律认识的基础上，解释当前的自然现象，并预见新的自然现象。所以，对科学理论而言，自然规律的认识是前提或基础，解释并预见自然现象是目的。而且，科学理论的作用不能仅只限于解释已知的自然现象，更重要的是要能够预见目前尚未观察到但却能被以后实践观察到的自然现象。科学史表明，一个科学理论所揭示的自然规律越深刻、越普遍，它的预见性便越强；预见到的现象就越多，它的实践和理论意义也就越大。

数学理论的作用则是探讨自然与社会中的空间形式与数量关系的规律性，并据此提出相应的数学方法，以为人类的科学研究和生产实践活动提供必需的工具，这也是有关数学家之强调数学的本质是方法的本来意义所在（见本书附录）。也正是由于这一作用，数学对人类活动具有极其重要的意义，其应用也具有日益扩展的广泛性和深刻性。特别应指出，数学并不一定是针对某种特定的应用来创造相应的方法，很多时候它是主动地、创造性地走在实践应用的前面。由此，当某一应用需要某种数学方法时，往往可在已有的数学理论中找到。这方面典型的例子是广义相对论的产生：一方面，广义相对论需要有某种数学方法来构建；另一方面，当时数学理论中的一些特定方法正好也为广义相对论的产生提供了合适的数学工具。

管理理论提出的目的，也是为了依据有关的联系或规律而对管理的实践活动进行指导，即告诉人们应该如何进行管理。科学管理理论、行为科学理论、管理科学理论及其他各种管理的理论，都是如此。

理论的作用有多种表现：可能是理论与实践有明确的对应关系，从而能够形成直接的应用；也可能是理论和实践之间没有明确的对应关系，因而提供的是某种一般指导。例如，科学领域中的科学理论就既有直接明确的应用，如应用电子学知识和二进制理论制造计算机；也有的只是一般的指导作用，如图灵的“理想计算机”概念。管理理论也有这两方面的作用表现。特别是由于管理具有很强的实践性，因此很多时候，管理理论和实践之间“没有明确的对应关系，因而提供的是某种一般指导”的情况可能还更多一些，或者就只是提供一种思路，如 Shibata 等提出的“产品架构”的概念①。

① 科学中，图灵提出“理想计算机”的概念，并不是为了研制某种具体的计算机，而是为了解决一个基础理论问题。通过这一计算机，图灵证明了一个定理：存在一种图灵机，它能够模拟任一给定的图灵机。由此也表明了通用数字计算机是可能制造出来的（陈厚云、王行刚等编著：《计算机发展简史》，科学出版社 1985 年版，第 38 页）。管理中，Shibata 等为对产品进行分析而提出了“产品架构”的概念，他们引用有关作者的话说道：“架构”是一种单个具体产品据以产生发展的思想。他们认为，“产品架构”是一种框架，它提供了一种存在于单个产品背后的认识知识，因此其地位高于特定的单个产品，尤其是产品架构的分类并不一定要与现有的工业分类相一致。他们强调：现有的有关研究通常采用的是比较分析的框架，而他们采用的“架构”概念，能够提供一种新的分析工业的视角。即将单个产品的架构看做给定的，并讨论它们的相对优势和它们对产品开发风格的适应性［Tomoatsu Shibata, Masaharu Yano and Fumio Kodama, Empirical Analysis of Evolution of Product Architecture Fanuc Numerical Controllers from 1962 to 1997, *Research Policy* 34（2005）］。

这也是为什么一些作者认为管理理论缺乏精确严格检验的一个原因。例如，一些作者认为马斯洛的“需要理论”有一定局限性，现实中有很多情况难以用这一理论来概括。但“需要理论”确实说明了管理中人的有关问题，并提供了管理者应如何去解决这些问题的一般思路。

4. 管理理论的科学性

通过以上比较，可以看出，管理理论与科学及数学理论有很多相似之处，区别主要在于管理理论的验证性、论证性不如科学及数学理论。

据此，我们首先认为，管理理论具有科学性。第一，管理中应用的其他领域知识的本来学科保证了管理理论中这些知识的科学性，这种科学性自然会影响到管理的科学性。管理中为了解决其相关的问题，应用了许多其他学科（如经济学、数学、心理学、社会学）的知识和方法，为此管理理论中也包含了许多其他学科的有关内容。这些有关内容是科学的，因为它们本来的学科是“科学的”。管理中应用这些知识和方法并不只是为了对它们进行探索，而主要是为了进行管理工作，对这些知识和方法进行探讨是其本来学科的责任。管理只提出问题，然后寻求相应的知识和方法来认识及解决。这些引入的知识和方法的“科学性”由其本来学科所提供或保证，或者说，管理理论是将这些学科知识作为“科学的”内容而引入管理领域的。如果它们不是科学的，也就不会被管理应用。而这些知识的“科学性”以及其本来学科的“科学性”，也为管理的科学性提供了一个重要的基础。第二，管理理论并不是某种主观的猜测或构想，它的依据是管理中有关事物的相互联系或规律性。也许这种相互联系性没有经过（或缺乏）严格的科学证明，因此不能在严格的意义上称之为“科学的”规律，但它们也确是管理领域中的客观存在或某种“规律性”的表现。因此，以其作为前提而提出的管理理论，也有相应的客观基础。第三，管理理论中很多内容是前人经验的总结，是经过长期管理实践检验了的知识。管理理论是在理论层次上对这些管理实践经验的概括与提炼，因此也具有实践的基础。最后，随着管理成为一种特定的专门性活动，管理学也在致力于建立自己相应的理论和基础，以提高自己的科学性。为此，现代管理研究采用了许多科学的和实证的研究方法与手段，以便为理论提供确凿的依据或证据。

同时我们也强调，管理理论与实践有其特殊之处，管理理论的科学性不能简单地用科学理论的标准来衡量。如果一定要将其与科学理论相比较的话，那么在严格的理论验证和证明的意义上，管理理论只有“较弱”的科学性。不过，这不是管理理论的缺陷，而是其特征和目的使然。对此，我们可概括出以下三方面的认识：

一是活动对象的特点：科学现象虽然千变万化，但其中的规律却是不变、能够精确测定的。而且只要条件相同，就会产生相同的结果。管理活动则不然，如谭力文等人就认为，管理学是一门不精确的科学。与在给定条件下能够得到确定结论的精确学科相比，管理学几乎不存在什么可以简单套用的定理，也几乎不存在“在给定的条件下，可以得出确定结论的可能性”[①]。管理中也确实存在许多类似事件的研究，但亨德里克斯和辛格尔（Hendricks and Singhal，2008）指出：在研究不同时期中发生的类似事件时，后来所做的研究结果不会重复早先时候或用不同方法所作研究的结果[②]。

二是活动的关键点：在依据客观事物的本质规定性和规律及实践应用两个基本方面，科学、数学和管理理论都是一样的。在此前提下，科学（尤其自然科学）的关键之处是对客观事物本质及其规律的探索和认识，为了表明这样的探索和认识是客观的且符合客观事物本质的，因此更强调理论的检验和论证。数学是对客观世界中的数量关系和空间形式的探讨和研究，由于其思维活动的高度抽象性，因此也必须通过逻辑推理和证明来表明其理论和方法的合理性[③]。管理的关键则是活动及资源的合理组织与利用，为此除了需要有相应的理论知识和方法外，尤其重要的是要有思维方式的指导，即在复杂的内外环境下协调地处理各种实际问题。在管理活动中，一方面需要充分利用科学和数学提供的知识和方法，另一方面也可能需要对有关的课题进行专门的探讨。但管理活动不必也不能像科学那样（因为它不具备科学那样的手段或能力）去对客观事物及其规律进行研究

---

① 谭力文、徐珊、李燕萍编著：《管理学》，武汉大学出版社 2000 年版，第 9 页。

② Kevin B. Hendricks and Vinod R. Singhal, The Effect of Product Introduction Delays on Operating Performance, *Management Science* 54 (5) 2008.

③ 早期的数学不需要专门进行证明，其正确性的证明就是生产实践中的应用。后来古希腊数学开始强调逻辑的演绎证明，其中的一个重要原因是数学发展逐渐脱离了生产实践，而转向抽象概念的探讨，逻辑证明的必要性才日益突出（参见 M. 克莱因《古今数学思想》第 1 册，上海科学技术出版社 1979 年版，第 52 页）。

和认识，也不能像数学那样纯粹抽象地对待管理中的各种具体问题。

三是理论的表述：管理理论的目的重在应用，因此很多管理理论只是陈述性（或描述性）的，而不是像科学理论或数学理论那样强调严格论证或验证。一般来讲，自然科学关心事物是怎样的（即事物是什么，为什么是这样的）；管理则关心事物应当如何，以及如何通过管理活动来达到目标。由此产生了思维逻辑上的区别。对此，西蒙从最优化方法的角度认为：一是管理只需要满意原则，而不一定要像科学那样"寻根究底"。二是管理中主要是陈述性论理，也不一定要进行论证。特别在进行最优化时，当人们问："在所有可能状态中，哪个是最好的"，这纯粹是一个经验性问题，回答它只需要事实和普通的陈述性论理①。纽曼（Nurmann）则认为，如果你能够很好地运用描述性和分析性语言的话，这样你就能够掌握系统内各要素之间的互动情况以及该系统的重要特征，因此从少数或者个别案例中进行理论建构的可能性就会很高②。德鲁克也表达了这样的观点：管理学与自然科学有区别，管理学主要是以描述性的历史方法说明组织及其管理现象，而不应该用自然科学的概括性规律方法③。

概而言之，"科学性"只是管理理论价值的一个方面，管理理论的价值并不仅限于其"科学性"④。这也如同（我们在附录中所说的）数学理论的发展及其应用也没有受到数学"真理性"争论的影响一样，因为数学也有其他的价值，即为人类活动提供了重要的方法。

（三）管理理论的思维方式意义

总的来看，管理具有科学性，但"科学性"不是管理理论的最终目

---

① 西蒙：《人工科学》，商务印书馆 1987 年版，第 120—121 页。

② 转引自伊弗特·古默桑《管理的定性研究方法》，武汉大学出版社 2006 年版，第 67 页。

③ Peter F. Drucker, *Management Challenges for the 21st Century*, New York: Harper Press, 1999, pp. 3 -40.

④ 例如古默桑写道：当我们阅读（如微软公司、国际管理集团、百事和苹果、斯堪的纳维亚航空公司等以及其他一些公司的）成功商业领袖的著作时，我们会发现他们在公司经营方面都很有思想，而且都有过成功挽救一个或几个公司的辉煌业绩。虽然我们并不清楚他们的叙述、结论和建议是否正确或者是否具有普遍性，但是这些叙述、结论和建议肯定富有远见，听起来真实，赢得了可信性（伊弗特·古默桑：《管理的定性研究方法》，武汉大学出版社 2006 年版，第 71 页）。也即人们通常不会去追究这些叙述、结论和建议是否"科学"，但人们仍可以从中得到某种启示。

的，管理理论也主要不是为了“科学性”而建立。管理理论的目的是为了实践的应用，为此管理理论应该是“科学的”。

管理理论的一个重要作用或价值在于其思维方式。就是管理理论提供了一种看待管理问题的思路，或者就直接说提供了管理的思维方式。管理理论首先提供了管理的知识体系和方法论，使管理者知道管理是什么以及管理的具体方法。但更重要的是，通过这样的知识体系和方法论，它还提供了管理者思维活动的专业知识参考系，使管理者能够据此观察、分析和解决所面临的各种问题。在这方面，肖明等人就认为：管理理论对管理实践的指导作用是通过各种途径来实现的。改变人们的思维方式、行为方式，就是管理理论实现其指导作用的途径之一①。

格里斯利明确指出了管理理论的思维方式意义。他在表述了关于管理知识的科学性和普遍性的有关观点（如本书附录中引述的观点）后认为，我们评价管理研究活动不应再根据它是否描述了不独立于人的现实世界，而是应该根据它如何影响人类思维方式进行评价，这是对本书（即《管理学方法论批判》）提出的观点的正确概括。管理研究活动及其成果（或说“知识”）会影响我们思考管理实现的方式，从这个角度讲，它是很有价值的②。换句话说，理论的语句及本身的特征已不重要，重要的是理论中蕴涵的思维方式。虽然，格里斯利关于管理的科学性和普遍性的观点还值得讨论，但是这一观点我们是赞同的。

其他作者也都谈到了管理理论在认识、观念或思维层次上的作用，如卡斯特和罗森茨韦克指出：系统观念和权变观念对实际管理者经营企业具有重大意义。例如，它可以帮助管理者提出适用于某些环境和技术条件的组织设计方案；它可以提出在不同情况下对实际计划和控制过程的指导原则；它可以帮助管理者确定适宜的领导风格；它是有助于确定组织变革和改良的最切实的方法。实际上，系统观念和权变观念并不能为管理一切组织提供通用的管理原则，但是可以为在具体情况下的组织诊断和管理行动提出重大的指导方针。简而言之，系统观念和权变观念都有助于更有效地

---

① 肖明、张保生、陈新夏、李培松：《管理哲学纲要》，红旗出版社1987年版，第51页。

② 保罗·格里斯利：《管理学方法论批判》，人民邮电出版社2006年版，第204页。

诊断复杂的形势和提高正确进行管理活动的可能性[①]。格里芬也说道：许多管理问题都可以用理性的、逻辑的、客观的和系统的方法来解决。管理者们可以搜集数据、事实和客观信息。他们可以使用定量模型和决策技术来获得“正确的”决策[②]。雷恩在对人际关系的概念和实践作了说明之后认为，人际关系被作为一种理解组织行为的工具而不是它自身的终结[③]。克雷纳更明确指出：作为一种职业，管理是非常独特的。它是一种受到观念驱动的职业[④]。

Choo 等则指出：管理中为理性、系统地观察、分析和解决问题，提出了许多结构化、标准化方法（或模型），如质量管理中 PDCA 循环和六西格玛技术。这些方法通常都包括了问题解决的按一定次序进行的特定步骤，各个步骤中又包含了相应的（统计的或非统计的）手段或工具。例如，PDCA 循环就分为计划、实施、检查和处理四个步骤，一些组织中的六西格玛技术则应用了定义、测量、分析、改进和控制五个步骤。他们认为：这样的方法就为管理者提供了一个问题分析和解决的“路线图”，影响了他们的信息收集和处理，最终也影响了他们的思维过程[⑤]。

当然，科学理论和数学理论也有思维方式的意义，但比较之下，管理理论在这方面更显突出。在某种程度上我们可以认为，正是由于管理理论重视的是思维方式意义，因此它不像科学和数学那样对通常的“实验验证”和“逻辑证明”等科学性要求有特别的依赖性。而且也正因为如此，才能简明地表达管理理论中蕴涵的思维方式，并有利于实现理论的应用目的，不至于把人们的注意力过多地限定到理论是否具有严密的“验证”、“推论”或“公理化”的结构上。另一方面，管理具有很强的实践性，管理理论强调的也是“应用性”，即能够在实践中产生某种有用的效果。然

① 弗莱蒙特·E. 卡斯特、詹姆斯·E. 罗森茨韦克：《组织与管理——系统方法与权变方法》第四版，中国社会科学出版社 2000 年版，第 147、149 页。

② 里奇·格里芬：《管理学》第八版，中国市场出版社 2006 年版，第 15—16 页。

③ 丹尼尔·A. 雷恩：《管理思想的演变》，中国社会科学出版社 1997 年版，第 423 页。

④ 斯图尔特·克雷纳：《管理百年》，海南出版社 2003 年版，第 217 页。

⑤ Adrian S. Choo, Kevin W. Linderman and Roger G. Schroeder, Method and Psychological Effects on Learning Behaviors and Knowledge Creation in Quality Improvement Projects. *Management Science* 53 (3) 2007.

而由于现实是复杂的，管理中很少会出现完全符合理论所描述的那种情况，实际情况与理论的描述总会有些差别。因此，管理中通常都不会要求死记硬背理论中的概念和观点，实践中的管理者也不会完全按照理论“照本宣科”式的“亦步亦趋”。这时重要的是把握理论中的思维方式，才能在复杂多变的环境中明确管理的取向，并采取灵活且适宜的管理行为。特别对于现实中的管理者而言，他们学习了管理的理论和知识，总会从中获得某种思想、规则或方法，并用于观察、分析和解决管理问题的具体实践。

应该指出，强调管理理论的价值在于其思维方式，并不是说管理理论的科学性不重要。科学性是重要的，它能为管理理论中所蕴涵的思维方式提供某种应用的证明和依据，而不是仅仅作为理论提出者的某种主观思想或观点而强加给应用。这也如同数学理论和方法一样，数学理论的重要价值在于其方法性，而数学的客观来源性能够为其方法的存在和应用提供确实的理由和依据①。在这里，科学性首先为管理理论中的思维方式提供了某种应用框架，这是由于管理理论的“知识体系和方法论”的价值，也即管理是一个科学的知识整体，从而为管理者提供了系统的认识框架或模式；科学性也为管理理论中的思维方式提供了某种应用的依据，这是由于管理理论的“规律性、客观性知识”的价值，也即管理理论是建立在规律性、客观性认识上的知识体系，从而也为其思维方式的应用提供了某种“科学性”的保证。

三　管理理论与思维方式的规范

（一）管理理论与思维方式的相互依存

管理理论与思维方式是相互依存的关系，一方面，管理理论是管理思维方式借以形成和应用的阶梯和载体。

① 例如，数学史中曾出现过多种“非欧几何”，但其中有一些由于缺乏客观基础，不能在实践中得到应用，最后都逐渐销声匿迹了。真正留下来的，只有“罗巴切夫斯基几何”、“黎曼几何”等几种。

管理思维方式的形成与发展有两个主要的来源：一是理论来源，如系统科学理论在管理活动中的应用；二是实践来源，如合作思想的提出主要是基于组织实践的新发展。总的来看，这两种来源都表明了管理理论的作用。特别地，尽管管理，实践是管理思维方式形成与发展的最深厚根源，但理论的作用仍必不可少。实际上，早在管理理论提出或完善之前，很多管理思想和观点通常都已在实践中存在，也为很多实际管理者所认识及应用。但尽管如此，实践中的思想和观点仍需要理论的抽象和概括。这是由于实践的特定性，实践中所得出的思想和观点往往与具体情况或问题相关联，带有“朴素性”。只有通过理论的抽象和概括，将实践中的思想和观点进行提炼，这些思想和观点才能脱离具体问题的束缚，成为管理中具有指导意义的思维方式。理论抽象和概括的作用主要是两个：一是使实践中的思想和观点明晰化、丰富化；二是使这些思想和观点具有普遍性，能够为其他管理者所把握和应用。

例如，组织间合作的实践早就存在（如意大利北部工业区小企业间的合作），现在的经济全球化更使组织间的合作出现纷繁复杂的景象。那么如何看待并把握组织间的合作，这就需要从理论上进行抽象和概括。自从马歇尔对意大利北部工业区中小企业“合作氛围”开始进行探讨以来，有关的研究已为管理者提供了一个较为完整的思维框架。从理论的主要取向来看，就有资源观、能力观、竞争优势理论、产业组织理论等。从理论的具体观点来看，则是通过对各种合作方式进行概括和分类（如并购、战略联盟、短暂联盟），以探讨和明确不同合作方式的目的、特点和要求。

又如区域产业集群中企业的合作，有作者概括出了四种态势：一是钻石模型，它认为集群成长需要四大因素密切配合：生产要素、需要条件、关联与支持产业以及企业竞争与战略，政府则对这四组因素起综合作用。二是集体效率模型，它以马歇尔提出的外部性为起点，认为集群的成长主要来自两个部分：外部性与联合行动。即公司的集中产生了经济上的外部性，然后还需要群内企业进行联合行动才能更具竞争优势。三是专业化模型，其分析点主要集中于专业化分工，认为集群的健康成长需要培育群内企业的分工协作。四是全球价值链模型，强调不能单纯地看待一个产品，要分析一个产品从概念形成一直到最终被消费的全过程。并把这一过程扩展到整个全球价值链，强调不同国家在全球贸易价值链中的合作及其关联。该模型的一个特点，是认识到目前许多发展中国家的集群大多数是全球价值链的一个组成部分。

以上这些理论和观点，就为组织管理者观察、分析组织间的合作提供了思考角度和出发点，并为他们处理、解决合作问题提供了可借以应用的基本思维模型和框架。

另一方面，管理理论的价值很大程度上取决于其中所蕴涵的思维方式的特点。如同其他领域的理论一样，管理理论是实践的反映，但不是全面的“照相式”的反映。现实是复杂的，理论为反映现实，必须要做一定的抽象或近似，因此理论不能对现实进行全面的复制。但是这并不要紧，只要管理理论确实说明了事物及其过程的本质或特征，其中所蕴涵的思维方式能够用于管理的实践，现实中人们通常是不会对其有过多苛求的。例如我们前面曾谈到，有人认为马斯洛的需要理论不全面、有缺陷，但也并没因此而全盘否定这一理论，它在管理实践中仍有着重要的应用价值。

在这方面应该强调，好的理论都有鲜明的思维方式特点。一种理论有无价值、是否具有较大意义，一个重要标准就是理论中所体现的思维方式是不是有助于引导人们观察、分析及解决实际中的问题，尤其是理论中是否体现了某种独特的思维方式。科学史中，牛顿力学中的“质点”概念、爱因斯坦狭义相对论中“同时性”的“相对性”，都是这样的独特思维方式（或新的思考问题方式）的表现。

在管理领域，典型的例子是西蒙的决策“满意原则”。以往的决策理论大都沿用的是经济学的思维方式（对此可参见第七章有关内容），认为人是“完全理性”的，追求“利益最大化”，因此决策的原则也是“最优化”。西蒙则认为，人的理性实际上有限制，由此决策者寻求的是符合要求的或令人满意的结果，即只要结果符合有关任务的要求就行了，而不一定要找到（最终的）最好途径，从而提出了决策的“满意原则”。对此，西蒙说道：“因此，这本书（即《管理行为》）也可以说是写给所有人的，因为它在关系到我们所有人的组织问题方面，给我们提供了一种思考方式。”①

---

① 西蒙：《管理行为》，北京经济学院出版社 1988 年版，第三版导言。

赫茨伯格的“双因素理论”也是这方面的一个突出例子。就人们的一般观点来看，“满意”通常是与“不满意”相对应的，如人们要不就是满意，要不就是不满意。但赫茨伯格却认为：满意的对立面是“没有满意”，不满意的对立面是“没有不满意”。正是按照这样的出发点和思维路径，他对“激励因素”和“保健因素”作了区别，提出了“双因素理论”，同时也为管理者提出了一种看待问题的新思路。

现代新产生的管理理论及技术和方法都具有这样的新思维方式意义，如流程重建、精益管理等。又如人力资源管理之所以超越了传统的人事管理，也在于它提供了一种新的思维方式，从而使管理者能在更高的层次和用更广阔的视角去看待管理中人的问题。曾有文章谈到人力资源管理与传统人事管理的区别[①]：人事管理比较传统、保守、被动，而人力资源管理则是积极主动的，具有策略性和前瞻性。传统人事管理的功能多为行政性的业务，如招聘、薪资、档案管理等，人力资源管理则参与制定策略，进行人力资源规划、塑造企业环境等。人力资源部实际上是一个决策型的服务部门。人力资源部的职责是为企业发掘优秀员工，不仅要发现人才，更重要的是培养人才，使每个人都工作在最适合的岗位上；同时，为企业创造积极向上、团结敬业的工作环境，提高工作效率。人力资源管理也需要很强的专业素质和专业知识，但最重要的是具备与人交流的能力。人力资源管理的核心是职务分析，为每一位员工明确规定他们的工作性质，职责范围以及相应的奖惩制度，为各项人力资源管理作业提供其基本依据。

应该强调，人力资源管理理论绝不只是提供了某种管理组织员工的新方法或技术，它的产生反映了这一领域的组织管理从传统思维向现代思维的转变。就是从以往注重员工的“人头”管理，转变为强调人力资源管理，实际上涉及的是组织与员工的关系。换句话说，人力资源管理的思维层次更高、思维视角更开阔，从而也有助于管理者形成对问题的更深刻地理解并导致更好的实践。

（二）管理理论是对思维方式的规范

在管理理论的价值问题上，很多管理文献强调了管理理论的范式意义。“范式”确实是一个有用的概念，自产生以来也得到了迅速推广和广

① 《人事管理与人力资源管理的不同》，《经济日报》2004 年 6 月 21 日。

泛的应用。本书第一章为说明管理者的思维方式及本章前面为说明管理的专业群体性，也都利用了这一概念。但是也应看到，管理学与自然科学并不完全相同，因此对管理学范式及其作用的理解也应有所区别。

范式与理论有关，按照库恩的叙述，范式产生于某种重大的科学成就或理论（如牛顿力学）。这一科学成就或理论指明了研究的方向，从而能够将众多的科学家团结在其周围，并在其指导下开展研究活动。管理理论也有这样的效果，因而也具有范式的作用。然而，对管理理论的范式作用，我们还可以提出以下两个方面的考虑：

首先，仅靠管理理论（即使是管理领域中所有理论的整体）可能还难以形成某种管理的“范式”。

在科学领域，某一重大的科学成就或理论往往具有范式的意义。其中一个重要原因是科学研究通常都有一定的对象、范围和方法，而且科学研究特别重视“可控性”，这样才能得出某种确实的结论。由此，科学研究的基础也逐渐从生产实践转向了科学实验。生产实践是复杂多样的，缺乏可控性，它是科学活动的最终基础，但不是直接的基础。科学实验具有可控性，因此自培根强调科学实验的作用以来，它就一直是科学研究的直接基础。正是在这样的条件下，科学活动具有一定的相对独立性，科学理论也才可能为科学研究提供某种“范式”或“规范”。但管理理论无这样的背景，管理活动也不像科学研究：一方面是管理具有很强的实践性，与人们的现实活动密切关联，由此也具有复杂性和较明显的“不可控制性”；另一方面管理活动具有开放性及社会性，与管理内外环境的诸多因素相联系，要受到诸多因素的复杂影响。因此，管理领域中“范式”的产生，除了要有理论的贡献外，还需要社会范围中多种因素的共同作用，诸如经济、科技、社会文化及观念等，而且这些因素也必然会发生作用。

其次，也是更重要的，由于管理活动的实践性和复杂性，管理理论的范式作用只是对管理思维方式而言，并不包括管理的实际活动。

库恩的科学“范式”概念有思维方式的意义（思考问题的角度和出发点），但同时也有某种“成规”或“规则”的含义。库恩自己就指出：存在这样一种成规的牢固框架——概念、理论、仪器以及方法论方面的成规……各种不同的理论在用到概念、观测、仪器方面时，就有一套一再重复的、半公式化的解①。这种成规或规则的作用之一，就是提供了一个选择科学问题的标准（如解难题，或者“肯定有解”的问题）并限制了在解答问题时所要采取的方法。因为只有在共同约定规则的情况下，科学活动才有共同的基础和含义，科学家们才能对某项研究成果的“科学性”给予共同的认识或认同②。特别在常规科学阶段，科学家必须得在范式的指导下进行科学研究活动。不遵守范式，或者违背范式，都不会为科学界所认可或接受。也正是为此，库恩认为常规科学阶段，也常会“阻碍”新事物的产生。

管理中则不存在这样的成规或规则。由于管理的“横断性”，涉及了多种具有不同特点和要求的活动领域；同时管理活动具有很强的实践性，实际中遇到的问题多种多样，且新事物、新问题层出不穷。因此，不可能规定一种统一的管理方式、或者普遍适用的规范性的管理行为（例如某种操作规则），也不可能对管理中应解决什么问题以及如何解决这些问题作出详细具体的规定。而且，（如我们刚才说的）由于管理活动不像科学发现那样具有“可重复性”，以前曾经成功的问题解决办法以后也不一定仍然适用，因此管理活动中也很少有“一再重复”的解。

就组织管理而言，也很难说有一种适用于所有组织的管理活动的基本方式或模式，因为组织都是特定的（第八章对组织特定性有专门的讨论），各个组织的问题也不尽相同。甚至一个组织在其发展历程中也不存在从头到尾的一个方式或模式，它要根据情况的变化而随时调整其管理的方式，而且组织所进行的变化调整的本身也是组织能力的一个重要体现（动态能力观的观点）。另一方面，从组织特色的角度来看，一个组织所特有的管理方式在很大程度上也是它竞争优势的一个来源，因此组织管理的一个重要趋向是创新，以便形成与其他组织的某种“差别”。所以，尽管管理理论是共同的，但各个组织的具体管理又各有特点。也正是为此，管理的研究基本上有两种走向：一种走向是理论性研究，以探讨管理中带

---

① T. S. 库恩：《科学革命的结构》，上海科学技术出版社 1980 年版，第 30—36 页。

② 科学中有所谓“操作主义”，其中心思想是：每一个科学术语的意义，一定可以通过指明一种确定的检验操作来规定，这种检验操作为术语的运用提供了一个标准。其要求是：在任何操作定义中，所需要的操作程序必须经过仔细选择，以便使任何一个有能力的观察者能毫不含糊地完成这一程序，并使其结果能得以客观的确定，而和实际进行这种操作的人无关。

普遍性的规律和特征；另一种走向是实证性研究，即针对具体的组织进行案例分析，目的是寻求某一组织“好”的实践。实证研究存在的原因之一，就是由于组织实践的特定性和多样性，组织管理及运作没有一定之规。而且实证研究的结果还往往造成这样一种印象：很多时候两个组织的做法完全不同，甚至可能正好相反，但他们也都取得了成功。因此，问题的关键是组织要善于创新，走出符合自己特点的道路。

从某一组织的“好”的实践中可以抽取出某种具有“示范性”的经验，以其为其他组织的参考与借鉴。但这种参考或借鉴不是指将成功组织的具体做法“照搬照做”，现实中也很少有组织“照搬照做”就能成功地取得竞争优势①。在这里，应如有关观点所指出的：应从中体会出成功组织在成功之前是如何思考他们自己的问题，并决定如何采取行动的。或者如小钱德勒等人所强调的：事实只是手段，不是目的，学习者必须举一反三②。换言之，组织管理者应从成功案例中积极地形成和陈述他们自己的见解。

正是为此，在一些作者强调存在管理学范式的同时，也有作者认为不存在所谓的管理学“范式”。例如，Wilollower 就表明了这样的观点：管理学范式是一个模糊不清的概念，在组织及其管理理论中并不存在范式问题③。

当然，如果把知识经济条件下管理的知识性特点和要求等叫做范式，那可能有某种普遍的管理范式。但即使在这种情况下，即使是在赞同管理学范式的作者中，也有人认为自然科学的范式与管理学范式存在区别。例如，罗珉认为：应当严格区分自然科学与社会科学的范式。对管理学范式

---

① Hidalgo 和 Albors 就指出：企业和业务环境的多样性意味着创新管理不存在一种单一的理想模式，尽管存在某些好的实践的原则（Antonio Hidalgo and Jose Albors, Innovation Management Techniques and Tools: A Review From Theory and Practice, *R&D Management* 38, 2, 2008）。Hendricks 和 Singhal 也强调：近年来的研究表明，市场对某一特定事件的反应经不起时间的检验 [Kevin B. Hendricks and Vinod R. Singhal, The Effect of Product Introduction Delays on Operating Performance, *Management Science* 54 (5) 2008]。换言之，某组织曾经的市场成功经验，换了别的组织或者“时过境迁”之后，就不一定会有相同的结果了。

② 阿尔弗雷德 · D. 小钱德勒、托马斯 · K. 麦克科劳、理查德 · S. 特德劳：《管理学历史与现状》，东北财经大学出版社 2001 年版，前言。

③ Donald J. Wilollower, Synthesie and Projection, *In Handbook of Research on Educational Administration*, Edited by N. J. Boyan, New York: Longman, 1989, pp. 729 – 747.

的理解，与自然科学的最大差别在于，管理学无法构成一个唯一或主导范式，即使是在某些范式似乎具有支配性地位之时，它们也不可能主宰所有管理学家，甚至也不会主宰大多数管理学家[①]。由此看来，就更不用说实际的管理活动及管理的实际工作者了。

但是管理理论确实表达出了某种思维方式，并为管理者应该如何观察、分析及解决管理中的有关问题提供了某种“规范”（或者某种基本思路）。这样的“规范”是必然的，即为了适应管理实践的多样性和复杂性，只能从思维方式上来规范；而且也是必需的，即为了在多样复杂的管理实践中进行有效的管理，也应该从思维方式上来规范。正是这样的“规范”，使管理理论具有重要价值，并表现出其应有的意义。如果不是这样，如果理论试图要求管理者遵循一种统一的管理方式，或者告诉管理者他们应该如何解决他们所面临的每一个具体的问题，那这一理论必然会漏洞百出、难以存在。

管理理论价值的这一所在，其实也为很多作者所明确和遵守。例如，Tao 等提出了一个 IRL（Innovation Readiness Levels）框架模型作为创新过程的管理工具。他们指出：一般而言，IRL 是一个描述性标准，而不是规定性标准。当它被用于某个特定的工业部门或组织时，它可以也应该适应这一工业部门或组织的具体情况[②]。也即 IRL 作为一种管理工具是有用的，但在具体应用时组织又应根据自己的实际情况而采取相应的管理行动或实践。也正是为此，Tao 等通过五个组织的实际案例，强调了 IRL 作为“概念思考”标准的意义。

所以我们说：管理理论为管理思维方式提供了某种“范式”，而不是为管理的具体活动作出“规定”。管理理论的“规范”作用，并不延及管理者实际采取的管理行动[③]。

---

① 罗珉：《管理学范式理论的发展》，西南财经大学出版社 2005 年版，第 28—29 页。

② Lan Tao, David Probert and Rob Phaal, Towards an Integrated Framework for Managing the Process of Innovation, *R&D Management* 40, 1, 2010.

③ 在理论的思维方式“规范”意义上，张九海有特别的强调。他认为：应把“科学发展观”看成一种思维方式。科学发展观不是为了解决具体的问题，而是从宏观上、从思维方式上指导社会的发展。只有把科学发展观看成一种思维方式，才能使科学发展观真正得到贯彻落实［张九海：《作为思维方式的科学发展观》，《安徽大学学报》（哲学社会科学版）2006 年第 1 期］。

实际上，知识经济条件下管理的知识性特点和要求等类似的“范式”，其主要意义都是在思维方式的层面上。现实中的知识管理如何进行，各个组织都会（也应该）有所不同。例如，很多组织将知识管理作为一种特定的管理业务内容，常见的做法是利用某种“知识管理软件”来对有关的“知识资产”（如数据、专利等）进行管理。除此之外，很多作者也特别强调，知识管理是组织整体的活动，融合在组织各种管理活动之中，并且与战略管理、创新管理、项目管理、人力资源管理、组织管理等都有密切关系。知识管理的中心问题是人，人的因素在其中起着关键的作用；掌握组织知识的专业人员及员工代表了组织的技术能力，是组织的重要“知识资源”。知识管理的主要任务就是将组织的“技术能力”与“组织能力”相结合，根据组织战略及目标对他们进行组织、管理和激励，以充分发挥他们在知识开发与应用上的创造性和积极性。也就是说，组织的知识管理是（组织）特定的，管理者应该从这样的角度和出发点来看待知识管理，并根据组织及环境的实际情形来采取具体的管理行动和措施。

简而言之，知识经济条件下管理的知识性特点和要求这样的思维方式是共同的，但在具体贯彻中，又要结合组织自身的特点。

（三）管理思维方式的普遍性

管理具有专业群体性，管理思维方式的普遍性就是指管理的专业思维方式的一致性。在这方面，我们赞同管理理论普遍性的观点，并认为管理思维方式的普遍性也是管理理论普遍性的一个重要表现。

管理思维方式的普遍性也和管理活动的“横断性”有关，即不管人类活动的哪个领域或组织，都需要有管理；而不管人类活动的哪个领域或组织，其管理的本质特征及其内在规定性也都具有一致性。正是这种共同的本质特征和内在规定性，并通过理论的概括、抽象和表述，就既为管理者提供了理解和把握管理及其本质特征的基本框架，也为管理者的思维及行为提供了内在的规范和要求。由此，尽管管理者的具体管理活动多种多样，但其中都体现了管理的本来含义或要义。

例如，就管理者履行其职能和职责而言，明茨伯格曾对一些高层管理者的工作进行了仔细的跟踪研究，并提出了管理者的角色观点。他认为，管理者在组织中扮演了三大类共 10 种角色：在人际关系方面，充当了代表人角色、领导者角色、联络者角色；在信息传递方面，充当的是监听者角色、传播者角色、发言人角色；在决策制定方面，则是企业家角色、问题处理者角色、资源分配者角色、谈判者角色。他强调：角色就是属于一定职责或地位的一套有条理的行为。一个人的个性能够影响他如何扮演他的角色，但不会影响他所演的内容①。对此我们可理解成：在个人特征的影响下，管理者的实际管理行动可能会有所不同，但管理者所应该（或必须）履行的管理职能和职责却仍是一定的，都要表现出管理活动的内在规定性要求。

针对明茨伯格的角色观点，罗宾斯进一步指出了管理职能的普遍性意义：首先，职能方法仍然代表着将管理者的工作概念化的最有效的方式。经典的职能理论提供了一种清晰的和界线分明的方法，使我们能够对管理者从事的各种活动和用于实现组织目标的各种技术进行明确的分类。其次，虽然明茨伯格可以给出更详细的和仔细斟酌过的管理角色的分类方案，但是这些角色实质上与四种职能（即计划、组织、领导和控制）是一致的。明茨伯格所提出的许多角色，基本上都可以归入一个或几个职能中。比如，资源分配的角色就是计划的一个部分，企业家角色也属于计划职能；所有人际关系的三种角色都是领导职能的组成部分；而其他大多数角色也与四个职能中的一个或多个相吻合。

罗宾斯表明了：管理职能的理论和方法有助于我们更好地理解和把握管理的内容和要求。例如他认为，管理者从事的是管理性工作，但也不是管理者所从事的工作都是管理性工作。明茨伯格观察到的经理们花费时间搞公共关系和筹集资金这一事实，虽然证明了明茨伯格观察方法的精确性，但也表明并非管理者从事的每一件事情，都必须是管理者工作的基本组成部分。一些包括在明茨伯格的纲要中的活动或许可以去掉。

他还特别指出，管理者在小型组织和大型组织中从事着基本相同的工作，区别仅在于程度和侧重点不同，以及具体做法和花费的时间不同②。

所以，在人类活动的各个领域，管理的本质特征都具有共同性，而对其进行表述的管理理论和知识也是共同的。在这方面，我们可以认为，正是管理的“横断性”和管理的本质特征及内在规定性，构成了管理专业

---

① H. 明茨伯格：《经理工作的性质》，团结出版社 1999 年版，第 83 页。

② 斯蒂芬·P. 罗宾斯：《管理学》，中国人民大学出版社 1997 年版，第 10、14 页。

群体性的前提和基础。而对此本质特征进行论述的管理理论，则为管理者理解和从事管理提供了基本的知识柜架和思维规范。实际上，在管理逐渐演变成为一种专业群体的同时，不同领域或组织中的管理者所学习的管理理论和知识其实都是一样的。如管理的基本概念、功能、过程、职能；或者科学管理理论、行为科学理论、管理科学理论，以及现代的资源观、能力观、竞争优势理论、可持续发展理论等；或者价值标准、基本原理和原则、主要的方法论思想等。所以，管理本质特征及共同的理论和知识就为管理者提供了共同的活动基础和思维规范，从而也使他们具有共同的观察、分析和解决问题的思维方式。

也正是为此，虽然很难说有某种统一的管理活动范式，但管理的本质特征及在此基础上由管理理论所表述的管理内在规定性及其价值标准、基本原理等是一致的，由此而形成的思维方式也具有一致性。就是不论是工商管理、行政管理或公共管理，也不论涉及的是哪个管理的专业活动领域（如企业管理、政府管理、旅游管理、银行管理等），或者是管理的哪个业务范围（如生产管理、财务管理、科技管理、信息管理），管理者考虑有关问题的角度、出发点及基本的思路都是一样的。例如，不管哪个领域的管理活动，其职能都是计划、组织、指挥（领导）和控制，管理的核心问题都是人的管理，等等。管理思维方式也是普遍的，是所有行业和领域的管理活动都必须遵循的，例如科学管理、行为科学和管理科学，以及资源观和能力观、社会责任及可持续发展等理论和观点中所包含的思想和思路。这就如同德鲁克所说的，所有这些有效管理者的共同之处就是：不管他们有什么，不管他们是干什么的，他们都惯常使事情有效。不论有效管理者是在企业，还是在政府机构工作，是医院的行政负责人，还是大学的系主任，他们重视有效性的习惯是相同的①。亨德里克斯和辛格尔（Hendricks and Singhal）也表达了类似的观点②。

---

① 彼得·德鲁克：《有效的管理者》，求实出版社 1985 年版，第 23 页。

② 亨德里克斯和辛格尔探讨了产品开发进度的延迟对企业运作绩效的影响。他们认为，虽然不同企业关注的问题可能有区别，例如公众企业的管理者十分关注进度延迟对股票市场的影响，而私人企业的管理者则不必牵挂这一问题。然而，所有企业的管理者都会关心进度延迟对企业利益的影响［Kevin B. Hendricks and Vinod R. Singhal, The Effect of Product Introduction Delays on Operating Performance. *Management Science* 54 (5), 2008］。

一些管理学作者也都明确强调了：他们工作中所包含的思维方式的普遍意义。例如，Girotra 等探讨了企业产品开发活动中，项目之间相互作用对其价值的影响。他们特别指出，虽然他们的工作以制药工业为例证，但其中所表明的思想、观点和方法却有广泛的适应性①。

管理的职能、规范、指导思想，以及有效管理的基本规律和要求等是普遍的，而不同行业、领域的管理具体活动与实践则是特定的，其间存在着差异。这是普遍性和特殊性的关系，随之而来的要求是，要使管理的一般职能和基本规律与组织管理的具体实践相结合，而不是因为特殊性而否定普遍性。例如，人是管理的核心，这是管理思维方式的一个重要的基本观念。这一观念对所有管理都是一样的。但具体到不同的管理或组织，这一基本观念如何具体体现，就要看实际情况。如生产部门和科研部门都要强调“人是管理的核心”，但如何具体实现则一般会有所不同。生产部门可能更多的是从诸如“全面质量管理”、或“参与管理”这样的角度去体现“人是管理的核心”的思想；而科研部门则也许是从宽松的制度和环境出发，以激励科研人员更大的创造性的角度来体现“人是管理的核心”的思想。换言之，生产部门和科研部门所面临的问题及采取的管理措施可能不会一样，但管理的内在规定性和一般要求，也是管理者思考问题的出发点和依据应该是一样的。

强调管理思维方式的普遍性，既是其本性使然，也是开展管理活动的必须要求。对此，丁荣贵认为：有效的项目管理思维方式对项目管理者是最有用的。事实上，很多项目管理者在学会了关键路线方法、WBS 方法等后，并没有将这些方法运用到他们正在管理的项目中去，甚至有些人对这些方法反而产生了不信任。为什么会这样呢？项目都是有其独特性的，我们过去的知识和经验常常会因为这些独特性而失效。当我们不知道自己该做什么的时候，再好的方法和工具也不能发挥其应有的作用，这时候能够帮助我们的只能是有效的思维方式，只有它能够帮助我们以不变应万变，只有它能够帮助我们找到成功管理不同项目的共性②。

---

① Karan Girotra, Christian Terwiesch and Karl T. Ulrich, Valuing R&D Projects in a Portfolio: Evidence from the Pharmaceutical Industry. *Management Science* 53 (9), 2007.

② 丁荣贵：《项目管理：项目思维与管理关键》，机械工业出版社 2004 年版，前言。

金和安德森则对“组织创新中是否存在一般的理论和模型”的问题提出了他们的看法：如果我们不能保留一些组织创新方面的总体观念，那么这一领域现在可能变得更加支离破碎。组织创新理想的先决性模型可以在建立特殊类型的创新模式的过程中作为有用的起点，也可以对特殊类型的组织创新模式的建立施加影响。否认各种创新类型之间的区别，或者否认各种创新类型之间的共性，都是不可取的①。

四 管理思维方式的存在形式与构成

（一）管理思维方式的存在形式

管理思维方式产生于管理的实践，然而一经产生，它便具有一定的相对独立性。或者说，它便蕴涵在管理理论的语言表述中，以某种相对独立的形式而存在。这有两个方面的含义，首先，管理理论及其思维方式（理论或实践）的产生出自个人，某个人的思想或思维方式通常是通过某种特定的概念、观点、方法或理论而进入管理过程，并发挥其相应的作用；其次，管理理论随着管理活动的发展而产生并发展，通过理论中的概念、观点、推理和方法，理论中所蕴涵的思维方式也会得到保留和传扬，并为后来的管理者所学习和继承。

尤其理论是管理思维方式的综合存在形式。这主要是由于管理理论的完整性或者“体系性”，是针对管理中的某一方面问题，而综合有关概念、原理、原则、方法所作的系统表述。因此，它往往完整地表达了观察、分析和解决这一方面问题的总体思路（包括出发点、思维角度、依据的基本观点和思维路径等）。如果缺乏理论的系统表述，单只用某一概念、原理或方法，是难以达到系统表述管理中问题的全部含义及人们所应采取思维方式的全部意义的目的的。另一方面，也只有通过理论将有关概念、原理和原则组成一个系统的有机整体，才能完整地表达看待某类（或某一）问题的思维方式。从这个意义上说，我们不能对理论“断章取

① 奈杰尔·金、尼尔·安德森：《组织创新与变革》，清华大学出版社 2002 年版，第 137 页。

义”，那将破坏理论在思维方式上的完整意义。

除此之外，管理的概念、观点和方法中也都包含着明确的思维方式含义。

1. 概念

概念是反映事物的特征或本质的思维形式，是对事物的本质、全体和内部联系的反映。概念也是思维的细胞，人们的思维活动必须要借助一定的概念，并通过这些概念来表达相应的思维内容。思维方式是思维活动中所表现出来的某种稳定模式或程式，因此也是通过思维活动中概念的运用而表现出来的。

一般来讲，不同的思维方式都有其特定的概念，如哲学思维方式中的“物质”、“精神”、“矛盾”、“辩证法”、“认识”、“真理”等；经济学中的“资源”、“价值”、“劳动”、“成本”、“产出”、“效益”等；各专业学科也都有自己特定的专业术语，只有借助这些专业术语，才能进行相应的专业思维，并与其他专业的思维相区别。如几何学中的“点”、“线”、“面”；力学中的“力”、“质点”、“速度”、“加速度”、“质量”、“功”、“能”；化学中的“元素”、“原子”、“化合”、“分子”、“分解”等。

其他方面，如“土地”体现的是农业经济时代的思维方式；“资本”和“商品”体现的是工业经济时代的思维方式；而“知识”和“能力”等概念体现的就是知识经济时代的思维方式。或者“推销”表达的是传统的“想办法让消费者购买企业产品”的思维方式；“营销”表达的则是现代的“企业应满足消费者需要”的思维方式。

另外，定量思维方式使用的概念与定性思维方式使用的概念也有区别。例如，我们说“考核”时，通常表现的是某种定量的思维方式；而说“评价”时，更多表现的则是定性的思维方式。

又如“资源”，说的是某种可以利用并据以产生一定效益的东西。不管在什么情况说“资源”，或将其作推广类比之用，其含义大致都是如此，其中所表明的思维方式也是一定的。例如，我们利用“人力资源”概念进行思维活动，其中所蕴涵的思维方式与用“物质资源”概念的思维方式就有某种相似性，但和我们应用“人事”概念所体现的思维方式则不一样。用“人事”概念更多体现的是传统的“人的事务”管理的思维方式，“人力资源”表达的则是现代管理（尤其在知识经济条件下）重视“人的价值”的思维方式。

在这里，特定概念中的“特定”是指，一是这些概念是有关思维方式的逻辑起点；二是这些概念是有关思维方式的支撑点。也正是为此，现实中有些人为了表明自己是“新派”人物，常会有意识地在说话中运用一些“新潮”词汇或概念，以此来表明自己的思想和思维方式与周围的“老派”人物有区别。组织中为了引导人们形成某种思维方式，或者为了表明组织中的新思想，也往往需要利用有关的概念。例如，很多组织都将原来的“人事科”牌子换成了“人力资源部”，或者将“销售”部门的牌子换成“营销”部门，其内在的用心之一大抵也是如此。

实际上，我们可以认为，概念体现了某种思维方式。虽然我们不能肯定地说每一个概念中都必然隐含了某种思维方式，但是我们可以说，有些重要概念中确实包含了一定的思维方式意义，如比较优势和竞争优势；有些概念突出的则直接就是思维方式的意义，如环境管理中为表示环境承载力的环境容量，或者可持续发展概念和科学发展观（科学发展观的思维方式意义，在本章前面已经借用张九海的观点作了简要说明）等①。

2. 原理和原则

人们为了表明如何进行管理，或为了说明管理的特点和要求，或者为了更好地进行管理等，经常会提出一些概括性的判断、语句或陈述，来表

---

① 例如，比较优势和竞争优势就表达了两种不同的看待问题的角度和出发点。曾有观点认为，竞争优势也是一种比较优势，用比较优势的概念就足以概括了。但是将这两个概念分开，问题说得更清楚一些，而且也有助于突出比较优势和竞争优势所体现的思维方式的区别。至于环境容量和可持续发展等概念，主要的就是思维方式的意义。

在环境管理领域，环境容量的定义是：自然环境或环境组成要素对污染物质的承受量和负荷量。或者说，在保持环境不致受损害的情况下，某一环境单元所能容纳污染物的最大负荷。具体包括如基本环境容量（差值容量）和变动环境容量（同化容量），或者区域环境容量和某环境单元单一要素的环境容量。在概念上，环境容量有明确的含义。不过由于自然环境本身和各种影响因素的变化及其相互作用非常复杂，确切判定环境容量非常困难。实际上，环境容量有很大的不确定性与模糊性，难以用确定的量值来表征。但尽管现实中很难测定，环境容量作为概念表达却易为人们所理解。尤其是它突出了一种思维方式，即我们在环境问题上必须从此角度来考虑问题，人类活动不管怎样进行，都不能突破环境容量的界限。

可持续发展概念也是如此。可持续发展指的不是某一具体事物的发展，而是人类活动的一种总的要求和方向。它突出了这样一种思维方式，就是：我们应以可持续发展的方式来考虑、规划并开展各种具体活动。

示管理的指导思想或一些基本的要求，以便管理者能够将其作为思考问题及开展管理活动的某种指导、基点或依据。这样一些以语句、判断或陈述的形式表现出来的指导思想或基本要求，我们常称之为管理原理或原则。原理和原则一般具有高度的概括性、思想性和指导性，通过明确提出这些基本原理和原则，有助于引导、形成并确定管理思维方式的主要内容和特征。

原理通常指某一领域、部门或科学中具有普遍意义的基本规律；或者是指某种客观事物的本质及其运动的基本规律。管理原理是对管理工作的实质内容进行科学分析总结而形成的基本真理，它是现实管理现象的抽象，是对各项管理制度和管理方法的高度综合与概括，因而对一切管理活动具有普遍的指导意义①。管理领域里包括了多种多样的原理，有关作者也都作了相应的概括，例如，系统原理、整分合原理、反馈原理、封闭原理、能级原理、弹性原理、动力原理、人的能动性原理②；或者系统原理、人本原理、责任原理（主要指个人或部门的职责、授权和奖惩）、效益原理③；或者系统原理、人本原理、责任原理（含义同上）、绩效原理、可持续发展原理④。

原则一般是指分析、观察和解决问题的准绳。管理中也存在许多原则，如管理的一般原则，或某一职能的原则（如决策的原则、组织的原则、控制的原则）等。由于组织是一个系统，系统是分层次的，因此各种原则在管理活动中的地位和重要性也有不同。如决策的原则作用于决策活动，控制的原则作用于控制活动。我们主要讨论与管理的基本原理相关联的原则，也可认为是管理的一般原则。一般原则是对管理原理的具体化，其作用主要是将管理原理与管理实践相联系，也即通过原则而在实践中能够贯彻有关的管理原理。

管理原理和原则规定了看待管理问题的指导思想和准绳，从而为管理思维方式提供了基本依据，因而具有重要的思维方式意义。由于管理实践

---

① 周三多主编：《管理学——原理与方法》第二版，复旦大学出版社 1997 年版，第100 页。

② 孙宗仰、方松华编著：《现代管理学教程》，上海外语教育出版社 1992 年版，目录。

③ 周三多主编：《管理学——原理与方法》第二版，目录。

④ 孙耀吾、祁顺生、陈立勇、汪忠编著：《管理学教程》，湖南大学出版社 2003 年版，目录。

是复杂的，因此管理者的思想和行为要有某种原理和原则作指导。同时也由于原理或原则难以包括所有管理现象，总会有特殊情况出现。因此原理和原则主要是提供了思维方式的依据，具体管理中采取何种管理行动，则要依实践情况而定。

特别是现实中，管理原理和原则并不会强制人们完全按照其规定行事，这方面典型的就是决策中的“最优化”原则。虽然一些管理学书籍中经常谈到“最优化”原则，但（正如西蒙所指出的）现实中人们往往只要达到“满意”的结果就行了，这就有程度的差别。孔茨和韦里克也认为，原则可能是叙述性的，或者是预测性的，但绝不是指示性的。也就是说，原则用以说明变量之间的联系，当有关变量相互作用时，会发生什么情况，原则并不规定人们应该做什么[①]。例如，统一指挥的原则说明，个人越经常向某一位上级报告，这个人就越可能有忠诚感和责任感，也越不会感到对命令的无所适从（这仅仅是种预测）。但绝不是说，个人不可以向一个以上的上级报告。说得更确切一些，这一原则告诉人们，如果向一个以上的上级报告，这些上级必须提防可能出现的风险，在权衡多头指挥的利弊时，应该考虑到这些风险。

然而，虽然原理和原则不是硬性的标准或规定，但它们对管理者的管理指向还是有着某种指导意义的，例如决策中的“最优化”原则。尽管人们实际上是按“满意”原则进行决策，但是思维的出发点或思维方式的指向还是与“最优化”原则一样，就是要尽可能选择一个好的决策方案。人们绝不会不问方案的好坏而随便选择一个，更不会特意选择一个坏的方案。

这些以原理或原则形式表现的基本观点，通常先于管理的活动，是管理活动开始之前就应该具有的基本观点。它们作为管理活动的基本指导，引导、规范着管理者的思想和思维。

3. *方法*

方法就最一般的意义来说，是达到某种目的所应遵循的途径、程序和活动方式，是取得某种成果的精神性工具和手段。或者是指人们为了达到

① 哈罗德·孔茨、海因茨·韦里克：《管理学》第十版，经济科学出版社 1998 年版，第 9 页。

某种目的而采取的手段、途径，以及行为方式中所包含的可操作的规则或模式。管理方法就是管理活动中采用的各种手段、途径及有关规则或模式的总和。或者说管理方法是指用来实现管理职能，保证管理活动顺利进行的手段、方式、途径和程序的总和，是实现管理目标的精神性工具和手段[①]。

管理方法要通过管理者的活动来表现，在本质上，它们是管理者作用管理对象的主观手段。对此，黑格尔就曾说过：在探索的认识中，方法也就是工具，是主观方面的某个手段，主观方面通过这个手段和客体发生关系……[②]萨奇科夫也曾指出：一般来说，方法仍是人们任何形式的生活活动的最重要的特性，因为方法反映原理和原则的体系，并以此为基础调节人们的活动，使之成为有目的的、有理智的活动[③]。

唐伟认为，管理方法是实现管理目标的途径和方式。管理方法作为管理的精神性工具和手段的作用，集中表现在以下几个方面：第一，管理方法是构成管理能力的重要因素。第二，管理方法是从理论到实践的“桥梁”。第三，管理方法是管理过程中的调节原则，能够为制定决策指出正确的途径。第四，管理方法是实现管理目标的有效的手段。总之，管理主体的活动总是借助于相应的方法来实现的，因而管理活动的性质和结果在很大程度上取决于主体所选择和使用的管理方法[④]。

理论和方法有不可分割的联系，首先，理论本身就是方法论，任何科学原理当它在认识和改造世界的过程中起着指导作用时，就具有方法的意义。因为理论反映客观规律，目的在于揭示客观对象的本质及其规律。当理论被用于规范和调节、指引和推动人们认识世界和改造世界的活动时，就转化为方法，而理论所反映的这些规律在相应的范围内就成为认识和实践必须遵循的原则。其次，理论为了贯彻自己的思想或目的，也会特别提出或构建相应的方法，例如科学管理中的“标准化”方法、行为科学中的各种“激励”方法等。

---

① 唐伟：《管理方法论》，中国广播电视出版社 1991 年版，第 3 页。

② 转引自《列宁全集》，第 38 卷，第 236 页。

③ Ю. 萨奇科夫：《思维方式和研究方法》，《自然科学哲学问题丛刊》1982 年第 2 期。

④ 唐伟：《管理方法论》，第 42—43 页。

就思维方式的意义而言，管理理论是管理方法的理论前提，管理方法就是运用这些理论中的原理原则来实现管理职能的方式。每一种管理的理论都会提出或规定一些具体的方法，以便使理论能够在实践中加以具体贯彻和实施。因此，不同的方法所体现的是相应理论中所包含的思维特点，例如行为科学强调心理行为方法，突出的是人的个性或心理特征；管理科学强调数学方法和电子计算机的应用，突出的是定量分析与精确结果；强化理论把人的内心活动看做“黑箱”，由此也把反馈方法看做重要方法，等等。

任何一个科学领域都有不同于其他领域的方法，又有和其他领域共同的方法。管理领域也是如此，不仅作为普遍方法的哲学方法是指导管理活动所必需的，而且科学中通用的方法也都适用于管理活动。正是这个意义上，我们说科学中应用的方法可以为管理活动所借鉴，或者可以直接应用于管理活动。实际上，现代科学中的方法已大量进入到管理领域，而正是通过这些科学方法的引入，科学的思维方式也广泛地影响着管理的活动。

（二）管理思维方式的基本构成

与一般思维方式一样，管理思维方式也分为三个构成要素，管理理论的规范作用就是通过这三个构成要素的表述来体现的。具体而言，就是通过管理的概念、原理、方法和理论，表达了：一是管理中用以衡量和区别事物重要性的价值标准；二是构成管理思维基点和依据并指导管理认识和实践活动进行的基本观念；三是管理思维活动所采取的主要方法。

这三个构成要素组成了管理思维方式的基本内涵。其中，最基本的价值标准是效率和责任，管理思维方式以这两个标准来衡量管理中所有事物及其活动的重要性，并决定它们的地位及优先顺序。管理中所有的其他价值标准都以这两个标准为规范，并为其服务。

基本观念主要是指管理的原理和原则，我们认为主要有五个原理：系统原理、动态与权变原理、人本原理、效益原理和可持续发展原理，以及与这些原理相关联的各项原则。这些基本观念涵盖了管理的对象、管理的过程、管理的核心（即人的问题）、管理方法的应用、管理的产出、管理的环境及组织未来发展等所有有关方面。它们是管理者观察、分析及解决问题的最基本的出发点或依据，或者说管理者考虑问题都要以这五个基本原理及其原则为基点。

思维方法主要指管理活动中所采用的各种一般方法或手段，它们是管理思维方式的思维路径和特点的实际表现及贯彻。管理思维方式的主要思维方法可概括为以下五种：系统思维方法、定性思维方法、定量思维方式（主要是运筹学方法）、心理行为方法、合作思维方法。

虽然实践中各种理论、观点和方法多种多样，这三种构成要素却是管理思维方式的核心内容。在这三种内涵构成中，尤其是基本价值标准和观念具有重要意义。首先，它们反映并代表了管理活动及其思维方式的主要要求，是管理思维方式特点的主要来源。其次它们是管理思维方式的最高标准和观念，对管理中其他标准和观念有概括和统率作用。最后，它们融合、贯彻在管理的所有活动及管理者的所有行为中，不论管理者所从事的是什么具体的管理活动（如高层管理、中层管理或基层管理），在他们按照各具体活动的相应要求开展管理的同时，都应该（也必须）要体现这些标准和观念的存在。

我们在本章前面曾说过：管理思维方式即管理者在从事管理工作过程中所表现出来的特有的思维方式。现在从管理思维方式的基本内涵出发，我们可以再为管理思维方式下一个较详细的定义：管理思维方式是管理者在管理过程中，以效率和责任为基本价值标准，以系统原理、动态与权变原理、人本原理、效益原理和可持续发展原理为思维基点或依据，以系统思维方法、定性思维方法、定量思维方法、心理行为方法及合作思维方法为主要思维路径，并在管理过程中协调、灵活及创造性的应用这些标准、原理和方法的一种思维方式。

应该指出，我们这里对管理思维方式的存在形式及其构成的讨论，只是为了分析的需要。实践中，管理理论不是“死”的，而是“活”的；管理思维方式也不是有关价值标准、基本原理、思维方法的“僵化”的堆积，而是这些价值标准、基本原理、思维方法所组成的“活”的有机整体。

第四章　管理思维方式的价值标准

每个组织都有自己的目标，而组织也是为达到一定目标而人为建立的一个社会系统。组织为实现一定的目标而利用资源和开展管理活动，首先就要有某种价值标准，因为正是价值标准指导或影响了人们如何评价并选择事物。

一　价值与价值标准

（一）价值与价值标准

在管理思维方式中，价值标准中的价值是指客观事物对人的需要而言的某种有用性，特别是指客观事物对人的活动的积极意义。

客观事物多种多样，它们独立于人的意识而存在，不以人的意志为转移。但客观事物一旦纳入人们的活动范围，成为人们活动的对象，就产生了对人有益还是有害、能否满足人的某种需要以及能在多大程度上满足人的需要等有关价值的问题。

价值问题的实质是人与客观事物之间的价值关系。这一关系涉及两个方面，一方面是人的需要和要求，另一方面是事物的某种性质、结构和属性。换句话说，人对客观事物有某种需要和要求；而客观事物也具有满足人的需要和要求的某种性质、结构和属性。所以，价值是人的需要和客观事物特性双方面相互作用的结果，是人与客观事物之间的一种特定的关系。

客观事物对人的需要而言，有的有价值，有的无价值；有的价值大，有的价值小。由于人们的活动具有意识性、目的性和方向性，因此人们为了使自己的活动具有合理性并取得最大的成效，必须要对客观事物的价值进行评价，以便对价值较大，或价值最大的对象采取行动。在这个过程中要解决两个问题：一是客观事物本身是怎样的；二是这一事物应不应该做，如何做得更好。也正是为此，人们的认识活动通常包括了两个前后相接的环节：一是事实性认识，即通过对客观事物的属性和规律的认识来确定客观事物是什么；二是评价性认识，即通过衡量客观事物价值大小来确定事物对人的需要和利益的重要性。

进行评价就要借助于某种价值标准或尺度，通常人们是在事实性认识的基础上，把自身需要的内在尺度运用于客观事物，从而对人与客观事物之间的价值关系进行评判。价值标准或尺度的关键是人的利益和需要，也即必须把人的利益和需要作为内在的尺度运用于客观事物的评价，以此来区别客观事物是否能够，或者在多大程度上能够满足人的利益和需要。

所以，价值标准是人们用以衡量和区别客观事物的价值大小，或客观事物在满足人的利益和需要上的重要性的标准。由于人们的认识和思维过程中包括了评价的环节，因此价值标准也是人们认识及其思维方式中的一个重要构成要素。特别是对于管理思维方式而言，更是一个关键的构成要素。个人有时可能会做一些无意义，或价值性不突出的活动，但由于管理活动的意识性、目的性和社会性，以及资源的稀缺性，无意义或价值性不突出的活动要尽量避免，因此价值评价及价值标准的作用也更明显。

（二）管理价值标准的多样性

管理思维方式中具有明确的价值标准，才能对人们的思维和行为起着有效的引导或指引作用。从客观方面来看，由于管理实践及其事物的复杂性，人们不可能同时对所有事物都展开行动，或者对所有事物都同样看待。管理中必须要有所选择，以便将稀缺的资源用于最重要的事物，这种选择的依据就是价值标准。从主观意识来看，人们对外部事物也都有相应的价值标准，在人们的认识和思维过程中，人们都会有意或无意作出相应的价值判断，以此来决定行动对象的重要程度及行动的优先顺序。所以，明确的价值标准是决定管理者认识和思维取向的主要影响因素。

管理价值标准具有多样性。在组织管理活动中，这种多样性的一个主要来源，在于组织的部门和层次结构，由此也产生了价值标准的部门性和层次性两种特征。

一方面，组织运作分为不同的业务领域或部门，它们各有各的业务范围和任务，如人力资源部门、生产部门、技术部门、财务部门、营销部门等。一般来讲，管理中涉及的事物是多样的，它们各自的属性和价值表现都不会一样，各业务部门不能（也不必）对所有这些客观事物都采取行动。为了能够有成效地从事属于自己的业务活动，各业务部门的管理者都必须从自身业务范围和任务出发形成本部门的价值标准，以便对事物的价值进行认识和判断，从而能够选择具有相关属性和价值表现的事物开展工作。简而言之，各业务部门对事物的需要及对有关事物是否满足它们活动利益的价值取向和判断都会有所不同，由此也就形成了各个业务部门的价值标准，如人力资源部门的标准、生产部门的标准以及其他。

另一方面，组织本身是一个多层次的系统，例如可以分为整体组织、业务部门、团队（班组）直至每一个成员等不同的层次，各个层次在组织系统中都占有一定的地位并负有一定的职责。关键是由于这种地位和职责，各个层次所从事工作的具体性及由此而产生的视角广阔性会有差别，这样也会造成不同的层次其价值标准的不同。例如，较低层次一般从事的工作较为具体，视角也有一定的限制；较高层次从事的工作通常有较大的概括性，视角也更广阔一些。结果就使得较低层次通常会注重自己实际工作中的具体价值标准，而较高层次则有自己的相对广泛从而包容范围更大的价值标准。虽然一般来讲，较高的系统层次将较低的系统层次包括在内，将其作为自己的子系统，因此较低系统层次的事物价值也包括在较高系统层次的事物价值之中。但由于各层次具有相对独立性，因此其价值标准在一定程度上也会相对独立的存在，从而造成了价值标准的多层次性特征。

由于价值标准的多样性，就使得人们的认识角度或层次的不同，会产生多种不同的价值认识和判断。特别地，关于价值标准还可以这样来考虑：一种是客观的价值标准，如经济学的价值标准，这一标准不以人的主观愿望为转移，因此是客观的；另一种是主观的效用标准，即是否满足人们的需要或利益。这种标准是“因人而异”、“因时而异”或“因地而异”的，因此也有较大的“主观性”。总体来看，由于管理活动中的价值是管理者与管理中各事物的特定关系的反映，人的需要和利益在其中占有主导的地位，因此“效用”标准的含义也往往更明显。而在其作用下，对管理中所涉及的多种事物的价值认识就更难统一了。

例如，管理中涉及了多种投入和因素，包括人、知识与能力、资金、有形资源、技术、管理方法、创新、合作、产出、服务对象（市场）；环境、社会等，不同的业务领域或部门对其价值的认识总是会有一些差别。如人力资源管理中的价值及其标准是与人的激励与发展相关联；生产管理则是围绕投入—产出关系，突出的是资源、技术与产出（效益）；财务管理是资金的筹集、使用与核算；技术创新管理以技术的发展和创新为对象；营销管理则以市场为出发点，关注的是产品、价格、分销和促销。由此，人力资源管理有自己的用来衡量人的价值、人的激励、人的发展等的价值标准；技术创新管理也有自己的用来衡量应该如何开展创新活动的价值标准。其他如财务管理、生产管理、营销管理等也都有自己相应的价值认识和判断。

总的来看，各个业务领域或部门必须要有自己的价值标准，否则就不知道应该做什么、不应该做什么。但各个业务领域或部门里的价值标准，一般都是从本领域或部门的活动特点和要求出发，因此也都只应用于自己的领域。如果要将某一领域里的价值标准扩展到其他领域，则可能很难得到其他领域的认同，从而产生了价值标准认识的差异。

例如，人力资源部门可能将人的问题放在第一位，而业务部门则可能是将工作或业务放在第一位。由于他们的价值标准不一样，因而当他们在讨论某个既涉及人又涉及工作的问题时，很可能难以达成一致意见。又如，财务部门注重组织中资金的协调，同时强调财务纪律，把这两项看做必须重视的基本原则。而项目经理承担了产品开发的责任，且由于市场竞争激烈，按时完成产品开发并将新产品及时投入市场具有第一位的重要性，为此他希望加大投入。但这很可能与财务部门的考虑不一致，从而产生了矛盾。再如，由于技术发展及创新活动的特点，技术部门一般会倾向于反对“技术锁定”现象，而更重视技术发展的“多样性”和“不确定性”；但生产部门从生产活动的需要和特点出发，则往往倾向于“稳定性”和“确定性”。另外，技术部门倾向于不断开发“新”的或“高水平”的技术与产品；生产部门则很可能认为技术部门脱离现实，过于追求“高”和“新”。技术部门在新产品开发过程中，必须要进行“中间试验”，并将此看做一个重要阶段；生产部门则很少会愿意停止正常生产去进行新产品和新工艺的试验，生产部门认为正常的生产秩序更为重要，等等。

从管理层次的特点来看，管理活动的产出可分为基本产出和次级产出，基本产出指管理活动的直接结果，如思想产生、积极性提高、产品开发与生产、服务提供等；次级产出指产出对服务对象所造成的作用或影响。现实中，业务部门的管理者可能重视的是管理活动的基本产出，因为这和他或她的工作及成绩直接有关；而服务对象则可能更看重次级产出，因为次级产出才与服务对象密切关联。而不同的服务对象对次级产出的认识也会有所不同，如消费者看重的可能是产品的功能和质量，股东可能追求的是最大经济利益，社会公众可能强调的是社会文明的发展与环境保护等。对组织的管理者而言，由于他们是从组织的整体考虑问题，因此需要将基本产出和次级产出的后果和影响都包括在内。这样，组织管理者的价值标准也可能就会与业务部门管理者的价值认识有区别。

（三）管理的基本价值标准

由于现实事物的多样性以及人们活动的复杂性，人们的认识和思维活动中也常有多种价值标准，人们通常是根据不同事物或情况而运用不同的标准。例如，某人日常生活中可能会强调勤俭节约，因而生活节省，甚至斤斤计较；但与朋友交往时又注重友情或者情面，因而竭尽所有、花钱大方。但尽管如此，人们为了正常的生存和发展，也都会有一些基本的价值标准，这些基本标准通常不会轻易地改变。或者说，在“大是大非”问题上，人们的基本原则通常是鲜明而坚定的。

管理活动中也是一样，针对不同的管理活动和问题，也会有多种价值标准。管理中所涉及的各种投入及活动，都对产出有影响，因此它们也都具有相应的价值。但各种投入及活动对产出的影响不同，因而其价值也有大小的区别。在评价这些投入及活动时，由于评价者的出发点、角度、需要或重点不同，评价的标准也会有差别。为了正确地进行评价，并得出所期望的结果，管理理论及其思维方式中其实隐含了对各种价值标准的某种规范。这种规范的一个主要表现，就是各种价值标准都有特定的对象和适用范围。在此基础之上，管理理论及其思维方式也规定了基本的价值标准，以便统率整个管理活动及所有的其他价值标准。这是由于组织是一个整体系统，组织中除了各个领域或层次都有自己的价值标准外，还必须要有组织整体的基本价值标准，以确保组织投入及活动的整体协调发展和目标的实现。

现代管理思维方式中，基本的价值标准是效率和责任[①]。效率针对的是管理的目的：管理的目的就是为了提高效率；责任突出的是管理的职责：管理就意味着某种职责或“分内之事”，管理活动及其产出应对组织、组织的利益相关者以及周围环境产生积极的后果和影响。效率表明了组织生存的能力，效率低下，组织就难以生存与发展；责任表明了组织应承担的义务，不履行责任，组织就会受到社会的质疑和反对，从而丧失组织生存的意义或必要。为此，组织管理中应将效率和责任作为衡量其活动及结果的最重要标准。

基本价值标准是各个具体业务管理领域里的价值标准的统一规范，在这里，它们的“基本”性主要是指：第一，它们是最高的标准，管理活动中所有有关事物价值的认识都要服从这两种标准；第二，它们也是价值认识的底线，即管理活动中不管对事物价值怎么认识和评价，都不能突破这两种标准的界限。例如，不论是人、知识与能力、资金、有形资源、技术、管理方法、创新、合作、产出、服务对象（市场）；环境、社会等事物或因素，还是人力资源管理、技术创新管理、财务管理、生产管理、营销管理等业务活动领域，其中的价值及价值标准最终都要服从并遵从这两个基本价值标准，如此才能保证组织的整体协调，并有效地实现组织整体的目标。

效率和责任这两种价值标准密切相关、不可分割，它们的关系是：一方面，效率是责任的核心与体现，提高效率是管理责任的主要内容，而效率的提高也表示管理责任得到了履行；另一方面，责任是对效率的支撑和规范，效率的提高需要有严格的责任履行，而且提高效率也要符

---

① 我们在前面第三章曾举出：有些作者将责任作为原理（即责任原理），主要指个人或部门的职责、授权和奖惩等含义。我们则认为将责任和效率看做价值标准，可能更合适一些。首先，原理的一般意义是指我们应依据客观事物的规律来进行管理，而且原理也都有相应的理论作为支持（或基础）。效率和责任则不需要解释，也不需要去发现，它们与管理同在，是管理原本的规定性。其次，现实中人们无论怎么评价管理活动，最终都会归结为效率和责任两种指向，即是否有助于提高效率，提高了多少；是否有助于责任的履行，履行的程度如何。换言之，效率和责任是管理中人们所期望的最基本的规定性。因此，以效率和责任作为价值标准来评价管理中其他事物的价值，才能更好地体现管理的本来目的和要求。

合责任的指向和要求。只有将它们相互结合、共同作用，才能提供对管理活动进行全面衡量与把握的标准。总的来看，在两者关系中，效率标准通常具有主导性，现实中人们也往往把效率放在首要的地位。但也正因为如此，管理中尤其要避免为提高组织效率而忽略组织其他责任内容的倾向，因此有必要将其与责任作为两个平行（即同等重要）的价值标准。效率和责任之间是动态关系，就是在有的时候，可能效率显得更为突出；而在另外一些时候，也可能责任更为突出。效率和责任两者到底在什么时候要同等对待，还是其中一个更为突出，这需要管理者根据情况而定。

另外，要特别重视人的价值的意义。管理中的价值还可以区分为物的价值和人的价值：物的价值表现为对人的有意义的效应，包括物质价值和精神价值；人的价值不同于物的价值，人的价值是一种能够创造价值的价值，而且人的价值必须通过这种创造活动表现出来，人的创造性活动是一切价值的源泉。从更为根本的意义上说，人的价值就是人对自身、对他人、对社会的意义，就在于人能够创造价值以满足各个层次主体的需要。所以，人的价值及判断标准是与物的价值及判断标准有区别的，强调这种区别正是现代管理思维方式的一个特点。以往的管理思想（特别是泰罗的科学管理）由于没有强调这一区别，因而产生了很大的局限。

人的价值的特殊性还表现在，它既是效率和责任标准下的一个实现因素，同时也是效率和责任标准的一个重要对象。换句话说，人这一因素在管理思维方式中具有双重意义：为了提高工作的效率和履行责任，首先就要发挥人的创造性和责任感；与此同时，提高工作效率和履行责任，也是为了更好地满足人（及社会）的需要。

二 效率标准

（一）效率是管理的基本价值标准

效率是指用尽可能少的资源投入，取得尽可能多的产出。效率的提高可能表现为在产出相同时，投入更少；或者是投入相同的情况下，产出更多。效率是管理思维方式的基本价值标准①，就是和管理活动中是否投入某种资源和实施某种管理措施，或者如何投入资源的实施管理措施，关键要看是否有助于提高效率。这主要是由于：

首先，追求效率是管理的主要目的。管理之所以必要，就是由于人类活动的目的性、集体性和社会性，需要通过管理来达到协作和协同，以提高活动的效率。因为在多人共同工作、多因素及资源共同参与的情况下，是不是进行了有效的管理，其效率表现往往大不一样。通过协调的管理，能够使多人和多因素组合而成的整体功能大于每一个个体单独活动的效果；如果缺乏管理、或者管理不当，则其功能又可能小于每一个个体单独活动的效果之和。

其次，管理职能的意义就在于高效率的管理。管理是一个系统的整体过程，其中又分为多个职能环节，如有观点提出四个职能或者五个职能，或者更多职能等。但不管是几个职能，管理职能的任务就是进行有效率的管理。实际上，管理职能的提出本来就是为了提高管理的效率，例如法约尔最早提出的“五个管理要素”（即五个管理职能）其本意就是为此。管理职能是对管理工作及其过程的科学概括，其中心是效率，并以效率为追求的目的。而且也只有通过职能的执行，如从管理对象的明确开始，而后通过组织管理的计划、组织、指挥和控制等职能，对各对象（包括有形资源、知识与能力、人等）实行有效的管理，才能实现高效率的产出并服务于有关对象。

最后，效率对组织活动有根本的意义。泰罗在其科学管理中提出效率的思想时，他的目的是通过提高效率而获得更大的利益。现在我们强调效

---

① 将效率说成管理思维方式的价值标准，要不要也包括效益。有观点就认为管理中不能光强调效率，同时还应强调效益。假设如果效率很高，但生产的商品市场不需要，没有效益也不行。而且在这种情况下，效率越高，资源浪费也越大。这一观点是对的，实际上也有许多作者对效率和效益作了精确的区分。只不过效益不是管理思维方式的基本价值标准；而且通常说效率的时候，突出的都是正面的理解。其中都包括了效益的含义，这就如同我们说“可行性分析”一样。曾经有一段时候，由于国内项目可行性分析中总是刻意突出项目的“可行性”，而忽略甚至掩盖项目的“不可行性”，致使后来项目执行过程中出现很多问题。因此，有观点认为，除了要对项目进行可行性分析外，还应开展项目的不可行性研究，以使项目决策更科学。但这一观点也受到了许多人的质疑，因为项目可行性分析其实就包括了不可行性的含义和内容，不必要再去专门搞一个“不可行性”的分析和研究了。

率，除了仍有这方面的意义外，还有另外的两个原因：第一是因为资源的稀缺性，如物质资源、财务资源、人力资源、时间资源等各种资源都是紧缺的。为了充分利用紧缺的资源，只能依靠提高工作的效率，以便用较少的资源取得更多的成果。第二是为了获得更大的优势。现有观点中，优势的本质其实就是更高的效率，无论是比较优势还是竞争优势，在这方面是一样的。只不过比较优势强调的是自然资源或区位条件而造成的效率，竞争优势更多强调的是基于技术能力（或因内生能力）而形成的效率。例如，亚当·斯密就说过：如果一件东西在购买时所费的代价比在家里生产时所费的小，就永远不会想要在家里生产……如果外国能以比我们制造便宜的商品供应我们，我们最好就用我们有利的产业生产出来的物品的一部分来向他们购买[①]。李嘉图也表达了这样的观点：一个国家即使在各种生产方面处于成本劣势的条件下，也可通过生产相对成本劣势较小的商品出口来换取成本劣势较大的商品，取得比较利益。在这里，比较优势表现为各国生产同一产品时劳动生产率的差异。而对竞争优势，波特认为是：一国产业创新和升级的能力，即该国获得生产力高水平及持续提高生产力的能力[②]。竞争优势的观点认为，一个组织、地区或者国家在资源禀赋上可能是富有的，但有利的条件不一定能形成优势竞争力。有的组织、地区或国家虽然资源缺乏，但通过技术优势而对资源加以有效利用，仍然能形成强大的竞争力。

（二）管理理论的中心思想是提高效率

自有管理活动以来，效率就一直是重要的主题，尤其在现代管理理论中，效率总是占有中心的地位。现在各种管理的定义中，都突出了效率的含义，如我们前面所列举的管理的有关观点：格里芬对管理的定义是：根据组织资源（人力、财务、物质和信息）所进行的一系列活动（包括规划与决策、组织、领导和控制），其目的是以有效率的和有效能的方式实现组织的目标[③]。古默桑认为，管理学研究如何认识和改善企业的绩效的

① 亚当·斯密：《国富论》，商务印书馆1979年版，第28页。

② M. Porter, The Competitive Advantage of Nations. *Harvard Business Review*, 1990 (2).

③ 里奇·格里芬：《管理学》第八版，中国市场出版社2006年版，第5页。

问题[①]。孔茨和韦里克关于管理的定义：管理就是设计并保持一种良好环境，使人在群体里高效率地完成既定目标的过程[②]。所有这些定义，都把“效率”放在了重要的地位。特别是孔茨和韦里克在对管理的定义进行展开时，又进一步明确提到了“管理关系到生产率，意指效益和效率”。

各种管理学派或理论，也都把效率作为其中心内容。如泰罗的科学管理理论及法约尔、韦伯等人的古典组织理论主要以效率为中心，这是很明确的。其他理论如梅奥的“人际关系学说”最初是为了研究物质条件与劳动生产率的关系，结果却发现了人的因素对劳动生产率有重要影响而被提出来，强调的也是效率。行为科学理论是以效率为中心的，只不过是从更深入和广泛的角度来讨论人的心理和行为与效率的关系。决策科学和管理科学等理论则是通过“优化”来强调效率，从而也是把效率放在了中心地位。

管理实践中，即使是不同的管理模式，对效率的追求都是其主要目的，区别主要是在追求效率的指导思想、实现的途径和采用的具体方法上。例如刚性管理和柔性管理。

刚性管理也称为“硬”管理，是与柔性管理相对而言的。刚性管理直接而明显地将“效率”放在第一的位置，为了实现这一目的，它表现出了以下特点：一是以工作为中心。认为组织就是为了完成特定的工作任务而成立的，组织中的一切活动都应以工作为中心，组织管理的主要任务就是促进工作的高效率。二是理性化。认为存在某种最优的工作模式或方式，管理就是要努力寻求这种最优模式。为此，刚性管理将人看做“经济人”，人是理性的，为了自己的利益他们会努力工作；同时要设计一种标准化、科学化的方法来进行工作，如此才能有效提高工作的效率。三是严密的集权化组织结构。为了有效地工作，组织结构必须突出分工，实行部门分工、人员分工、各自负责的工作责任制。同时采取高度集权的组织体制，明确控制和监督机制，形成一个直线式的等级递进的指挥链，以确保各项活动协调一致，组织目标高效实现。四是以制度为基础。以制度为

① 伊弗特·古默桑：《管理的定性研究方法》，武汉大学出版社2006年版，第4页。

② 哈罗德·孔茨、海因茨·韦里克：《管理学》第十版，经济科学出版社1998年版，第2页。

基础进行管理，是开展有效管理的基本依据。制度应按工作特点和要求来制定，工作中要严格遵守既定的制度，并按照制度对工作进行评价。由于制度对每个人都是一样的，而以工作为依据来制定制度也最为理性及合适。因此，“以工作为中心”、“以制度为基础”就成为刚性管理的最重要特点。

柔性管理也称为“软”管理，其特点与刚性管理正好相反。一是以人为中心。认为工作是由人来完成的，人的特征决定了工作的效率，因此人才是管理的中心，并提出“人本管理”的思想。二是理性与非理性的结合。柔性管理以“社会人”或“自我实现的人”为基本假设，认为工作中既要强调科学的方法；同时也取决于人的积极性和主观能动性。为此需要创造一种适宜的环境或情境，通过发挥伦理、道德、心理、思想教育等途径来约束、规范、激励员工的行为，以便人们能够充分发挥积极性和创造性。三是有机的组织结构与体制。其中主要是向下级分权，认为只有充分的分权，才能努力发挥下级的积极性并勇于承担责任。认为组织结构没有固定的模式；倡导成员一专多能，按照环境变化和组织战略适时调整组织结构；重视组织团队建设，使组织形成一种能够适应市场复杂多变的快速反应能力。四是制度与灵活性及创造性的结合。认为不管什么制度都不能做到“完美无缺”，而且管理中很多活动也难以用制度来概括。在制度的基础上，还要注意发挥员工的自觉性和主观能动性。为此要努力构建组织文化，用适宜的观念和文化来引导员工的行为，这样才更有利于员工创造性的发挥和工作的高效率。

需要特别指出的是，现在出现的各种新的理论和观点也都是以效率为中心，如精益管理和流程重建。

精益管理是指对生产系统进行持续的改进，杜绝生产全过程的一切浪费，以求实现客户最大满意的一组原则、观念和技术。精益管理是相对于粗放管理而言的，其中心思想是重视过程和细节，将具体的量化标准贯彻到管理的各个环节，力求以最少的投入取得最大的产出。目的是要努力消除产品开发、设计、生产和销售中的无效劳动和不合理现象，减少浪费，尽可能高效率地为市场提供产品和服务，最终实现企业的效益最大化。

精益管理出自丰田的精益生产，其本来的原则是：第一，以市场为导向，尽可能快速地为市场服务；第二，全员的质量管理，即每个人都对质量负责，以尽快纠正每一个质量缺陷；第三，价值流的观点，即企业是一个整体，其中贯穿的是一个包括了从供应商到顾客的价值流，企业的任务就是推动价值流的顺畅运行。现在则包含了五个基本思想：一是价值观，认为企业产品或服务的价值应由最终用户来确定；二是价值流，指从原材料到生产出最终产品的整个价值产生过程，应从客户的角度来考虑全过程的整体优化；三是流动性，即要求创造价值的各个活动或步骤顺畅地流动，所有的停滞都应看做企业的浪费；四是拉动，即用户需要拉动生产，在产品或服务的质量、功能及交货时间上充分满足用户要求；五是完善化，主要包括用户满意、无差错生产、企业自身的持续改进等方面。

陈绍文特别突出了精益管理的意义，他认为，精益模式冲击着近百年来人们习以为常的大规模成批处理和层级管理的观念，正在改变着人们的工作方式，提高了人类各种社会活动的效率，节省了资源的消耗、改进了人们生产生活的效率和质量，已经成为新一轮管理变革的指导思想①。

企业流程重建是20世纪90年代出现的管理新理论或新方法，并且很快就风行一时。其基本思想是：对企业业务流程进行重新思考和设计，以求在成本、质量、服务和速度等方面获得显著的改善。传统组织结构以职能为基础，管理职能部门按专业设置，这样虽提高了专业作业的效率，但企业的业务流程常常被分割成各种分离的活动，整个流程的优化却降低了。业务流程重建就是对企业的业务流程做根本性的思考和彻底重建，将企业运作的重点从职能部门转向业务流程，使企业能最大限度地适应以"顾客、竞争、变化"为特征的现代经营环境。流程重建主要有三个方面的要求：一是从企业的整体运作出发实施流程重建，强调业务流程的"顺畅性"。二是将顾客需求的满足作为主要任务，强调服务的快速性。三是组织结构重建，强调企业再造。

克雷纳在讨论了企业流程重建的思想后指出，（企业流程重建的思想）在强调流程和效率方面表现出与泰罗的科学管理很强的相似性。为此他指出：在20世纪末，效率仍至高无上②。

为了实现高效率的管理，组织管理需要利用各种相关手段和方法，如

① 陈绍文：《精益思想带来管理变革》，《经济日报》2005年8月15日。

② 斯图尔特·克雷纳：《管理百年》，海南出版社2003年版，第190页。

经济手段、行政手段和法律手段，以及系统分析、激励方法、数学方法、电子计算机等。同时要不断开展创新，发展新的理论和方法，如精益管理、流程重建、项目管理等。在这个过程中，效率成为激励管理思想及方法和技术发展的最强大的动力。管理发展史上各种理论、方法和技术的产生，无一不与效率的追求相关联。而且只要效率的价值标准仍然存在，这样的发展也不会停止。例如，麻省理工学院的研究表明，管理的流行理论符合生命周期的规律。开始是学术研究发现；然后新思想形成技巧，并在学术刊物上发表出来。接着，新技巧作为提高生产率、降低成本或解决任何引起管理层注意的问题的新方法得到广泛提倡。然后，当经过实践仍不能产生事先宣称的显著结果后，人们才意识到，把聪明的想法转化为可持续进行的实践是多么困难。最后，只有很少一部分企业还会继续利用这个方法[①]。其实，不管管理理论的发展表现出怎样的周期性，在效率思想的指导下，管理中肯定还会不断地追求新的方法和技术。管理理论、方法和技术也许会不断地产生和消失，但效率的价值标准及其激励作用总是存在的。

效率的思想是古典管理理论（包括科学管理学派和行政管理学派）首先确定下来的。由于效率是基本的价值标准，因此尽管古典管理理论中所提出的一些管理方法和行政管理原则，在今天看来有一些局限，但古典管理理论在管理学的历史上仍有着极重要的意义，同时也仍是现在管理理论基本的构成之一。

（三）效率标准的其他观点

当然，对突出效率的观点也不是没有反对意见，一些管理学者都对效率中心的思想进行了批评。认为这种管理思想在提高管理绩效的同时，也使管理变成了外在于人的异己的存在，并使管理变成了约束人、支配人的一种强制性力量。不过吴照云和余焕新认为，这是对管理求全责备了。约束、强制本来就是“管理”一词的应有含义，管理就是管理，不能回避它的功利性。所谓人的全面自在的发展，所谓无为而治，等等，不是现实的管理，而是管理的终极状态，是无限企及但永远也达不到的目标。因为

---

① 转引自斯图尔特·克雷纳《管理百年》，海南出版社 2003 年版，第 189 页。

永远达不到，所以它有永恒的意义①。

我们的观点是：效率是管理的目的，应该强调。在此前提下，将效率作为管理思维方式的一个基本价值标准，也有必然的意义。问题在于不能仅（或唯一地）强调效率，那将会失去平衡，导致管理中出现不协调现象。协调与平衡是自然和社会的基本法则，对管理活动也是一样。在这里就是，效率需要责任来平衡。也即效率标准不能包括全部，在其意义之外的问题不能都归结为效率的强调，而是需要有其他的价值标准来处理。在效率之外的问题应由责任标准来处理，这也是责任价值标准的意义之所在。因为效率标准有明确的方向，责任标准也有自己特定的指向。只有将它们相结合，才能形成效率和责任的平衡，最终也就是整个组织管理的协调与平衡：管理的目的是追求效率，同时也要履行应尽的责任。就这点来看，如果将所有的管理问题都包括在效率的价值标准之中，那确实是有点“勉为其难”了。

三 责任标准

（一）责任的含义与内容

责任这一概念大致包括了：应该承担的职责、负责等含义。《汉语大词典》中，“责任”一词有三个意思：一是使人担当起某种职责和职务；二是分内应做之事；三是为做好分内应做之事而要承担的过失。

责任与管理同时产生并存在，例如，当我们说某人是某组织的管理者的时候，其实也隐含了这人就是“管理”这一组织并对这一组织“负责”的人。有的时候干脆就简单一句话：这一组织就交给你了。所以，管理就意味着某种责任。

以往的管理学教科书中也强调责任，但通常是从管理者的责、权、利三者统一，以做好工作的角度来看待责任的问题。现代管理理论和思想则将这一概念做了提升和扩展，是在管理者责、权、利三者统一的基础上，进一步突出了组织及其活动对社会的责任。这一提升和扩展是管理思维方

① 吴照云、余焕新：《管理的本质与管理思想的东方回归》，《当代财经》2008年第8期。

式的发展，表明的是组织管理视角的扩大和思想的深化。

责任概念包含了三个要点：谁负责（谁管理）、向谁负责（为谁管理）、负责什么（管理什么）。总的来看，管理责任的主体是组织本身，具体则由管理者来负责实际履行。向谁负责也即为谁管理，一般来讲，组织管理者直接向组织负责，而组织向社会负责，因此实质上组织管理者（代表组织）也应该是向社会负责。具体可能包括组织的股东、组织成员、利益相关者、消费者、社会公众、社会管理部门等，或者一般地说，包括社会所有的组成部分。因为，组织虽然是一个独立性的存在，有它自己特定的利益和目标，但同时它也存在于社会中，是社会系统的一个构成部分，责任表明的是组织与社会的关系。从这个意义上看，组织管理责任实质上就是社会责任。

负责什么（管理什么）指的是责任的内容或者分类，对此有多种观点。例如，周三多主编的《管理学》对社会义务和社会责任做了区分：社会义务包括法律义务（指企业要遵守有关法律）和经济义务（指企业要追求经济利益）；如果企业在承担法律和经济义务的前提下，还承担追求对社会有利的长期目标的义务，那么就说该企业是有社会责任的①。

罗宾斯也写道：社会责任是一种工商企业追求有利于社会的长远目标的义务，而不是法律和经济所要求的义务。注意：这一定义假设企业遵守法律，并追求经济利益。我们的前提是，所有的企业（承担社会责任的和不承担社会责任的）都会遵守社会颁布的所有法律。同时，这一定义将企业看做一个道德机构，在它努力为社会作贡献的过程中，它必须分清正确的和错误的行为②。

也有很多观点没有做这样的区分，认为都是企业的社会责任。例如，世界经济论坛认为，作为企业公民的社会责任包括：一是好的公司治理和道德标准，主要包括遵守法律、现存规则以及国际标准；二是对人的责任，主要包括员工安全计划、就业机会均等、反对歧视、薪酬公平等；三是对环境的责任，如维护环境质量、使用清洁能源，共同应对气候变化和保护生物多样性等；四是对社会发展的广义贡献，主要指广义的对社会

① 周三多主编、陈传明副主编：《管理学》，高等教育出版社 2000 年版，第 41、45 页。

② 斯蒂芬·P. 罗宾斯：《管理学》，中国人民大学出版社 1997 年版，第 97 页。

和经济福利的贡献，如传播国际标准、向贫困社区提供要素产品和服务等[①]。

我们也不做这样的区分，认为不论是组织的社会义务还是责任，也不论是组织内部的责任还是外部的责任，都是组织的社会责任[②]。之所以做这样统一的强调，一是因为社会发展对组织责任的要求；二是这样更有利于推动组织全面承担自己的责任。

很多作者对管理的责任都给予了特别的重视，而且都认为组织管理的责任具有广泛性。例如，在组织内部，包括了对组织、对工作、对员工等多方面的责任。Argenti 认为，企业目的是指“企业因何建立或因何存在的理由。所有企业在最初建立的时候都是为了向特定的（主要的）受益人或主要的股东群体提供特定的利益”[③]。在组织承担的对内部员工的责任上，应突出人的应有本性和需要，实行道德与责任管理，在实现组织自身效率和效益的同时，也要努力帮助组织中的每一个成员满足需要并获得发展。

组织的责任不仅仅在组织内部，而且还应包括与组织外部各种利益共享者的关系。利益共享者是指组织活动所影响、或组织活动受其影响的各种个人、组织和团体。现代组织活动所需要的资源及依赖的因素日益增加，同时也由于社会互动的增强，组织活动也越来越和社会各个方面发生直接或间接的联系或关系。在组织为实现自身效率和效益而开展活动的过程中，组织也必须重视与外部服务对象及社会中其他各种与组织活动相关联的个人、组织、团体的关系。相对于组织的活动而言，合作伙伴、服务对象及社会中各种有关的个人、组织和团体都是组织活动的“利益共享者”，他们影响着组织的活动及结果，或被组织活动所影响，组织不能不考虑他们的利益，也即要为他们承担责任。

---

① 桂莉、叶全国：《基于企业社会责任的竞争力建设》，《经济与管理》2008 年第 12 期。

② 管理者对组织负有责任，因此有些管理者常对组织内外进行区分，认为组织中的事情是“组织内部的事”，与组织外部无关，而“组织外部的事”也与组织内部无关。但在现代社会中，组织与社会的互动日益增强，组织内外的相互影响也越来越明显：组织外部因素对组织内部活动有影响；而组织内部活动也会对外部造成某种后果。因此，将组织内部和外部的责任联系起来，可能更为适宜。

③ 转引自托尼·莫登《管理学原理》，中国社会科学出版社 2006 年版，第 324 页。

Argenti将以上这些（组织内部和外部）责任归入了道义的范围，他认为“道义”是指“企业如何对待与之相互作用的雇员和其他个人和群体的行为。这些个人和群体包括：国家、当地社区、公司雇员、供应商……企业所确定的行为约束并改变着企业为实现自己的目的所采取的手段”。企业的道义发挥着约束企业领导、企业活动和企业选择的管理方式的作用。体现着企业战略意图、企业使命、企业目标等方面的决定[①]。

莫登则认为，企业的管理者负有责无旁贷的实现企业基本目标的责任和有效地使用股东或国家为企业提供的资源的责任，这是企业的首要目标。企业还必须遵守法律所规定的经营原则，比如健康与安全方面的法规、就业方面的法规和销售商品质量方面的法规。除此之外，企业的管理者还要有一种更广泛的社会责任。企业作为广泛社会的一部分，它的目标、经营活动和经营方式应该与广泛的社会文化和价值观保持一致[②]。

周三多主编的《管理学》在社会义务的基础上，把组织的社会责任分为六种类型，即企业对环境的责任、员工的责任、顾客的责任、竞争对手的责任、投资者的责任、所在社区的责任六种情况[③]。

格里芬认为，社会责任的领域主要包括：组织利益相关者、自然环境、一般社会福利[④]。

概括起来，我们认为组织的责任包括：组织责任、人的责任、市场责任、环境责任、经济责任、社会文化与道德责任、其他责任等。组织责任是管理应该承担的对组织的责任，主要是指对组织生存和发展的责任；人的责任是指对组织成员及一般社会公众的责任；市场责任是组织对其所提供的产品或服务所承担的责任，以及组织对其利益相关者（包括组织的客户、供应商及其他各种与组织活动直接或间接相关的组织和个人）的责任；环境责任是组织管理应承担的保护环境、促进环境和资源可持续发展与利用的责任，如自然生态环境、自然资源等的有效保护、利用和改

① 转引自托尼·莫登《管理学原理》，中国社会科学出版社2006年版，第323页。

② 托尼·莫登：《管理学原理》，中国社会科学出版社2006年版，第325页。

③ 周三多主编、陈传明副主编：《管理学》，高等教育出版社2000年版，第41、45页。

④ 里奇·格里芬：《管理学》第八版，中国市场出版社2006年版，第82页。

善；经济责任是组织所承担的利用社会提供的资源为股东或投资者创造经济效益（价值）的责任，以及促进社会经济发展的责任；社会文化与道德责任包括社会政治、文化、伦理道德等方面的责任；其他责任如社会捐助、慈善等方面的责任。所有这些，构成了管理（社会）责任的主要内容。

管理责任还可以分为法律责任和道德责任。法律责任是指组织必须要符合法律法规的要求，即遵纪守法，不违法乱纪。法律责任具有强制性，是每一个组织及其管理者都必须承担的责任。道德责任则是应符合社会的伦理、道德、道义的标准或规范，以促进社会文明的健康发展。道德责任虽然没有强制性，但它是社会文明规范的重要要求，组织管理仍不可忽视。尤其是有时符合法律责任（即合法）不一定符合道义，为此应强调：首先应合法，其次要合乎道德和道义，这才是完整的社会责任观。

虽然这样的分类可能会使各种责任类别的外延有重叠之处，但是有利于明确管理责任的各个重点内容。

组织管理者应该对组织所承担的责任给予特别的重视，因为责任涉及的是组织与社会的关系，最终也和组织自身的生存与发展密切相关。格里芬就认为，组织本身无所谓伦理，但是组织同环境的关系却经常涉及伦理困境和伦理决策。这些通常放在组织的社会责任中进行分析。具体来说，社会责任是一系列组织在其运营的社会环境中必须履行的保护和改善社会的义务[①]。也正是为此，孔茨和韦里克强调：企业的社会责任就是认真地考虑公司的一举一动对社会的影响[②]。莫登则告诫道：组织管理者要以一种负责任的和讲道德的方式，而不要采用会遭人质疑的做法与不同的股东和那些利益相关的人打交道[③]。

责任作为基本的价值标准，有两个问题需要强调：首先，管理责任是一个整体，不能只突出某一方面而忽略甚至轻视其他方面。例如，一些组织对自身的经济责任极为重视，而对人、环境、文化与道德等责任不太看

① 里奇·格里芬：《管理学》第八版，中国市场出版社 2006 年版，第 82 页。

② 哈罗德·孔茨、海因茨·韦里克：《管理学》第十版，经济科学出版社 1998 年版，第 42 页。

③ 托尼·莫登：《管理学原理》，中国社会科学出版社 2006 年版，第 325 页。

重。虽然，组织的经济责任也是管理责任的一个内容，应该尽力履行，但不能就此而认为其他责任就不重要了。其实，现在我们强调管理的责任标准，在很大程度上是指组织既要承担经济责任，同时还要重视对其他责任的承担。其次，组织作为社会系统的一个组成部分或基本单元，既应将“责任”看做必须遵守的规范或规则，同时也要强调责任履行的自觉性和“自愿性”。例如，有关社会责任国际标准体系中就包括了企业社会责任的三种基本行为：一是市场行为，即企业通过竞争市场所体现的社会责任；二是监督行为，即企业的经营行为必须符合政府和国际组织的规则、社会契约的规定；三是自愿行为，即企业自愿承担不完全社会契约的要求。自愿行为有很大的重要性，这也是很多作者强调组织的道德责任，将管理责任的履行看做组织自身认识和道德意识的结果的一个重要原因。但现实情况是，一些组织并没有自觉“自愿”地履行本应属于它们的责任，因此社会中不得不更多地求助于政府和法律的监管。例如，制定各种行政法规和法律，包括有关社会精神文明、环境保护、资源利用、消费者权益方面的法律或法规，以此来约束组织的行为。当然，组织责任的履行需要有相应的法律或法规的约束，而且法律或法规还必须不断完善和健全。但是道德责任的原意本不应如此，道德责任不应是“命令式”的。现在强调社会责任，在很大程度上也是希望组织能够经常地作出自我判断，以便使自己的行为符合社会整体利益的要求。如果责任履行完全需要依靠法律或法规的约束，那至少表明这些组织还不具有相应的承担责任的意识，这种情况应该改变[①]。

---

① 张庭军认为，自律是与他律相对应的自我约束力。自律指的是在道德层面上自己管自己，自律有高度的自觉性，是人对社会规范、道德规范、道德准则、各种法纪的自觉认知，并已形成内在的价值观念，是在没有外在的监督约束下的一种自觉主动行为。他律是指在法律的约束下、纪律的要求下一种非主动的行为。文明习惯的养成，需要他律。但靠他律而体现的看似文明的行为毕竟是在外在因素的强制约束或监督下产生的，虽然可以促使一些人形成良好的行为习惯，但他律需要成本，并且这种监督约束在大多数情况下是滞后的，甚至缺位。况且一味地依靠他律并不能直接促使他人文明习惯的养成。文明习惯是一种自觉行为，是自律的结果。自律是文明社会做文明人的需要，它要求我们在没有外在监督的情况下，坚持自己的道德信念，自觉按道德要求行事，不因无人监督而肆意妄行。因此，从这种意义上说，自律与他律有着本质的区别（《文明习惯养成：他律更需自律》，《信阳日报》2009 年 8 月 24 日）。

（二）责任是管理的基本价值标准

在现代“责任”含义的认识下，责任表明了组织应承担的义务，关系的是组织生存和发展的意义和价值。因此，组织管理越来越强调责任的履行，并将其作为基本的价值标准，即组织管理活动应切实符合其责任履行的要求。

其实，现代关于管理“责任”的认识，从科学管理就开始了。只不过传统观点认为组织的唯一责任就是“利润最大化”，至于人及其责任问题，则被隐藏在“利润最大化”的后面。对此克雷纳评论道：科学管理也许不能产生道德提升的效果，但它也不是不道德的；它只不过是简单地把道德的问题包含在受到效率驱动的理性主义之中。它是把效率置于伦理道德之上①。责任真正成为管理思维方式中的一个基本价值标准，乃不是很久远的事。这主要是由于社会文明的发展，使人们开始突出管理中本应有的责任含义。由此来看，可以认为责任是比效率更具“社会时代性”特点的价值标准。责任标准之受到现代管理的重视，主要有三个方面的原因：

一是市场的发展，使组织必须要承担更多的市场责任。市场是企业活动的基本场所，既决定了企业活动的方向，也是检验企业活动的最终标准。在卖方市场条件下，产品和服务供不应求，消费者对企业也无太多要求，企业只需大量生产，就能满足消费者对产品和服务的需求。但随着科学技术的进步，市场竞争日趋激烈，卖方市场也进入了买方市场。特别是消费者主权意识的增强，以及消费者保护运动的不断发展，使企业不能只是依靠大量生产来满足消费者的需求，还要更多地关注产品和服务的质量、价格、功能、安全等要求，同时要了解消费者的偏好、突出特色；开展“绿色营销”，充分利用有限资源，讲求环保效益等。换言之，现代市场的质量提高了，从而也迫使企业必须用更好的产品和服务来满足消费者的需求。

二是环境问题日益突出，组织应为环境保护作出贡献。莫登就指出，近年来，对于社会责任的关注已经集中到企业采取环境保护的措施方面。对于自然环境、生态环境和心理环境的责任感影响着产品的种类、原料的

---

① 斯图尔特·克雷：《管理百年》，海南出版社 2003 年版，第 14、15 页。

供应、生产、包装、销售和处理。这种责任感的表现形式是旨在减少污染；使用有利于环境的原材料和生产工艺；在药品、化妆品、涂料、运输方面或者在生物工程原料和燃料等方面提倡“绿色”和“非虐待”产品。对环境的日益关注以及市场的“绿色化”，既为企业管理者提供了机遇，也向企业管理者提出了挑战[①]。企业不能再像以往那样，为追求自身利益而肆意破坏自然环境，增加社会成本。企业必须要改变经营方式，实行“清洁生产”和“零排放”；要讲求资源的循环利用，采用新的产品原材料和包装材料；要不断开发新的技术和产品，满足日益严格的环保标准。而且，由于企业具有相应的技术和能力，也更应在环境保护方面作出自己的贡献。

三是社会观念和意识的进步，要求组织更加明确地承担自身的责任。现代社会观念和意识已不仅是将企业作为一个经济体，同时还要求企业作为社会的一员，应该承担更为广泛的责任，主要包括：企业不能只是考虑自己的经济利益，还应关心人，为员工提供更多的福利和发展机会；企业应承担使用股东或国家为企业提供的资源的责任，要有效地利用资源，产生更大的效益；企业经营必须遵守法律规定，如健康与安全方面的法规、就业方面的法规、销售商品质量方面的法规以及环保方面的法规与政策；企业作为广泛社会的一部分，其目标、经营活动和经营方式应该与社会的主流文化和价值观保持一致；企业应该努力回报社会，推动社会公平发展，等等。总而言之，企业应通过自身的努力，尽可能在增进社会总福利水平上作出应有的贡献。

由于这样一些原因，组织是否履行了自己应尽的责任，其在市场和社会上的后果也大不一样。由此，也使得责任价值标准在管理中的意义逐渐凸显，并且造成了现代组织管理中的明显变化。

1. 组织目标的认识趋向多元化

以往的观点是将企业看做一个“投入产出”的经济体，其经营管理的目标就是“利润”；企业只应追求利润最大化，这是企业的唯一目的。但这一观点越来越受到社会的广泛批评与质疑。现代社会更强调系统的观点，企业只是社会大系统中的一个子系统，企业的活动与社会大系统紧密

① 托尼·莫登：《管理学原理》，中国社会科学出版社 2006 年版，第 326、328 页。

相关。企业为求得自身长远生存与发展的机会，必须要重视自己的社会责任，与社会大系统的发展相协调。由此，也使得人们开始重新认识企业的宗旨与目标。

这一发展的结果，（按照某些作者的观点）是从“古典企业观”向“现代企业观”的转变。现代企业观认为，企业作为由资本提供者、经营者和劳动者构成的社会系统，有它经济性的目标，但同时它作为整个社会系统的一个分支，又有其社会性的目的，即履行企业的社会责任，为社会谋福利。因此，企业应将经济性目的和社会性目的“合二为一”，把它们看做统一而非对立的。

现在很多组织已经意识到，无论其行动多么合法和循规蹈矩，仅以盈亏作为衡量行动的准则是远远不够了。组织还必须自觉意识到社会的宗旨和目标，并且努力使组织的行动尽可能地顺应公众意见的潮流。德鲁克就指出：在组织内部，不会有成果出现。一切成果都产生于组织之外。例如，企业的成果只有经过顾客才能产生，顾客根据它用自己的购买力来换取企业的产品或服务的愿望，把企业的成本和努力换成收入和利润。他特别认为，组织不能像生物，把自身的生存作为目的，仅以能繁殖后代作为成功。组织是一个社会机构，只有对外部环境作出贡献，才算彻底发挥自己的作用[①]。程大为认为，许多企业已经经历了“经济学”思想的变化，找到了利润和社会形象之间的共赢点。其主要表现是：第一，企业经营目标不只限于财务业绩，也包括满足消费者的程度和对社会的贡献；第二，企业具有可持续发展意识，把保护生态环境作为管理监控的一个环节；第三，企业通过树立社会形象，实现了长期效益[②]。

对企业宗旨和目标重新认识的一个结果，是企业目标的“多元化”，即从以往追求单一的“利润最大化”目标转而承担更多的社会责任目标。概括而言，组织应通过自己的活动，努力为投资者、组织成员、消费者及社会服务。而衡量一个组织的连续性繁荣也可用四个指标来包括：一是利润，它表明资源是否有效地得到了利用；二是发展，它表明了组织现在的

---

① 彼得·德鲁克：《有效的管理者》，求实出版社 1985 年版，第 14、16 页。

② 程大为：《树立负责任企业形象的经济学原理》，《经济日报》2005 年 1 月 25 日。

优势和未来的活力；三是适应性，它表明组织应付动荡环境所应具有的能力；四是社会责任，它表明组织对社会承担的义务及履行。

2. 企业公民意识的提出和明确

企业公民意识是指企业也是公民，应承担一个公民应承担的社会责任。企业作为社会大系统中的一个基本单元，实际上也是社会中的一个成员，属于“社会公民”的范畴。社会对每一个公民都提供了其生存与发展的条件和机会，同时也要求他们遵守社会规范，并为社会的发展作出应有的贡献。企业公民也应有这样的意识，既要看到企业的生存与发展需要社会的帮助和支持，同时也要看到企业的活动也会对社会造成有利或不利的影响。尤其是国家政府为发展经济，往往为企业提供了多种帮助，企业更应努力遵守社会规范，通过为社会作贡献来回报社会。

企业公民意识的核心是：企业在追求合理利润的同时，要认识并承担起自己应尽的责任。主要内容包括：一是实行“人本管理”，处理好企业与员工的关系；二是保护环境，处理好企业活动与生态环境之间的关系；三是诚信经营，处理好企业与社会的关系；四是回报社会，处理好自身发展与社会贡献的关系。

企业公民意识的建立实质上是一次观念的革命，首先，它改变了企业只是一种经济体的传统观点，赋予了企业更多的社会属性；其次，它改变了“企业的唯一责任就是创造利润”的传统信条，扩展了企业在社会中发挥作用的范围；最后，它有助于抛弃机会主义思想，促进企业按照社会规范正常开展经营。这一观念革命的一个直接结果，就是企业应正确看待它与社会的关系，而不能将自己看做社会中的一个享有特殊利益的成员，或者是将自己看做某种独立于社会之外的特殊实体。

企业公民意识更多地强调了组织履行责任的自觉性和自愿性，凯琳和彼得森指出：多数营销决策都不同程度地涉及道德判断并反映组织对公众的态度。进步的营销经理已不再固守“只要不违法就行”的陈旧观念，他们承认企业具有伦理和社会责任，认识到市场是由具有不同价值体系的个人和群体组成的。而且，他们知道，他们的行为将受到具有不同价值观和利益的其他人的公开评价。合乎伦理的、对社会负责的决策，有赖于营销人员准确判断问题的能力以及即便有可能对自己在组织中的地位和企业的财务利益有消极影响时采取行动的意愿。拒绝承认问题的存在和不采取合适的行动是最不合乎伦理和对社会最不负责的[①]。

3. 责任履行成为组织发展战略的重要内容

对组织而言，管理责任的履行不仅仅是一个获取效益、善待员工，以及减少环境污染、“回报社会、造福桑梓”的问题，当然这些问题也是重要的。从组织的长远发展来看，还应该在更高的层次来对待管理责任的履行。就是由于现代社会强调组织的责任，也使责任成为组织优势的一个重要组成部分，而组织对责任的履行也成为优势的一个来源。换言之，优势既包括了效率，也包括了责任[②]。对此我们可以这样定义竞争优势：一个组织“获得生产力高水平及持续提高生产力的能力，并负责任地利用此能力服务社会的能力”。为此，组织在强调获取市场利益的同时，应将责任的履行看做涉及组织长远发展战略及竞争力提升的大事，具有全局性和长远性意义。所以，市场利益与责任履行都是组织战略的重要内容，应将两者相结合。

现代管理思想及实践都日益明确地表明，成功组织在这方面都有确实的观念和实践：一是认真履行自身的管理责任，摒弃“钻空子”、“一锤子买卖”、“能捞就捞，不能捞就跑，打一枪换一个地方”的机会主义思想；二是强调企业公民意识，把企业公民的实践活动看做有关组织发展的重要内容，以为组织树立良好形象，争取社会的广泛认同和支持；三是将管理责任的履行纳入组织的管理职能，建立明确的制度化机制和体系，以为经常化、规范化的运作提供依据；四是对组织运营和发展的考核不只限于经济指标，也要对组织履行责任的状况进行评价，以推动组织自觉履行责任，主动承担责任。格里芬就强调：在公众教育程度提高和经验不断丰

① 罗杰·A. 凯琳、罗伯特·A. 彼得森：《战略营销》，东北财经大学出版社 2000 年版，第 18 页。

② 我们刚才指出：现有观点认为竞争优势的本质就是基于技术能力的效率，这一观点似乎并不全面。例如，在“三聚氰胺奶粉”、通用汽车破产及丰田汽车召回等事件中，当事企业都有自己的技术优势，尤其是通用汽车和丰田更是行业中技术能力突出的企业，但是它们却在占有技术优势的情况下，遇到了经营甚至生存困境。与之相反的是，在“三聚氰胺奶粉”事件中，一些负责任的能够确保本企业奶粉质量的企业，虽然当时它们在技术能力和效率上没有什么变化，却自然地获得了很大的优势。因此可以认为，责任也应该是竞争优势的一个重要内涵。实际上，这些事件之所以造成了很大影响，其实表明了现代社会是用效率和责任双重标准来看待企业及其市场表现的。

富的背景下，当代组织需要承担的社会责任很可能是有史以来最大的。因此，组织应当像制定商业战略一样制定出如何履行社会责任的原则。换句话说，它们应当将社会责任视为一项需要仔细规划、决策、考虑和评估的重大挑战①。实践中，一些企业也将“公共责任”作为自己的重点控制内容②。

在这方面，组织战略管理思想也有相应的发展，例如“商业生态系统理论”。该理论认为，企业既是营利性组织，同时也是复杂社会系统中的一个组成部分，因此企业的发展必须遵循社会复杂系统的发展规律，要与社会“共同进化”。该理论在企业生态系统均衡演化的层面上，将商业活动分为开拓、扩展、领导和更新四个阶段。认为高层经理人员应经常从顾客、市场、产品、过程、组织、风险承担者、政府与社会七个方面来考虑商业生态系统和自身所处的位置③。

强调责任履行有时可能会损失效率，如组织的生产周期延长、成本提高、效益降低，这些都可能在组织财务上得到某种反映。但这种后果不是必然的，实际上，现实中一些履行了自身责任的组织最后都获得了更大的效益。尤其是责任的履行有助于组织长远效率及竞争优势的提高，因此也更符合组织的长远利益。周三多主编的《管理学》就明确提出：大量证据表明，企业的社会责任与其长期利润之间有着正相关性④。因此，组织必须从战略的角度来对待责任履行问题。

（三）组织中的责任管理

现代社会中人们对组织责任履行的日益重视，推动了现代组织的责任管理。特别是现代市场与社会已越来越重视企业的责任表现，企业形象、企业产品、企业的市场占有率以及组织的优势等，都与企业自身责任的履行紧密相关。有好的责任表现的企业其形象和产品都会受到市场及社会的认同，从而能够获得某种竞争优势；责任表现较差的企业则会受到市场及社会的质疑甚至反对，从而不具有甚至还会丧失已经获得的优势。为此，

---

① 里奇·格里芬：《管理学》第八版，中国市场出版社 2006 年版，第 89 页。

② 参见周三多主编、陈传明副主编《管理学》，高等教育出版社 2000 年版，第 250 页。

③ 杜丹丽、王发银：《企业战略管理思想的发展历程及其新视角》，《管理科学文摘》2006 年第 10 期。

④ 周三多主编、陈传明副主编：《管理学》，高等教育出版社 2000 年版，第 33 页。

企业都加强了责任履行的管理，从商业计划书的道德评估和环境影响分析，到企业原材料的采购、产品生产及废弃产品的回收利用和处理，都采取了相应的措施，以便在此方面获得更大的组织优势。所以，现在已经不是企业“是否应该”履行自身的责任，而是应该如何有效地履行责任的问题。对此，格里芬认为，组织可以通过管理社会责任的正式或非正式方法来完成这一任务。正式的组织方法如遵守法律、服从伦理、慈善捐助。非正式的组织方法有：组织领导与文化、举报[①]。孔茨和韦里克则提出了“社会审计”对组织责任管理的促进作用[②]。社会审计是指“对有社会影响的公司活动中有意义的、可确定的领域，承担系统地评价和报告的义务”。

责任管理的一个重要发展是 SA 8000 社会责任管理体系的产生。它是根据国际劳工组织公约、联合国儿童权利公约及世界人权宣言而制定，具有广泛的适用性。其中主要包括了童工、强迫劳动、安全卫生、结社自由和集体谈判、歧视、惩罚性措施、工作时间、工资报酬及管理体系等九个方面的内容。现实中，组织中的责任管理主要有以下表现：

1. 组织的责任与道德管理

组织是社会的一员，组织经营活动必须讲求社会责任与道德，因此责任与道德管理的核心是将组织的经营目标与社会责任及道德结合起来。责任与道德管理发展的主要原因在于组织管理活动中所遇到的社会及道德问题。例如在美国，一是企业经常遇到危机事件，而危机事件产生的根源之一是企业不能正确对待企业与社会的关系；二是企业的激烈竞争，导致了员工的超“紧张状态”，员工的身心健康不断恶化，也使企业成本不断上升[③]。这些问题促使组织首先要改变自己的经营和管理行为，要从传统的“追求利润最大化”转向强调组织与社会的关系，承担组织应尽的社会责任；同时，要重视员工的身心健康管理，改善员工的工作条件与状况。

---

① 里奇·格里芬：《管理学》第八版，中国市场出版社 2006 年版，第 89 页。

② 哈罗德·孔茨、海因茨·韦里克：《管理学》第十版，经济科学出版社 1998 年版，第 44 页。

③ 孙明贵：《管理创新的奥秘——日本企业的实践与启示》，机械工业出版社 2002 年版，第 119 页。

为此，组织在责任与道德管理方面采取了多种措施，如将人员发展、人员态度、社会责任等作为组织经营活动的重要控制对象；开展“道德改革运动”，转变经营道德观念，自觉提高组织的经营道德标准和水平；制定道德行为规范，设置道德委员会和管理岗位，加强道德的监察工作，实现组织道德建设内部管理的制度化；实行“爱抚管理”，全面关怀员工的身心健康和未来发展，等等。

2. 环境保护与资源的有效利用

这方面主要是“清洁生产”及资源循环利用的发展。资源循环利用主要包括资源的可回收再利用和再制造，其对节约资源及有效利用有限资源的重要性已经不容置疑，发展前景十分广阔。“清洁生产”是20世纪70年代后期由联合国环境规划署所提出，其定义是：对生产过程及其产品连续地实施集成的、预防性的环境保护战略，以减少生产对人类及其环境的风险。我国于2002年6月颁布了《中华人民共和国清洁生产促进法》，将清洁生产定义为：不断采取改进设计、使用清洁的能源和原料、采用先进的工艺技术与装备、改善管理、综合利用等措施，从源头削减污染，提高资源利用效率，减少或者避免生产、服务和产品使用过程中污染物的产生和排放，以减轻或者消除对人类健康和环境的危害。

清洁生产对环境保护与资源的有效利用有根本意义，因此要加强管理。一般而言，宏观上已经制定的有关法规是管理的主要标准和依据。现在的一个重要问题在于微观上应要求组织采取相应措施，努力达到清洁生产的要求。组织实行清洁生产涉及原材料、产品生产以及产品使用后的退出废弃各主要环节，是从生产、流通到消费的全过程考虑问题。其中重点是生产过程，既要考虑资源的使用，又要考虑污染物的产生，具体指标包括原材料指标、产品指标、资源指标和污染物产生指标。在这方面，已经发展出了较为详细的评价与管理办法。

实践中，很多组织都以此为依据，努力开展“清洁生产”、“绿色营销”，也取得了很好效果。

3. 责任履行与社会需求的满足

这方面的一个表现是在现代市场营销观念基础上，又产生了社会市场营销观念。市场营销观念注重买方需要，以满足消费者需求和欲望为导向，主要观点是：企业应努力满足消费者的需求。社会市场营销观念则是对市场营销观念的补充、完善和扩展，其基本思想是：企业的任务是确定各个目标市场的需要、欲望和利益，并以保护或提高消费者和社会福利的方式，比竞争者更有效、更有利地向目标市场提供能够满足其需要、欲望和利益的物品或服务。其特点是强调企业的社会责任和社会整体的长远利益，典型表现如绿色营销及可持续发展思想。

另一个表现是组织在获取自身利益的同时，也负有维护并发展社会主流文化及观念的责任。例如，企业市场营销管理的实质是需求管理，即通过企业的营销措施对市场需求进行调节，以便企业能够获得最好的效益。在这过程中，企业也负有抵制或消除有害市场需求的责任。通常市场上有八种需求状况：负需求；无需求；潜伏需求；下降需求；不规则需求；充分需求；过量需求；有害需求。有害需求是指市场对某些有害物品或服务的需求，如对庸俗、低俗甚至黄赌毒物品或服务的需求。对于这类需求，市场营销管理的任务是反市场营销（或抵制性营销），即采取措施抵制或消灭有害需求。

4. 利益相关者管理

随着组织责任价值标准认识的不断扩展和深入，有关利益相关者的探讨也趋向广泛和深入。如前所述，利益相关者是指能够影响企业目标实现或被企业目标实现影响的任何团体或个体。一般是将利益相关者分为两类，一类是基本利益相关者，即对企业有直接影响的组织和个人，如投资者、员工、客户、供应商、政府和提供基础设施及市场的有关组织或实体，他们对企业的生存与发展直接相关；另一类是次级利益相关者，即与企业没有直接关系而是间接影响企业和基本利益相关者的组织和个人，他们不与企业进行交易，但对企业有影响作用（或被组织所影响）。也有观点划分为“标准利益相关者”与“派生利益相关者”。标准利益相关者指组织对其有直接道德责任的利益相关者，如金融机构、员工、供应商、客户以及本地团体；派生利益相关者指组织对其没有直接的道德责任但是它们能够对组织产生有害或有益作用的组织和个人，如竞争者、环境行动主义者、恐怖主义者和媒体等。

这些利益相关者都有自己的特定利益，为了对其进行分析与管理，弗里曼（Freeman）曾提出了一个三层次理论模型：在理性层次，任务是明确“谁是组织的利益相关者”，以及“他们所认为的利益是什么”。在过程层次，要根据理性层次的分析来明确组织如何（或明确或隐含地）管理它与其利益相关者的关系。在交易分析层次，明确组织和它的利益相关者之间所作出的协商或交易，并判断这些协商或交易是否符合理性分析层次的结果（即谁是组织的利益相关者，这些利益相关者所认为的利益是什么）及利益相关者自身的组织过程①。弗里曼认为，与利益相关者成功交易的基础是，对利益相关者有合法性的理解并具有规范化的能够揭示他们所关心问题的程序。

根据弗里曼的模型，伊莱亚斯（Elias）等又进一步具体化为八个步骤：一是明确组织活动中所涉及的全部利益相关者；二是对利益相关者进行具体识别；三是分析利益相关者的具体利益；四是形成利益相关者的权力/利益矩阵；五是进行过程层面分析；六是进行交易层面分析；七是明确组织对利益相关者的管理能力；八是分析利益相关者的动态性②。

最后应指出，目前责任管理主要有三种形式：一是将某一责任内容作为一个独立的管理对象，单独进行管理，如道德与责任管理、环境管理等；二是不将责任内容作为单独的管理对象，而是结合到通常的业务活动中进行管理，如组织营销活动中社会责任的履行；三是将以上两种形式结合，就是既有针对某一责任的单独管理，同时也在业务活动中努力贯彻或加强对此责任的管理，如清洁生产就是将生产活动与环境（保护）管理相结合的结果。组织应根据业务活动的特点和管理的需要采取相应的形式，但不管如何，最终都是要达到更好地履行组织责任的目的。

四　管理过程、制度与执行力

将效率和责任作为基本的价值标准，就要进一步明确管理过程、管理制度和管理执行力三个问题。

---

① Freeman, R. E., *Strategic Management: A Stakeholder Approach*, Boston MA: Pitman, 1984.

② Arun A. Elias, Robert Y. Cavana and Laurie S. Jackson, Stakeholder Annlysis for R&D Project management. *R&D Management* 32, 4, 2002.

（一）管理过程

通常所说的过程，是指事情的开始和结束及事物变化发展的整个经历。有关文献中，则进一步将过程看成一个实在的综合性概念，它包括了管理活动中的有关事件和措施。例如，伯克从组织变革的角度认为，一般来讲，过程是指推动整个变革成果的机制，以及变革工作所需的新技术和行为的培训计划。具体说来，过程指的是对有效实行变革成果有意义的某些干预①。总的来看，变革过程是对“怎样变革”的概括。同样，管理过程也是对“如何进行管理”所做的一个概括。

就管理中的过程和结果的关系而言，现在的一个倾向是较少关注过程而更多地重视结果（或者说对结果的考虑清楚明确，而对过程则相对“模糊”），特别效益观点强调的就是结果而非过程。其中的原因可能有三个方面：一是人们最终需要的只是结果，对管理活动或工作的检验也主要是看结果；二是结果较为容易把握，过程比较之下显得更复杂；三是希望人们在过程中发挥创造性，以寻求更好的办法来做事②。尤其是第三方面，简单来讲，就是为实现某一管理目的，可能存在多种方法或途径。人们应该发挥自己的创造性，选择最好的途径、手段或方法来实现管理的目的。在这里，途径或方法是多种多样的，关键是哪一途径或方法能更好地达到活动的目的，这就需要人们根据情况具体选择。由此，在过程的管理上也要有一点“模糊性”。

除此之外，有观点还特别强调：首先，决策者要有相应的自主权，对他们不能多加干预或控制，否则他们就不是决策者了，过程的创造性则是决策者自主权的一个主要表现。其次，在知识经济条件下，很多时候管理者与员工的知识结构有差异，从而使得管理者无法具体规定员工的工作方

---

① W. 沃纳·伯克：《组织变革：理论和实践》，中国劳动社会保障出版社 2005 年版，第 98 页。

② 例如，科学研究可认为有两个基本阶段：一是提出假设；二是假设的检验。在提出假设阶段，无所谓“对”或“错”的问题，主要目的是希望借此为科学家的创造性活动提供充分的空间。其间，科学家可能是依据正确的前提提出某种假设，也可能是依据某种不那么正确的前提提出假设，例如瓦特蒸汽机的发明在一定程度上就依据了“热质说”的观点。但这都不重要，重要的是科学家是否能够充分发挥其创造性而提出某种假设。提出科学假设之后，这一假设是否具有“科学性”则是检验假设阶段的任务。因此，在这一阶段，“对”或“错”的问题成为关键。就是不管科学家是如何提出其科学假设的，最终必须要经受科学实践的检验。

法和程序[1]。

但是，我们仍然要用辩证的观点来看待结果与过程的关系，就是在关注结果的时候，也同时要强调过程的重要意义。因为过程与结果紧密关联：过程在结果之先，结果是通过活动的“过程”才产生的，过程对结果有直接的影响。过程涉及的是“如何做”事情[2]，现实中，这样做或那样做，结果往往会不一样。例如科研活动中，观察一个样本和观察多个样本，其结果的“科学性”就有很大差别，为此科学研究中也常要对过程（包括程序、方法和操作规则等）进行规定。管理活动中同样也是如此，例如，管理需要必要的数据，如果数据收集不全面或不真实，则最后的结果肯定会有问题；处理人的问题，是循循善诱还是蛮横专制，结果也会有差别。尤其是管理活动中充满了“辩证性”，各种投入要素、因素及活动都有自身特定的属性和取向，往往会因此而发生矛盾而相互制约，这就需要在过程中进行协调和处理。而且通过过程的管理，管理者也能进行学习，促进工作取得更好的结果。如本纳和图什曼（Benner and Tushman）就认为，在组织学习和知识创造中，知识“利用”要求减少不确定性，而知识“探索”则要追求不确定性（或多样性），因此它们之间往往不会协调一致。但通过发展过程管理的实践，组织管理者能够学会对两方面进行灵活应用，并且也能同时对它们进行管理[3]。

现代管理实际上十分重视“过程”，例如营销管理中，“整体营销”的概念就突出了“过程”的意义。以往的观点只强调“推销”，即等技术部门

---

① 维克托和博因顿就指出：手工生产的管理工作要操心的事自始至终都是工作的结果，因为人们不可能预见到一位手工工人工作的性质或模式。一个手工工人的工作任务的范围必须定得比较宽，而且是以个人的技能经验、专门知识为基础，这种工作任务不能被缩小到有限的、可确切定出的狭窄范围。要创造一种环境，在其中可以自然地利用各种各样的手工工作方式去应对各种各样的市场需求。关注控制工作成果而不是过程，才有可能促进手工工人的才能发挥，并创造出可能的最佳结果（巴特·维克托、安德鲁·博因顿：《创新的价值》，新华出版社 2000 年版，第 39 页）。

② 凯琳和彼得森就认为，实施是计划能否成功的重要阶段，“我们应该做什么”和“我们如何做”不能割裂开来（罗杰·A. 凯琳、罗伯特·A. 彼得森：《战略营销》第八版，东北财经大学出版社 2000 年版，第 464—465 页）。

③ Benner, M. J. and Tushman, M. L., Exploitation, Exploration, and Process Management: The Productivity Dilemma Revisited. *The Academy of Management Review*, 2003, 28, 2.

和生产部门开发、生产出产品或服务，销售部门再来考虑产品或服务的销售问题。“整体营销”概念则是强调组织活动的全过程都属营销的范畴，就是组织产品（或服务）的开发和生产都要从市场需求出发，把工作做在前面，而不要等到产品生产出来了，再由销售部门绞尽脑汁去想办法如何推销。正是在这个意义上，有观点认为，营销做好了，推销就不必要了。

有关观点对“过程”的重要性，也给予了充分的强调。Koppinen 等的观点是：“战略”和“运作”相互关联[①]。贝克和利勒马克（Becker and Lillemark）认为，在某种意义上，“过程看来至少与内容一样重要”[②]。西蒙则指出，经济学是一门关于人类理性的理论，它对过程合理性（决策方式）必须像对本质合理性（决策内容）一样关心[③]。管理理论中，科学决策的一个主要思想就是要重视决策的“程序”，要按照一定的过程和步骤得出决策的结论，而不能由决策者随意地“心血来潮”或“拍脑袋”决策。有观点就认为，决策者不能只是等待参谋咨询人员拿出方案，然后再由决策者从中做出选择。为使决策能够产生好的效果，决策者有必要参与到方案的制订过程中。这样一方面能表达自己的思想和观点；另一方面也能更好地了解和推动方案的制订，减少以后方案决策时的盲目性。所以迪恩和萨夫曼（Dean and Sharfman）强调：决策如何产生的过程对决策的有效执行有关键意义[④]。

有关理论还从更高的层次上，将过程与竞争优势相关联。例如，资源观和能力观（尤其是动态能力观）既强调了资源和能力对组织竞争优势的重要性，同时又指出了如何利用资源和能力来获取竞争优势。因为资源和能力本身并不一定产生竞争优势，关键还是要看对它们如何进行应用的过程。艾森合特和马丁（Eisenhardt and Martin）在动态能力观基础上就指

① Seija Koppinen, Jorma Lammasniemi and Petri Kalliokoski, Practical application of a parallel research - business innovation process to accelerate the deployment of research results, *R&D Management* 40, 1, 2010.

② Markus C. Becker & Morten Lillemark, Marketing/R&D Integration in the Pharmaceutical Industry. *Research Policy* 35 (2006).

③ 西蒙：《人工科学》，商务印书馆 1987 年版，第 52 页。

④ Dean, J. W. and Sharfman, M. P., Does Decision Process Matter? A Study of Strategic Decision - making Effectiveness. *Academy of Management Journal* 39 (2) 1996.

出：除了资源本身外，企业还需要组织和战略过程来操作或应用资源于价值创造的战略[①]。李和凯利（Lee and Kelley）也指出：正是产品开发过程才使组织技能和知识转换成创造价值的产品和服务[②]。

正是由于过程的重要性，利希滕塔勒和厄恩斯特（Lichtenthaler and Ernst）特别表达了这样的意思：成功的管理需要有"过程"的视角和观点[③]。换言之，为了取得好的或预期的管理结果，就既要重视管理的结果，同时也要强调管理的过程，要切实加强过程中的管理。也正是为此，管理中发展了各种各样的过程协调的管理思想、方法和技术，例如决策、计划、控制等管理流程，各种业务工作流程、安全工作规程，以及项目管理模型、（质量管理）PDCA 循环等包括了特定步骤次序的结构化方法，或者动态能力观和组织平衡论等。

我们这里要强调的是，效率和责任更多的是与过程相关联。效率主要指的是过程中的效率，也主要是通过过程来产生；责任也不仅仅是指对结果负责，更多的是过程中的责任表现，如责任心和责任感、或负责任的工作[④]。因此，强调效率和责任标准，就是要在过程与结果相统一的关系基

---

① Eisenhardt, K. M. and Martin, J. A., Dynamic Capabilities: What Are They. *Strategic Management Journal* 21, 2000.

② Hyunsuk Lee and Donna Kelley, Building Dynamic Capabilities for Innovation: An Exploratory Study of Key Management Practices, *R&D Management* 38, 2, 2008.

③ Ulrich Lichtenthaler and Holger Ernst, External Technology Commercialization in Large Firms: Results of a Quantitative Benchmarking Study, *R&D Management* 37, 5, 2007.

④ 在信息经济中，脑力劳动已在很大程度上取代了体力劳动，认知能力具有举足轻重的作用。因此，个人责任感这一问题有了新的紧迫感。为此，一民以"承担责任也是一种能力"为题撰文谈道：组织领导者应创造一定的环境，以激励员工的自我责任感。文中分析了逃避自我责任的几种现象，并提出了相应的应对策略。最后他认为，自我责任感并不是一个新的概念。与以往不同的是，企业越来越依赖于员工有自我责任感，以保持竞争力（一民：《承担责任也是一种能力》，《工商时报》1999 年 11 月 8 日）。一民的这篇文章及观点，很大程度上就是针对工作过程而言的。格力公司的一位老总更是强调了"过程责任心"的重要性，他认为过分宣传售后服务是一种误导。因为消费者并不希望企业产品出问题，即使后来维修好了，消费者也要浪费不少时间和精力。售后服务再好也只是一种补救措施，很多消费者看重售后服务是一种无奈的选择，关键还是企业要重视产品质量。如果企业不重视产品质量，而只是将"售后服务"作为"卖点"，就是对消费者不负责任的误导。他强调：格力公司并不反对必要的售后服务，但格力更强调售前的产品生产全环节的质量控制，使产品在使用中尽量不出问题，这是对消费者最好的服务（《过分宣传售后服务是一种误导》，《长江日报》1998 年 12 月 15 日）。

础上，加强对过程的管理。尽可能通过有效率和负责任的工作，实现好的管理结果。另一方面，过程不光与结果直接相关，而且在很大程度上也是管理活动实际存在的基本表现。例如，计划、组织、指挥和控制等职能，表达的都是某种过程。因此可以认为，虽然通过结果的控制来进行管理也是一个重要途径（如反馈方法的应用），但相比于结果而言，过程更能体现管理（以及效率和责任）的含义及作用。例如实践中，总有一些企业不会自动地履行自己的责任（如产品的安全责任），必须由管理部门的严格监管来推动。这种监管就既要包括对有害结果的处罚，也应包括（尤其是要包括）过程中的监管（例如日常的管理活动和过程）[①]。而正是这种过程中的监管，相比于事后对结果的处罚，更能体现管理的意义[②]。

（二）管理制度

制度是指组织成员共同遵守的，按一定程序办事的规程、规则、惯例和行为方式。例如，诺思认为，制度是决定人们的相互关系的系列约束，是由非正式约束（道德的约束、禁忌、习惯、传统和行为准则）和正式的法规（宪法、法令、产权）等组成的[③]。肖特（Schotter）的理解是：一是社会建立的帮助解决重复发生的问题的行为传统；二是在特定情形下

---

① 现在经常可看到一些管理部门进行“突击检查”式的专项行动。很多时候，专项行动是必要的，但专项行动多了，也间接反映出日常管理之不足。所以，在进行专项行动的同时，可能还需要加强日常管理。至于有些管理部门平时疏于管理，反正“民不告，官不究”，等到出了问题，再“亡羊补牢，为时未晚”，这样的管理可能就有问题了。即使等到结果出了问题再“高效率”地加以解决，以示其效率和责任感，但其中多少还是包括了一些日常管理过程中低效率和无责任感的表现，而且也已经造成了某种损失。

② 其实，在管理活动中，不论做什么工作，开始、过程和结果三环节都是重要的，因为它们构成了一个整体的流程。现实中，有时出于不同的角度或者目的，可能会强调整体流程中的某一环节。例如，从工作目标出发，可能会强调结果的重要性；我们这里则是从效率和责任的角度，认为过程的重要性不可忽视。爱因斯坦则突出了“开始”的重要性，他指出：（科学研究中）提出一个问题往往比解决一个问题更重要，因为解决一个问题也许仅是一个数学上的或实验上的技能而已。而提出新的问题、新的可能性，从新的角度去看旧的问题，却需要有创造性的想象力，而且标志着科学的真正进步（《物理学的进化》，上海科学技术出版社 1962 年版，第 66 页）。但是这并不表明我们就可以只突出某一环节而忽视其他环节了。由于各个环节的问题和要求不同，因此管理者应该区别对待，从整体流程的角度来协调处理好它们之间的关系。

③ 道格拉斯·C. 诺思：《经济史中的结构与变迁》，上海三联书店、上海人民出版社 1994 年版，第 3 页。

约束社会主体行为的一系列的规则；三是组织[①]。陈应春的观点是：制度是要求成员共同遵守的按一定程序办事的规程和政治、经济、文化等方面的体系，它是一系列正式约束和非正式约束组成的规则网络，它约束个人和集体行为，并提供了一个人类相互影响的框架[②]。乔伊斯在一定的限制条件下，认为管理活动中的制度是指管理组织的方法和步骤[③]。芮明杰则认为，管理制度是企业资源整合行为的规范，既是企业行为的规范也是员工行为的规范[④]。

制度是一个组织的必备要素，没有制度，就没有行为准则，组织成员之间就没有角色划分，组织内部也不可能形成秩序，组织的分工与协作效能也就没有可能发挥出来。所以说，一个组织的存在，制度是基本的保障要素之一[⑤]。实践中，制度是管理的基础性工作，管理首先就要有某种制度。俗语说：没有规矩，不成方圆，其实是很有道理的。总的来看，制度是组织的黏合剂，没有制度或组织规范，组织不成其为组织，组织工作的效率也难以实现。因此索能伯格认为，企业制定规章制度的目的是为了公司的运作更加顺利，如果没有制度，企业将会是一团糟[⑥]。

制度对效率的提高有重要作用，很多文献对此都做了探讨，我们这里只强调两点：第一，制度规范了人们的思想和行为，使人们的思想和行为有章可循。在管理制度的规范下，人们不必凡事都要问“为什么”、“怎么办”，从而有助于人们工作效率的提高。第二，制度能够减少管理活动中的不确定性，使人们按照一定的规则和程序行动，从而减少无效劳动、提高效率。管理首先是确定的，如投入多少物料，应该有多少产出，（相对来讲）这是确定的；与此同时，由于人的问题的复杂性、资源利用的机会成本及管理环境的多变性，管理中又存在很大的不确定性。管理是有目的的活动，为了提高管理活动的效率、顺利实现管理的目标，管理必须要设法减少或消除这种不确定性，尽可能地使不确定性转化为确定性，这

① 转引自黄卫华《制度变迁研究的层次》，《天津商学院学报》2003 年第 2 期。

② 陈应春：《制度的论理诉求》，《理论界》2008 年第 5 期。

③ 威廉·乔伊斯：《组织变革》，人民邮电出版社 2003 年版，第 15 页。

④ 芮明杰：《管理创新》，上海译文出版社 1997 年版，第 50 页。

⑤ 郭跃进：《管理学》，经济管理出版社 2005 年版，第 53 页。

⑥ 法兰克·K. 索能伯格：《凭良心管理》，中国经济出版社 1997 年版，第 40 页。

就要有相应的制度。对此，纽曼和萨默就认为，从高效率地生产更多产品和服务的意义来说，生产率是靠标准化、常规化和稳定性来支持的。自泰罗时代以来，效率和稳定性一直是并存的[①]。而所有这些，泰罗科学管理中对有关制度的强调起了很大的作用。

制度与管理责任的履行更有密切关系，主要是制度提供了责任的要求和准绳：一是制度提供了责任判断的标准；二是制度面前，人人平等；三是制度也是责任履行的一种重要动力来源。在标准一致、严格执行的制度推动下，人们才会认真地按照要求与纪律进行工作。在这方面，不论是对组织内部责任还是对组织外部责任，后果都是一样的。而且，规范严格的制度也有助于人们对责任的认识及责任心和责任感的增强。在这方面，责任的承担和履行比效率的提高更加依赖制度的作用。效率需要有知识作为支撑，提高效率首要的是大力发展和利用先进的科学技术；责任的承担和履行则在很大程度上与人们的认识或心理相关联，所以我们也常说“责任心”、“责任感”。心理学研究表明，人们对责任的认识及责任感的形成是逐步发展的[②]。为此，管理中有必要创造一种适宜的环境，以便引导和促进人们认识的提升和责任感的增强，而管理制度的规范就是这样的一种不可缺少的环境。

特别地，制度的一个重要意义在于：它提供了一种“看得见的方式”来保证组织管理的效率和责任，并且能够通过明确一致的方式而使管理效率和责任的实现成为某种“常规化”行为。尤其在责任的承担和履行方面，既需要有自觉的思想和意识；也需要有明确的制度规章来规范和维持。如果仅依赖管理者自身的道德意识（如通常说的“凭良心”做事），就会有较大的主观性和不确定性，也难以“检验”和规范化。也正是为此，我们要强调制度的作用，并力求建立和完善各种必要的制度。即使现在强调“人性化”管理，也不是不要制度。人性化管理的含义主要有两个：一是制度要考虑到特殊情况；二是有时在制度面前可能要“例外”

---

① W. H. 纽曼、小 C. E. 萨默：《管理过程——概念、行为和实践》，中国社会科学出版社 1995 年版，第 13 页。

② 例如，儿童的责任感是从对具体事物产生喜爱开始，以后随着年龄的增长而逐步扩展到对自己的言行负责、对集体负责；最后则是对事业负责、对社会负责等。

处理。但制度还是要的，而且即使强调人性化管理，制度也还是制度。不能因为人性化管理的要求，而使制度“软性化”或者“模糊化”。

当然，仅靠制度进行管理也有局限，如制度减少了不确定性，同时也阻碍了创造性和灵活性，因此对制度也多有批评。对此，首先应该强调，制度是管理的基础和前提，也是实现效率和责任的重要途径。因此，管理中必须要建立健全相应的制度。其次，制度也有局限，因而也不能完全依赖制度进行管理。除了要科学制定有关的制度外，还要考虑采取相应的管理手段或措施、或者根据情况实行“区别管理”，以弥补制度的缺陷。另外，根据制度的背景基础的变化而及时修改、发展或完善现有的制度，也是必要的。

（三）管理执行力

执行力是现在管理文献中的一个重要论题，本书中放在这里论述，是想强调：执行力与管理效率与责任的实现密切相关。

执行力问题在管理中带有普遍性。就某种意义来说，管理过程就是决策和计划的制订与执行，从而不可避免地要涉及执行力。执行力有“令行禁止”的意思，但又不限于此。文献中的定义是：执行力是务实运作的细节；执行力是组织执行战略，实现组织经营战略目标的能力；执行力是把战略转化为行动计划，并对其结果进行测量的能力；执行力是企业在将既定的目标落实到实处的过程中解决一系列问题的能力和手段，等等。从这些定义可以看出，执行力是指计划和制度执行过程中的一种能力，是组织管理的整体能力。

管理的首要职能是确定战略目标和制订计划，现实中这一职能也受到了许多组织的重视。然而，许多组织在战略目标的确定和计划的制订上花费大量时间，战略目标和计划方案也条理清楚、头头是道。但不重视战略目标和计划的实施，致使花费大量时间制定的战略目标和计划难以体现其真正的效果。制定一个好的战略是重要的，不过同样重要的是，好的战略也要依赖其实施。对此，惠廷顿认为，战略“实施”问题牵涉到如何制定战略以及如何正确实施。在一个充满竞争和不断变化的环境中，战略的正确实施要比精明的战略定位更可能成为持久价值的来源①。

① 《战略实施比战略定位更重要》，《参考消息》1999 年 12 月 15 日。

雷恩则认为，战略管理的内容大大受到前人的影响，即战略阐释，而战略实施却常常被忽略了，因为作者把注意力都放在了处于首位的计划上，这也许是正确的。阐释目标、制定决策、审视环境、多样性战略，组织生命周期阶段以及每一阶段恰当的战略、市场份额、产业特性，如果在战略与其后的业绩间寻找联系，这些方面都处于主导地位，但这一切并未完成战略管理范畴内的一系列主题。要更为接近一般管理理论并对其作出贡献，对有关战略管理的论述还需要更加强调实施。管理过程涉及计划，但要更进一步，就到了计划在组织、人员配备、领导及影响行为、控制过程中是如何实施的了。如果实施不利，计划与战略常常走偏①。

同样，制度必须执行，才能发挥应有的作用。现在一些组织中有很多并且很完善的制度，如果将这些制度全部执行，组织效率和责任将会有极大改善。问题是一些组织的制度制定出来了，却不注重执行，放在文件柜里睡大觉，这就起不到提高效率和增强责任的作用了。

不论是计划的制订和制度的建立，都还只是管理过程的开始，真正重要且困难的还是计划与制度的实施与执行。也正是为此，现在文献中特别强调“执行力”的意义，把它看做提高管理绩效的一个重要因素。如菲利普斯（Philips）公司就认为它善于制订计划，但执行能力不是“强项”，因此管理的关键是要加强执行力②。更有观点认为，一个企业的执行力如何往往决定着企业的生存和发展。托马斯和伯恩在其著作《执行力》中就指出：执行力是一整套行为和技术体系，它能够使公司形成自身独特的竞争优势③。

执行力之所以能发挥这样的作用，在于它与效率和责任直接相关④。计划与制度得到坚决有效的执行，才能表现并产生效率；计划与制度执行

---

① 丹尼尔·A. 雷恩：《管理思想的演变》，中国社会科学出版社 1997 年版，第 546 页。

② 《如何克服大企业病》，《经济日报》2003 年 11 月 7 日。

③ 转引自邓荣霖《提升执行力》，《经济日报》2004 年 1 月 8 日。

④ 与执行力有关的一个表现是有问题要及时处理，对此有文章谈道：管理者的桌面上有两个文件夹，一个是“急件”，最紧急的文件放在最上面；另一个是“要件”，最重要的文件放在最上面。如果管理者不能及时处理有关的文件，那么第二个文件夹里的文件就会不断地转到第一个文件夹里去（也即本来可以从容应对的文件，最后都成了需要紧急处理的“急件”）。如果一个管理者总是这样处理问题，那多少表明管理者的效率和/或责任心出了一点儿问题，或者说缺乏执行力。

得如何（是严格认真、还是拖拉疲软），也能表现出管理者的责任心或责任感。特别是计划和制度执行的过程如何，不光会影响计划和制度本身的实施结果，同时也会影响人们对组织及其管理的态度和看法，最终也会影响到组织生存与发展的能力。对此，孙建中等人就认为，有执行力的企业，是一个能够高效率地实现自身目标的企业[①]。反之，缺乏执行力，自然也是不能高效率地实现自身的目标。

为了提高执行力，文献中提出了许多对策，其中关键是两条：一是组织的战略计划和流程应突出执行的效率；二是管理者自身的承诺和责任心。在这方面，实行“参与式”管理可认为是一个重要的保障措施。因为按照“目标理论”：一般情况下，“参与式”管理能提高目标的可接受性，有助于相关人员将目标看做自己的目标，从而也有助于目标的执行和实现。另外，管理者不能仅仅强调工作的结果，把自己看成一个工作结果的接收者。管理者还要重视工作的过程与执行，使自己成为工作目标的确定者、工作中压力的创造者、工作推动者及员工能力发挥的促进者。

① 孙建中、谢德华、梁凤英：《执行力：企业管理成效的关键》，《经济与管理》2005年第5期。

第五章 管理思维方式的基本观念

管理思维方式的基本观念就是管理原理及相应的原则。管理原理及其原则是管理中的基本（或规律性）联系以及在此基础上产生的管理要求的反映，它们为管理者提供了观察和分析问题的基点、依据和指导。换言之，原理的意义就是指管理者应依据管理中客观事物及其相互关系的规律来进行管理，以便其思维和行为能够具有科学性及合理性[①]。从思维过程来看，管理者考虑问题应表现出以下的逻辑联系：

大前提：管理原理或原则；

小前提：某一管理思想或行为与管理原理或原则的关系；

结论：某一管理思想或行为合理（应当）或不合理（不应当）。

特别地，管理者对某一问题要做出“科学的”解释，而不是无根据的或“想当然”的解释，就要以相应的管理原理或原则来包含或“概括”这一问题（也即将需要解释的事物包含或概括到某一原理或原则中）。例如，从人本原理出发，采取某一管理措施来促进人的积极性是重要的；或者基于系统原理，管理中要注重资源的优化配置及利用；或者协调发展之所以对组织有重要意义，是因为可持续发展原理的要求，等等。这些原理或原则为管理者的管理行动提供了合理性或科学性的根据。如果不能形成

---

① 专业人员观察分析问题都以专业的规律及特有的价值标准和观念为基点，并以此作为行为的依据。例如，我们问：这根铁丝怎么变长了？专业人员很自然地解释道：我刚才将它加热了。这是一个以客观规律或科学原理为依据的“科学的”解释。虽然专业人员并没有完整地表述他的思维或逻辑过程：由于“凡金属都有热胀冷缩的特性”；这根铁丝是金属；所以它加热后膨胀变长了。但他的解释中隐含了这样的规律或原理，因此我们认为他的解释令人信服。专业人员很自然地做了这一解释，是因为专业的规律或原理已成为他的思维方式的基点和依据。同样，管理者也应将管理的价值标准和基本观念作为自己思维方式的基点和依据，从而也能够很自然地在管理活动中以这些基点和依据来观察、分析和解决问题。

这样的思维或逻辑上的联系，那么某一管理思想或行为的决策与实施可能就缺乏管理的根据，实际执行起来也可能会“胸中无数”或者“心中无底”。

管理思维方式中的基本观念主要有五个：系统原理；动态与权变原理；人本原理；效益原理；可持续发展原理。各个基本原理之下都包含了相应的原则，如系统原理的原则是：整分合原则；封闭原则；优化原则。动态与权变原理的原则是：动态原则；具体情况具体分析的原则；反馈原则。人本原理的原则是：能级原则；激励原则；人的发展原则。效益原理的原则是：价值原则；经济、社会与环境效益相统一的原则。可持续发展原理的原则是：协调发展原则；创新原则。

这些原理和原则都是现代管理思维方式必需的依据，应该予以重视。尽管其中有些原理可能在管理学教科书中没有列出，但其含义及思想在管理实践或管理文献中都有明确的反映，因此也都具有普遍性。

在这五个原理中，系统原理和动态与权变原理是基础，人本原理是核心，效益原理是目的（效率）和结果（效益），可持续发展原理是总体要求。

一　系统原理

系统原理是指为了提高管理的效率及更好地履行责任，必须要对管理的对象及因素进行全面系统的分析与考虑，以便实现管理中有关对象与因素的优化组合及整体效益的最优。

系统原理的基础是系统科学，尤其是系统论。在系统科学中，所谓系统是指由处于一定环境中的若干相互区别又相互依赖、相互作用的要素组合起来的、为达到整体目标而活动的具有特定功能的整体。一个系统首先要有不同的组成部分或要素；其次是这些要素间有特定的结构将它们联系在一起，并且这种由各要素以一定结构联系而组合成的整体必须有自己特殊的、不同于其要素的新的功能。系统有三个特征：一是目的性，即每个系统都有特定的目的，不同的系统有不同的目的。二是整体性，指系统内各组成部分（或要素）围绕共同目标构成一个不可分割的整体。三是层次性，指系统是分层次的，任何一个系统都是一个更大系统的构成部分，同时它自身又是由更小的系统所组成的。

系统原理中的“系统”是一个关键性的范畴，其包含的基本含义是：系统的整体具有组成它的那些部分（要素）单独存在时所没有的新的质。系统与环境间相互联系和相互作用，但在这种相互作用过程中，系统始终保持着它作为一个整体的质的规定性。系统及其组成要素之间存在相互作用，一方面是系统的新“质”以各要素为前提；另一方面是各要素在组成系统时，会失掉某些原来固有的性质而获得新的性质。组成系统的各要素之间也有着密切联系，其中一个要素的改变往往会引起另一些要素，甚至整个系统的改变。

将系统的概念或观念用于组织的管理活动，就形成了管理的系统原理。系统原理是管理理论及其思维方式整体性全面性态势的必然产物，同时也是对这一态势的一个概括。其涵盖范围广泛，包括了管理中的所有方面及过程。但就其首先的意义而言，它主要针对的还是管理的对象。

人们进行管理，首先面对的就是管理的对象，或者说管理“什么”。管理中关于管理对象的认识总在不断发展，管理的对象也越来越多样化。例如（我们在前面第二章曾指出）：最初管理的对象是人、财、物；后来发展成为人、财、物、信息、时间；再就是人、财、物、信息、时间、士气、方法；现在则包括了人、财、物、信息、时间、士气、方法、知识、能力等多种对象要素。可见管理的对象要素是在不断增加，为了更好地对管理对象进行把握，有必要对其本质做一概括。否则，管理可能就会变得“杂乱无章”。

管理活动是对组织（也包括存在于组织外部但与组织活动相关）的人、财、物等因素的管理，或者说管理的对象就是组织内外的所有相关资源。这些因素和资源各有各的作用，同时又相互联系而成为一个整体，各个因素或资源在发挥自己特有作用的过程中，也与其他因素或资源进行物质、能量和信息的交换。特别地，组织管理中的资源可分为人力资源与物的资源，一般认为人力资源最为重要，然而对人的管理与对物的管理不能截然分开，它们之间是相互协调的整体关系。

系统概念则为管理对象的概括提供了必要的思维工具，因此为了抓住管理对象的本质，就要从系统原理出发：管理对象就是（组织）系统。或者说不论管理对象的要素是什么、有多少，管理都是对系统的管理，管理是一种系统性活动。这一系统对象的概念体现的是全面、联系、发展地看待问题的整体性观点，从而能更好地抓住管理对象的本质。

强调管理的对象就是系统，也使管理具有普遍性。例如不同的组织系统其组成要素、结构和功能都有所不同，如企业、学校、政府等。但就管理对象而言，它们有三个共同点：一是它们都是一个有若干要素以一定结构组合而成的有机整体；二是这些相互联系的整体可以分解为若干基本要素；三是这一整体具有不同于其各个组成要素的新的功能。这三个共同点说明，各种组织系统都是作为管理对象的系统。

系统原理的核心思想是：管理者应将管理对象看做一个系统，把管理中的各种事物和要素的联系和运动看成一个总体过程，全面综合地把握和控制管理中各事物和要素以及管理中内外环境之间的相互作用和变化规律，以便有效地认识和开展管理活动。所以，系统原理实际上是强调：由于我们面对的是一个管理系统，因此我们应具有系统的思维。换句话说，在管理活动中，仅仅意识到管理对象是一个系统还不够，关键是如何对管理系统进行考虑和分析，也就是要有系统的思维方式。

在这里，系统存在是前提，系统思维是要求。世事万物都是以“系统”形式存在的，系统也是一种客观的存在，不会因为人们的某种想法或愿望而改变。人们只能适应客观事物的系统存在性，从系统的角度去认识和实践。系统分为天然系统与人造系统两种基本类型，而组织是一种人造系统，组织系统的构建及运作如何，与人们的系统思维密切相关。特别地，不管组织系统表现为什么样的外在形态，关键都在于其内部以及组织与环境的系统关系，管理的基础也是组织管理者对组织中各对象和因素间的相互联系以及在相互作用和联系中表现出来的系统关系的认识和把握。总的来看，系统原理中所强调的思维方式是对传统分析思维方式（或还原主义方法）的创新：一是研究的对象从注重实体转向关系。传统分析方法注重的是实际事物，如人、财、物，现在则强调各事物之间的相互（或优化）关系。二是思维的重点从分析转向综合。传统分析方法注重的是将整体分解为局部，为此而称为“还原”。系统方法包括了分析，但更注重整体的综合。

按照系统原理的要求，管理中为了达到科学优化的目标，必须对管理对象进行细致的系统分析，从系统整体联系或关系的角度进行全面综合地考虑。概括起来就是两个方面：一是从整体上把握管理的对象及活动的目标；二是注重对象事物间的相互联系或关系（包括空间组合的横向关系和时间发展的纵向关系）。简言之，管理者应从事物的相互联系出发进行全面整体的考虑，任一管理计划、措施或问题解决的方案，都应是在系统分析与思考后的产物。管理中事无巨细，在对其进行分析考虑时都应（或必须要）突出这一要求。

从大的方面看，如组织管理者应从组织资源和能力的系统整合角度考虑组织战略的制定和优势的取得。例如，美国通用汽车公司破产，很多作者对其原因的分析各不相同，概括起来大致包括：实行“推动式”生产战略，管理指导思想不正确；错误的产品定位，没有满足市场的真正需求；环保意识落后，缺乏技术创新；实行复杂的数字管理，却没有把握数字后面的真实；依赖精英管理，没有充分发挥企业员工的积极性和创造性；急速扩张，只顾产量，轻视质量；支付成本高昂，企业负担沉重；企业高层大权独揽，缺乏民主，等等。各个作者的分析也不是“公说公有理、婆说婆有理”，这些因素都是客观存在的，对通用汽车公司的破产都产生了相应的影响。实际上，这些分析表明了通用汽车公司的破产是一个长期过程，是多种因素系统综合作用的结果。这样反过来也告诫了管理者，组织战略和优势一定要从系统的角度全面分析和把握。

从小的方面看，管理中某一具体问题的解决，也要强调系统全面的分析和思考。例如，仅就某一产品的质量成本分析来看，就要包括质量成本及其构成分析、质量成本效益分析以及用户使用成本分析等多方面的内容。为此，需要收集相关的信息和资料作为分析的基础或前提，如系统全面的工作质量及产品质量指标完成情况的统计资料，要有实物量指标、等级率指标、废次品率指标与价值量之间的换算价格，以及退换货率和产品返修率等指标，还要考虑有关的质量制度，等等。只有收集了所有这些信息和资料，并做了全面详细的分析之后，才能对产品质量成本分析作出相应的决策或结论。

其实，无论是大的方面，还是小的方面，在系统原理的意义上是一样的。因为只有以其为基点来分析考虑问题，才能全面了解和把握管理对象的所有方面及相应的联系，避免片面性和出现疏漏；同时也能发现更多的选择而寻求更好的解决方案①。

当然，强调系统原理和系统思维，也不是说管理中根本不能出现任何疏漏或问题。疏漏或问题有时很难彻底消除，尤其是当实践中出现了新的变化或发展时，往往会遇到一些新的情况和因素，这时我们自然要强调“从实践中学习”。但“从实践中学习”并不与系统原理和系统思维相矛盾；而且强调“从实践中学习”，也是为了发现新情况、新问题，以便今后能更好地全面分析和把握管理的行动。所以，全面地看待我们的工作，分析其中的各种联系及其可能性，尽可能使问题暴露在初期，总还是管理的应尽职责。

对此，毛泽东同志曾用“一分为二”的说法来表示这种全面性，这是对看待事物全面性观点的精辟概括。但是由于有些人的思维倾向于简单化，很多时候就把“一分为二”看成事物只有两个方面，例如，重点和一般、好与坏，等等。而在很多情况下，在重点和一般之间，又只关注重点而忽视一般；在好与坏的关系上，就只简单地将“好的”看成全好，“坏的”则看成全坏。这种对事物理解的简单化倾向，往往会造成不适当的认识和行为。现实中的事物是多方面的、多因素的、多联系的，将事物简单化为二个对立的方面，就难以正确地把握事物的本来面目，也不利于正确的决策。为此，乌杰提出应该从系统的角度，强调“一分为多、合多为一”②。这样全面地思考问题，思维过程看上去可能要复杂一些，但是有利于把握事物的各种联系，因此也会使实践中问题的解决变得更容易，问题和疏漏也会更少。在这过程中，问题本身可能并没有变化，改变的只是我们看待问题的方式。但正是这种改变，为我们提供了全面看待及

① 现在的问题是，有些管理者在决策时却只求简单快捷，不愿意深入系统地进行思考，而是走一步算一步，等以后出了问题再根据情况想办法解决。结果致使问题复杂化，却谓之为“从实践中学习”，试图以这样的说法来赋予这样的管理行为以某种合理性。这种开始时简单、以后却导致复杂的管理行为，其实就是违背系统原理的一种表现。

② 乌杰：《改革传统的思想方法和工作方法刻不容缓》，《自然辩证法研究》1995 年第 1 期。

解决问题的更好途径[①]。

在这方面，卡斯特和罗森茨韦克的一个观点值得强调：应该承认开放系统的复杂性，但复杂性并不等于混乱[②]。换言之，尽管现实是复杂的、问题是多样的，但其中仍然存在着某种规律性或有序性，需要管理者努力去思考和发现。不能因为管理现实是复杂的，就使管理的工作在混乱中趋于简单化。

管理活动中，系统原理的贯彻有三个原则：整分合原则、封闭原则和优化原则。

（一）整分合原则

整分合原则突出的是：应从组织的整体目标出发，对组织活动中各因素进行综合的协调与管理。也有观点将这一原则作为原理，但不论是作为原理还是原则，其对管理活动都有重要意义。按照这一原则，管理中首先应从整体上把握对象，明确管理的目标与整体特征；然后将整体进行科学分解，即目标分解、资源分配并进行合理分工，以便为实现整体目标而实际具体地开展工作；最后要进行组织的综合与协调，以保证组织系统内各

---

① 有一个这样的例子，某湖边山脉中，修建了一条隧道。为防止隧道照明系统突然出现故障而导致意外事故发生，管理者在隧道入口处立了一块标牌，上书：前有隧道请打开车灯。隧道东出口往前 400 米，可俯瞰整个湖泊的优美风景。因此，很多人开车出隧道后，一般都会在此停留一会儿欣赏风景。然而，当他们再回到汽车上时，却常常发现由于出隧道后忘记关车灯，汽车电池差不多耗尽了。为此，人们怨声载道。

管理者认为，在隧道入口处立标牌提醒人们开车灯是应该的，现在问题则是出隧道后怎么办？管理者考虑了多种解决措施，如在隧道出口再立一块标牌：关闭车灯。但若是晚上，这一要求就很荒谬了。或者不管此事，装作不知道，因为这并不是工程建设的事，但人们肯定不会满意。或者在隧道出口建一座充电站，不过政府和游客可能都不会同意。或者在隧道出口处写一块详细的标牌，即如果是白天，并且您的车灯开着，请关闭车灯；如果是晚上，请打开车灯，如果这时您的车灯是开着，那么请别关掉。这样表达的意思就很全面清楚了，但人们开车经过时却很难在短时间内将其读完。如果勉强将其读完，说不定还会导致事故。最后，管理者在隧道出口处立了一块标牌，上书：您的车灯亮着吗？从此，上面所说的汽车电池没电的问题就再也没有出现过（清华：《隧道尽头的灯》，《读者》2004 年第 9 期）。

该例子原来是要说明：有时问题看上去很复杂，实际上也可以用简单的办法来解决。我们这里则是从反面来理解：为使问题能够简单地解决，思维上一定要复杂。因为只有将问题全面考虑透彻后，才能提出真正有效的简单解决办法，这中间包含的就是“庖丁解牛”的意思。

② 弗莱蒙特·E. 卡斯特、詹姆斯·E. 罗森茨韦克：《组织与管理——系统方法与权变方法》第四版，中国社会科学出版社 2000 年版，第 583 页。

要素和工作围绕整体目标高效率地实现合作与协同。整分合原则的基本思想如图 5－1 所示。

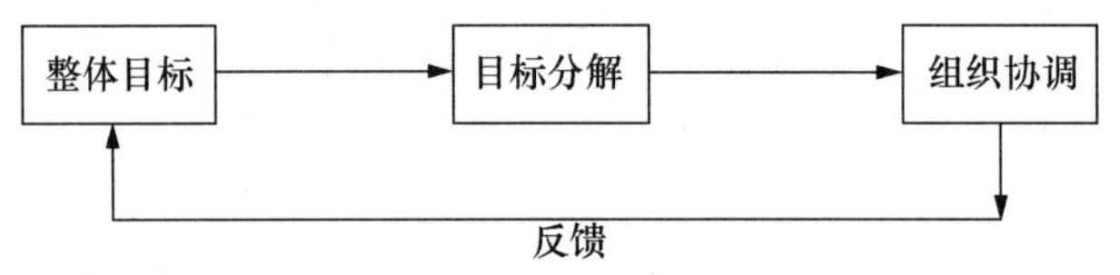

图 5－1 整分合原则

（二）封闭原则

封闭原则突出的是管理对象及其环节与流程的系统整体性，即管理工作从开始、执行到结束应该是一个完整的过程。或者说管理系统内部结构的各个环节必须首尾相接、形成回路。这样才能使管理的目标或意图得以顺利实现，不会因为某个环节的缺失而导致管理工作出现脱节或疏漏。有观点强调，封闭原则不是指组织的“自我封闭”，如组织生产能力的自我封闭，而是指决策者对任一较大问题的考虑皆应有头有尾、首尾相接。封闭原则具有普遍性，管理活动中诸如组织、工作、制度和人等各方面都应从此原则进行考虑。

组织封闭是指决策机构、执行机构与监督机构应该相互关联与制约（见图 5－2）。

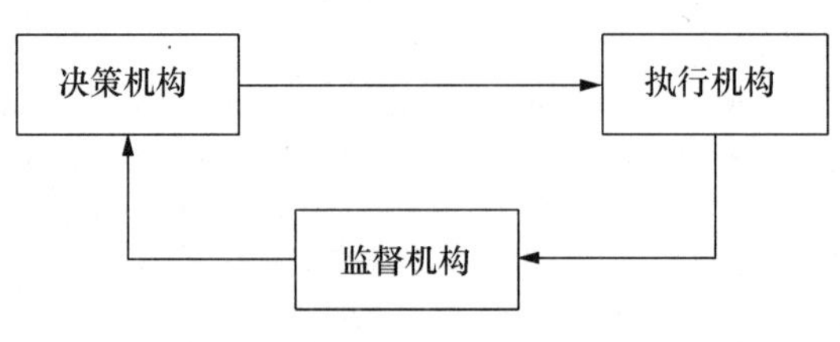

图 5－2 组织封闭

工作封闭是指任务的分配、执行与检查三个环节缺一不可（见图 5－3）。

人的封闭是指要按照岗位的职责与要求对组织成员的行为表现和工作结果进行检查与考核，并据此而对组织成员进行奖励与惩罚（见图 5－4）。

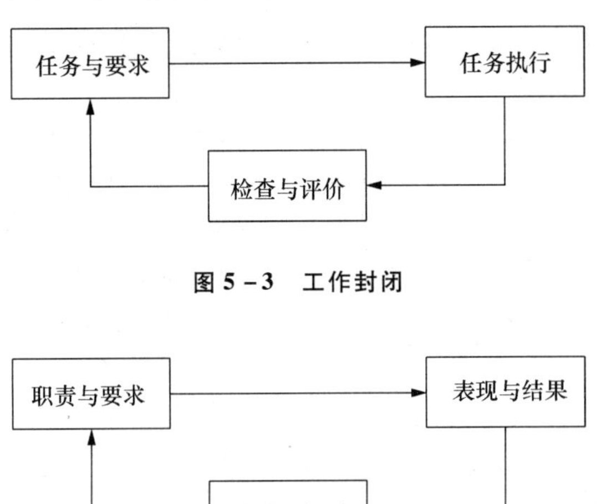

图 5－3　工作封闭

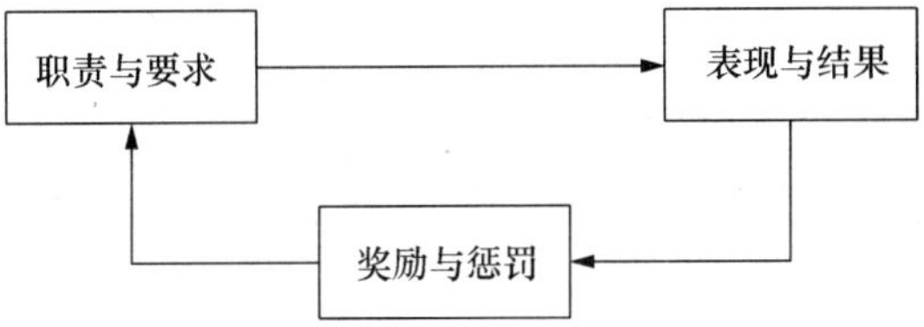

图 5－4　人的封闭

（三）优化原则

优化原则是指组织管理要通过系统分析与组合，使系统各组成要素形成协同整体，以便由各要素所组成的系统整体功能大于各要素单独存在时功能的简单集合。优化原则反映了系统原理的目的和要求，即我们之所以强调系统原理，目的就是为了实现系统的优化，以便更有效地发挥系统整体的功能。

优化原则强调的是系统整体的优化，是以系统的整体性为前提和基础的，基本精神是“多利相衡取其重、多害相衡取其轻”，也即要进行整体的比较与平衡。为此在实际管理活动中，在涉及多种因素或要素的工作中，就不能只是突出某一因素或要素，而是应从系统整体出发来考虑各因素或要素的协调与功能的优化。在这种情况下，可能系统中某一因素或要素不能表现出其单独存在时的最好状态或功能，但这是系统整体优化的必然结果。因此也可以说，整体关系的优化协调有时是以局部理想优化的牺牲为前提的。例如，生产需要量、购买批量与库存数量之间，就往往会发生某种矛盾，需要进行优化平衡。即为减少采购成本而增加购买批量，却可能会增加库存成本；为减少库存成本而减少购买批量，又可能难以满足生产需要。通常的一个解决思路是对这三个因素进行平衡，即购买批量比较大但不能太大、库存数量比较少但不能太少，这样将既能节约成本，又能满足生产需要，整体结果最优。

优化原则要求，管理中不能只是对优化的状态给予大致的或定性的估计，而是应从数量关系上进行细致的分析和估算。例如，某一工作需要多少人力和物质资源，要尽可能从数量上予以测算。为了进行这一工作，人力和物质资源少了不行，那会造成工作能力不足或质量降低；多了则会造成“窝工”或者浪费。只有经过数量关系上的精确测算，才能实现投入与产出的相配。又如上面所说的生产需要量、购买批量与库存数量之间的平衡，也必须要有数量关系反映，才能给予明确把握。正是在这个意义上，管理科学的方法如线性规划、动态规划、投入产出分析等在优化过程中有重要的应用。

最后，由于管理活动的复杂性，系统优化很多时候不是一次就能实现的。往往需要在动态过程中，通过反馈和不断调整逐步予以实现。从而也要求管理者要对计划或方案的制订和实行，进行持续的跟踪检查和调整。

二　动态与权变原理

动态与权变原理可作为两个单独的原理，但它们有相近性和关联性，因此我们将其作为一个综合性原理来对待。动态与权变原理是指：管理中应强调过程的动态性，并根据情况灵活运用各种管理手段与方法。

动态与权变原理以管理中客观事物的复杂性及发展的动态性为基础。首先，客观事物是复杂的，各有各的特点和表现；其次，客观事物是动态发展的，所谓“此一时、彼一时”，就是说的客观事物随着时间发展也会发生变化。客观事物的复杂性和动态性，概括来讲就是“不确定性”。正是这种“不确定性”，推动了动态与权变原理思维特征的形成：一是针对管理的过程，认为管理环境是动荡变化的，因此管理活动也要根据情况随时调整，计划要讲求弹性和留有余地；二是针对管理的理论和方法，认为管理是复杂的，其中没有一定之规，管理理论与方法的运用要和管理对象及环境特点相关联，也即要根据组织所处的内外条件随机应变。

从动态的角度看，客观事物存在的主要形式就是运动。辩证唯物主义哲学认为：运动是绝对的，静止只是相对的。系统科学也认为，实际的系统都不是“静止的”或“死”的系统，而是有生有灭、不断运动发展的“活”系统。只不过在人们的活动中，为了分析研究的需要，有时常常把客观事物静止化、理想化，但这并不符合客观事物的本性。所以，动态观点是要求管理者恢复客观事物的本来面目，从动态系统的角度去观察、分析并解决管理中的有关问题。在管理活动中，动态观点有两个主要的意义：

一是为管理者提供了思维的依据。这方面首先是要对客观事物的整体过程进行把握，并逐一分析其中的各个阶段。因为运动与发展是通过整体过程来表现的，只取过程中的某一区间往往会“淡化”或者“削平”事物的运动与发展性。其次是考虑问题应从事物的动态本性出发，例如关于预测和计划中长期和短期的划分。通常，会计核算中一般是将年度作为划分长期和短期的标准，如一年之内作为短期，一年以上作为长期，但这只是为了财务管理的需要。实际工作中，短期或长期的划分应从事物本身的变化性入手：如果在某一时间内，事物的变化不是很明显，则这一时间可看做短期；如果在这一时间内，事物有明显的变化，则这一时间就应看做长期。由于不同事物的变化性不同，因此不同事物的长期或短期的划分也有区别。例如，市场的变化性较大，因此对市场预测而言，可能半年或数月就应作为长期；有些技术领域则由于技术更新的速度较慢，因此技术预测中五年以内都可能要作为短期来看待，十年以上才能作为长期预测。

二是对管理者的思维方式提出了新的要求。其实，动态观点并不是现代管理中的一个新思想，它早已存在。但在以往条件下，由于科学技术发展速度较慢，有些行业环境也确实较为稳定，因此是不是从动态角度观察分析问题，有时关系不是太大。但随着现代科学技术的进步，技术和产品更新速度日益加快，行业环境也日见动荡化。由此出发，（如我们前面所引用的）豪厄尔斯等认为：如果还像以前那样对制药工业采取过于传统和静态的观点，可能会错过“制药工业主体”上的重要发展，而这些发展正具有不断增长的意义①。Duysters 和 Man 在探讨了企业合作形式的发

---

① Jeremy Howells, Dimitri Gagliardi, Khaleel Malik, The Growth and Management of R&D Outsourcing: Evidence from UK Pharmaceuticals. *R&D Management* 38, 2, 2008.

展后也指出：在以前，促使产业特征化的环境是相对稳定的，这导致了企业发展一种稳定的惯例组合，以应对它们的环境。今天，在技术迅速变化的过程中，这种惯例化的行为看来是不够了……[①]因此也要求组织具有动态变化的观点。

当然，动态观点也不是只要求管理者的思维方式被动地适应环境的变化。我们将其作为一个基本原理，其实也是想表明：管理者应接受客观事物的动态性观点，并据此而努力从事物的动态性中寻找发展机会。这一意义就与下面将要讨论的“创新原则”有关了。

从权变的角度看，组织与环境都各有特点，因此不存在某种适用于任何管理环境与条件的一般管理理论与方法，任何管理理论和方法的运用都要“根据情况而定”。在这方面，动态与权变原理实际上是要求管理者的思维活动采取某种“中间立场”[②]，也即在“存在适用于一切组织和环境的管理理论与方法”与“不存在所谓的一般理论和方法，每个组织都是特定的，每个组织都应单独进行分析”之间，取一种折中的态度。简单来说就是：管理理论和方法具有一般性，组织和环境则是特定的。因此，管理者应根据情况灵活运用相应的理论和方法，以便理论和方法与组织及环境的特点相适应（或达到一致性）。

权变的观点也不是管理领域特有的，社会中其他领域也都有表现。例如科学哲学中，费耶阿本德就表达了某种“权变”的思想[③]。只不过由于管理中问题的复杂性，权变观点的表现更为突出罢了。

动态与权变原理的运用要有一定的依据，就是要在客观事物的本性及客观事物之间相互联系、或者管理的规律基础上来考虑。而不能任凭管理者自己的主观意愿或想法，想怎么变化就怎么变化。特别在权变观点问题

---

① Geert Duysters and Ard - pieter de Man, Transitory Alliances: An Instrument for Surviving Turbulent industries? *R&D Management* 33, 1, 2003.

② 蒋明新主编、段云程副主编：《企业经营战略》，西南财经大学出版社 1996 年版，第 30 页。

③ 参见董孟华主编、瞿宝忠副主编《科学哲学引论》，知识出版社 1989 年版，第 227—228 页。通常是将费耶阿本德的观点定性为“无政府主义”，但在他的观点中，其实也包含了“权变”的思想。他反对把普遍性规范性的科学方法绝对化，认为科学研究是一种复杂的创造性活动，它不可能被一种统一的普遍适用的方法所支配，为此他提出“怎么都行”的观点。

上，要与“实用主义”相区别，不能是只讲“实用”而不顾其他的“不择手段”。

动态与权变原理的基本原则是动态原则、具体情况具体分析原则和反馈原则。

（一）动态原则

管理就是目标和计划的决策、制定及其实施过程（或管理就是决策）。因为管理是有目的的理性的活动，是在明确的目标和计划安排下的有组织的活动。因此，计划是管理的首要职能，也是管理过程的起点。但是由于管理实践与环境的不确定性，目标和计划的实施过程中经常会发生某种变化，这是不可避免的。实际上罗宾斯就指出，尽管计划可以制订出来，组织结构可以调整得非常有效，员工的积极性也可以调动起来，但是这仍然不能保证所有的行动都按计划执行，不能保证管理者追求的目标一定能达到①。因为目标和计划的制订依据是某种“理想”的状态，而理想的状态并不是管理的现实。无论计划制订得多么详细和周密，由于各种各样偶然事件或原因的影响，在计划的实施过程中总是会出现一些与计划制定时不一致的问题，这就需要进行动态的控制和管理。

管理的动态性主要是由于以下原因：一是环境的动荡性，使得计划时所预想的情况随时间而发生了变化；二是计划实施过程中出现的一些不可预见的例外事件或突发事件；三是各个部门或工作的特殊性，而计划难以全部包括或概括；四是计划工作本身的限制或局限性，有些事情确实难以事先考虑或确定，必须要等到活动进行到一定阶段才能逐渐明确②。

为此，管理者也要有动态的观点，这样才能灵活应对：一是要认识到目标和计划实现过程中的动态性；二是目标和计划要留有余地，要有弹性；

---

① 斯蒂芬·罗宾斯：《管理学》第四版，中国人民大学出版社 1997 年版，第 477 页。

② 例如 Helm 和 Kloyer 就谈道：组织间开展合作 R&D，必须要对合作各方的投入、收益及各自应承担的风险进行约定。但是由于创新过程的不确定性，在 R&D 开始前签订合同时，有些问题有时很难事先给予详细具体的规定。因此可以先签订一个较为粗略的合同，等到创新过程进行到一定阶段后，再通过“后续谈判”来予以明确（Roland Helm and Martin Kloyer，Controlling Contractual Exchange Risks in R&D Interfirm Cooperation：An Empirical Study. *Research Policy* 33，2004）。

三是目标和计划的执行过程中要有应变措施，以便根据情况对目标和计划随时进行调整。这其中，动态原则的一个基本要求是计划要留有余地，也就是要有“弹性”，以便计划在实施过程中能够包容一些例外的变化；同时要制定相应的应变措施，以便根据不同的情况作出适当的调整，而这种例外或调整并不影响整个目标和计划的实现。

除此之外，现在的观点还特别强调了“目标实现过程中的动态性”，为此也区别了“经营控制”和“战略控制”。经营控制是指在一定目标下如何把事情做得更好；战略控制则是指做正确的事。在经营控制情况下，组织根据内外部环境确定活动的目标，而后不断调整组织的行为，以使运作结果与目标一致。如果结果与目标不一致，改变的只是管理的策略与行为，目标通常不会发生变化。在战略控制情况下，如果结果与目标不一致，除了要检验和更改组织策略及行为外，有时还要检验甚至更改指导管理策略和行为的目标和假设。这样一种思想或区别，在组织学习的“单环学习”和“双环学习”概念中也有明确的表达。

（二）具体情况具体分析的原则

具体情况具体分析是辩证唯物主义哲学的一个基本观点，同时也是管理活动中的一个重要原则。它认为，管理手段和方法具有多样性，具体应该采用什么样的管理手段和方法，要依情况而定。一般来讲，一种管理方法或手段是不是能发挥最好的效果，至少应从两方面予以考虑：

首先，方法应当符合管理者的需要。方法作为管理者的一种主观手段，是管理者主观意愿的表现。有的时候，对某一对象可以采取多种方法，很难说哪一种方法是唯一科学的或者说哪种方法更科学，关键要看是否符合管理者的需要。实际上，管理者也往往是根据自己的需要来选择有关方法的。

其次，方法应当与管理对象的特点相适应。方法是管理者作用管理对象的主观手段，这一手段是否能达成预期目的，还要考虑管理对象的特点。某一方法适应管理对象的特点，通常就有可能取得预期的结果；反之，则难以取得好的效果。所以我们也可以说，方法的有效性与方法是否适应管理对象的特点有密切的关联。

因此，具体情况具体分析的原则强调，不存在某种适用所有情况的最好的管理手段和方法，管理手段和方法的采用应依据内外条件的具体情况而定。很可能同一件事，在某种条件下应采用某种方法，而在另外的条件下又要采用其他的方法。例如，按照领导生命周期理论，在安排工作时，对不成熟的员工采用命令型方式最有效；而对成熟员工则应采用参与型方式。或者同一种管理方法在某种情况下有效，而在另外情况下则无效。例如，直线制组织形式适合于需要较大权威和快速执行命令的场合；而矩阵制组织形式则适合于需要综合组织内多种资源且灵活应变的场合。它们都有自己的优点，但也都不能满足组织中所有的组织形式需要[①]。因此，唐伟认为，管理方法并不像一个菜谱一样，只要你按照它的配方和程序去投料加工，就能炒出味道不错的菜来。管理者常常面对的是十分困难而复杂的情况，没有什么方法能够提供现成的、具体而又明确的行动方式[②]。列宁也指出：如果要拟定一张包治百病的药方，或者一个适用于一切情况的共同准则……那是很荒谬的[③]。因此，一切都要依据具体情况而定。

具体情况具体分析原则的一个重要应用领域是对人的领导和管理，其基本观点是“情景论”或“权变论”。由于不同的人有不同的思想和问题，因此人的管理要依情况而定，尤其是要强调“情景”。情景是指人们对客观环境认识后产生的某种客观环境因素和主观认识因素兼有的“环境”，它是影响人们行为的重要因素。换言之，人们的行为并不是受绝对客观的环境的影响，完全客观的环境对人们的行为没有影响，很可能人们都不知道某种客观环境的存在，自然也谈不上对人们的行为产生影响了。人们首先要认识某种客观环境，这一客观环境才有可能影响人们的行为。但人们认识这一客观环境时，就会在其认识中加上一定的主观因素（即成为人们所认识的“环境”），从而也使这一客观环境成为“情景”。员工和管理者都有自己的“情景”，领导或管理的效果与这些情景有很大

---

① 在这方面，职能组织与项目组织之间的关系也是如此。职能组织和项目组织都各有自己的优点和局限，因此应根据情况具体采用。如现实中有的组织强调专长的积累，就较为重视职能组织的作用；而有的组织希望综合组织内多种资源以快速应对市场需要，因此也更侧重项目组织的利用。因此，职能组织与项目组织都有存在及发展的必要。曾有观点认为，现在项目组织发展很快，有取代职能组织的趋势，这种说法就值得商榷。

② 唐伟：《管理方法论》，中国广播电视出版社 1991 年版，第 44 页。

③ 《列宁全集》，第 31 卷，第 50 页。

关系[①]。因此，领导和管理应该从情景出发，采用什么样的管理手段、方法或方式，以及如何采用这些手段、方法或方式，都要依各有关人员的情景而定。尤其是管理者不能以为自己已经理解了的事，所有员工也已经理解了；或者认为自己是这样想的，所有员工也一定会这样想。

（三）反馈原则

反馈是系统科学尤其是控制论中的一个重要概念，也是动态与权变原理中的一个重要原则。反馈概念的本意是指系统的输出反过来作用于输入，从而影响再输出。哲学上的说法就是因果关系中结果对原因的反作用。管理过程中，反馈原则是指将上一次活动的结果知识用做下一次活动的指导或依据。或者说是：根据过去的情况来控制未来的行为。

由于系统科学及心理学等学科在管理活动中的应用，反馈原则在管理活动中也具有普遍性。例如，我们在前面谈到系统原理的“整分合原则”、“封闭原则”及“优化原则”时，其实都涉及反馈问题。心理学中，结果知识的反馈对人的工作效率有重要影响，也是一条早已发现的规律，并且也在行为科学中有明确的应用（如强化理论）。

反馈是系统（包括自然系统、生物系统和社会系统）中的基本过程，周硕愚认为，反馈是系统实现控制的基本途径，是生物系统、机器系统、社会系统和思维系统共同的特性，它在控制论中占有极为重要的地位[②]。管理中同样也要强调反馈的作用，这是由于管理活动的复杂性，管理中必须要利用多种知识和信息来对管理活动进行控制和调整，这其中就特别包括了结果的知识和信息。例如，根据计划执行的情况对计划进行调整或修改；或者根据管理措施与方法应用的情况，做出适当的变化或者采用其他措施及方法，具体形式如成本报告、质量控制报告以及员工绩效评价等。总的来看，反馈原则在管理中有三个意义：一是强调要根据先前管理活动

① 例如，管理者以严肃的态度制定了某项规则，他期望员工也会严肃地对待并执行这一规则。然而，员工有自己的看法，尤其是组织以前也制定了不少规则，但后来大都不了了之，因此员工对现在的这一规则还是一样的不会给予重视。或者，管理者从自身认识出发，认为某问题特别重要，因此三令五申。但员工却不以为然，认为比这重要的问题还多得是。他们不理解：为什么领导们总是说些不重要的事。这样的事情如果发生多了，管理者在员工心目中的地位及其领导的有效性就会打折扣。

② 周硕愚编著：《系统科学导引》，地震出版社 1988 年版，第 62 页。

的结果来对以后工作进行控制和调整，其中体现的其实就是“实践标准”的意义。二是强调管理过程的动态性，管理需要通过反馈在动态中实现有关的目标。三是强调管理也是通过反馈进行学习和提高的过程，例如，周硕愚就认为，反馈环实际上也是一种消除误差的认识模式或学习模式①。

反馈原则在管理活动中有基本的意义。例如，管理中通常是将控制分作三种类型：事前控制、事中控制和事后控制。事后控制即反馈控制，然而事前控制和事中控制也带有反馈的含义或痕迹。其中，事中控制其实就是在现场的反馈控制，是根据现场工作的情况及时进行控制。事前控制（或前馈控制）是预先控制，带有事先预防的意思，例如计划控制。事中控制和事后控制需要收集分析管理活动的相关信息和资料，然后决定采用何种对策或措施，因此其控制总是带有某种“滞后性”，而事前控制就有明显地预防这种“滞后性”的作用。然而，由于管理活动的复杂性，事前控制也不能完全避免有关问题的产生，管理中仍需要事中控制和事后控制；尤其是事前控制也需要利用事物发展的规律性或者先前组织管理活动的有关情况。例如在确定目标和计划时，就要考虑以往组织活动的历史资料和信息，否则目标和计划就会缺乏根据。所以实际上，事前控制中也包含了某种反馈的机理。正是为此，孔茨和韦里克认为，从某种意义上说，前馈系统实际上是一种反馈系统②。

反馈原则的应用也有一定的要求，就是量化的结果知识效果要优于定性的结果知识，而精确的量化知识又优于不那么精确的量化知识。因此，反馈中要尽量利用精确的量化结果知识。我们在前面曾指出，优化原则强调数量关系的分析与明确。优化过程中存在反馈，相应的，反馈的效果也与结果知识的量化性质密切相关。反馈中利用的量化结果知识有两种情况：一种是相对值，如工作实际结果与计划目标之间差距的百分比数值（例如实际结果为目标值的80%）；另一种是绝对值，就是既包括了百分比，也包括了差距的确切数量（例如目标值为100，实际结果为80，实际值为目标值的80%）。陈立指出，反馈中利用绝对数值的效果，要比只利

---

① 周硕愚编著：《系统科学导引》，地震出版社1988年版，第75页。

② 哈罗德·孔茨、海因茨·韦里克：《管理学》第十版，经济科学出版社1998年版，第385页。

用相对数值的效果要好[①]。

三　人本原理

人本原理强调人是管理的核心和动力，其含义是指：现代管理的核心和动力是人以及人的创造性，因此一切管理均应以调动人的能力和积极性、做好人的工作为根本。

人本原理是管理思维方式中的核心观念，具有特别重要的意义。尤其是在知识经济条件下，人的知识与创造力成为关键资源，因此人的问题也更为突出。例如，针对现在一些组织的知识管理只是对可整理的“知识资产”进行管理的现象，布朗宁指出，今天我们强调知识及其管理的作用，主要目的是要使管理者的注意力集中在当今经济中竞争优势的主要来源，即人们头脑中的思想之上，而不是要把知识作为某种特定的“资产”来单独对待。知识只存在于人的头脑中，试图把知识转变成公司能够占有和控制的形式（如卷宗、文件和档案），将使它丧失生命力和影响力。所谓的“知识管理系统”如果忽略人的因素，则顶多是通过文件交发系统来创造管理工作[②]。施瑜玮根据有关实践也认为，知识管理首先应以人为本，信息技术等科技因素是其后再考虑的事[③]。Diaz - Diaz 等则从不同角度表达了类似的观点：包含了知识概念在内的技术有两个原则，一是个人技能和能力的获得与运用的原则；二是对组织及组织中个人协作工作进行调控的原则[④]。

人本原理是管理实践中提出的要求，同时也是心理学、社会学和人类文化学等理论和观点在管理领域中应用的结果。人本原理突出了人在管理

---

① 陈立：《工业心理学简述》，浙江人民出版社 1983 年版，第 13 页。当然，有时管理活动中，考虑到绝对值可能产生的不利影响（如导致产生骄傲或者自卑心理）而只利用相对值，那就另当别论了。

② 《创建“知识公司”的困惑与挑战》，《参考消息》1999 年 10 月 18 日。

③ 施瑜玮：《知识管理：不以技术论成败》，《经济日报》2003 年 1 月 22 日。

④ Nieves Lidia Diaz - Diaz, Inmaculada Aguiar - Diaz and Petra De Saà - Pérez, Technological Knowledge Assets in Industrial Firms. *R&D Management* 36, 2, 2006.

中的地位和作用，其基本思想：一是认为工作是由人来做的，人的积极性和创造性是工作绩效的关键。二是人的管理应以人的本性为基础，人既是生物学的人，也是社会学的人，有情感、有思想。只有从人的本性出发，才能真正做好的人的工作。三是人的管理应以提高人的积极性和发挥人的能力为宗旨，人是组织的重要资源，但人有特殊性，应从人的特点出发进行激励。四是组织生存与发展与组织中人的发展相关联，因此要重视组织中人的发展问题。简言之，人本原理将人看做与组织同在的独立个体，尊重个人的心理特征、价值观念和发展目标，表现在管理中就是尊重人、关心人和提高人。

按照人本原理，管理中就要强调“人本管理”，即以人为本的管理，以便充分激励人的积极性、发挥人的创造力。人本原理也为人本管理的思维方式提供了相应的规范：

首先，人的管理要努力发挥人的价值。泰罗的科学管理认为人是“经济人”，其背后所隐含的价值观念是：人是一种工具，是一种可以利用经济刺激的方法来加以应用的工具。因此管理中可以不考虑人的因素，等到管理者发现了好的工作方法，通过经济刺激就可以叫工人用这种好的方法工作。行为科学的一个重要发展是提出了“人是资源”的思想，从而也突出了人的本来价值①。这样一方面把人放在了组织活动的中心地位；另一方面也表明了，管理中做好人的工作，就是为了更好地发挥人的价值。

其次，管理方式要以人的本性为前提。迄今为止，关于人的本性的认识经过了多个发展阶段，例如可以概括成四个阶段：经济人—社会人—自

① 不过严格说来，人力资源这一概念也不能完全表达对人的本性和价值的完全概括。说“人力资源”时总在一定程度上与物质资源相联系，尽管可以在前面加一些“修饰语”，如人是特殊的“资源”，人有创造性、人的价值与物的价值不同等。其实，人就是“人”。当然人有复杂性，因此我们可以在不同的场合，出于不同的目的而突出人的某一特征，如人是资源，或经济人、社会人、自我实现的人等。但“人就是人”这一对人的本性和价值的本来概括是不能忘却的，而且这也似乎是管理中对人的认识发展的一个必然趋势。例如，科维（Covey）曾就管理中如何对待人的问题，而将管理的发展分成四个阶段：第一阶段是科学的管理阶段，员工主要被看成是一个经济存在。第二阶段是人际关系阶段，认为人是有“心灵”有感情的。第三阶段提出了人力资源原则。第四阶段是完整人格阶段（参见法兰克·K. 索能伯格《凭良心管理》，中国经济出版社 1997 年版，第 18 页）。

我实现的人—复杂人。人的管理不能离开对人的本性的认识和了解，尤其是人的本性是管理中选择管理方式的前提。因此，应重视研究人本身，按照人的行为本性进行管理，以便最大限度地激发人的积极性和潜在能力。

人性认识不同，其管理方式也不同。例如，“X 理论”表达了经济人的观点，认为应采用严厉的措施来对人进行管理；“Y 理论”表达了自我实现人的本性，认为人的管理应以促进其本来能力的发挥为主旨；“超 Y 理论”则是复杂人的观点，认为人既不是单纯的经济人，也不是完全的社会人，更不是纯粹的自我实现的人，而是因时、因地、因环境而变化的“复杂人”。人们怀着各种各样的目标和需要加入工作组织，不同的人对管理方式的要求有不同，因此管理也应因时、因地、因人而异。就管理模式来看，则有刚性管理和柔性管理的区别，组织管理要根据情况进行选择。其他还有如领导的“权变论”或“情景论”，也强调对人的领导和管理要“因人而异”、“因地制宜”、“因时而变”。

最后，人的发展在管理中具有重要地位。虽然不同的人想法和目的各有不同，但就共同愿望和需要而言，人们都希望不断提高和发展自己，以求实现完美人生。人本原理“以人为本”，自然也将人的发展作为自己的重要议题，并认为人的发展与组织发展相互联系和依赖：组织发展为人的发展提供了条件和机会；人的发展则为组织发展奠定了基础。为此，组织管理中要注重人的发展，并努力提供条件促进人的发展。

由于人是管理的核心，人本原理也是管理中的核心原理，其应用涉及管理的多个领域，如组织文化、管理制度、管理模式（如刚性管理和柔性管理）、知识管理、组织学习、管理激励、指挥与领导等。具体实行中则有三个主要的原则：

（一）能级原则

能级原则中的“能”是指人的能力与知识水平及爱好、素质等特征，“级”是指工作的职责与要求。能级原则的含义就是：管理中工作的分配，要将人的能力和知识水平与工作的职责和要求相结合，使人的水平与特征与工作的要求相匹配。只有做到“能”与“级”（即人与工作）相适应、相协调，才能有利于促进人的能力发挥及工作的开展和任务的完成。

人的能力和知识水平与工作及活动相联系，从事任何工作及活动都需要具备相应的能力与知识。缺乏所必需的能力与知识，工作中就难以取得好的绩效。能力与知识也都是针对一定活动而言的，如人际关系能力、学习能力、言语表达能力，或者经济学知识、数学知识及各种专业知识等。尤其能力的划分通常是以活动为依据，如一般能力和特殊能力：一般能力指日常生活中所需要的普通能力；特殊能力指为完成某种特殊的活动（如某种专业性活动）所需要的能力。能力还可分为基本能力和综合能力：基本能力是指某种单因素能力，这种能力和个人的生理、心理特征有关，如感知、记忆、思维能力；综合能力则和活动有关，就是为了完成某个特定的活动，需要将一些基本能力结合成综合能力，如管理能力、科学研究能力等。

能力不是与生俱来的，而是在后天形成的。在这方面，知识的学习是一个基本的前提。总的来看，人们为了掌握一定的知识技能，需要具备一定的能力，如学习数学，至少需要一定的记忆和抽象思维的能力；反之，现代社会中人们的能力，也是在学习和掌握一定的知识技能基础上才得以发展的，如数学能力的发展就需要掌握相应的数学知识和方法，管理能力的发展则需要掌握相应的管理知识和方法。能力发展受素质、环境、教育及实践活动的影响，由于每个人在这些方面都有不同，因此每个人的能力都有差异。也正是为此，工作中应根据个人的能力与知识水平分配相应的工作，这样才能“人尽其才”、“各得其所”。

为了做好工作并取得好的工作绩效，仅有工作能力与专业知识还不够。因为人的能力发挥还与其他因素相关联，就个人特征而言，如兴趣、爱好、气质、动机等。因此，组织管理要强调人员的合理安排：首先要坚持能力阈限原则，即工作对能力与知识水平的最低要求；其次要强调合理原则，根据个人的兴趣和特长，合理地安排他们的工作；最后是互补原则，即要考虑不同个人的能力与知识的互相补充、互相促进。由于各个个人的能力与知识各不相同，这种能力与知识上的差异有时可以取长补短，通过某种组合而产生更好的效果。特别在一个工作（或项目）团队中，为保证工作顺利进行，往往需要各种不同的能力和知识。如果人员安排得当，使各种人才相互搭配，就能起到能力互补、促进工作的目的。

为了实现合理安排，就要全面地考察个人的素质和特征，以便根据不同工作的需要配置相应的人员。例如，管理岗位要求全局观点和组织能力，有解决问题的愿望和意识；计划和财务人员要求具有分析和数据处理能力，并且工作细致；项目团队要求人际关系能力和团队精神；推销人员则要有感同力和自我驱向，感同力即善于从顾客角度考虑问题，自我驱向即想达成销售的强烈的个人意欲。在这方面，有组织就直截了当地说：在招聘与顾客打交道的一线人员时，必须雇用顾客喜欢的人。某航空公司总裁从航空业的服务性特点出发也说道：在招聘新人时，我们最关心的是幽默感和同情心，其次是满足自我并在团体的环境中很好地工作。

应该指出，能级原则不能理解成“唯个人能力是用”。首先，从组织能力及核心竞争力的观点来看，组织是一个整体，组织能力的发展也应从组织整体出发来考虑，而不能将能力尤其是核心能力过多地寄托于某个“能人”①。其次，也是更重要的，能级原则不仅仅是指人的能力与知识水平，也强调人的品德、性格等内在素质。管理者是负责组织管理的人，具有相应的职责和权力，因此除了能力要求外，品性要求也不可或缺。实践中，好的品性也是做好工作的一个必要条件，很多时候还是一个重要决定因素，因此我们应该特别强调“德才兼备”。换言之，既要强调管理者的工作能力和水平，同时又不能降低管理者的品德标准。

（二）激励原则

人的管理的一个重要任务是激励并发挥人的积极性和创造性，或者说动机激励。对人的激励是重要的，因为按照行为科学的观点，动机可以支配人的行为。人的工作绩效既和其能力水平有关，也和动机激励的程度有关，而动机激励的程度有时还能发挥更大的作用。有统计资料表明，一个人在工作中没有受到激励，仅能发挥自身能力的20%—30%，如果受到

---

① 曾有观点认为，组织领导是企业的核心竞争力。不过，尽管组织领导对企业的生存和发展有重要的作用（有时甚至还可能有关键作用），我们还是倾向于认为组织应着重发展整体的能力，而不能将核心竞争力过多地寄托于某个领导者身上。芮明杰和袁安照就指出，顾客、高级管理人才、政策、股东和客户等是“共同资源”，是所有企业都可以争夺的。它们今天是企业的资源，若干天后是否还是企业的资源就变得不确定了（芮明杰、袁安照：《管理重组》，浙江人民出版社2000年版，第91页）。换句话说，如果将组织领导作为企业的核心竞争力，一旦该领导离开企业，企业的核心竞争力就会受到削弱甚至丧失。

充分而正确的激励，其自身能力可发挥到80%—90%[①]。特别是一个能力差的人有时工作成绩可能比能力强的人更好，一个重要原因就是动机的激励程度不一样。工作成绩与能力及动机激励的关系可做如下表示：

工作成绩=能力×动机激励

正是基于这样的关系，行为科学认为管理工作最主要的任务就是协调组织目标和个人目标，激发人的内心动力，促使组织成员积极主动地发挥自己的力量。因此，为做好工作，提高工作的绩效，仅靠能力还不够，还要有较高的动机激励水平（即积极性），这也是激励原则的本来含义。

激励是组织行为学的中心问题，它贯穿于个体心理与行为研究、群体心理与行为研究、领导心理与行为研究和整个组织心理与行为研究的全过程之中，从而也使得激励原则具有普遍性。为了有效地实现既定的目标，不仅个体需要激励，群体、领导者和组织都需要激励。既需要自我激励，更需要来自他人、群体、领导和组织方面的激励。

激励原则有行为科学中的多种理论作基础，其中主要包括：需要型激励理论（或称内容型激励理论），过程型激励理论，状态型激励理论。这些理论为激励原则的应用提供了基本的思路和要求，其中主要的是要考虑激励对象的特点，同时要采用适当的激励方法。

就激励对象的特点而言，需要理论认为，人的需要是不同的，如心理或精神性需要和物质性需要，而精神性需要和物质性需要中又可分为多种类型。人的需要多种多样，但在某个特定时间，还要区分人的优势需要和已满足的需要。优势需要是当时人的所有需要中最重要、最强烈的需要，因此也是决定当时人的行为的主要动力来源。已满足的需要虽然也是人的需要，但已经得到满足，因此对人的当时行为就不再产生影响，即使有影响也不会很明显。由于人的需要多种多样，对人的激励首先就要明确人们需要的是什么，以便有针对性地采取一定措施和内容，更好地满足人们相应的需要[②]。

① 白广仁：《浅谈社会心理学方法在管理中的作用》，《经济纵横》1986年第1期。

② 例如，《红楼梦》中林黛玉因花开花落而伤感不已，最后难以忍受而挖坑葬花。但对一个为了衣食而终日辛苦劳作的人来说，这种事情怕是很难发生。尽管林黛玉“葬花”只是小说中的情节，但现实中这样的比较及结果是可以想到的。总而言之，激励要因人而异。

人们在社会和组织中从事不同的活动，其职责和专业化特点对人的需要也有很大影响，如高层管理人员和基层业务人员或者科技人员和生产人员通常在需要的认识和满足上就会有所不同。由此，在进行激励时也要考虑职责和专业的特点，要因人而异。

认识人的需要是一个方面，而激励的后果是否是人们所需要的又是另一个方面，也即要考虑激励措施和内容对人们的“效用”。对此，期望理论称其为“效价”，即人们对某一激励后果的重视程度或评价高低，或者说人们在主观上认为该激励后果能够满足自己需要的程度。这样，人的激励水平高低（或动机水平）就成为人的需要（期望值）与效价共同作用的结果：

$$动机水平=期望值\times效价$$

就是只有当人们的期望值高，同时他们认为所期望的目标能够最大限度地满足他们的需要时，其积极性和创造性水平也才会最高。

在激励的方法和手段上，通常是分为物质性手段和精神性手段两类，这两种手段应该结合起来运用。从需要理论的观点来看，物质性手段主要满足的是人们的较低层次的需要，其作用一般只有短期性和外在性，作用的持续性也不明显；精神性手段则能满足人们较高层次的需要，有助于激发人们的内在心理动机，作用的时间持续性也较长。因此，一般来讲，管理激励中更应重视发挥精神性手段的作用①。在这方面，“双因素理论”也有说明。在“双因素理论”中，组织中影响人的积极性的因素分为“保健因素”和“激励因素”两类。保健因素主要与工作环境或外部因素有关，如工资、奖金、工作的物理条件等；激励因素主要与工作本身的特点和内容有关，如成就、赏识、发展等。按照该理论，改善保健因素不能直接对人产生激励，即使有作用也是短期、有限的；改进激励因素则能使人从中体验到成就感、责任感，满足人们自我实现的需要，作用更大也更长久。

当然，不论采用哪种激励手段或方式，或者是以物质性手段为主还是

① 国内有研究认为，金钱能让人产生快感、认同感，忘却疼痛。也有人通过调查发现，有些行业中员工的满意度与收入多少成正比。这些研究与调查可能确实说明了一些问题，但物质性因素的激励作用总是有较大的局限性。

以精神性手段为主，都应从激励对象（即人）和周围环境（或情景）的特点而定，这也可以看做激励原则的一个应用准则。例如，有组织实践表明，虽然科技人员也需要物质激励，但他们对精神性激励往往有强烈要求。如高层管理人员与科技人员共进午餐，其间向他们展示他们最新专利的复制件；在组织刊物上宣传他们的具体成就；领导来访时，将他们介绍给领导，并请他们向领导介绍他们的研究工作等，都能对科技人员的激励产生很好效果。

（三）人的发展原则

人们都希望自己能够有所提高和发展，而人们参加某一组织，也是希望该组织能为自己提供某种发展机会或条件。在这方面，曾经有观点认为，管理的责任不在于改造人，而是利用人。这一观点就忽略了人的发展问题，已经跟不上现代管理发展的要求。现在的观点应该是：管理的责任不仅在于用人，也在于发展人。由此也提出了人的发展原则：组织为了吸引人才、留住人才并发挥人才的作用，就应将人的发展作为管理的一个重要任务[①]。

人的发展原则在现代组织管理活动中具有重要意义，其直接的原因是人对自身发展的追求，而其深刻的根源仍在于社会的发展。随着社会不断从传统向现代的发展，社会中人们之间的相互关系也发生了很大变化，其中的一个主要表现就是：从基于家庭和村落的"首属关系"逐渐转向以任务为方向的"次属关系"。传统社会中重视人的总体的特征，即在社会地位上的作用。同时，倾向于同属于自己团体的人交往而排斥其他团体的人，情感起了重要作用。现代社会中人与人之间的关系模式则有所不同，强调的是对人们工作的客观评价，重视的是人们的工作能力。在传统社会模式中，人们牢牢地维系在某一社区或组织内部，社区或组织所执行的规则也一成不变，人与人之间也有亲密感。现代模式中人与人之间的亲切感减少，关系也不那么密切了，但社会更为开放和灵活，并以成就和成果为

---

① 人本原理及人的发展原则无论是对高层管理人员、专业人员，还是一般员工，其意义都是一样的。然而现在有所谓"精英管理"的说法，实践中也确实有组织只强调"精英"的能力，而忽视一般员工的作用。对此，王育琨根据有关组织的实践认为，员工也有创造力，只要给他们提供足够的工具和培训，他们同样是变革家。组织管理者要想方设法对员工的要求负责，要"造人"（王育琨：《通用汽车需要深刻调整》，《经理人》2009 年第 1 期）。

取向。人们之间的关系趋向于次属关系，工作和成就成为人的评价的重要标准，从而也促使了人们更重视自身的发展。由此，人们的观念也发生了很大变化。相比于以往一个人可能终身只为一个组织而工作，现在的人们则往往会为了追求更大的发展机会或者更好的条件，而经常在多个组织或者工作间流动。换句话说，现在的人们对某一特定组织的“依恋度”降低了，从而也对组织中人的管理，以及发现和吸引优秀人才提出了更多的要求[①]。

有组织就认为，一个人是否愿意并长久地在某一组织中工作，主要取决于三个因素：一是从事的工作是否符合他的要求；二是所获得的经济利益是否满足其期望；三是是否存在某种长远发展的机会[②]。换言之，一个组织要想吸引优秀人才，就不能只限于给他们以工作，并给他们发工资，同时还应重视他们的发展，为他们的成长及未来前途提供条件与机会。

现代组织必须要改变这样的思维方式：只把人作为“可利用的资源”，不为所有，只为所用；社会培养人才，组织使用人才；不行就解聘，不够就招聘；只强调人的利用，而对人的发展却不重视[③]。当然，重

---

① 徐文莉写道：寻找优秀人才已成为企业的一个重要问题，然而，随着改革的不断深入和技术的不断创新，企业用人制度和员工就业制度都受到了很大冲击。劳动合同制的普遍推行、社会保障由企业负责向社会化管理的转变、人事代理制的推行、住房货币化分配的开始等体制上的变动，都使“不求为我所有，但求为我所用”的“用人不养人”做法日趋流行。自身身份的获得、个性主张的张扬和网络技术的日趋普及，也使得越来越多的就业者不再追求“一生一世爱一人”式的“终身雇用身份”。非全日制工作、借用工作、有期限工作、远程工作和酬金合同工作等“非典型”的工作形式在西方国家已到处蔓延，在我国沿海发达地区和大中城市中也正日趋流行。在信息时代，收入不再与投入的工作时间成正比，而是取决于灵活、独创性和识别新的问题及创造性地解决新问题的速度。传统的升迁途径、正式的培训文凭、标准化的职业概念和规定的工作岗位说明将逐渐失去意义。在这种情况下，大多数员工发现，他们的职业和世界变得越来越脆弱。因此，他们不再对企业忠心耿耿。企业对员工的凝聚力和号召力仅限于那“过期即作废”的一纸短期雇用合同，而这又恰恰成为困扰企业发展的致命“心病”：没有员工的忠诚和奉献，企业不过是一个空壳、一盘散沙（徐文莉：《点评当今中国企业管理的八大误区》，《决策探索》2004 年第 12 期）。

② 陈颐：《看索尼如何经营人才库》，《经济日报》2005 年 8 月 31 日。

③ 现实中确实有企业持有这样的思维方式，如有企业说：我们获得适岗人员有两条途径，一是外部招聘；二是内部培养。我们企业最主要的人员补充方式还是外部招聘。就现阶段而言，培养人才不是我们企业的重点，企业培训需要时间、资金的投入，代价大，成本高，也需要相关专业支持才能顺利开展培训工作。

视人的发展需要有一定的条件和能力作为支持，但管理者的认识还是首要的。我们强调人是管理的核心，是要表明组织不是某种抽象的存在，而是由人所组成的；组织的生存和发展与其员工的知识、能力及有关素质密切相关。而且，由于各个组织的业务与能力各不相同，其核心竞争力也互有区别，所需要的人才（包括知识与能力）也会有所不同，单纯从外部招聘人才可能难以满足需要。最后，组织的工作都是由人来完成的，如产品开发、生产和销售，品牌经营等，有观点就特别强调，品牌的建设源于人的力量[①]。因此，组织应根据自己的需要来聘用人，同时要根据组织自身的目的、任务和要求来培训、发展人。这样才能更好地利用其员工的知识、能力等来发展组织的核心能力，为组织的生存和发展打下坚实的基础。

组织应采取多种方式来促进人的发展，如开展组织学习与培训，增强员工的知识和技能基础，促进他们的知识学习和能力的提高；既强调技术专长的发展也重视综合能力的培养，拓展员工的工作能力范围及适应性；进行内部轮岗制度，让员工在不同部门、地区以及不同国家进行各种不同类型的锻炼，在不同领域增长新的知识和实践才干，形成更加宽阔的业务和知识视野；介绍组织历史与文化，发展员工的团队精神与沟通能力；为员工制订“个人发展计划”，提供明确的发展途径和目标，使他们能清楚地看到自己在组织的成长前景；为组织中成员的长远发展创造机会与渠道，以便成员能够切实把握自己的未来，如提供更多的内部提拔机会，或者在传统的直线提升渠道（如部门经理）之外又发展项目经理作为提升阶梯，等等。

四　效益原理

效益是效率的结果，管理活动中效率如何，最后要通过效益来体现。因此，管理过程追求效率，其最终的表现或衡量就是效益。

效益通过组织投入与产出的比较来反映。其中，“投入”是指组织在

---

① 朱卫卫：《品牌经营，不能放过任何细节》，《经济日报》2005年9月9日。

从事有关活动中所消耗和占用的人、财、物、知识等各种资源；“产出”是指组织在其活动中所产生的各种效用和收益。例如，经济效益就要通过组织活动的有效成果与取得这一成果的各种消耗之间的比例关系来表现，就是：

$$经济效益 = \frac{产出}{投入}$$

经济效益的数量则可表示为：

经济效益 = 产品效用 + 经济收益（净收益）

效益原理主要针对的是管理的产出或结果，强调的是管理活动应以最小的耗费取得最大的效用和收益。所以，效益原理也可看做管理目的的一种概括或表现。这里应指出，效率并不直接等同于效益，效益是效率的最终实现。与此相关联的是，竞争优势也不会自动地成为效益，其间也有一个“转化”问题。优势为组织获得更大的效益提供了机会、条件或途径，但要真正形成效益，还需要组织采取相应的努力[①]。市场实践中，一些企业甚至在优势的情况下却出现了“效益”乃至生存困境，就是这种“需要”的一个表现。因此，效益原理实际上也强调了组织不能只停留在对优势的获取上。组织在提高效率、争取优势的同时，要力求将效率或优势转化为效益。

从效益原理出发，组织就要树立投入产出的意识和观念，以求尽可能充分地利用资源、以最少的资源投入获得最大的活动产出。由此可见，效益原理包含了“效益最大化”的思想，并且也推动了“极大化”管理的发展。就是努力提高效率，使成本最小化、利润最大化。

不过，与以往认为组织的唯一目的就是追求“利润最大化”不同，现代管理思想中的效益原理并不是以组织自身的经济效益为唯一导向。现代效益原理是效率和责任的协调与统一，其中包含了两个要点：一是组织只有获取必要的效益，才能履行自己应尽的责任。简言之，效益是组织承担社会责任的表现和前提。组织提高了效益，才能既满足自身生存和发展

① 这就像下围棋，某一方占有优势，却不一定就是“胜势”。占有优势的一方要真正取得胜利，还需要做出很大的努力。因此围棋实践中，经常能够看到占有优势的一方，后来由于没有利用好已有的优势，最终还是输棋了。

的需要，同时也能为社会作出相应的贡献。二是效益的获取过程也是组织责任履行的过程。效益原理中的“效益”既包括组织自身的效益，也包括社会效益（或用户效用和社会价值）。效益原理强调，组织应努力实现经济、社会和环境效益的统一，并在此前提下获得自身的效益或价值。为此，管理中强调效益原理，就要从这两方面进行全面综合地认识。

效益有多种分类，如组织经济效益和社会效益、组织微观效益和社会宏观效益、组织内部效益和外部效益、组织直接效益和间接效益等。在这些分类中，经济效益仍具有基础的作用。对组织而言，只有经济效益提高了，组织才有力量去发展和实现社会效益；而且，也只有提高了经济效益，组织的生存与发展才有持续性，也才谈得上组织的功能与责任问题。从这个意义上来看，不断提高组织自身的盈利能力，是组织对社会的义不容辞的责任。但是经济效益与社会效益也相关联，简单来讲就是，没有社会效益，组织的经济效益也难以实现。经济学认为，无论从使用价值形态，还是从价值形态考察，只有产出大于投入才有经济效益；而且只有生产的产品或服务符合社会需要，组织活动才有效益可言。因此提高经济效益，就是要以尽可能少的各类资源的消耗与占用，创造出适合社会需要的产品或服务，获得更多的社会效益。换句话说，组织要经常将活动的有效成果与消耗的资源和资源的利用程度等做比较，并经常注意将组织活动的成果与社会需要做比较，以便尽可能地使活动的产出符合社会的利益和要求。

为此，组织活动强调效益要处理好三个关系：一是使用价值和价值的统一；二是组织效益和社会效益的统一；三是当前效益和长远效益的统一。在这过程中，效益原理有两个主要原则，一是价值原则；二是社会、经济与环境效益相统一的原则。

（一）价值原则

价值原则的含义，是指组织应通过自己的活动为市场提供产品或服务，并尽可能努力创造最大的价值。

关于价值，其一般含义（如我们前面第四章中所说）是指客观事物对人的需要而言的某种有用性。具体到不同领域又有不同的说法，如经济学中的价值是指商品中凝结的人类一般劳动，其大小由社会必要劳动时间来决定，通常可以用市场价格来表示。营销管理中则提出了所谓“顾客让渡价值”，即顾客总价值与总成本的差值。其中，顾客总价值指顾客因购买商品而获得的利益，包括：产品（使用）价值、人员价值、服务价值、企业形象。顾客总成本指顾客在购买商品过程中所做出的花费，包括：产品价格、时间成本、精力成本、体力成本。核心竞争力概念中也有价值的含义，指的是核心能力能超比例地提供顾客能觉察出的价值。

概括来讲，价值原则中所说的价值，也是指客观事物对人的需要而言的某种有用性。具体内涵则可看做经济学意义上的价值及营销管理中的价值这两种含义的综合，或者说是组织价值（经济价值）和用户价值（顾客让渡价值）两种含义的综合。其中，经济学的价值具有客观性，而从用户角度所说的价值则有一定的主观性，也即通常所说的“效用”。特别对用户而言，决定某种产品或服务价值大小的是效用（严格说来，产品价值取决于其边际效用），也即产品或服务对用户是不是有用、有多大的作用。为此有观点认为，在市场上，价值并不只是价格，它与性能和满足消费者预期相联系。

所以，价值原则涉及的是使用价值和组织价值之间的关系。具体而言就是，用户购买组织所提供的产品或服务，是因为其产品或服务能够满足用户的使用要求，因此组织所提供的产品或服务首先要有使用价值，并使其符合用户需求，用户购买后才能真正体现产品或服务中所包含（组织活动所创造）的价值。所以，我们不能只看企业生产了多少产品、或者能够提供多少服务，关键是要看企业产品或服务的市场效果。

为了实现使用价值与价值的统一，价值原则强调：一是组织活动首先应为用户创造最大的价值，在此基础上才能获得组织自身的价值；二是为了创造最大的价值，就要努力提高产品或服务的功能，降低产品或服务的生产与使用成本。为此，价值原则应用的一个主要工具是价值工程。

价值工程中，价值高说明该事物的有益程度高、效益大、好处多；价值低则说明有益程度低、效益差、好处少。具体的表示就是产品或服务所具有的功能与获得该功能的全部费用之比，或者通过产品或服务给组织和用户双方带来经济和使用效益的综合评价来衡量。用公式表示就是（其中，成本或费用包括组织的生产费用和用户的使用成本）：

$$价值 = \frac{功能}{成本或费用}$$

按照价值工程的观点，提高产品或服务价值的途径：一是功能不变，成本降低；二是成本不变，功能提高；三是功能提高，成本降低；四是成本略有提高，功能有更大提高；五是功能略有下降，成本大幅度下降。

价值工程作为一种管理技术，在管理过程中有着广泛的应用。而且普遍认为，组织活动中越早应用价值工程，效果就越好。但更重要的是，价值工程也代表了一种思想方法，如田威和韩荣就认为，价值工程是通过各相关领域的协作，对所研究对象的功能与费用进行系统分析，不断创新，旨在提高所研究对象价值，以获取最佳的社会效益和经济效益的“思想方法和管理技术”[①]。也正是为此，强调价值原则就要重视价值工程的作用。

（二）社会、经济与环境效益相统一的原则

概括来讲，在社会、经济与环境效益相统一的原则中，社会效益是指全社会的物质效益和精神效益；环境效益是指保护环境，维持生态功能的平衡；经济效益则是组织自身的经济收益。这一原则强调：组织活动及管理应努力实现这三种效益的协调与统一，并以此作为管理的一个重要准绳。

社会、经济与环境效益相统一的原则针对的是组织效益和社会效益，以及当前效益和长远效益之间的关系。一是组织效益和社会效益之间的关系。组织应该认识到，组织生存的理由不在组织自身，而在组织之外，即在于市场和社会。组织之能生存与发展，关键是要看其能为社会作出什么样的贡献。因此，组织在获取自身效益的同时，也应努力满足社会效益的要求，并使这两者实现统一。组织效益和社会效益是全局与局部的关系，总的说来，“两者实现统一”就是强调，组织效益不能危害社会效益，而是应该服从全社会的效益[②]。这就要求管理者具有整体的眼光，从社会大范围的角度来考虑组织自身的活动与发展。二是当前效益和长远效益之间

---

① 田威、韩荣编著：《价值工程与创造》，科学普及出版社1991年版，第15页。

② 例如可行性评价或项目评估中有财务评价和国民经济评价，财务评价是从组织角度进行的评价，突出的是组织自身的利益；国民经济评价是从全社会角度进行的评价，突出的是社会效益。通常两者应该是一致的，如果不一致，就要以国民经济评价为主。就是：财务评价可行，国民经济评价也可行，项目可行；财务评价可行，国民经济评价不可行，则项目不可行；财务评价不可行，国民经济可行，项目可行，但应考虑对组织的财务效益进行某种补偿，尽量使之可行。

的关系，也即组织不能为了当前效益而忽视长远效益，要将当前效益与长远效益统一起来。在很多情况下，人们常把对经济利益的追求看做近期利益，或者说把财务利益的追求看做近期利益的表现。但经济利益不一定就是近期利益的表现，其实注重长远发展，也是为了（或包括了）某种经济利益。强调近期发展与长远发展相结合，是指不能只是追求短期经济利益，而应从长远利益来考虑。长远利益通常代表了更宽广的视野和更系统的考虑，在多方平衡之后，可能会放弃一些短期利益，以满足其他方面的需求，这样将能为今后获得更大的利益奠定基础。只注重当前的经济利益，往往会目光短视化，以至于“竭泽而渔”，而忽略市场及社会发展的长远趋势及与长远趋势密切相关的重要因素或要求。管理者应有长远眼光和“放水养鱼”的意识，在获取当前效益的同时，也要为长远优势和效益做准备。

为了处理好组织效益和社会效益及当前效益和长远效益之间的关系，社会、经济与环境效益相统一的原则明确提出了以下四种认识。

首先，社会效益、经济效益和环境效益之间，本来就是统一的。例如，组织通过自己的活动创造利润，会促进社会生产水平及各项事业的发展；组织生产经营活动的发展，会促进社会扩大再生产的实现及各项社会事业的发展，也会提供更多的就业机会；组织向社会提供产品和服务，满足人们生活需要，会提高人民生活质量与水平；组织为社会输送人才、技术，保护生态平衡与环境，就会造福社会，促进人、社会与自然的和谐发展。所有这些，都是含义明显的社会和环境效益。而当社会和环境效益提高了，组织自身的经济效益也会得到充分的实现。

其次，社会效益、经济效益和环境效益之间，不是“三中选一”或“三中选二”的关系，而是整体协调与平衡的关系。因此，不能在这三种效益之间做选择题，即要经济效益就不能要社会或环境效益，或者要社会与环境效益就不能实现经济效益。实际上，环境是经济发展的前提和源泉，强调环境与经济的协调发展，最终也是为经济发展创造深厚的基础。另一方面，组织作为局部也确实有自己的利益，否则局部也就没有必要存在了。从这个意义来看，局部的管理者努力争取本部门的利益也是其责任的体现。但正如我们前面所说，局部的经济利益必须服从全局的社会和环境利益。否则，全局利益受损，局部利益也难以得到满足。

再次，社会效益和环境效益也包括了经济意义，强调这三种效益的统一，其实在很大程度上就是因为社会和环境效益最终也都会转化为经济效益，例如环境问题。环境具有资源性和价值性，首先是环境为人类生存和发展提供了必需的物质和能量，人类离开环境就无法生存，更谈不上发展，从这个意义上讲，环境是基本的资源；环境的价值性则源于环境的资源性和服务功能性，好的环境能为人类提供更多的资源与功能，这些都能通过经济价值来反映。例如，地区环境优美，就能吸收更多的外部资金投入，从而更有利于地区经济发展；住宅小区创建了良好的环境，也能极大地提升自己的经济价值，因此良好的小区环境也常常是一个市场“卖点”。至于好的环境能促进人们的健康、提高人们的生活质量、培养人们的思想道德情操等无形价值所体现的经济效益，更是无法估量。另外，如果环境被破坏，就会使地区乃至整个社会的经济发展受到损害。而且，社会也会支付相应成本来改善环境，保护生态，最终必然会对经济效益产生影响。

最后，社会效益、经济效益和环境效益三者的统一，也是管理责任的要求和体现。就是不能将这三者的统一看做可有可无，或者只是做做“表面文章”，实际上仍不重视，它其实是管理者对组织自身及对社会与环境负责任的表现。对此，我们在前面第四章中已有说明，这里不再赘述。

五　可持续发展原理

可持续发展原理是指组织应注重长远竞争优势，为自身的持续发展创造基础，同时要努力为社会、经济和环境的可持续发展作出贡献。

可持续发展原理以“可持续发展”概念为基础。可持续发展是现代国际社会普遍认同的发展观，其基本思想包括了四个方面：一是发展不仅仅是经济增长（尤其不能单纯地用 GDP 的增长率作为发展的唯一指标），发展是指人的生存质量及自然和人的环境的全面优化[①]，所以发展是一个

① 何中华、张晓华：《当代发展观的演变及难题》，《文史哲》1997 年第 2 期。

社会目标。二是要处理好现在发展与未来发展的关系，就是现在要发展，也要保证未来能够发展。只强调现在发展而不顾未来发展的可能性，或者为了未来发展的机会而现在不发展，这都不是可持续发展。为了实现现在发展与未来发展的结合，关键是人类活动不能超过地球承载能力的极限，也即要强调“环境容量”概念的意义。三是要实现社会、经济与环境的协调发展，也即自然可持续发展，这是前提；经济可持续发展，这是基础；社会可持续发展，这是目标。在这方面，可持续发展将经济发展放在了十分重要的地位，因为经济发展为社会其他各项事业的发展提供了物质条件和支持。但可持续发展同时强调，经济发展必须要与社会和环境的发展相协调，这才是全面完整的发展观。四是要在充分认识社会、经济与自然发展规律的基础上，实行创新，以推动社会、经济与环境的全面协调发展。这也包括三个方面，就是通过生态创新为可持续发展提供源泉；通过科技创新提供发展手段；通过体制创新提供发展的保障。

可持续发展是自然、经济、社会发展规律的体现，组织作为社会中的一个成员，同样也有可持续发展问题。对组织而言，可持续发展是对组织发展的总体要求，主要意义是两个：一是组织自身的可持续发展，就是组织的管理和发展应具有长远观点，要形成持续的竞争优势；二是组织与社会、经济、环境的协调发展，就是应将组织的活动与社会的整体利益相结合，并据此而获得组织长远生存与发展的良好环境及条件。

实现可持续发展，也是管理的效率和责任标准的综合体现。首先，在市场经济条件下，只有达到了高效率（也即高的竞争优势），组织才有持续生存与发展的资本；其次，只有履行了组织应尽的社会责任，为社会作出贡献，组织才能获得自身生存与发展的持续基础与支持。在这方面应该强调，建立现代企业制度为企业的“永续经营”提供了组织制度或体制的保障，但要真正实现“永续经营”，还要靠组织自身在可持续发展方面所做的努力。

可持续发展原理有两个主要原则：一是协调发展原则；二是创新原则。

（一）协调发展原则

协调发展原则的总的思想是：组织管理应将组织自身及组织与社会的关系看做和谐整体，并努力实现组织及组织与社会的整体协调发展。协调发展原则在可持续发展原理中处于中心的地位，实际上可持续发展的基本思想就是协调发展，包括组织与社会的协调发展，以及现在与未来的协调发展。具体而言，协调发展原则突出了以下三个思想：

首先，发展具有整体性，涉及社会整体的目标及资源和利益的分配，社会中任一成员都要以此作为基本认识。为此，组织的协调发展应以组织、社会、经济、环境利益的统一为起点，并以此来规范自身的行为。

其次，组织之所以作为组织，是因为它是一个独立的实体，有着它自己特定的规定性，而且组织也能够对其自身的各个方面和因素实行控制。为此，组织应从自身开始，着重实现内部的协调，这是组织协调发展的基础或立身之本①。

最后，组织与社会密切关联，组织的协调发展与社会整体的努力相关联，也只有在社会整体协调的基础上才能实现。为此，组织应努力实现与外部社会、经济及环境发展的协调，这是组织协调发展的支撑和条件②。

在组织管理中，协调发展是对组织工作的全面概括，涉及组织活动的所有方面。例如，注重建立组织战略，为发展明确方向与目标；注重系统管理，实现组织系统的整体功能优化；注重组织能力的发展，在组织能力

---

① 国内有企业家谈道：企业内部需要竞争吗，也需要，如岗位、地位的竞争，待遇的竞争，资源分配的竞争，等等。为了增强企业的竞争力，企业内部也必须强调竞争。但企业内部不能竞争至上，不能只讲优胜劣汰、奖优罚劣，不能只讲结果不讲过程，更不能只讲目的而不择手段。每当我进入车间，看到那些努力工作的员工时，内心总是充满了负疚感。从而促使我一方面把企业做得更好，另一方面更好地善待员工，给员工更多的实惠。企业无论大小，总要碰上许多困难。这就要求企业做好工作，以增强企业的凝聚力。企业不能在内部办社会，但企业内部必须是一个朝气蓬勃、喜气洋洋、其乐融融、其情洽洽的“社会”（苏琳：《民营企业家应先尽其能后得其所》，《经济日报》2004 年 9 月 12 日）。

② 徐文莉曾点评道：真正的企业家应是一群知道自己需要什么的人，或者说是基于非常了解自己而具备了自知之明的人。他们都很自信，但并不狂妄。做事业是这样，做人也是这样。企业做大了，知道自己能做什么，不能做什么。企业做大了，财富增长了，最辛苦的是自己，但不能独占全功，而要对社会、国家、员工、顾客、合作伙伴和联盟单位，抱有足够的感恩、感谢心态，与大家“共享繁荣”。真正的企业家还应该是一个有着浓厚人文情怀的“仁者”，孔子说：仁者爱人。真正的企业家应该懂得服务至上、报效社会的道理。应该能把生命看透。他们应该是管理的思想者，一个哲人。企业家创造财富，除了完成照章纳税的本分之外，还要关心他人和社会，推动社会平衡发展。这样一种心态不仅关系到企业家的自身修养、人格健全，实际上也关系到企业的健康成长、基业长青（徐文莉：《点评当今中国企业管理的八大误区》，《决策探索》2004 年第 12 期）。

多样化基础上突出核心业务与核心竞争力，不断提高市场竞争优势；注重夯实基础管理，讲求管理精细化，实行管理科学化；注重市场导向，满足市场需求；注重以创新为先导，不断调整组织适应环境的能力，为组织长远发展创造机会；注重发展组织文化，以人为本，不断提高员工素质，充分发挥员工的能动作用；注重组织内部及组织与外部的合作，努力获取组织发展所需要的各种资源；注重诚信为本，讲求质量、服务和信誉；注重提高组织活动的效益，为社会发展作出贡献；注重承担组织责任，促进社会各方面和谐统一发展，等等。

组织活动的各个方面都是协调发展的重要内容，不可或缺。但在千头万绪之下，如何才能实现并保证协调发展。为此，协调发展原则认为，关键是要建立一定的机制，也即组织要建立可持续发展的协调机制，以为组织发展提供引导和保障。协调机制指组织发展的内在机理和过程，具体表现为影响发展的诸因素、诸方面之间的结构、功能及其相互联系、相互作用的方式和规则。或者说是协调发展的带规律性的模式[①]。

为了建立协调发展的机制，首先，应在组织中形成关于发展的价值观的共识，即关于组织发展的根本目的、必须遵守的共同观念的共识，以解决为什么发展的问题。其次，在发展的价值共识基础上，建立与发展的价值观相符合的发展的目标，解决发展什么的问题。再次，应围绕发展目标设置相应的组织结构和运行规则，以确定组织部门及成员各自的地位和相互关系，并规范和约束组织部门及成员的运行和行为方式，解决怎样发展的问题。最后，应培养和任命认同组织发展目标和价值观的人作为管理者，并建立相应的制度，以解决发展过程中的具体领导和执行的问题。

（二）创新原则

创新原则认为，创新是组织可持续发展的主要动力和途径。在现代社会中，创新具有重要意义。首先，创新能够打破陈规，产生新的思想和事物，从而推动社会实现从传统到现代的转变；其次，创新提供了新的技术和方法，并创造出新的方向和机会，也使社会能够实现从传统到现代的发展。具体到组织活动中，创新能够产生差别，形成差别优势和利益；创新能够创造机会，开拓新的发展前景；创新能够发展能力，提高组织运作的

① 于丽波：《加快建立综合协调机制》，《经济日报》2004 年 10 月 23 日。

效率和效益；创新还能够扩展适应性，使组织在动态的环境中具有更大的生存和发展可能性，等等。因此，组织应从多方面开展创新，如观念创新、技术创新、经营创新、管理创新等。其中，尤其技术创新一直都是社会发展中不变的重要要求。

以往常将创新看做某个孤立事件，是组织运作中一种“额外”的活动。但在现在全球化条件下，创新则成了组织参与竞争的主要手段，是内在于组织运作中的一种必然现象。这是由于竞争和创新也使市场更为动荡，对组织适应变化的能力提出了更高的要求。与此同时，在全球化条件下，世界的联系日益紧密，一个组织的创新很快就会被其他地方的组织认知、学习并模仿。创新的学习和模仿也具有全球性质，其结果是创新的竞争由于模仿而经常转变为成本的竞争，因而也使创新的获益期缩短。为了保持高收益，组织就必须不断创新，从而形成了一种创新的竞争。

由于现代科学技术的迅速发展，技术和产品的更新换代不断加快，也使现代组织为保持自己的竞争优势（或者甚至为了维持自己的生存）而不得不连续不断地创新。中国过去有句俗语：富不过三代。指的是父辈创下的基业，很难在子孙辈得到延续。现代组织发展也常出现这样的结果，即曾经通过技术创新而领先于其他企业的公司，很快又因为新的技术创新产生而被其他企业所赶超。因此，现在单单强调创新已不能解决问题，问题的关键是通过创新的管理，来推动并实现不断的创新，以此来为组织持续发展提供不竭的动力和机会。

创新原则强调，组织发展应以未来为出发点。组织应该通过创新，为自身未来的持续发展创造机会与条件。对此，哈默尔和普拉哈拉德特别强调要竞争未来。他们认为，竞争未来就是不断创造与把握不断出现的商机的竞争，亦即重划新的竞争空间的竞争。创造未来比拼命赶超别人更富有挑战性，因为这是企业自己给自己划定路线。企业的目标不单是注意竞争对手的产品和程序，并模仿它的方法，而且是对明天的商机及如何利用这些商机形成自己独立的看法①。

创新原则还强调，组织创新要注重促进组织“内生”能力的发展，这是取得长远竞争优势的关键。重视“内生”能力是现代创新理论、竞

---

① 哈默尔、普拉哈拉德：《竞争大未来》，昆仑出版社 1998 年版，第 24 页。

争优势观念和企业战略理论发展的结果，以往的观点是“资源观”，即认为企业内部的资源是企业获得竞争优势的源泉；现在则是“能力观”，即认为企业最宝贵的资产是以组织知识为基础的能力，而如何发展、保持及增强组织“内生”的能力对企业获得竞争优势具有关键作用。

最后，创新原则强调组织创新应突出自身的特色。组织在市场上的竞争，不外乎“同质竞争”和“异质竞争”两种情况。“同质竞争”容易导致恶性竞争，而“异质竞争”则能有效避免这种后果。因此，通过创新来形成差别和特色，以求获得更大的组织效益是现代组织市场竞争的一个重要趋势。而且现代社会具有复杂性，本身就充满了各种异质性事物与趋向，这也为组织创新和特色的利用提供了广阔的空间与可能性。

第六章　管理思维方式的主要方法

管理理论中所蕴涵的思维方式通过具体的思维方法来贯彻或实现，管理中所采用的各种方法，其实都是思维方式的具体路径或体现。特别地，方法是管理者为实现其管理目标的一种工具或手段，管理者采用什么样的方法都与其思维方式密切相关。在这个意义上我们也可以说，所谓管理方法，其实也就是管理的思维方法。

管理方法与理论有关，管理中应用的理论多种多样，因此管理中的方法也是多样化的，如科学管理的方法、行为科学的方法、管理科学的方法等。其他如行政方法、经济方法、法律方法；或者逻辑方法、科学观察和实验的方法，甚至直觉等，在管理中也都有广泛的应用。由于管理活动的复杂性，几乎可以认为管理中包含了所有类型的思维方法。

如果按照方法的应用范围，则通常是分为普遍的方法、通用的方法和专门的方法。普遍的方法即哲学方法；通用方法是以不同领域的管理活动都存在某些共同的属性为依据，如系统方法、运筹学方法、心理行为方法等；专门方法是指某一类型、某一局部的管理活动中所特有的具体方法，如生产管理、科研管理、行政管理、营销管理等都有自己的专门方法。这三个层次的关系是：普遍方法是通用的和专门的方法的前提和基础，它为人们运用通用的和专门的方法提供思想路线和基本原则；通用方法和专门方法则是普遍方法的具体表现。人们在把通用的和专门的方法运用于实际工作的时候，总是自觉不自觉地表现出其哲学观点；反过来说，人们的思想路线、价值观念等，又必定会支配和制约着人们对通用的和专门的方法的运用。

在方法论的最高意义上，特别要强调哲学方法的掌握和应用。哲学是自然界、社会和思维的最一般规律的概括和总结，对人们的思维方式有重要的指导意义。有些管理者不太重视哲学方法的作用，认为过于抽象和空洞。实际上，哲学方法是整个管理方法体系的基础，同时也是所有管理方法的反思和概括。不论是管理研究中的理论工作者还是管理活动中的实际工作者，他们的思想和行动总是要受某种哲学观点的支配。例如我们在前面第一章所引述的徐渊的观点：人们在管理过程中贯彻的是他所奉行的管理哲学，是他所习以为常的思维和行为方式[①]。梅西也强调：一个特定企业的管理人员，不管他们是否研究过他们所继承的哲学遗产，都会按照某种哲学观念来经营自己的企业[②]。由于人类活动的目的性，含义明确的目标可以为执行管理的各项职能奠定基础，而目标则是管理者周围的道德思想体系和社会制度所造成的产物。因此，管理者必须关心哲学问题，这可以帮助他们在日常活动中做出价值判断。所以霍金森也认为，哲学是管理中必不可少的组成部分，管理是一种行动哲学。他引用有关观点说：如果我们要寻求明确的目标，我们就需要一种哲学[③]。因为哲学能使我们获得关于管理对象、管理环境和管理手段的最根本、最深刻的理解。

当然，我们这里并不是一般地强调哲学方法的重要性，我们强调的是辩证唯物主义哲学的方法。因为只有辩证唯物主义哲学，才是科学的思维方式和方法的最高概括，是我们开展管理活动必然的思想基础。实际上，管理活动中处处都体现了辩证思维观的正确性。

本书从管理中通用方法的特点出发，主要讨论以下几种思维方法：系统方法、定性和定量方法、运筹学方法、心理行为方法、合作思维方法。以上这几种方法的划分其实没有绝对的标准，实际上它们互相之间都有某种程度的关联或重叠。我们做这种区分，主要还是为了突出思维方法的特点。实际上，不论理论上如何进行区分，实践中也往往是互相渗透和融合的，很难说管理活动中只应用了哪一种方法而没有涉及其他方法（或者没有包含其他方法的痕迹）。

由于管理及其理论是一个整体，因此管理中的各种方法也相互关联。每一种方法都是实现全部管理职能的一种特殊方式，同时它们又互相补充，从而组成了一个复杂的方法网络系统。管理思维方式并不偏向于哪种

① 徐渊：《比较管理学》，上海远东出版社 1994 年版，第 262 页。

② 约瑟夫 · L. 梅西：《管理学概要》，辽宁人民出版社 1985 年版，第 41 页。

③ 克里斯托弗 · 霍金森：《领导哲学》，云南人民出版社 1987 年版，第 8 页。

特定的管理或思维方法，这些方法都是管理活动中必须要有的。但在人们思维方式的影响下，人们有时也会倾向于某些特定的方法，而较为忽略其他一些方法。如数学专业的思维方式倾向于定量方法，心理学专业的思维方式则倾向于心理行为方法。但对统领全局的管理者来说，应该避免在管理方法问题上的“褊狭性”倾向。应该从管理活动、理论及思维方式的整体性出发，对全部管理方法予以了解和把握。因为各种方法都有其特点和作用，同时也有其局限；而且只有全面把握，才谈得上具体情况具体分析，而对管理方法进行“权变”的应用①。

明确方法的全面性观点是十分必要的。对此，库珀等人从技术业务量管理的角度所强调的观点值得参考：在现有方法的应用中，应注意各种方法的特点及多种方法的综合运用。不存在一种绝对正确的管理方法，应尝试多种方法结合使用，使它们互为补充，尤其要警惕过分依赖定量的财务方法与模型的倾向②。

一 系统思维方法

（一）系统方法及其步骤

系统方法也称为系统科学方法，它是按照系统科学的理论和观点，把研究对象视为系统来解决认识和实践中的各种问题的方法的总称。例如，信息方法、控制方法、反馈方法、系统分析、系统工程等。

---

① 方法是用来解决问题的，应正确对待它们之间的相互关系。对此，叶浩生主编的《心理学史》中写道：（传统心理学是“方法中心论”）方法中心论强调方法至上，先有方法，后有问题，用问题来配合方法，问题必须适合于方法。人本主义心理学主张问题中心，研究方法要顺应问题，并为问题服务。要根据问题选择方法，而不能被方法捆住手脚……以方法为中心使得心理学一味地追求客观性，造成其远离开了人类的实际生活。同时，方法中心论也必然限制心理学的研究范围，将心理学的研究局限在某一方法，或者技术所能许可的范围之内。正确的做法应该以对个人或社会有意义的问题为中心，以心理现象的本质为中心（叶浩生主编、杨莉萍副主编：《心理学史》，华东师范大学出版社 2009 年版，第 346—347 页）。管理中也存在方法与问题的关系，因此也值得管理者思考。

② Robert Cooper, Scott Edgett and Elko Kleinschmidt , Portfolio Management for New Product Development: Results of An Industry Practices Study. *R&D Management* 31, 4, 2001.

系统方法是系统理论及系统原理的具体贯彻，其主要目的在于，如何把（分属于许多部门和组织的、具有不同性质和功能的）人、财、物、知识、能力等因素及活动有机地协调统一起来，以最大限度地发挥其综合的整体作用、实现系统活动的总目标。因此，系统方法的核心是系统分析。管理的系统分析就是根据对某一管理系统的目标、因素和关系的整体分析，通过综合比较择优而帮助决策者进行方案的制订和选择。为此系统方法强调“最优化”，即系统的整体联系在活动中达到最适宜的有序和协调状态。具体来说，就是以系统的整体目标为目标，系统中的各部门（或子系统）虽然有自己的独立的功能和目标，但当它们作为系统的组成部分时，就应适应并服务于整个系统的功能和目标；要将系统的近期目标和利益与长远目标和利益相结合；低层次系统的目标要服从整个系统的目标；系统的阶段性目标要与总过程的目标相结合。通过统筹兼顾、多中择优、进行综合优化和系统筛选，以达到整体优化的目的。在这过程中，最优化既是运用系统方法的目的，也是运用系统方法的结果。

系统方法是管理思维方式中的基本方法，其重要意义至少有两个方面。首先，它是一种整体的方法，要求管理者考虑问题应从组织系统的整体出发，要有全面性。即使针对的是管理中的某一局部对象，也要把这一局部对象作为整体，与此同时还要把这一局部对象与更大的系统（或组织）整体相联系。换句话说，对涉及组织整体的决策，应该做到整体的最优；而对局部性问题的决策，同样也应以“整体最优”作为标准，而不仅仅只是考虑“局部最优”。就是局部性决策从局部角度看是优化的，同时要从组织整体角度来看也是优化的。其次，它在管理中的应用具有全过程性，它既是确定目标的方法，同时又是实现目标的方法。即在确定目标时要强调系统分析，在实现目标时又要强调系统的管理。

特别地，由于系统方法强调观察分析问题的整体性、联系性和动态性，而管理中任何一种方法也都有这一要求，因此它本身既是一种思维方法，同时它也渗透包含在其他思维方法中，成为其他思维方法必不可少的一个构成内容（或者都体现了系统方法的思维痕迹）。在这个意义上，我们甚至可以将其作为“管理方法之母”。

一般来讲，系统方法在管理中的应用分为四个基本步骤：

首先是提出问题，明确问题的重点和范围，确定系统的目标。系统在一定时期（一定过程）中所追求的目标是什么，这是系统分析必须首先明确的问题。根据系统的具体情况的不同，目标可以是具体、定量的，也可以是粗略、定性的。一般来讲，在可控程度较高的系统活动中，目标比较明确具体，因此可以提出定量目标；在可控程度较低的系统活动中，目标通常较为粗略，有较大的模糊度。系统的目标往往是多种单项目标的综合体，在确定系统目标时，既要从单项目标入手，注重单项目标的可行性和最优化，又要将各单项目标放在总目标的联系中进行考察，突出目标的系统协调性。

其次是资料的收集、分析和整理，以便为系统分析的科学性提供客观基础。收集资料就是对与系统活动有关的情况进行了解，这种了解是根据系统的目标来进行的。在这一阶段，要对收集到的资料进行单项分析，包括定性和定量的分析，得出有关的性能指标和参数，为综合性分析提供材料和数据。

再次是建立系统模型，进行综合分析和评价，确定最优方案。系统模型是系统活动方案的直观或定量的表示，建立模型就是将系统内的有关因素按一定结构组合起来。管理系统内部的因素很多，它们的结构方式可以变换，所以对任何系统都可以建立多种系统模型。通过建立模型，利用调查所取得的信息资料，进行运算分析，比较成本效益。最后将各种有关因素结合研究，提出多种可行方案，并加以评价比较，以确定最优方案。

最后是方案的系统实施和管理。方案的确定只是决策的完成，为了实现方案，还需要进一步从系统的角度，调配资源、协调活动，整合组织内各有关部门和人员的努力，这就需要进行系统管理。系统管理的任务就是将经过系统分析和设计的思想上的成果，转化成为组织现实活动中的业绩和成就。这种转化过程也是系统的，由此应该强调：系统方法不仅是分析的方法，也是运作的方法，是一种组织管理的技术。

（二）系统方法的主要内容

关于系统方法在管理中应用的必要性和意义，人们的认识基本一致，但对其具体内容的规定和理解则不尽相同。如有观点认为，系统方法在管理中的应用主要包括问题的设定、系统分析、系统设计、系统管理、系统革新等五个部分的内容。有的观点则认为包括了系统模型、系统分析、系统管理三个内容，或者是系统工程、系统分析和系统管理三个阶段，或者是系统分析、系统设计、系统管理等。

系统工程、系统分析、系统设计、系统模型、系统管理、系统革新等都可看做系统方法应用的具体实现，因此可一般地称其为系统技术。由此可以认为，以上这些观点虽然各有不同，但是区别只在于系统方法在管理中应用时如何具体执行和贯彻，所突出管理中的系统分析和系统管理的思想仍然是一样的。例如，有观点认为，从广义上看，系统分析与系统工程是相同的，只是同一学科的不同名称而已。从狭义上看，系统分析是系统工程的准备阶段或开始阶段，系统工程则包括组织管理的全过程。

以上这些观点的基本思维方式都是强调：应该将组织看做一个整体的系统，系统方法是组织中的高度综合化和概括化的方法或概念，组织中的各种活动都可依靠“系统分析”、“系统设计”和“系统管理”等基本系统技术的综合应用与交替结合来予以优化。这些系统技术之间的关系，如以系统分析、系统设计和系统管理三内容为例，可用图 6－1 来表示。

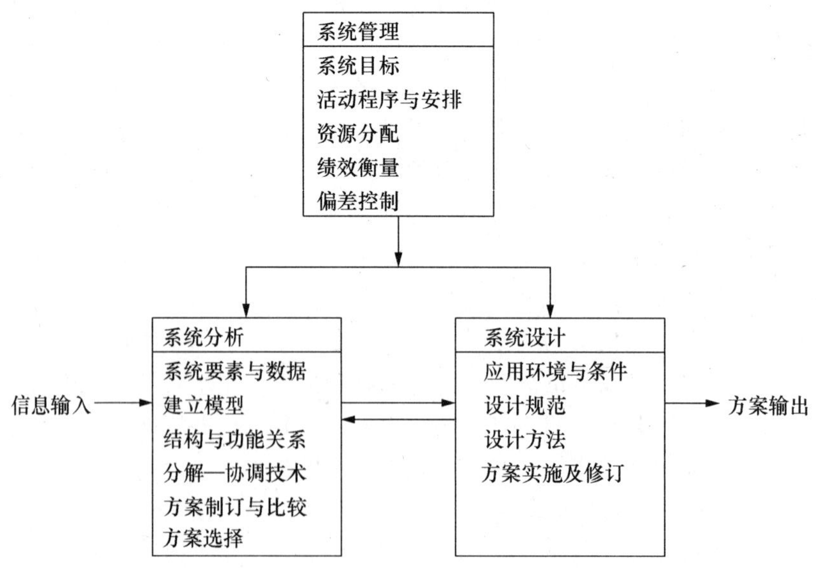

图 6－1　系统分析、系统设计与系统管理的关系

图 6－1 表明，组织的系统管理就是运用系统方法，对组织系统各类要素进行系统分析与设计，以便优化设计、选择、控制和管理，达到优化

效益的一种组织管理技术。系统分析是一种科学的分析、决策方法，是系统方法在确定目标和制订计划阶段的具体应用，它使确定目标的方法程序化、精确化。系统分析是一种研究的方法论，它要求对特定的问题进行周密和详细的调查，掌握充分的信息资料，运用相应的手段和方法（如数学方法和电子计算机）进行分析运算，找出各种目标，制订具体方案，提出可行的建议，帮助决策者进行最佳抉择。系统设计就是在系统管理的指导下，根据系统分析提供的信息或方案，进行具体设计和安排，以使系统管理的目的得以实现。应该注意的是，图 6－1 也表明了系统分析与系统设计之间，是一种动态过程中的相互作用关系。

系统方法在管理中的应用突出了以下五个要求：一是动态性，即任何系统都不是静止的，而是时间的函数；二是判据性，即对所研究的系统要建立评价的依据；三是系统与环境的相互联系，即任何系统都处于一定的自然与社会环境中，并与环境相互发生影响；四是整体性与均衡性，即所建立的系统各组成成分应保持均衡与整体一致，或者说系统各组成部分的综合平衡；五是系统整体的最优，即在一个总体系统中，在既定判据的基础上，在组成成分相互矛盾的因素中，通过比较各种不同的方案，选取总体最优的方案。

（三）分解与协调

系统方法作为组织管理中的高度综合化和概括化的方法或概念，其实际应用需要处理组织中的各种资源、事物、行动、行为及其相互关系。因此，为了实现系统方法的实际应用，又包括了多种具体方法和思维活动。例如，在系统分析、设计与发展中，需要根据结构与功能、功能与时间等方面的关系去理解资源、人与过程间的相互作用，为此需要应用基本的推理与逻辑能力①，如抽象（形式化）、归纳和演绎、分析与综合、比较判断等。与此同时，数学或定量方法的应用也是系统方法的重要内容。特别地，管理中应用系统方法，目的是利用系统方法的有关技术对组织进行分析、研究和管理，以便实现组织系统的最优。为此也产生了相应的理论和观点，如各种规划决策、结构综合、参数综合方法、多目标决策、静态最

---

① 王慧炯：《系统工程的方法论》，载《哲学研究》编辑部编《科学方法论文集》，湖北人民出版社 1981 年版。

优化和动态最优化的理论。但概括而言，系统方法应用的基本思维过程仍是分析与综合两个方面①。

首先是分析，分析是从整体到局部的思维活动。例如组织系统分析，就是在组织系统现状的基础上，对组织系统进行定性和定量的理论分析或实验研究。包括组织系统内部各因素和要素及其关系的把握；组织系统与管理的环境条件、外部影响因素的分析；组织系统现有运行状态的估计；组织系统未来趋势的预测等。以便对组织系统的技术性能、经济指标、社会效果、环境影响做出评价，探求改进现有组织系统性能和运行效率的途径，为选取组织系统设计方案、进行规划决策、制定新的系统管理办法提供理论和实践依据。其次是综合，也即将局部结合为整体的思维活动。综合通常以分析为前提，例如，在上述分析的基础上，对组织系统进行规划决策、总体设计，制订协调计划和组织管理办法，解决组织系统的最优设计、最优控制、最优管理问题，以便做到计划或方案合理可行与协调。

分析与综合表现在管理的层面上，就是分解与协调技术。首先，分析往往伴随着分解，即将组织系统分解为各个构成部分，以求把握各构成部分的细节和特征。其次，综合不单单是把各构成部分简单地组合为一个总体，而是要从各构成部分的联系和关系入手进行协调，实现系统的整体最优。因此，综合的关键是协调。

分解是解决复杂问题的一般方法，即通过分解，使复杂问题得以简化为若干个相应的小问题或者子问题，从而降低复杂问题的“复杂性”和难度。分解是前提，最后还要实现系统综合，也即组织系统的综合协调，使之成为一个优化的整体。所以，组织系统的“分解与协调”所考虑的主要问题，是如何将复杂的组织大系统分解为若干简单的子系统或分系统，以便应用通常的方法进行分析与综合，实现分系统的局部最优化；再根据组织大系统的总任务、总目标，使各分系统相互“协调”配合，实现组织大系统的全局最优化。

分解与协调（或者分析与综合）是双向的动态关系，这种关系的一

---

① 心理学则认为，思维是极其复杂的认识过程，它包括分析、综合、比较、抽象和概括等过程。其中分析和综合是它的基本过程，比较、抽象和概括等过程实质上都是这一基本过程的特殊形态（杨清主编：《简明心理学辞典》，吉林人民出版社 1985 年版，第 244 页）。

个基本准则，就是前述系统原理中的整分合原则。即首先是整体把握，其次是工作和目标的分解，最后是组织的协调。其中，整体把握（或综合）是起点，而后是分解，再到组织协调（综合）。而不能简单地将分解与协调的关系理解成：就是从分解到协调（或者从分析到综合）。

二 定性与定量的思维方法

定性方法与定量方法的区别不是很严格，现实中所谓的定性方法可能也包含有某些数量关系，而定量方法中也不乏直觉、价值判断和逻辑推理等定性思维过程。而且这一分类具有广泛性，几乎所有方法都可划分到定性或定量的范围。不过总的来看，这两者还是有所区别的，也有专门讨论的必要。

定性方法是从事物的质的方面对其进行分析研究的方法；定量方法则是从事物的量的方面对其进行分析研究的方法。定性方法与定量方法形成的客观基础，是客观世界中任何事物都有质和量这两种基本的规定性。质是指一事物区别于他事物的内在的特殊的规定性，即事物的性质；量是指事物存在的规模、发展的程度和速度。事物是质和量的统一体，一定的质总是通过一定的量来表现。因此，人们在认识和解决问题的过程中，也应从质和量两方面来把握事物，以便使认识和实践更深入、更具有科学性。

（一）定性方法

定性方法主要用于对事物的质的探讨，包括事物的性质、结构、联系、发展趋势及过程等。定性方法的主要依据是事物种类或质的差别，而不是事物程度的差别。一般有三种情况：一是为了分析事物的质的规定性；二是事物间的相互作用；三是探讨事物发展的一般规律与过程。通常是要解决有关事物“是不是”或者“有没有”等问题，以判定事物是否存在、结构如何、要素间的联系及发展趋势等。

管理活动中应用了大量的定性方法，如各种调查法、案例分析法、流程或结构图、SWOT分析方法、网络模型分析、核查表法（或问题清单法）、x—y轴象限分析法（如波士顿咨询集团法）、形态分析法、头脑风暴法、德尔菲法等。这些方法都各有特点和意义，如流程或结构图有助于管理者全面把握有关对象或事件[①]；网络模型分析有助于管理者把握事件之间的前后顺序关系；问题清单法有助于管理者在分析问题时厘清思路，避免片面性；头脑风暴法则有助于互相启发和激励，促进新思想的产生。特别地，下面的组织分析就既能提供对组织的全面认识，又能明确组织中的各种联系和问题：

为进行组织设计并制定组织管理制度，大致可做以下分析：首先，将组织进行分解，以明确组织的各个构成机构和部门及各机构和部门的目标、任务与特点，画出“组织结构树”。其次，在组织结构树的基础上，分析各构成机构和部门可能会出现什么样的问题，以及这些问题的一般原因和后果。由此画出“问题树”，“问题树”应与“组织结构树”一一对应。最后，在“组织结构树”和“问题树”的基础上，画出“逻辑树”，即针对（组织结构树中）各个机构与部门的可能问题和原因（问题树），提出相应的解决办法或对策，以此为组织设计和组织管理制度的制定提供详细全面的依据。

现有文献中对定性方法及其应用也做了很多探讨，按照这些研究，可大致概括出定性方法的以下一些特点：

第一，定性方法的最明显特点是其分析过程及结论是用文字描述（有时也常借助图形）来表达，即用语言文字描述、阐述以及探索事件、现象和问题。即使有时也可能会采用一些定量的数据，如系统方法中应用的“流程图”，有时也往往会利用解析几何和图表方法来定量或半定量地描述对象，但语言文字的描述和探讨仍是主要的，因此本质上还是一种定性方法。

第二，定性方法的重点是希望获得某种有关事物性质、过程或联系的观点、意见或者洞察，以便用来说明或解释事物的现状与发展。在这个过程中，定性方法强调对事物的全面、整体的把握，即在充分把握必要资料

---

① 孔茨和韦里克就认为，适当地使用组织结构图、精确地职位说明、明确职权关系和信息关系，并介绍具体职位的具体目标，将大大有助于人们的理解……由于组织结构图把决策权的范围在图上表示出来了，有时仅在绘制组织结构的图中就能显示出结构中的不一致性和复杂性，并引导给予改正。组织结构图还可以向管理人员和新成员揭示他们是怎样在整个组织中联系在一起的（哈罗德·孔茨、海因茨·韦里克：《管理学》第十版，经济科学出版社 1998 年版，第 213—214 页）。

的基础上，对事物及其可能的各种联系进行全面的分析和考察。因此，定性方法的应用往往也有助于管理者形成某种全面、整体的认识。

第三，定性思维过程中往往要利用归纳和演绎、分析与综合、抽象与概括，以及类比、联想等方法，对获得的各种材料进行思维加工，从而去粗取精、去伪存真、由此及彼、由表及里，达到认识事物本质、揭示其内在的联系与规律的目的。在这个过程中，既要求管理者有较强的资料分析与判断的能力，也强调管理者的抽象分析与概括的能力①。

第四，采用定性方法对事物进行分析和研究，往往会涉及事物的多个方面，也需要应用多种领域或学科的知识。因此，对管理者的知识和经验有较高要求，特别是管理者个人的经历和隐性知识有时会起较大作用。为此，有观点就认为定性分析就是根据有关资料或人的直觉与经验对事物的形态、性质、特征以及发展规律作出明确的判断，以确定其大类上的归属。另一方面，由于定性方法不能像定量方法那样运用数量来表达事件的程度差别，因此为了区别事物的重要性，往往要借助研究人员自身的价值判断。由此也造成很多时候结论中的事实与价值判断之间的区分不是很明显。有的时候，甚至可能研究人员的个性或情感也会在研究过程中起作用。所有这些，都使定性方法在应用中的主观性程度较高。

第五，定性方法的应用具有较大的创造性，其表现一是可用于非常规问题的解决；二是提出新的问题和研究目标。定性方法没有特定的规则或路径，管理者的注意力比较扩散，思维过程也常带有较大的“发散性”。因此，较为适用于非常规问题的分析与探讨，同时亦可根据事物或问题的特点而采用相应的知识、手段或路径来加以解决，或者提出新的思想。

（二）定量方法

定量方法是从量的方面对事物进行分析研究的方法；或者说是从量的角度研究、调节和控制管理对象及其活动的方法；或者侧重于用数字来描述、阐述以及揭示事件、现象和问题。现代思维方式发展的一个重要方面，就是定量方法的日益广泛的应用。正如马克思所说：“一种科学只有

① 在这方面，卡斯特和罗森茨韦克将“定性方法”说成“判断方法”，在很大程度上就说明了这一点（参见弗莱蒙特·E. 卡斯特、詹姆斯·E. 罗森茨韦克《组织与管理——系统方法与权变方法》第四版，中国社会科学出版社 2000 年版，第十七章）。

在成功地运用数学时，才算达到了真正完善的地步。”[①] 同样，管理方法发展的趋势之一，也是逐步实现定量化。这既是管理方法发展的一个重要表现，也是其完善化的一个主要标志。

管理中定量方法的应用和发展，除了因为事物具有量的规定性的客观依据外，还受到了三种思想的影响：一是经济学思想的影响。经济学关注的是投入与产出的关系，强调以节约成本、扩大产出、优化资源配置为目标来考虑活动的合理性，为此其分析方法也要求对特定费用（或成本）与效益（或效果）进行比较，以便用最少的投入获得最大的收益。二是系统优化组合思想的影响。按照这一思想，组织系统是一个整体，组织管理的基本要求就是优化组织内外的资源配置，以取得更好的整体效应。为此，组织管理中应注重优化分析，以便在给定的因果行为与资源限制条件下，求取资源的适宜分配方式，实现收益的最大化或成本的最小化。三是科学方法论思想的影响。这方面首先要求管理活动应以管理规律性的认识为基础，要具备科学性；其次管理活动是客观的，不能受管理者个人主观性的影响；最后是管理结果应具有可检验性，由此才能对管理过程及其活动进行控制，有效实现管理的目标。

为了在管理活动中贯彻这三种思想，除了要依赖定性方法外，尤其要重视定量方法的应用，因为只有定量方法才能更好地满足这三种思想的要求。就是：只有从量的角度进行分析，才能更好地实现资源的优化组合与配置，达到以较少的投入获得最大的产出的目的；也只有从量的角度进行分析和考虑，才能更深刻地把握管理活动的规律，达到客观性，并使管理结果具有可检验性和可控制性。

定量方法的综合表现形式就是数学方法，具体方法则多种多样，如预测中的定量方法，决策中的优化分析方法，计划中的各种指标、报表、预算、组织和指挥职能中的定量分析及依据，运作管理中的运筹学方法，控制过程中的定量标准与方法等。但其共同的特点都是以定量数据为基础，即用数据描述事物及其状态，并据此分析管理对象及其活动。特别是在一些运作（运营）管理的教科书中，管理活动在很大程度上就抽象成了一个以数学方法为基本构架的数据分析和应用的过程。

① 拉法格：《回忆马克思恩格斯》，人民出版社 1973 年版，第 7 页。

管理中定量数据的应用有很大意义，概括来讲，可使管理活动达到：一是精确性：数据的一个重要作用是能够表现事物存在及其性质的程度上的差别，从而能够更精确或准确地把握事物及事物间的相互作用（或联系）。特别从注重细节的角度来考虑，对数据的把握和分析也是关注细节的一个重要表现。二是客观性：一般而言，应用明确的、可数的定量数据将使管理活动具有更大的客观性和可信性。而基于直觉判断的标准、或者是由反映感觉的词汇（如典型的、充分的、很好的、大概、基本上等形容词）所组成的语句等则意味着有更大的主观性，其可信度也相对较低。三是科学性：应用定量数据能够更深刻、更精确地对管理过程及其活动进行观察和分析，并从系统的数据中定量地检验假说和估计参数的数值，这就可以减少经验分析中的表面化和偶然性，从而也有助于提高管理活动的科学性。而且利用数据能够更好地从量的方面表现出管理对象的发展规律，并且有助于管理者理解和把握这种规律性。在这方面，毛泽东同志曾经强调：（管理者）要做到胸中有“数”。对情况和问题一定要注意到它们的数量方面，要有基本的数量的分析，注意基本的统计、主要的百分比，注意决定事物质量的数量界线。如果一切都是胸中无“数”，结果就不能不犯错误①。

正是由于这样一些意义，管理科学化的一个重要表征就是定量数据与方法的应用。特别由于现代管理及其竞争环境日益复杂和激烈，决策和管理对精确性、客观性和科学性的要求也越来越高，定量数据与方法的作用也更为明显，从而也使得现代管理越来越要求：“用数据说话。”②

在这种情况下，通过各种观察、实验和统计等手段收集系统、全面、准确的数据，然后对数据进行分析整理，并将它们形象、生动、准确地表

① 《毛泽东选集》第4卷，第1380页。

② 例如，国内某公司总裁曾到美国某公司做“影子总裁”，在观察了美国公司总裁处理公务的行为方式后，对美国公司的数据应用产生了深刻印象：在一个有关公司区域市场发展战略的高层会议上，大屏幕上显示了100多组数字（该区域目前的市场容量；未来10年的市场容量；不同消费群体的比例；未来可能变化的比例；本区域同类企业的状况及发展趋向；现在及未来的竞争指数；政府目前的产业导向和未来的产业导向变化预测；货币政策；自然成长率等），这些数字是进行战略决策的重要依托。所有的战略决策都用数字说话，没有“大约”、“大概”等模棱两可的词，可信度非常高（《中国企业与跨国公司的差距》，《经济日报》2005年5月31日）。

现出来供有关管理活动使用，也成为现代管理活动的一个基本内容。同时也由于要收集、储存、处理并正确地应用大量的定量数据，各种数据分析、挖掘及计算机与信息技术的应用也成为必要。

（三）定性方法与定量方法的关系

定性方法与定量方法各有特点，一般来讲，定性方法偏重的是事物本身的性质和特点，注重的是事物的整体性，但是较为模糊；定量方法偏重的是现实事物中的数量关系及其规律性，较为注重微观和精确。具体而言，一是定量方法用数据说话，因此较为精确；定性方法则无严格的测量、统计和计算，而且也无严格的操作规则的约束，因此方法的应用有较大的随意性，结论也不够精确。二是定量方法为了取得量化的结果，有时会将事物简单化；定性方法则有助于全面地分析和把握事物，使分析的结论更加全面和深刻。三是定量方法借助于客观的测量，其结论有较高的客观性和可信度；定性方法则由于对管理者的主观知识和能力依赖较大，因此主观性也较强。四是定量方法适用于管理中的常规化、结构化的问题；而对于非常规化和非结构化问题，定量方法常会遇到较大困难，很多时候就需要采用定性方法，如利用管理者的经验来解决。

就认识发展过程而言，通常都是首先从定性分析入手，再进入定量分析的阶段。或者是在实践层次较低的条件下，先从质的方面（即定性方法）入手解决问题。而随着实践层次的提高和实践活动的深入，人们对事物量的规定性的认识和从定量角度思考解决问题，就会变得越来越有必要。

总的来看，定性方法与定量方法是相互统一与补充的。在管理活动中，定性分析是定量分析的前提，没有定性的定量是一种盲目的、无价值的定量。定量分析的目的在于更精确的定性，使定性分析更加科学、准确，能够得出更为深入和准确的结论。也正是为此，有观点强调：决策就是一个定性—定量—定性的往复循环的过程①。

然而，目前实践中也存在一种过于强调定量方法而轻视定性方法的倾向，这是应该避免的。我们在强调定量方法的重要性时，也要看到它只是管理活动中的一种方法，而且也有其固有的局限。例如，明茨伯格就指出

① 李莉、陈忠编著：《管理定量分析》，上海交通大学出版社2007年版，第20页。

了一些组织的战略计划实践中存在的三个主要缺陷，其中的一个缺陷是，计划者采取与组织的现实情况分离的方式制订计划。按照惯例，计划者通常是把主要精力用于收集其产业、市场和竞争者等方面的硬数据，而忽略各种软资料（关系网络、与顾客、供应商和雇员交谈、直觉和秘密消息）的运用。明茨伯格指出，我们通常称之为“硬”数据的大部分有问题。特别是因为“测量可以测量的东西”这一谬误的存在，使得“硬数据都存在软肋”，结果必然是使其选择范围受到限制。例如，明显倾向于采用“成本领先战略（强调经营效率，因为这一点通常可以测量），而不是产品领先战略（强调创新设计或高品质，这些通常较难测量）”。但若想真实、有效地理解组织竞争情况，就必须将软资料互动地融入计划过程中。他认为，也许硬数据可以传递知识，但只有软资料才能产生智慧。它们也许很难“分析”，但它们对于“综合”（这是战略决策的关键）却必不可少。另一个缺陷是认为战略决策可以“公式化”的假设。人的左脑负责逻辑和分析，在制定战略的过程中发挥主要作用。但如果过分僵化，选择的余地就会受到限制，不符合预先确定的结构的可选择方案也会受到忽略[①]。

希达尔戈和阿尔伯斯则认为，在知识经济条件下，定量方法对知识等无形资产的管理存在很大局限：在知识经济中，产品和企业因信息而生存或死亡——最成功的企业往往是那些能够更好更快地应用它们的无形资产的企业。在公司报告中仍然存在财务和管理会计模型，这种模型是为工业经济而开发的，但难以处理现代的知识经济问题，因为这时大多数企业的价值创造是基于知识资产而不是物质资源和财务资本[②]。所以这时，定性方法仍不可缺少。

组织实践中，如美国通用汽车公司强调信息化建设，推行数字化管理。王育琨则认为，过分依赖数字管理，恰恰是通用汽车公司破产的一个重要原因：通用汽车实行复杂的数字管理，在数字由实像向数据转化时常

---

① 转引自斯图尔特·克雷纳《管理百年》，海南出版社 2003 年版，第 130—131 页。

② Antonio Hidalgo & Jose Albors, Innovation Management Techniques and Tools: A Review from Theory and Practice. *R&D Management* 38, 2, 2008.

常出现偏差影响了数字的真实①。换言之，组织应该把握市场的真实需要，然而数字的抽象有时也会模糊其背后市场所需要的含义。

管理者应该认识到定性方法也有重要作用，它和定量方法一起，都是管理思维方式中不可缺少的方法。王梓坤就认为，定性是定量的基础，定量是定性的精化。定性决定一个塑像的身段轮廓，而定量则规定身段各部分的尺寸。因此，两者是相互补充的②。古默桑则认为，定性方法的应用要远早于定量方法，在管理领域也是如此。定性方法有重要作用，它为诸如一般管理学、领导学、市场营销学、组织学、公司战略、会计学等管理学科和经营学科的研究提供了强有力的工具。特别地，虽然定量方法和定性方法都可用于案例研究中的数据搜集，但是定性方法在对过程的研究中往往起主导作用③。他认为，定量研究方法在管理研究中应该有其一席之地，但是过分夸大它的作用就显得不太科学了。实际上，定量研究方法也难免显现出许多自相矛盾的地方。其实，定量研究方法是建立在定性的、主观的和武断的假设基础之上的，实践证明，它也无法处理复杂的、应景的和动态的问题，而这三个特点恰恰是社会和经营的最基本的特征。最后他强调，定量研究方法和定性研究方法在接近、分析和了解现实世界时其实相得益彰。

三　运筹学思维方法

运筹学属于数学方法的范畴，是应用数学的一个分支，并且以大量的定量数据分析作为基础，然而我们却不能仅仅将其看做一种定量分析的工具。运筹学有重要的管理意义，在管理活动中，它更是一种优化分析的技术和方法。其基本指导思想是“以有限资源去获得最大效果”，突出的是管理中追求优化与效率的思想。

---

① 王育琨：《通用汽车需要深刻调整》，《经理人》2009 年第 1 期。

② 王梓坤：《科学发现纵横谈》，上海人民出版社 1978 年版，第 100 页。

③ 伊弗特 · 古默桑：《管理的定性研究方法》，武汉大学出版社 2006 年版，中文版前言，第 1、2 页。

对此，很多作者都有相应的论述，例如我们在第二章中所引用的孔茨和奥唐奈的观点：由于把迄今为止的自然科学方法更有效地引入管理的决策工作中，使运筹学的注意力集中在确定目标、找出变量、研究相互关系和基本原理上，从而有可能通过模式、高等数学和计算，从前所未有的那么多的方案中找出最优的方案来[①]。雷恩则直接将运筹学方法看做优化分析法，是将不同变量都纳入考虑范围，然后再问哪一种决策可能最接近经营者的目标，即哪一种决策是最佳的或最优的[②]。纽曼和萨默也指出，像微观经济学一样，运筹学是用于规划方面的决策的，在这里，它的无与伦比作用更多地在于分析和选择。他们特别强调：运筹学对解决某些特定类型问题是一种十分有用的工具。但是，像其他管理技术一样，它的间接作用比其具体应用的价值更大。运筹学促使管理人员对所有问题进行深入的考虑，包括对那些不能量化或不值得作全面定量分析的问题[③]。格里芬的观点是：运筹学为管理者们提供了丰富的决策工具技术，提高了人们对复杂组织程序和情境的理解；在规划和控制程序中非常有用[④]。

为实现“以有限资源去获得最大效果”的目的，运筹学主要应用了微积分、线性代数、概率论、数理统计以及矩阵和网络图等数学手段，由此也形成了一整套具有不同功能的方法，如规划论、对策论、排队论、搜索论、网络分析、投入产出法等。根据管理过程各环节（如制订计划和决策、实施计划和效果反馈）的需要，可分别采用相应的方法来解决各种不同性质和特征的问题。

（一）线性规划

线性规划是研究计划管理工作中有关安排和估值问题的一种定量管理方法。从管理活动的角度来看，线性规划就是在满足既定的要求下，按一定衡量标准从一组可行的方案中选择最佳方案的方法。线性规划以线性方程式和不等式为手段，主要解决两类问题：一是一项任务确定后，如何用最少的资源去完成这一任务；二是在一定的资源基础上，如何使完成的任

---

① 哈罗德·孔茨、西里尔·奥唐奈：《管理学》，贵州人民出版社 1982 年版，第 251 页。

② 丹尼尔·A. 雷恩：《管理思想的演变》，中国社会科学出版社 1997 年版，第 510 页。

③ W. H. 纽曼、小 C. E. 萨默，《管理过程——概念、行为和实践》，中国社会科学出版社 1995 年版，第 15、16 页。

④ 里奇·格里芬：《管理学》第八版，中国市场出版社 2006 年版，第 37—38 页。

务最多。这两种情况其实是一个问题的两个方面，就是寻求整个问题的某个整体指标最优的方案。

线性规划有两个基本概念：约束条件和目标函数。约束条件是一种限制条件，通常是从“资源”的供求关系寻求约束条件，如一个企业的资源供应、人力物力是有限的，某一运输活动中的运输能力也是有限的，这些量的限度就是限制条件。目标函数代表了某一管理活动的目标，是用数学方式来表示的该过程有关各主要变量之间的关系。目标函数通常与经济效益紧密相连，如收入或支出，都是以经济效果作为是否采用某种决策的根据。这一类既有目标函数又有约束条件的数学模型，代表了非常广泛的一类实际问题，通常也称为数学规划问题，求解数学规划问题的方法就是最优化方法。

（二）动态规划

动态规划是解决多阶段决策过程最优化的基本方法，它是将一个复杂的多阶段决策问题，分解为若干个相互关联的较易求解的子决策问题，以寻求最优决策序列的方法。动态规划常用于大量重复性业务的决策，是企业中程序化决策的一种有效的定量技术和方法。其理论基础是贝尔曼的最优化原理，就是“作为整个过程的最优策略具有这样的性质：即无论其初始状态与初始决策如何，对前面的决策所形成的状态而言，余下的所有决策构成一个最优策略”。或者说，在多阶段决策中，任何一个阶段的状态和决策，都应该和在其以前的各阶段的状态和决策相关联，并共同构成最优决策。

动态规划的基本思想可归纳成两点：一是可把问题分成几个小问题或几个阶段，每一个阶段作出的决策，不仅影响下一个阶段，而且也影响到这个问题终结为止的每一个阶段；二是对问题的分析是反向（或逆序）进行的，也即从最后阶段开始，一个阶段一个阶段地逐步追溯到最初阶段。在这过程中，对该问题的每一个阶段都作出最优决策，最终实现整个决策过程的最优化。

一般的定量方法大都有一些标准方法，如线性规划有自己的标准方法，应用中都是将各种问题构成公式来予以解决。动态规划则没有这样的标准方法，它的基本思路是将复杂问题分解成一系列较小的较容易解决的问题。因为复杂问题作为整体难以解决，而分成较小的问题后，解决的难度也会随之减少。至于各个小问题如何解决，则大多需要依赖管理者发挥自身的创造性。因此，动态规划在很大程度上主要是提供了某种解决复杂问题的思考方式。

（三）目标规划

线性规划和动态规划一般都属于单目标问题，也就是要在满足一系列约束条件下求最优解（目标函数极大或极小）。但现实中提出的目标往往不止一个，而是许多个，甚至是一连串的目标。这些目标既可能有轻重缓急之分，也可能相互矛盾或冲突；在一定的约束条件下，有的目标可能能达到，有的也许不能达到，这时就成为多目标决策问题。对多目标问题的解决就要用到目标规划的理论和方法。

目标规划是在线性规划和非线性规划基础上发展起来的，它是根据各个目标的轻重缓急，将各个目标分为若干个优先等级，并据此而进行综合考虑。不过，对于很多经济目标，常常只能给出定性的优先次序，而无法给出相互的定量关系。

相对于单目标问题，目标规划涉及的是多目标的决策，因此没有绝对意义的最优解，只有相对意义的满意解（这时存在一个目标平衡的问题）。因此，管理中如何从众多的有效解中找到一个满意解，这就需要发挥管理者自身的知识、经验和判断能力的作用。也正因为如此，目标规划与其他最优化方法不同，它要求管理者也参与分析过程，以便及时给出有关信息所需要的满意解，避免出现由于事先缺乏目标值的有关信息而使得出的结论不合理的问题。

（四）排队论

排队论是对“排队”进行数学研究的理论，它是一种解决生产、商业、服务业中大量出现的各种排队问题的方法。现实生活中有各种各样的排队现象，但基本的规律是一致的。排队问题首先会遇到两方面的相互反向运动的费用：一是排队等待的时间损失和营业额的减少；二是为解决或减少排队问题需要增加的人员、物资、资金投入等而导致的费用。结果是：不解决排队问题，（虽然可避免追加费用的增加）排队等待费用就要增加；而如果去解决这一问题，（虽然可减少排队等待费用）投入费用又会增加。为此，排队论试图在等待费用和追加投入费用之间找到一种最佳的平衡。

排队论的研究对象是具有随机性的拥挤现象。在现实的许多排队活动中，决策者能够控制服务人员、服务组织和服务时间，但对顾客到来的人数、随机到来的时间等无法控制。因此在很多情况下，排队论本身还不能直接回答等待费用和追加投入费用的最优平衡问题（实际上，排队论目前还没有自己的有效方法，为了帮助认识理解众多的排队问题，一般都是借用其他数学方法，如系统模拟法、蒙特·卡罗模拟法等），但它可以为问题的分析提供思路和必需的描述性资料。

线性规划和排队论与时间和空间管理关系极大。时间和空间是管理的客观条件，不随人们的主观愿望而改变。时间、空间除了客观性和绝对性的特点外，还有相对性和有限性的特点。管理活动本质上是物质运动的一种特殊状态，合理利用有限的时间和空间就会产生相对地扩张空间和延长时间的效应，收到提高管理效率的结果。

以上规划论和排队论的方法论特点是：从事物的各因素排列、组合的量的关系入手，来解决在既定管理条件下管理活动如何更为优化的问题。

（五）对策论

也称博弈论，它是研究带有对抗性质的对策模型。是在已知竞争或对抗的各方可能采取的策略，而不知其如何决策的情况下，寻求收益最大或损失最小的数学方法。对策论还可用于解决系统内的冲突，即在系统内各部分的最优方案相互排斥、相互对抗的情况下，通过运用数学模型来寻找使各部分互相协调配合的最佳方式。

现实生活中，组织或个人都在追求自己的利益。这种利益的追求一般不会是静态的（即自己考虑自己的因素），而是动态的（即为追求自身的利益，竞争各方都在决策，相互竞争是普遍的事）。为此，不能只从组织或个人自己的需要来选择竞争策略，还必须根据其他组织或个人所选择的策略，来推测可能的竞争结果，进而确定自己的竞争策略。对策论所要讨论的，就是这种竞争情况下的决策问题。

这种相互竞争中进行决策的最简单情况是“二人对策”，即只有两个组织或个人进行竞争（复杂情况则是“多人对策”，人数越多，复杂程度越高）。对策各方对抗的结果，可能是你赢我赔，也可能是你赔我赢，这两种情况都称为“零和博弈”。

为了利用对策论分析问题，常要做一些假设。例如，二人零和博弈的假设是：一是对抗双方各自有有限个可以运用的策略；二是双方都知道自己和对方可以采用的不同行动方案，以及这些行动方案的可能结果；三是两个决策者的目标是对立的；四是双方都了解对方的最佳行动方案，并假设对手尽可能以其最佳方案行事来决定自己的行动；五是双方都具有在竞争中确定最佳对局策略的决策能力。实践中，许多实际的竞争问题要比对策论所作的假设复杂得多，规范程度也要低得多。因此，二人零和博弈的应用范围有较大限制，不过它却能够提供分析有关问题的基本思路，并提供在假设条件下可能形成的有关决策方案。

（六）运筹学方法的特点

运筹学作为一种数学方法，通常都和模型方法相联系。总的思路是：针对不同特征的问题建立相应的数学模型，然后用有关的方法去求解，并通过实践来检验得到的结果。其具体运用一般都要经过如下步骤：

首先，用图表或公式的形式将问题予以简化的表示。图表和公式是现实问题的逻辑表现，表征各有关变量之间的相互关系；同时又是现实问题的抽象表现形式，能够抓住主要的因素和关系，使问题得到简化。

其次，取得问题中各因素的定量数据，以便能用数据来表现各有关因素。对于某些不确定性因素，应尽可能运用统计方法取得其参数估计（点估计或区间估计）及其概率，从而使在不确定条件下的问题能进行运算。

再次，建立数学模型并求解，即根据已知条件和已有的信息，建立问题的数学模型。这个数学模型应该把所有的重要因素都包含在内，并能反映问题的本质，给出问题一个完整的描述。在此基础上，用最优化的方法求解。求解就是用不同的数值代入公式进行试验，对结果进行分析，并据此得出一组能表现最优解的数值。

最后，对模型进行试验和修改，即把通过模型求解所得的结果与实际情况进行比较，检查其是否符合现实过程，对暴露出来的缺陷进行修改，使之完善。数学的解答将给出对实际问题应采取的一种策略，但列出的数学模型是不是反映了实际问题的本质，给出的策略是否可行，还要对解答进行分析和检验。如果有偏差，就应该改进所建立的数学模型，直到得出一个最好的方案为止。

在这过程中应注意两个问题：一是模型的识别。建立模型是运筹学的重要步骤，围绕数学模型也发展了各种理论和方法，不同的理论和方法分别对应于不同的问题或模型。因此，为了求解一个模型，需要识别问题或模型的类型，以便采用相应的方法来解决。特别地，有很多实际问题具有特殊性，也往往有许多特殊的解法，这些解法有时比一般的解法更为简捷，如运输问题、投资问题、设备更新问题等都有现成的解法可以应用。有时，一个实际问题可以同时用不同的模型表示，这时其中通常会有一个模型比其他模型更合适，如果方法选择正确，问题解决也会事半功倍。二是模型要符合问题本身的特征和客观规律。例如，一个具有“线性”特征的问题，用线性规划模型能满足其特征，能较真实地反映实际，因此也能为管理者提供可靠的结论。但若一个“非线性”特征的问题，用线性规划模型就不符合其实际情况，其结论也将不可靠。

运筹学方法作为数学方法，有明确的特征：一是精确，为此它要做一系列的简化和假设；二是以定量关系或规律为基础；三是都有其特定的思维程序，就是一旦选择了某种方法，其思维程序和解题思路都是确定的。为此它主要适用于常规化、程序化问题的处理，其应用对象也大都是一些在其中决策规则可以合理地加以推导的、具有结构化特征的问题和决策。例如，库存水平、生产进度与控制、经济批量生产、质量控制等问题中的决策，都可以运用运筹学的技术和方法。

四　心理行为思维方法

心理行为方法是以组织管理中人们的心理和行为作为对象，针对人们心理和行为规律性而运用心理学、社会学和行为科学等学科的知识和方法的总称。也可说成：心理行为方法是以人的心理行为规律为依据，以激发人的积极性和创造性为目的的管理方法。

管理是多因素的统一，其中大致可分为两类：物的因素和人的因素。因此，要保证管理活动的顺利进行和发展，除了要运用科学管理方法和技术做到物尽其用外，还必须尽一切力量来调动人的积极性，做到人尽其才、人尽其力。如果说定量方法、系统方法、信息方法等主要是着眼于管理的“硬件”部分，即协调人和物、物和物之间关系的话，心理行为方法则主要是着眼于管理的“软件”部分，以调动、管理者的积极性和创造性。肖明等人的观点是：心理行为方法是从改变人的精神状态入手调动其积极性和创造性的管理方法，其特点是在对工作环境中个人和群体进行心理学、社会学的分析研究的基础上，创造出较好的工作环境和其他物质的和精神的条件，使每个人都能在工作中得到一定的心理上的满足，从而增加工作中的责任感、稳定性和积极性[①]。

唐伟认为，管理主要是对人的管理，而人是有思想、有性格、有情感、有意愿、有兴趣、有种种复杂心理状态的。不同的人对于同一种影响的反应会不同，而且，人的工作动机远不是始终由物质利益决定的。因此，管理者应该掌握被管理者的个性特征和行为规律。人在工作中主动性、积极性和创造性的发挥，在很大程度上取决于个人的心理状态。随着科学技术的进步和劳动复杂程度的提高，体力劳动的比重减少，脑力劳动的比重增加，人们的工作成果更加依赖于其心理状况[②]。因此，管理中必须要重视心理行为方法的应用。

心理行为方法在管理中有重要意义，例如质量管理。Choo 等认为：质量管理中也包括了心理内容[③]。质量管理是一个问题解决过程，其中要应用两种机制，一是方法机制，如 PDCA 循环或六西格玛等结构化方法，以发现和解决问题；二是心理机制，就是要创建一个“心理安全”[④] 的环境，以便组织成员主动地将问题看成机会，并积极地寻求相应的知识和办法或者创造新的知识和方法去解决。否则，组织成员很可能会将问题看成某种“负担”，而消极对待甚至有意识地躲避。所以他们强调，在质量管理活动中要将这两种机制结合起来灵活应用。芮明杰和袁安照也认为，全面质量管理实质上是一种心理的管理行为方式，它要求员工不断地提出改

---

① 肖明、张保生、陈新夏、李培松：《管理哲学纲要》，红旗出版社 1987 年版，第 185 页。

② 唐伟：《管理方法论》，中国广播电视出版社 1991 年版，第 11 页。

③ Adrian S. Choo, Kevin W. Linderman and Roger G. Schroeder, Method and Psychological Effects on Learning Behaviors and Knowledge Creation in Quality Improvement Projects, *Management Science* 53 (3) 2007.

④ “心理安全”是指人们相信组织环境对人们的风险承担是安全的［Edmondson, A., Psychological Safety and Learning Behavior in Work Teams. *Administrative Science Quarterly* 1999, 44 (2)］。

进工作的建议，是一种积极地适应不断变化的环境和满足不断变化的需求的一种管理方法。全面质量管理还是一种心理状态的调整，自我负责、自我激励、自尊、自信和自律是全面质量管理的基础，如果没有这种心理状态，全面质量管理仍然只是一般的管理体系[①]。

心理行为方法的理论来源，包括心理学、社会学、人类学、行为科学、政治学、伦理学、生理学等，其中心理学、社会学和行为科学是主要的理论基础。心理学是研究人类心理现象及规律的科学，由于心理活动和心理特征是人们产生行为的重要原因和内动力，因此为研究人们的行为规律性，必须以心理现象的规律性为基础。心理学分个体心理学（或普通心理学）和社会心理学。个体心理学集中于个人的心理活动和特征的分析，这是一切心理学研究的基础；社会心理学则是把个人作为社会的人而来研究其心理过程的学科，突出的是群体、组织或社会活动与人们心理活动的关系。社会学是一门把社会作为整体来研究社会的构成及其运行规律的社会科学。人们生活在一定的社会环境中，其行为都要受到社会要素和关系的规范与制约。因此，研究组织中人的行为，就必须要从其所处的整个社会关系入手，这样才能全面认识人们的行为规律性。行为科学是运用研究自然科学那样的实验和观察的方法，来研究在一定物质和社会环境中的人的行为和动物（除人这种高级动物之外的其他动物）的行为的科学。一定组织中人的行为的研究，必然要应用行为科学的一般原理和知识。

应用心理学、社会学和行为科学及其他有关学科的原理，研究人的思想、情绪、感情、性格、需求、欲望等心理状态，以及人群关系、社会环境对人的行为的影响，了解人的行为产生的原因及其发展变化的规律性，激发行为动机，推动和保持有利于提高工作效率的积极行为的发生并不断强化这些行为，就形成了管理中的心理行为方法。

心理行为方法在管理中的应用和发展，存在两条主要的线索。一是行为科学的发展，二是心理学的发展和应用。由于人的心理活动与行为表现密不可分，这两条线索也相互关联。当它们应用于组织中人的问题的探讨和管理时，就产生了管理领域中的组织行为学。组织行为学是研究一定组织中人的心理和行为规律性的科学。它采用系统分析的方法，综合运用心

---

① 芮明杰、袁安照：《管理重组》，浙江人民出版社 2000 年版，第 101—102 页。

理学、社会学、经济学和政治学等多种学科的知识，研究一定组织中人的心理和行为的规律性，从而有助于提高管理者对人的行为的预测和引导能力，以便更有效地实现组织预定的目标①。有观点认为，在组织行为学与管理心理学之间，并不存在实质的差别。由此也可以认为，心理行为方法在组织管理中的应用，主要也是组织行为学有关理论和观点的贯彻。

目前来看，心理行为方法在组织管理中的应用，主要有个体、群体和组织三个层次，以及激励和领导两种活动：

（一）个体层次

个体的心理和行为特征及规律是心理行为方法的基础，管理中的心理行为方法实际上主要就是针对个人的心理和行为而对有关知识的应用。其中，除了个人的需要、动机和信念（信念问题则在第八章讨论）外，管理者还应关注个人的知觉、价值观和态度、个性心理特征。

1. 知觉

知觉是当前直接作用于感觉器官的整个客观事物在大脑中的反映。知觉是思维的“窗口”，为思维提供感觉信息，而思维又对感觉信息进行加工处理，把知觉组织起来，使其获得一定的意义。由于知觉含有一定的意义，使知觉带有一定的主观意识性。而正是这种带有意识性的知觉，能在一定程度上调节人的行为。

客观事物复杂多样，而人们在同一时间只能清晰知觉有限的事物，这就是知觉的选择性。知觉的选择性分被动选择和主动选择，被动选择是在客观因素的影响下产生的知觉，或者说客观事物迫使人们去知觉它；主动选择是人们在主观因素（如个人的需要、知识和经验等）的影响下主动的感知对象。

知觉具有社会意义，由此提出了“社会知觉”的概念。社会知觉是对社会对象的知觉，其中包括对人知觉、人际知觉、角色知觉和因果关系知觉。在社会知觉过程中，人们还会发生对自己的知觉（自我知觉），即人们对自己的心理与行为状态的知觉，通过自我知觉发现和了解自己。自我知觉与自我意识相关，在自我知觉前提下，人们能够进行自我意识及行为的调节，即自我调节。

---

① 孙彤：《组织行为学教程》，高等教育出版社1990年版，第1页。

所有这些知觉概念及含义，都是管理者管理行为的前提或基础。首先，管理人员应当时时注意自己的知觉，对员工应表现有积极意义的行为，以有利于跟员工搞好关系，调动他们的积极性。其次，管理者应当注意发挥知觉选择性的作用，一方面注意发挥员工主观因素的积极作用；另一方面也要充分利用有关的客观因素，创造适宜的条件，以促进员工选择性知觉的产生。最后在社会知觉方面，管理者应主动与员工交流，获得人际知觉，促进集体意识的形成；通过与员工的交流，获得对人知觉，从而根据不同个人的特点实行不同的管理；管理者应努力进行角色知觉，突出员工的角色意识，并在此基础上实行责任制的管理，等等。

2. 价值观、态度和个性心理特征

价值观是指一个人对周围的客观事物的意义、重要性的总评价和总看法，它是决定人的行为的心理基础。态度则是个人对某一对象所持有的评价与行为倾向，态度不是行为，而是行为的内在心理动力。价值观和态度对人们的行为有重要影响，不同的人对客观事物重要性的看法不同，或者其态度不同，其采取的行为也会有所区别。因此，管理者应采取适当的管理措施，引导人们形成相应的价值观和态度，以促进人们产生所期望的行为及提高工作的绩效。

在组织管理中，个人的价值观和态度具有复杂性，其形成主要受社会因素、组织因素及个人因素等多方面因素的共同影响。因此，为形成组织所期望的价值观和态度，需要管理者从多方面对个人的心理和行为进行考虑和引导，而不能只是简单化地加以处理。在这方面，除了要有一定的强制性制度和措施外，更多的是要进行宣传和教育，以及要有良好的组织氛围作为引导。

个性是指一个人整个的、稳定的心理特征的总和。个性包括相互联系的两个部分，一是个性倾向性，如兴趣、爱好、需要、动机、信念、理想和世界观等；二是个性心理特征，主要包括气质、能力和性格。在个性心理特征中，气质是指心理过程的动力特征；能力是取得一定活动成果的心理特征；性格是与稳定的态度相联系的行为方式。个性会影响人们的职业或工作的行为及结果，因此在安排人们的工作时，应重视他们的个性特征，这样才能做到“人尽其才”、“各得其所”。具体应用主要包括有关的原则，如气质绝对原则、能力阈限原则、性格顺应原则、气质能力性格互补原则等。

（二）群体和组织层次

1. 群体行为的引导

在组织中，管理者除了面对单独的个人外，还要关注由许多个人或个体所组成的群体。管理者特别应当把组织视做各群体的集合，而不仅是诸多个体的集合。当若干个体组成一个群体后，他们之间将发生一系列的相互作用，这些相互作用将影响整个群体的绩效。作为管理者，必须了解和掌握群体成员相互作用的规律，以便加以控制和引导，使群体发挥出最大绩效。为此：

一是要了解和掌握人际关系的重要性、人际关系的类型、人际关系的影响因素和改善人际关系的途径。人际关系是指组织中人们相互之间发生的各种各样关系，这些关系对组织中人们的行为有重要的影响，如影响群体内聚力和工作的绩效、影响员工的身心健康等。管理心理学表明，良好的人际关系常常会导致某种“群体效应”，就是人们在一起工作，其工作绩效常要比一个人单独工作时的绩效要高。因此，发展组织中良好的人际关系，是管理的一项重要任务。目的是提高管理者对员工的需求、动机、行为、情感和思想的关心程度，正确处理人与人的相互关系，更好地利用人们的心理和情感，激发员工的工作积极性、主动性和创造性。

二是要明确组织中群体的作用及群体的多样性。在此前提下，运用相应的管理方法，充分发挥群体的力量，使群体的工作绩效大于群体成员单独工作时绩效的总和。同时，使组织中多种群体为组织的共同目标而实现合作。特别地，组织中群体的一个通常分类是正式群体和非正式群体。正式群体是由组织正式文件明文规定的，并以工作为主要目的的群体；非正式群体是组织中没有正式规定、主要是群体成员为了满足自己的情感需要而形成的群体。正式群体和非正式群体都各有各的意义，因此现代组织管理强调要充分发挥这两种群体的作用。但是应该指出，只有在非正式群体的目标与组织的目标相一致的情况下，非正式群体才有可能产生积极的作用。为此，组织管理者应注意对非正式群体主动地进行引导。

组织中的人际关系以及非正式群体等都需要进行引导，管理上的措施也多种多样，其中一个主要方面是要加强组织中的沟通。目的是要使管理者能够更好地对组织中的人与工作进行管理和协调，减少或消除组织中的矛盾和冲突，以便形成融洽的人际关系，提高员工的满意感和组织中的内聚力，使组织成员及各种群体能够为组织的共同目标努力协作和合作。

2. 组织行为的合理化

组织是由个人和群体所组成的一个整体，组织中的个人及群体对组织的行为有影响；与此同时，组织整体也会影响组织中个人及群体的行为。就组织整体而言，关键是要实现组织行为的合理化，也即在组织中形成有利于成员积极性和能动性发挥的良好环境与氛围。

组织管理，一方面要造成某种适当的压力，以便为组织成员及群体形成某种推动力。压力即人们在对付那些自己认为很难对付的情况时，所产生的情绪和身体上的异常反应。人们对压力的体验取决于多种因素，如知觉、经历、工作绩效和人际关系等。组织中不能没有压力，否则成员将会缺乏积极性和上进心，但压力过大也会产生不良的后果。因此，组织管理者应通过相应的管理措施，使组织中的压力保持在一个适当的水平。

另一方面，要加强组织文化的建设和发展，以便为组织成员提供某种特定的观念或意识的规范，使组织成员的思维和行为具有一致性。在这方面应该强调，组织文化既是组织建设与管理的一个主要的领域，也是心理行为方法应用的一种重要手段。

（三）动机激励

动机激励是心理行为方法应用的一个重要活动领域，有关理论也对其中所采用的主要方法做了基本的规范。这些理论大致可分成三种类型，即需要型激励理论、过程型激励理论和状态型激励理论①。

一是需要型激励理论，是从动机—行为过程或激励过程的起点，即人

---

① 有关激励的理论和方法，有关研究提出了多种观点。对此，史文涛和邓淑莲做了一个概括，认为现在激励理论的研究有三种逻辑：心理学领域的心理诱导逻辑；经济学领域的利益关联逻辑；社会学领域的结构约束逻辑。心理学将激励视为个人需求的满足或对外部刺激的反应问题，试图通过需求的供给或外部刺激等心理机制诱导个人行为，从而促进组织目标的实现。经济学将激励视为克服信息不对称与合理分担风险问题，试图通过在个人的行为表现与其收益之间建立直接关联，将组织目标与个人目标统一起来，从而推动组织目标的实现。社会学将激励视为个人对组织的结构性约束的适应问题，试图通过科学的组织设计，提供恰当的结构约束来规范成员的行为，从而保证组织目标的实现。他们认为，目前管理学对激励理论的研究主要立足于心理诱导逻辑，是很不够的。如何将这三种逻辑结合起来，还值得研究（史文涛、邓淑莲：《激励理论的逻辑分析》，《求索》2007 年第 8 期）。

的需要出发，来解释是什么因素引起、维持并指引某种行为去实现目标。需要型激励理论基本上都认为人的行为动机由需要引起，了解人的需要尤其是优势需要是激励的出发点。因此，这一类理论的中心任务就是了解员工的各种需要，确定这些需要的主次顺序或结构，以及满足何种需要将导致最大的激励。主要理论观点有：需要层次论、双因素理论和成就需要理论等。其中，需要层次理论认为，人们的需要是逐层满足的，即首先满足生理需要，而后是安全需要，最后才是交往需要、尊严需要及自我实现的需要，等等。某一需要得到满足，就不再具有激励作用，只有未满足的需要才具有激励作用。只有生理、安全、交往和尊重这些需要都得到某种程度的满足，人们才能产生自我实现的需要。双因素理论则提出了激励因素和保健因素的分类，它认为调动人的积极性主要应从激励因素入手，即从工作本身采取措施。组织应增加激励因素，而不是保健因素，因为保健因素不产生激励作用。特别地，组织应设法使保健因素成为激励因素，而不是相反使激励因素变为保健因素。

二是过程型激励理论，在某种意义上可以认为该理论是对需要型激励理论的发展。其特点是从激励（从未满足的需要到需要的满足）的过程来分析：人的行为如何产生，如何趋向一定目标并得以持续或终止。主要的理论观点是期望理论、目标理论和强化理论。其中，期望理论认为决定人们行为的除了需要外，还有需要满足的可能性。按照这一理论，只有当人们认为存在实现预期目标的可能性，并且实现这种目标又是非常重要的时候，他们才可能产生较高的激励程度或动机水平。目标理论认为目标是引起行为的最直接动机，设置合适的目标会使人产生想达到该目标的成就需要，因而对人有强烈的激励作用。强化理论则认为，控制和预测人的行为无须了解人的内在状态和心理过程，只要控制人们行为的后果（奖惩），就可以达到控制和预测人的行为、调动人的积极性的目的。

三是状态型激励理论，这一理论从激励的后果（即需要的满足与否或状态）来探讨激励问题。需要的满足方式有公平和不公平之分，需要的不满足将给人带来挫折。不公平和挫折都会降低人的激励水平，因此状态型激励理论的研究重点就是弄清公平或不公平和挫折对人的行为的影响，目的是找到有效的手段或措施来消除不公平和挫折对人的行为的消极影响，最大限度地保证人的积极性得到充分的发挥。状态型激励理论主要包括公平理论和挫折理论。

（四）领导行为及其有效性

心理行为方法的另一个重要应用是领导行为及其有效性。组织成功与否，归根结底在于人的积极性能否得到充分发挥。影响人的积极性的因素很多，如人际关系与群体行为、个体的价值观和个性差异、管理工作和劳动报酬、组织结构等。除此之外，还与领导行为密切相关①。

现代观点强调领导是一种行为和影响力，这一观点并不排斥领导者行使组织赋予的职权来实行监督和控制。但更重要的，是要求领导者根据实际情况运用相应的领导技能、采取正确的领导方式和领导行为，来带领、激发和诱导组织成员高效率地实现组织的目标。组织领导除了要应用一般的行政、经济与法律手段外，还要注重从心理行为方法的角度，从心理上激发组织成员的归属感、群体和参与意识，把组织目标当做他们自己的目标；让每一个组织成员都能意识到自己在组织群体中的地位和作用，并与组织中其他成员相互配合及协作；要调动组织成员的主动性和创造性，使他们成为一个有机的整体，共同为实现组织目标而努力工作。正是在这个意义上，索能伯格引用某公司总裁的话说道：在现代以人为中心的管理条件下，为激发员工的才智、能力、奉献和激情，企业必须抛弃“桎梏人们的繁文缛节，抛弃许多管理人员具有的那种命令和控制的旧式管理心态”。据此他总结道：有见识的管理者知道，通过企业信念和价值观来吸引留住员工的奉献精神，才是管理的最佳方式②。

为此，要从个体和群体的心理和行为出发进行领导，处理好人与人及人与工作（或物质、技术）之间的关系，努力提高人的积极性和工作绩效水平。由于领导者用于行使权力和发挥领导作用的风格或方式不同，或者是侧重民主与参与，或者是侧重独裁与专制，往往会导致产生不同的组织环境与气氛，最终也将影响到组织成员的工作积极性和整个组织的绩效。因此为了进行有效的领导，要注意具体情况具体分析。对此，各种有

① 实践中，领导者和管理者通常被看做同义语。但领导与管理还是有区别，例如领导者是管理者，而管理者却不一定是领导者。两者之间的主要区别是：领导偏重于决策与用人；管理则侧重于执行决策及组织力量完成组织目标（孙彤：《组织行为学教程》，高等教育出版社 1990 年版，第 163 页）。

② 法兰克·K. 索能伯格：《凭良心管理》，中国经济出版社 1997 年版，第 17 页。

关的理论都提供了基本的思路，一是关于领导与领导力的理论和观点，认为领导者素质、领导者结构和领导者的社会心理环境对领导有效性有重要影响。二是人的本性及领导方式的有关观点，如 X 理论、Y 理论和超 Y 理论，表明了人的本性与领导有效性之间的关系。三是各种领导行为及领导权变理论与思想。领导行为理论如 PM 型领导模式、领导系统模式和领导作风理论；领导权变理论如连续带模式、通路—目标模式、参与模式和领导生命周期理论等。这些理论都强调了要针对不同情况采用不同的领导行为或不同的领导方式，如此才能提高领导的有效性。

对领导者自身也有一个心理行为方法的应用问题，这一问题尤其表现在领导决策行为中。决策是人的行为，是决策者的认识、意识、思维等多种心理机能的综合产物，因此有相应的心理行为作基础。例如，常规决策符合循规蹈矩、按部就班的心理特点，有此类心理倾向的人适合于此种决策。相反，非常规决策则要求决策者有较丰富的知识和能力，而且风险性也较大，对决策者的心理素质也要求较高。通常情况下，任何决策都有一定的风险，决策者的心理素质不同，其对决策风险性的态度也会不同，从而会倾向选择不同的决策后果。例如，倾向于冒险的决策者通常会选择利润较高、但风险也大的决策目标；不愿冒险的决策者则一般会选择风险较小但利润也小的决策目标。每个决策者都有一种心理倾向，这种倾向通常会在决策过程中有所表现，从而可能促进正确的决策，也可能阻碍正确的决策[①]。尤其是决策者的思维定式会使他表现出某种“自以为是”的主观倾向，最终偏离科学决策的要求。有观点就认为，管理者要始终警惕认为自己的决策是最好的[②]，意即决策者要不断自觉地克服消极心理定式的影响。为此，应用心理行为方法对决策者的心理行为特征进行分析，将有助于决策者提高决策水平。

最后，应该指出的是，心理行为方法与一般数学方法的应用有所不同。数学方法提供了管理（分析）的依据或手段，但很多时候它并不是

---

① 曾有观点认为，应对管理者的每次决策进行记录，以便判断其决策风格中可能的保守或冒险倾向。这样在以后的决策中可以据此对管理者的决策进行修正，如对具有保守倾向的管理者，应该调高其决策值；而对具有冒险倾向的管理者，则应该调低其决策值，从而使管理者的决策更为合理及科学。

② 郑喜临：《决策心理浅析》，《决策与信息》1987 年第 5 期。

管理本身。例如，利用数学方法得出了某种结论或方案，是不是就依此而实行，还需要经过管理的决策并采取相应的具体措施。心理行为方法既是管理的依据和手段，在很多时候也是管理的一种措施，如实施某项“优胜劣汰”的管理制度，或实行参与式管理，就既有心理行为方法的意义，同时也都是实际的重要管理行动。

五　合作思维方法

（一）合作思维的理论基础

合作思维方法是从资源互补、能力互补的角度，分析探讨并促进组织内部及组织相互间的合作关系以求得共同优胜的一种思维方法。

组织首先强调的是内部合作与协调，因为组织是一个整体，内部合作是本来应有的要求。目的是希望充分有效地利用资源，促进知识共享、工作协作，以便更好地发挥组织整体的效能。为了促进组织内部的合作与协调，组织管理也采用了多种手段和机制，概括起来就是系统—技术机制和社会—动力机制。对此本书将在第七章讨论。

组织也强调外部合作，主要是因为现代组织活动所需要的资源多样化，一个组织很难具有所有这些资源。尤其是在强调核心业务与能力的情况下，组织的很多资源必须要从组织外部获取。因此，组织间的合作也具有越来越大的意义。实际上可以认为，合作现在已成为组织活动的一个重要趋势。

现代组织合作的思想，大致可认为从马歇尔开始。马歇尔通过对意大利北部工业区中小企业间关系的探讨，提出了企业间的合作“氛围”（或空气）概念。之后，关于组织间合作的理论探讨和具体实践有了很大发展。组织合作的方式也出现了多样化局面，如合资企业、合作协议、技术交流协议、直接投资、许可证协议、分包、生产分工和供应商—客户网络、行业协会、政府推动的联合项目等。或者分为有正式合同规范的正式合作，以及无正式合同规范的非正式合作；或者长期的战略联盟与短期的短暂联盟等。

合作效应也是多方面的，如协同效应、分担成本与降低风险、技术溢出效应、拉动效应、加快产品进入市场的时间效应、市场开拓及技术转移与知识学习等。哈迪等（Hardy et al.）特别概括了合作的三种基本效应：战略效应、知识创造效应和政治（或支配）效应[①]。其中，战略效应是指获取组织自身难以发展，但又是在高度竞争的环境中组织生存所必需的资源；知识创造效应是指组织间合作不仅能够有效地转移知识，更重要的是通过不断发展的合作及相互作用而能够产生新的知识；政治（或支配）效应是指组织通过合作能够加强自身在某一领域的地位，同时也有助于保护他们的这种地位并对其他组织产生支配效应[②]。

在这样一种发展中，各种理论都表明了自己的倾向和思路，从而也形成了一种合作的思维方法。

1. 资源观和能力观理论

这两种理论分别把资源或能力作为考虑问题的基点，如资源观理论认为，组织内部的有形资源是组织获得竞争优势的源泉；能力观理论则强调企业最宝贵的资源是以组织知识为基础的无形能力。两种观点虽然有区别，但在合作战略的选择上，考虑问题的思路却基本一致。首先，组织应在内部发展对自身竞争优势具有基本意义的独特资源和能力，尤其是具有高的战略适应性的技术资源或能力。其次，组织在发展自身独特资源和能力的前提下，也要努力利用合作来取得其他资源或能力。如资源观理论认为，组织应通过合作来获取组织自身难以发展，但又是组织生存所必需的资源。能力观尤其是核心能力的观点也意味着，组织在发展自身核心能力与资源的同时，其他能力和资源则需要或可以从外部获取。所以，按照这两种理论，组织的合作战略应根据组织战略及目标对企业资源或能力的关系而决定。对关系较大的资源和能力，要多从组织内部构建来考虑；反之则可以外部合作或者以外包及许可为主。

应该指出，这两种理论都包含了对外部资源和能力的要求，从而也要

---

① Gynthia Hardy, Nelson Phillips and Thomas B. Lawrence, Resources, Knowledge and Influence: The Organizational Effects of Interorganizational Collaboration. *Journal of Management Studies* 40: 2 March 2003.

② 合作的重要性在组织活动的各个领域都有表现，例如在组织创新活动中，Huston 和 Sakkab 甚至认为，以前说的是“研究与开发”，现在则可能要说“联系与开发”（Huston and Sakkab, Connect and develop, *Harvard Business Review* 84, 3, 2006）。

求在与外部组织进行合作时，组织应对外部资源和能力进行管理，以求更好地实现组织的目标。

2. 竞争优势理论

该理论强调组织应努力取得竞争优势，在此基础上，现在的观点进一步提出竞争优势与合作密切关联。由于现代竞争优势涉及的资源和因素多种多样，单个组织的优势发展总要受到一定的限制。因此，组织应力求通过相互间的合作来推动组织之间的资源互补、优势互补，实现共同优胜。所以，竞争优势理论的一般倾向是组织应采取合作战略。就是组织只从事自己擅长的那部分活动，然后与具有其他优势的组织开展合作来弥补自己的不足，或者将自己没有优势的活动外包给那些具有优势的组织，从而实现组织活动的整体优势。特别是单独一个组织所具有的优势有时并不是很突出，但若各个具有某种独特优势的组织通过合作，就会放大其优势效应，而形成更大的整体优势。这种情况尤其在合作双方的资源具有异质性时表现最为突出。

3. 产业组织理论

现代产业组织理论更多地强调了组织间合作的意义，特别是有关产业集群的观点，更把专业化分工协作放在了一个重要地位。其中一个重要方面，就是要从集群观点出发，大力发展“外部范围经济”。也即将生产系统分解到不同的组织，各个组织在专业化基础上着重发展核心能力，再通过地理范围上的专业化产业集聚，加强组织之间的协作与合作，使各个组织按价值链接成更大的生产系统，来取得生产活动的经济性[①]。范围经济尤其是外部范围经济能更好地突出组织的专业化特点和优势，以及在合作中共同创新、集体参与竞争的要求，因此成为有关理论和实践的一个重要趋向。按照这样的观点，组织活动应倾向于合作战略，或者采取外包等多种合作形式，为此组织也应加强自己的外部资源的管理能力。

4. 交易成本理论

这一理论突出了成本尤其是交易成本的重要性。它认为，企业间的合作行为取决于交易成本，当企业间的交易成本较高时，企业倾向于内部

---

① 王缉慈：《关于我国区域研究中的若干新概念的讨论》，《北京大学学报》（哲学社会科学版）1998 年第 6 期。

化，即在企业内部完成某个行为；而在交易成本较低时，企业便会开展（外部）合作。通常情况下，企业将选择最小化交易成本的组织形式。由于不确定性和资产专用性等影响到交易成本，因此是考虑问题的重要基点。对此有观点认为，当不确定性、交易频率和资产专用性较低时，市场（无序的小企业）是有效的调节手段，这时交易成本最低；而当这三个变量较高时，企业（科层组织）就会出现；处于这两者之间的是双边、多边和杂交的中间组织形态（即企业网络）。总的来看，通过企业网络来实现合作是一个重要趋势，这是由于市场的不确定性和资产专用性的增强，企业之间的互补性决定了企业之间需要合作。这种合作是通过企业之间的多样化契约来实现的，它可以降低交易成本和生产成本，推动技术的联合开发和应用，从而能够获得更大的合作优势。

以上这些理论和观点除了说明合作的必要性外，同时也指明了一个重要的管理领域，其中尤其需要的是宽广的视角和开放的思维方法。

（二）合作思维的视角

合作开阔了组织的视野，推动了管理者从更高的层次及更广泛的角度来考虑组织的运作。一是网络和供应链概念的产生，要求从产业或供应链的角度考虑组织的运行；二是全球化和本地化趋势的发展，使组织必须扩展学习空间，以便利用全球资源发展组织的优势。

首先，由于合作的广泛开展，组织网络和供应链也在不断产生和发展，从而使组织边界发生了很大变化。简而言之，就是传统组织的确定边界模糊化了，组织管理的对象和内容既包括组织自己本身，同时也包括了与组织有密切联系的但属于其他组织的一些对象和内容。其结果是“组织”的概念也发生了变化。王凤彬和陈莉平就写道：

在当今时代从工业社会向信息社会演变过程中，不仅是单个的企业应该作为组织来看待，企业与其他单位构成的各种性质的联盟体更是不容忽视的组织。在当今的网络化联结时代，商界中发生的竞争已经不只是单一企业间的竞争，更是企业与其他企业或单位组成的联盟体之间的竞争。对此人们通常称之为“合作竞争”。传统的观点认为，世界是由独立的企业构成的，各企业都为了保持自己的自主性和强权地位而进行竞争。现在的企业则在向商界的生态系统演进。许多企业都与诸多的相关机构建立起了密切的、互利的伙伴式关系，传统的企业边界正在消失，组织的范围不断拓宽。在这种情形下，研究者不仅要考察单个企业哪怕是核心企业的作为，更要研究作为各方利益“同中有异，异中有同”的动态联盟体如何运作、发展和共荣的问题①。

我们在前面第二章曾引用的豪厄尔斯等以及珀克斯和杰夫里的观点也是这个意思。如豪厄尔斯等认为，认识到制药工业的边界正面临革命性的变化和可渗透性是重要的……制药工业的边界正在不断改变，正变得越来越具有可渗透性②。珀克斯和杰夫里也认为，管理者需要看到整个的创新网络，并关注网络中的各个部分如何互相适应成为一个整体。他们需要关注所有有关的企业激励……传统企业激励是根据公司目标的实现来回报管理人员，然而现在开始转向：必须根据网络绩效标准来评价管理者的贡献③。

其次，经济活动的全球化和本地化趋势，使合作范围不断扩大，战略意义也日益明显。全球化指资本和生产要素在全球范围内的流动；本地化指国际资源在某些区域内的集聚和重组。这两种趋势相互结合，使各个国家的经济活动紧密关联，国际市场的竞争更加激烈。与此相应的，组织为在竞争中取得优势，也将组织的合作扩展到国际范围，以便在世界范围内争夺优势资源、扩展市场。尤其注重在一些经济、科技发展迅速，具有充分市场潜力和/或有大量技术输出的国家与地区，通过利用当地资源进行组织学习，并结合当地市场需求进行创新和生产。

这种全球化与本地化的观点特别在组织的创新战略及活动中表现明显。现在很多组织一是将创新活动与组织业务（生产、市场、销售）相结合，创新不再是与业务部门相分割的一个自我存在的部门，而是在与业务战略相结合的前提下来确定创新的目标；二是随着组织业务在全球范围内的扩展，组织也在全球范围内集成技术或 R&D 和业务的战略，在争夺全球市场的同时，也在争夺国际上的创新资源，并且针对不同市场特点开展相应的创新活动；三是创新活动从集中走向分散化，并在分散化的基础

---

① 王凤彬、陈莉平：《学科研究与企业管理科学的发展》，《管理世界》2002 年第 7 期。

② Jeremy Howells, Dimitri Gagliardi and Khaleel Malik, The Growth and Management of R&D Outsourcing: Evidence from UK Pharmaceuticals, *R&D Management* 38, 2, 2008.

③ Helen Perks and Richard Jeffery, Global Network Configuration for Innovation: A Study of International Fibre Innovation, *R&D Management* 36, 1, 2006.

上实现协调和集成，以有利于组织全球战略的部署与目标的实现；四是与组织强调其全球战略相适应的，是通过国际 R&D 活动获得更大范围的资源和能力，寻求新的能力发展路径，以支持组织在全球范围内的长远竞争优势。

为了获取国外某一特定地区所具有的而其他国家或地区所没有或不占优势的独特资源（包括知识、专长和人才），增强组织的技术能力，自 20 世纪 90 年代以来，全球化已成为跨国企业开展活动的主要平台，国际合作也成为组织能力发展的重要途径。例如，这方面的一个突出变化是，国际合作 R&D 已从传统的注重组织产品在当地的适应性和从国内 R&D 为其提供技术支持，转而在全球范围内寻求与优秀学术机构或研究中心的合作，以便扩大组织的知识基础和长期创新的潜力，为组织的全球战略发展重要的创新。

在这过程中，组织也日益重视加强与东道国的知识联系，并努力深入东道国的高等教育与学术社团和网络，以便为获取当地的知识和人才来建立和疏通渠道。为此强调“跨国学习空间”的概念①。意指通过加强公司在当地的社会“植根”，在当地形成广泛密切的关系和网络，使公司有更多的渠道和机会学习或接近当地的知识与人才。

（三）组织合作的要求

概括起来，关于组织合作的主要观点：一是能力互补的观点，认为组织的生存和发展需要不同的能力，如研究、设计、制造、营销和售后服务等能力。这些能力涉及组织活动的各个方面，但并不是所有组织都具有这些能力，或在这些能力上具有优势，因此除了组织自身所具有（或占有优势）的能力外，有些能力就需要从外部取得，因此这一观点强调的是能力的互补。另一种是合作网络的观点，它以组织活动的价值链为基础，有关组织根据自身的能力，占有价值链过程中的某一环节，并与其他组织结成网络，共同进行价值的创造和实现，因此该观点强调组织的分工与合作。在组织合作的实际过程中，表现出了三个明显的要求（或特点）：

一是强调合作质量，注重发展组织间的强强合作，尤其是在核心技术

---

① Alice Lam, Organizational Learning in Multinationals: R&D Networks of Japanese and US MNEs in the UK. *Journal of Management Studies* 40: 3 May 2003.

领域里开展合作。由于合作一般都要涉及与外部组织的关系，因此通常都认为，合作中也要注意对外部组织的防范，不能泄漏组织自身的机密。特别是核心能力概念提出之后，组织间合作一般都是在与核心能力无关的外围能力或资源上。但现在，组织间合作也开始深入到组织内部的核心业务与能力，并认为只有通过核心能力间的合作，才能获得更大的竞争优势。这方面的例证如 ABB 和 IBM 的合作，其中 ABB 提供的是它在电机领域里的专有知识，IBM 提供的则是在计算机及软件诊断方面的核心能力①。为此，埃德勒（Edler）等认为，在现代技术活动国际化的挑战下，组织为寻求新的机会应实现广泛合作，甚至在企业的核心技术领域里，建立并运行与技术有关的和外部合作伙伴的横向及纵向网络②。

二是为了发展组织能力，应在纵向合作的基础上，努力发展横向合作，即同类组织之间的合作。这方面汉纳和沃尔什（Hanna and Walsh）有明确的观点，他们通过对意大利、丹麦和美国的小企业网络研究后认为，一般的企业网络只是纵向供应链，其作用主要在于扩大生产规模、降低生产成本，以及增强企业的市场地位，而对企业创新能力的提升作用如何还值得商榷。提升企业的创新能力应重视相似企业之间的合作与协作，即企业间的横向联系③。

三是合作门槛降低，合作形式趋向多样性。这方面的一个主要表现，是在有长期合同约束的战略联盟基础上，又突出了短暂联盟的重要性，即在一个较短的时期内其目标只在于完成某一特定任务的短期联盟。通过这种方式，组织不断寻求新的合作伙伴，以便发现和试验新的知识和技术，任务一旦完成联盟即告解散，即使合作失败也不会承担太大风险。在传统战略联盟合作的条件下，除了目的和资源要求外，合作各方相互间的了解和信任是重要的前提。但现在出现的“短暂联盟”合作形式，重视的是能否通过合作实现有关的目的，至于相互间的了解和信

---

① Annalisa Tunisini and Antonello Zanfei, Exploiting and Creating Knowledge Through Customer - supplier Relationships: Lessons from a Case Study. *R&D Management* 28, 2, 1998.

② Jakob Edler, Frieder Meyer - Krahmer and Guido Reger, Changes in The Strategic Management of Technology: Results of a Global Benchmarking Study. *R&D Management* 32, 2, 2002.

③ Victoria Hanna and Kathryn Walsh, Small Firm Networks: A Successful Approach to Innovation? *R&D Management* 32, 3, 2002.

任有的时候并不重要。Duysters 和 Man 就认为①，在现代科技加速发展及环境动荡情况下，以更快的速度进入市场已成为一个重要的竞争因素。为此，企业不可能再像以往那样“按部就班”来寻找合作者，而是试图以“试错法”为途径进入短暂联盟。由于短暂联盟的短存在期特征，合作者通常缺乏时间来建立他们间关系中的责任和信任，合作伙伴间的合作协调因此越来越基于良好结盟的目标和相互的目的。原先的联盟其成功的程度常常由联盟的持续时间来测量，今天的联盟是成功的则是指特定的任务被完成。

除了以上三个要求（或特点）外，郭立新和胡志刚还强调：现在供应商与经销商之间的关系已经不再是简单的价值链意义上的上下游关系，更不再是简单的职能分工与合作关系，而是彼此间分享各自的信息和知识，通过对信息进行专业化的处理及通过知识整合双方资源，以形成各自竞争力②。换句话说，现在是厂商协力整合价值链③。

（四）合作网络的绘制与管理意义

合作的发展使得组织必须对外部资源进行管理，由此也发展了新的管理方法或手段，如网络绘制。

首先，合作关系的存在和发展，将使合作网络中的资源与能力发生不同的联系和组合，并在应用于各自的任务和目的时不断进行重组与转换。因此，为了对合作体系中的资源与能力进行管理，需要在合作网络层次上予以综合考虑。

---

① Geert Duysters and Ard - pieter de Man, Transitory Alliances: An Instrument for Surviving Turbulent Industries? *R&D Management* 33, 1, 2003.

② 郭立新、胡志刚：《厂商协力整合价值链》，《经济日报》2005 年 7 月 1 日。

③ 应该指出，现在的趋势是合作不能仅限于业务层面（如供应商供应原材料，生产商生产制造产品），还要进一步深入到管理层面，以确保密切协作并产生好的效果。对此，丰田公司提供了正反两方面经验。一方面，丰田公司优势的一个主要来源是供应链合作，为了加强这一优势，丰田公司的管理扩展到了供应链协作企业。主要是注重从精神上培植协作企业，不断向协作企业灌输“丰田精神”，促进一种“共存共荣”、“协同作战”的局面。这种方法不仅使各协作企业之间、各协作企业与丰田集团之间形成了“同生共死”的关系，而且也使各协作企业的员工具有了强烈的丰田意识，因而更加忠诚于丰田（卢志强：《日本丰田汽车公司的经营管理特点》，《汽车与社会》1997 第 10 期）。另一方面，针对丰田公司近年来的汽车“召回”事件，有分析家指出，其中的一个重要原因就是供应链协作企业的管理出了问题。

其次，合作网络的发展要求必须广泛寻求可能的外部资源与能力，并将其纳入自身的战略管理范围。由此也产生了两个问题：一是如何避免合作的“偶然性”，即组织往往是在其可能遇到的伙伴之间寻求合作的“偶然”机会。这样既降低了合作成功的可能性，也难以满足组织为追求长远利益和目标来进行合作的要求。二是对组织而言，如何找到一种管理外部资源与能力所必需的手段，以便将其与自己的内部资源与能力实行结合。

最后，合作网络的重要性使组织必须大力发展网络，从而可能使网络关系达到十分复杂的程度。一般而言，某一网络完成的任务都是特定的，组织出于不同的目的而寻求相应的网络联系，就会在某一时期使组织同时与多个组织建立多种各具特色和目的的网络关系。例如，有的企业在一段时期内，根据自身各种业务发展需要，所建立的网络包括数十个不同的公司，涉及六七种联盟，结果围绕该公司形成了网络套网络的复杂联系。

复杂的网络关系使组织与组织之间的关系不能再只从双边关系来理解，而应同时考虑网络与网络的适应性。这是由于网络环境具有合作与竞争相混合的特征（也即网络中的组织既有合作关系，也可能存在竞争关系），只在双边层次上管理联盟有很大的局限性，必须要考虑在整体联盟中的业务量和责任的适应。例如，由于多重网络的存在，一个所期望的合作伙伴是否改进了整体网络的组合；应从不同业务不同层次的网络前景中选择合作者，如发现关键的战略伙伴（传统联盟）和只为某一学习目的的短暂合作关系（短暂联盟），以便用不同的方式投入不同类型的资源。为了确保合作者之间的最理想的组合与搭配，需要调查新的合作者能为网络作出什么贡献，以确保识别新的发展机会和寻求最有利的合作者。因此，合作者的选择不仅应包括双边适应性的分析，而且还应明确所期望的合作者对网络的健康组合作出的贡献。

合作网络带来的这些问题要求组织必须对之进行系统的管理，网络绘制则是系统管理的一种有用工具。网络绘制是指组织管理主体在一定的组织、体制和竞争性的环境下，战略性地收集、分析外部资源与能力的过程。在这过程中，组织管理主体借助信息技术和互联网，建立有关合作者信息的数据库，并利用计算机绘图来勾画其中实际的及可能的联系，以明确组织的合作者及其资源。其特点主要是，借助计算机绘图将组织各个合作者的网络联系全貌反映在一个直观且整体的画面上。利用计算机的强大功能和数据库技术，按照组织管理主体的需要方便地表现合作者及其联系的各种有关特征，亦可随时增补或删减其中的有关信息与数据，从而为组织管理主体提供了一个直观的广泛寻求并全面评价组织合作者的平台。

网络绘制作为一种有用的管理工具，其意义主要在于它提供了一个能够表现合作网络整体特征的综合平台，据此而可对网络中的合作关系及资源和能力进行分析评价，并施以相应的管理措施。Hellström 等特别指出了网络绘制在管理上的四种具体意义：知识和能力的管理；路径依赖性管理，以提高企业对未来环境的预见能力；激励有关组织对合作项目投资，并提高投资的效率和效益；促进知识和技术与社会生产的结合①。

① Tomas Hellström et al. , R&D Management Through Network Mapping Using the Internet to Identify Strategic Network Actors in Cooperative Research Network, *R&D Management* 31, 3, 2001.

第七章　管理思维方式的根本特征

一　管理思维方式与协调性

（一）思维方式的特征

思维方式的类型多种多样，各类思维方式都有自己的特点，并以此使自己与其他思维方式相区别。不过，虽然思维方式的类型多种多样，但它们都是人的思维方式，因此也有许多共通之处，甚至（就有关文献的表述来看）一些特点也有相似性。对此，我们可将思维方式的特点分为一般特点和根本特征。各类思维方式的一般特点有些就是相近或相似的，例如动态的观点，或者要全面把握认识对象或问题等；只有根本特征才真正表现出某类思维方式的独特性质。因此，对思维方式进行区别，应立足于其根本特征。

例如，医生和律师的职业特征都带有某种“挽救”的意味，但他们的思维方式就不一样，他们之间的主要区别可概括为：医生一般是倾向于将人当做“病人”，而律师则首先是将人看做“无罪的人”。

经济学的思维方式与市场营销学的思维方式也各有特点。经济学是研究各种经济关系和经济活动规律的科学。它认为，资源是稀缺的，而社会需求则有无限性，因此社会必须决定在资源稀缺的前提下首先应该满足哪些需求。由此，经济学研究的问题可概括为三个方面：一是社会应该生产何种产品或服务；二是社会如何生产这些产品或服务；三是社会中哪些部门可获得这些产品或服务。问题的中心是要提高资源配置的经济效益，以便使现有资源尽量满足社会需要。为了进行这样的研究，经济学以两个基本假设为前提：一是利益最大化；二是完全理性。经济学假设消费者会尽可能使自己的经济需要得到最大限度的满足，为此消费者通晓和掌握关于产品质量及其价格的详尽信息。生产者也都非常了解各种资源的成本，以及不同经营规模所适用的技术，而且知道如何运用这些信息来取得最佳的经济效益。总之，消费者与生产者都是完全理性的，并且能够自由地从事交换活动。因此，经济学的思维方式有较大的抽象性，其特点可认为是“理智性”的。

市场营销学是一门研究（企业的）市场营销活动及其规律性的应用科学，其核心概念是交换，即通过提供某种东西作为回报、以从别人那里取得所需物的行为。为此市场营销学关注的主要问题是：消费者的需求和欲望及其形成、影响因素、满足方式等；企业应如何满足并影响消费者的欲望和购买行为。市场营销学面对的是现实的消费者及其行为，为进行有关的研究，也提出了两个基本假设：一是效用最大化；二是有限理性。即消费者的行为是有限理性的，其间存在心理和情感的作用。消费者行为的目的是为了取得效用最大化，即最大限度的满足自身的需求，消费者也是据此来评价商品的价值大小。即商品价值的大小并不完全取决于商品自身的经济价值，而是要看它们能够在何种程度上满足消费者的需求。自身经济价值很大的商品如果不能满足消费者的需求，则该商品的经济价值在消费者看来并不大；反之，自身经济价值不是很大的商品如果能够充分满足消费者的需求，则消费者会认为该商品具有很大价值。所以，市场营销学强调的是消费者“实际”上怎样考虑问题，其思维方式中心理和情感的特点较明显。

其实，市场营销学最初产生于经济学，但是由于其所涉及领域中实际活动的要求，它最终形成了与经济学相区别的思维方式特征，并且也使自己成为了一门独立的学科。

又比如日常生活中的思维方式、科学思维方式和哲学思维方式也是三种不同的思维方式，它们的基本特征也各不相同。

日常生活中的思维方式以“常识”为基点，常识可概括为人们围绕日常生活所共同享有的一种非正式的知识结构系统。常识中包含着大量简单的知识，可用于界定日常的现实，使人们能够从事正常的日常生活。由于常识是人们所共有的，也使人们有可能达到对日常生活的一致性的认识，并与其他人一起共存于一个统一的社会生活之中。在常识性认识的基础上，人们日常生活中的思维方式表现出了三个特点：一是简单性，就是人们对其周围事物只要知道就行了，而不一定非要作“寻根究底”的认识。二是复杂性，人们的常识来自于日常生活，而日常生活多样和复杂，举凡日常生活中所有必需的事物，都可能对人们的常识产生影响，因此基于常识的思维方式也是复杂、多样的（或者说是“零乱”、“琐碎”的）。三是习惯性，很多常识性知识是在实际的日常生活过程中获得的，而且人们一旦习惯了某种生活常识（知识或行为），也往往会固守这一习惯，很难改变。

科学思维方式是在科学研究活动中形成的思维方式。科学研究与认识的目的，是完整、准确、深刻地认识和把握客观对象的本质属性和变化的内在规律。为达到这一目的，就要利用诸如分析、抽象以及归纳、演绎等一系列逻辑手段和方法来解析对象，因此科学思维是理性的，同时还强调逻辑性和简单性。但其根本的特征常表现为：一是实证性，即科学能提供具体确定的知识，其结论比较明确、可以验证。科学认识是有条件的、实证的，科学认识的结果必须要在实践（科学实验或生产实践）中加以检验。二是深刻性，科学不是停留在表面现象上，它不能仅限于知道某事，而是要力求揭示现象背后的本质，阐明其内部机理。正是基于这一原因，科学认识需要掌握充分的事实、资料和信息，因此有时也将信息密集看做是科学认识的一个特点。三是创造性，这方面首先是指科学从事的是创造性认识活动，它所研究的必须是前人所没有探讨过的新事物；其次是指科学是在实践的基础上进行抽象思维，创建科学理论并指导实践创造出天然自然中未曾有过的人工客体。

（辩证唯物主义）哲学是对人类各门（包括自然、社会和思维）具体科学知识的概括和总结，是人类理论思维的最高形式，因此其思维方式的根本特征也是反思性和高度抽象性。首先，哲学以客观世界及人类实践活动为基础，它通过对各门具体科学知识的概括和总结而获得自己的内容。而且，哲学也不是各门具体科学知识的简单汇总，而是对各门具体科学知识的反思。概括和总结就是一种“反思”，目的是要从各类事物的特殊本质和规律中，抽象出事物的具有普遍必然性的一般本质和一般规律。其次，由于哲学是对各门具体科学知识的概括和总结，因此它又具有高度的抽象性，只有通过这种抽象性，哲学才能在纷繁复杂的具体中概括出最一般的本质和规律。同时，也正是这种抽象性，才使哲学思维既立足于直接的现实性而发生，又超越于直接的现实性而发展。哲学思维不能只满足于对现实的经验直观和实证思维，而是要发现普遍的真理并产生指导作用。特别地，哲学的这种抽象性是其他学科所难以比拟的，因为它是对自然、社会和思维这三大领域的全面概括与总结。

（二）管理思维方式的根本特征是协调性

管理思维方式是一种特定的思维方式，因此也有与其他思维方式相区别的根本特征。

应该指出，很多文献都讨论了管理活动中所运用的各种思维方法或方式，如逻辑思维、系统思维、数学思维、经济思维，或者日常思维方式、科学思维方式和哲学思维方式等。不过，虽然管理活动中要用到所有这些思维方法或方式类型，但管理思维方式却不就是这些思维方式。这就好像科学研究中也要用到各种思维方法或方式，但科学思维方式仍有自己的特点一样。

其实，辩证唯物主义已经告诉了我们：客观世界中的运动形式多种多样，并且分为不同层次。一切高一级的运动形式都是由低一级的运动形式发展而来的，高级运动形式包含了低级运动形式。然而，却不能由此将高级运动形式看做低级运动形式的简单总和，组成高级运动形式的低级运动形式并不能全部表现高级运动形式的本质。高级运动形式包含了低级运动形式，同时也会表现出与低级运动形式相区别的新的整体特征。这就如同生命运动中包含了化学运动、物理运动、机械运动，但生命运动绝不像化学运动、物理运动和机械运动的简单表现一样，生命运动也有自己的特征或属性。从系统的观点来看也是这样，系统由部分所组成，然而系统的整体特征是与其组成部分的各自特征有区别的。

管理活动中要应用逻辑思维、系统思维、数学思维、经济思维，以及日常的、科学的和哲学的等多种思维方法或方式，但管理思维方式不是所有这些思维方法或方式的简单总和，而是具有新的整体特征。正是这一新的整体特征，使管理思维方式与其他思维方式相区别。

关于管理思维方式的特点，很多文献也都做了探讨，尤其讨论较多的是系统性和整体性。其他观点还有如由单极思维向多极思维、封闭型思维向开放型思维的转变，是优化思维和非优化思维、精确性思维与模糊性思维的对立统一[1]。或者系统思维方式、开放思维方式、求实思维方式、精确性思维与模糊性思维的统一、多元的连续性的思维方式[2]，等等。这样概括起来，管理思维方式的特点可能就会包括：系统性、整体性、多极性、开放型、求实性、多元连续性，以及优化思维和非优化思维、精确性思维与模糊性思维的对立统一等。

我们认为，所有这些都可看做管理思维方式特点的表现，但是这些特点大都还是管理思维方式的一般特点，因为其他领域的思维方式有时也会具有这些或其中的一些特点；而且，这么多的特点也使人们难以把握，因此还应该进一步考虑管理思维方式的根本特征。为此，我们提出：管理思维方式的根本特征是协调性。这有两个方面的含义：

一是指管理思维方式是一个整体，即包括了价值标准、基本原理、原则及方法的系统整体。在管理思维方式的各个价值标准、基本原理、原则及方法中，其实有许多都不是管理领域及其思维方式特有的，其他活动领域中也有，如责任、效益、可持续发展、系统分析、定量方法等。但是只有在管理思维方式中，才把所有这些价值标准、原理、原则及方法综合为一个有机的协调整体，并据此来观察、分析管理中的有关问题。另外，管理思维方式是一个整体，还是指它包含了多种思维方式的特征，是多种思维方式的统一。例如，经济学思维方式和营销管理思维方式的统一；或者常识思维、科学思维和哲学思维的统一。管理者在管理活动中要用到所有这些思维方式，但又不唯一地依赖其中某一种思维方式，而是要将它们进行协调综合地应用。

二是（尤其）指管理者在管理活动中思考及解决问题时，使有关因素达到协调是最直接显见的要求。对此，很多作者的管理定义中都明确表明了管理与协调的关系，或者通常是借助“协调”来定义管理。与此同时，管理思维方式中的各个价值标准和基本观念等，也无一不是把协调作为其内在的前提或要求，如效率以协调为前提，责任的本质也是组织中多种目标的协调；其他如系统原理、动态与权变原理、人本原理、效益原理及可持续发展原理等，都包含了协调。可以认为，协调是管理者观察、分

① 钱春海：《现代管理思维方式的特点》，《社会科学》2000 年第 10 期。

② 李映霞：《浅谈管理学中管理思维方式的培养》，《职业圈》2007 年第 8 期。

析和解决问题的总的立场和出发点，同时也是衡量管理者思维和行为恰当性的一个综合性标准。

管理思维方式的根本特征是协调性，其最终的原因仍在于：为了实现管理的效率目的并履行其责任，管理就必须进行协调。管理之所以必要，就在于它提供了人类活动所必需的协调功能。管理的基本属性则是对管理协调意义的总概括，即合理组织生产力的一般功能，以及维护和完善现存生产关系、实现其生产目的的特殊功能。在实际的管理活动中，协调的意义主要有以下表现：

首先，管理的所有职能都是为了执行其协调的功能，协调是管理职能的一个主要的规定性。管理活动中，计划、组织、指挥和控制等职能都要发挥其相应的协调功能，以便使组织有效地实现其任务和目标。例如，计划职能通过目标的确定和计划的安排，而对目标、工作、人员和资源进行预先协调；组织职能通过部门设置和任务的分派，对功能、任务和职责进行协调；指挥是对组织工作或运作的协调，以便组织中个人目标与组织目标实现匹配；控制则是确保计划目标和实际目标的协调或一致性。

衡量管理职能是否有效地发挥了其作用的标准，主要有三条：一是有利还是不利于提高管理的效率；二是有利还是不利于履行管理的责任；三是有利还是不利于实现组织的目标。这些标准都包含了协调的含义，也离不开协调的实际进行。从系统的观点看，协调的本质就是优化，只有通过协调才能使组织整体的效率大于各组成部分单独效率之和。从效率的观点看，通过协调减少内耗和摩擦，才能产生最大的效率。从责任的观点来看，只有协调组织活动与社会发展的需要之间的关系，才能更好地实现管理的目标。所以，管理的实质是协调，所有管理职能都是围绕协调这一出发点（或促进管理协调这一基本状态）而存在并执行的。

其次，协调是管理的实质性活动，是最具管理意义的实际内容。卡斯特和罗森茨韦克就认为，管理的主要任务是寻求最大的一致性。组织与其环境以及内部组织设计之间的和谐将导致提高效能、效率和参与者的满足感①。

---

① 弗莱蒙特·E. 卡斯特、詹姆斯·E. 罗森茨韦克：《组织与管理——系统方法与权变方法》第四版，中国社会科学出版社 2000 年版，第 144 页。

这方面的一个典型例子是“整分合”原则的应用（见图 7 - 1）。前面第五章我们曾谈到，“整分合”原则是系统原理的一个具体贯彻。它强调首先应从整体上把握管理的目标，然后将整体目标科学地分解，进行合理分工，在此基础上进行科学的组织综合和协调，以保证系统内各要素围绕整体目标高效地工作。一些管理者常把注意力集中在这一原则的第二阶段，即通过目标分解，将工作和任务分配给有关部门或人员，而后就等待有关部门和人员完成工作、取得结果。但实际上，这一原则的关键还是在第三阶段：组织协调。即通过管理者的管理活动，为有关部门和人员完成工作提供指导、条件、资源和帮助，并进行监督，以便为实现组织的整体目标而使组织内资源及有关部门和人员的工作进行协作和协调。如果忽视这一阶段，只强调目标的分解和安排，那就不是管理中“整分合”原则的原意，而是变成“承包”了。

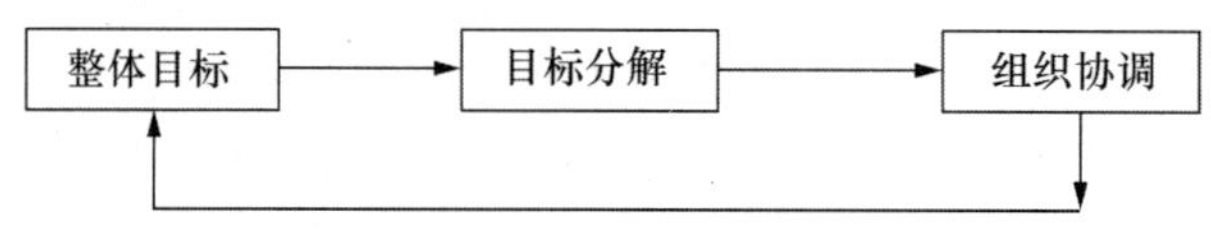

图 7 - 1　整分合原则

最后，协调提供了管理的依据，并指引着管理的取向。管理活动中存在各种各样的协调平衡要求及现象，这些平衡要求及现象往往成为管理的重要依据。从大的方面来看，计划就是组织管理整体平衡的综合表现，也是管理的主要标准和依据。从管理的具体内容来看，则有如财务管理中的各种比率、科技管理中 R&D 投入占销售额的比重，或者如组织结构中集权与分权的平衡等，都是某种协调平衡的要求和表现。

组织管理活动中如果把握了这些协调平衡的一般要求和表现，管理就有了明确的依据，从而能做到“胸中有数”。如果管理中某事物没有达到其需要的平衡要求，或没有表现出应该表现出来的平衡，那就表明管理中多少出了一点问题，需要采取措施来解决。与此同时，这种不平衡现象也常常指示了管理的取向及需要采取的措施。例如，财务管理中速动比率较低，则管理的取向是提高速动比率；如果速动比率过高，则管理的取向及措施就是要降低其比率。又如 R&D 投入占销售额比重过低，表明组织的

R&D 投入不足，为此应采取措施增加其投入。其他如组织结构的平衡中，Filippaios 等就明确指出：在 R&D 国际化过程中，正是公司总部的集中管理和本地化机构自主性之间的协调决定了 R&D 国际化的管理结构以及国际化的实际程度①。

由于管理的实质就是协调，因此是否努力进行协调，也是管理者责任的一个表现。就是管理者应从管理的基本属性出发，认真执行和履行管理的职能及自己的职责，使组织管理及其工作尽可能呈现出协调的局面②。管理者首先要在自己的思想和思维方式上强调协调，力求突出管理思维方式的协调性特征③，在管理活动中努力贯彻效率和责任的价值标准及管理的各种基本观念，并应用相应的方法实行协调的管理。没有思想和思维方式的协调，没有协调的意识，那么在实践遇到有关的问题，也很难做好管理协调的工作。雷恩认为，（为了灵活地应用原则）管理者应具有智慧、经验、果断和做事不能失之于偏。除了机智和经验之外，做事具有均衡感是管理人员要具备的最重要的品质之一。他进一步指出，在专业化的知识体系中，管理者必须成长为多面手，能够以一种理性的、系统的、以目标为导向的风格管理各类专家并整合人与生产经营活动。这一挑战无疑是巨大的，而管理思想的演进则在继续丰富与推进我们的认识，以便我们能够迎接这一挑战④。

---

① Fragkiskos Filippaios, Marina Papanastassiou, Robert Pearce and Ruth Rama, New Forms of Organisation and R&D Internationalisation Among the World's 100 Largest Food and Beverages Multinationals, *Research Policy* 38（2009）。

② 其实在管理过程中，即使不进行任何管理协调，管理中各事物之间也会达到某种平衡。但这样的平衡是事物之间自发形成的，而且必然是低水平、低效率的平衡。例如，人们破坏了生态环境，环境中各生物体之间还是会有某种平衡，但这种平衡不是生态系统原来的那种自然平衡，而只是（除非生态系统崩溃）生物体为维持其生存而勉强表现的平衡。同样，管理者如果无所作为，尽管这一组织还可能存在并能运转，但其运转的水平和质量也必然是很低的。

③ 我们这里说的，除了包括因管理者认识上的疏漏或失误（如决策中忽略了某一重要因素，或者未能预见到市场上的新趋势等）而造成的管理不协调外，更多的是强调管理者思维方式或者思维习惯及倾向所造成的管理不协调。例如，管理者只对眼前利益感兴趣；或者只重视“精英管理”，而忽略一般员工的作用等，结果造成了管理上不协调的某种倾向。换言之，首先要有思维方式上的协调性，才会在实际工作中自觉地追求并实现协调。

④ 丹尼尔·A. 雷恩：《管理思想的演变》，中国社会科学出版社 1997 年版，第 241、523 页。

管理中如果出现了不协调因素或现象，除了要寻找可能的客观原因外，还应从管理者的思维方式上找原因，以避免因管理者自身的思维和行为造成不协调不平衡的后果。

（三）管理协调的普遍性与现代意义

总的来看，协调的必要性在于：组织的各种要素及组成部分经系统的优化协调后，能够产生协同作用，达到更高的效率及更好地履行管理的责任①。组织是一个投入产出体，而组织的投入是多样化的，如人、财、物、知识等，这些投入要素各有各的属性、特征和取向。反之，组织的运作和（产出）转化过程对这些投入要素也有相应的要求和影响。因此，管理活动中必须要进行协调：一是组织活动及其产出是综合利用多种力量和资源的结果，为了综合各种力量和资源，使之发挥最大的效果，就需要协调。特别是由于资源的稀缺性，协调平衡就显得更为重要了。二是由于组织活动的集体性和社会性，不同的个人及部门都有自己的思想和利益，需要协调以使个人及部门为组织的共同目标合作与协作。三是组织活动中，有些事物的发展取向相互制约或冲突，如“成本最小化”与“质量最优化”之间，或者“管理制度和标准化”与“发挥员工的创造性和主动性”之间，都存在一定的制约关系。又如项目进度、质量和成本三者之间也往往相互矛盾和冲突：进度加快、提高质量通常也会增加成本；而降低成本又会导致进度放慢、质量下降的后果。因此组织活动中需要通过协调来减少矛盾和冲突，实现活动整体的优化（而不仅仅是强调某一方面的最佳）。四是组织活动的多目标性、多后果性和多影响性，例如既要提高活动的产出和组织的效益；同时又要对社会产生积极的影响和后果。只有通过协调，才能更好地满足各方要求。

因此，如果从协调的角度来看，可认为管理的任务包括了三个方面：一是组织协调各因素之间的关系；二是组织协调各因素与系统整体的关系；三是组织协调系统与其他系统（即环境）之间的关系。目的就是为了充分利用资源、消除内耗和矛盾、通过加强分工与协作来达到组织资源及活动的高效率。

---

① 协调的思想是重要的，例如我们通常说“人多力量大”，实际上人多力量却不一定大，关键还要看“人多”时如何组合、是不是产生了优化协同的效应。

组织中的管理协调无处不在，我们在第四到第六章中已经有所列举，这里再就组织内部管理协调的四个方面做一概述：

从横向上看，是对多种资源和功能（部门）的协调，以便产生各种资源和功能（部门）的整合效果，这方面最突出的是人与工作（或技术、物质）的协调。人与工作是组织管理中的基本关系，其协调也具有基础性。首先是人与工作的协调，这一协调如何实现一直是管理中的一个重要论题。其次是人与人关系的协调，使组织中人与人关系融洽，最终形成一个组织中的“和谐”社会。其中所体现的思想仍然是梅奥早就论述过的观点：处理技术的能力应与处理人的问题的能力共同发展，使合作精神恢复，并使社会形成平衡①。

周凌霄谈道：现代管理活动中，一方面管理中对科学分析方法的采用日益普遍，科学分析工具在管理研究中的运用越来越普及，和经济学一样，管理中更多的开始采用模型来分析和说明问题，在许多管理类的文章中使用模型甚至成为一种时尚；另一方面，也有研究强调从心理学、社会学的角度来重新认识人的本质，也更加强调管理中人性化的因素。那么以后到底怎么样？可能只能让时间来回答②。这一提问很有意义，由于管理中总是要涉及人和物（技术）的因素，只要这一点不改变，那么管理中这两个方面也总是会同时存在。实际上，管理的这两个方面仍是管理的整体性及辩证性的客观表现。因此，管理中对其进行协调也是必然的、无止期的。

从纵向上看，是对高层管理、中层管理和基层管理不同层次的协调，以保证具体工作有明确的战略指导，各项业务职能得以正确执行。曾有观点认为，协调主要针对的是同一层次中不同部门之间的横向关系，在等级制结构中，上下级之间主要是指挥与被指挥的关系，协调只起辅助作用。这种观点是把指挥与协调区别开来了。其实，除了横向部门之间必须要有协调外，等级制中上下级之间的指挥关系本质上也是一种协调，或者说指挥就是为了协调。首先，上下级之间也需要协调，如组织层次结构之间的协调、不同层次的组织工作意图和目标的协调、指挥链的协调等；其次，

① 梅奥：《工业文明的社会问题》，商务印书馆1964年版，第二章。

② 周凌霄：《论管理的科学与艺术》，《中山大学学报论丛》2006年第12期。

一个上级之下，通常会有多个下级，指挥也是对多个下级工作与资源的分配与协调[①]。指挥是管理活动中协调的一种特定形式，是通过权力机制进行的协调，从而具有强制性及更大的效果。如果没有指挥，下级部门就难以将自己的工作与组织整体相结合；或者导致"群龙无首"状况，组织和工作的秩序也会出现混乱。马克思就说过：一切规模较大的直接社会劳动或共同劳动，都或多或少地需要指挥，以协调个人的活动，并执行生产总体的运动——不同于这一总体的独立器官的运动——所产生的各种一般职能[②]。所以，协调不只是对管理活动中的某一局部有重要意义，它对所有的管理活动都有重要意义。

等级制结构与矩阵制结构或扁平型组织都是协调的具体组织形式，区别只在于协调的指导思想、手段或方式的不同。等级制强调的是利用直线指挥来进行协调，计划、命令或权威在其中发挥了主要的作用。矩阵制或扁平型组织则更倾向于通过促进横向部门之间的相互联系及沟通来实现协调，期待的是部门自身的自主性和创造性。但总的来看，它们的协调意愿和要求是一样的。应该指出的是，（横向部门之间的）沟通不等于协调，沟通只是协调的一种手段，就如同（上下级之间的）指挥也是协调的一种手段一样。只不过上下级之间运用更多的是指挥手段，部门间的横向联系更依赖沟通。

在管理方法和要求上，例如"管理制度和标准化"与"发挥员工创造性和主动性"（或者"刚性管理"和"柔性管理"）之间的协调。这一关系的协调是重要的，因为两者都是管理必需的要求，然而它们又互相制约。一般来讲，制度和标准化提供了某种规范，有助于减少不确定性、实现信息的有效处理、取得规模效益，从而能够减少管理成本、提高效率。但不利于员工创造性和主动性的发挥，主要是制度和标准化通常简化且固定了工作及活动的规则，不利于隐性知识的创造和应用，容易导致官僚主义，限制员工的主观能动性。另一方面，强调发挥员工的创造性和主动

① 例如，食品安全管理涉及食品、工商、质量监督、卫生检疫等多个管理部门，交通安全管理也涉及运管、交管、路政等多个机构。为了加强管理，首先要求这些部门和机构之间协调合作，同时也应要求相应的领导部门进行协调的指挥。而且从目前来看，上级的协调指挥可能还更具重要意义。

② 《马克思恩格斯全集》第 23 卷，第 367 页。

性，又往往要求突破制度和标准化的限制，有时也可能会波及正常且必需的制度的维持和执行。因此，重要的问题是将两者进行协调，通常的做法：一是对制度和标准化提出明确的要求，如其形成要有客观性和科学性；要有灵活性，以便允许例外的产生等。二是采取相应措施促进创造性和主动性的发挥（或者说建立有机的管理体制），如实行“参与式管理”、建立网络型（扁平型）组织形式等。三是区别管理，即针对不同的管理对象与活动，表现出不同的侧重点。如对简单且重复性较大的活动，以制度和标准化为主；对复杂且不确定性较大的活动，则以创造性发挥为主。

在现实与发展的关系上，则有创新与管理的协调。一般来讲，创新与管理既相互推动，同时也可能会有不一致的地方。大致说来，创新意味着不断地用新事物否定旧事物，日常管理则希望相对静止和稳定；创新具有不确定性，往往是在变化中作出新的抉择，日常管理则趋向确定性，并通过制定各种制度、规则、标准将确定性予以规范化；创新强调长远发展，注重的是未来的某种可能结果，日常管理则强调某个瞬时状态，注重的是现实的既定结果。简而言之，创新倾向于变化，日常管理倾向于稳定。由此，需要对创新和管理进行协调。创新本身也有协调问题，主要是因为组织中的技术创新和社会创新（即组织中人的地位、观念和相互间关系的变化或变革）有密切联系。很多时候，技术创新的实施会破坏人们的原有地位和习惯，最后会招致人们的阻碍和反对。因此，组织不能只从技术的意义来看待创新，还应该对技术创新和社会创新的相互作用及协调关系给予足够的重视，尤其要关注管理者和员工之间的相互关系与作用问题①。

正是由于管理协调的内在的重要性及其普遍性，在管理思想发展的历史中，协调之在管理活动中的意义也在不断提升，并日益占据了主要的地位。法约尔最早提出管理的五个要素（即管理的五个职能，包括计划、组织、指挥、协调和控制）时，协调是管理的要素（或职能）之一。法约尔认为，协调是管理中的一个单独的要素，意思就是“要使一家公司

① Denis Harrisson & Murielle Laberge. Innovation, Ldentities and Resistance: The Social Construction of An Innovation Network. *Journal of Management Studies* 39, 4, 2002.

的活动协调一致，从而促进它的工作和加速它的成功”[①]。巴纳德则强调管理者的职能主要是协调，认为“只有维持组织运营的专门化的工作才是管理工作”[②]。后来穆尼和赖利则进一步把协调看成组织的第一项原则，是包含所有的组织原则的一个广泛的原则，它意味着“有秩序地安排团体力量，以便在对一个共同目标的追求中能有统一的行动”[③]。孔茨和奥唐奈在其1955年出版的《管理原理：对管理功能的分析》一书中则认为，实践中，管理职能不是按照某种顺序来执行的，管理人员是在同时执行管理的全部职能。他们强调每一项职能都有利于组织的协调。但是，协调本身不是一项独立的职能，而是五项管理职能有效应用的结果[④]。也是孔茨和奥唐奈在后来又进一步认为，许多权威人士把协调当做主管人员的一个独立职能。然而，把它当做管理的本质看来更为准确，因为使个人的努力与所要取得的集体目标协调一致是管理的目的。每项管理职能都要进行协调工作[⑤]。

因此，按照协调之在管理活动中意义的发展趋向来看，我们应该形成这样的观点：管理的所有职能都是为了协调，管理就是进行协调。

现代观点更把协调提到关系组织生存与发展及获取竞争优势的高度，从而更突出了管理就是协调的重要意义，例如组织平衡论和动态能力观。

岩部都美认为，组织一旦建立，组织的存续就成了组织的最终目的，组织平衡论就是关于组织存续的理论。从这个意义上讲，组织平衡论是非常重要的理论……说它是现代管理理论的核心理论也不过分[⑥]。该理论认为，组织要得以生存和发展必须要保持两个均衡：诱因和贡献的均衡（也称组织对内的均衡）；组织和环境的均衡（也称组织对外的均衡）。

有助于实现组织目的的个人活动称为“贡献”，组织为满足个人的动

---

① 转引自丹尼尔·A. 雷恩《管理思想的演变》，中国社会科学出版社1997年版，第251页。

② C. I. 巴纳德：《经理人员的职能》，中国社会科学出版社1997年版，第169页。

③ 转引自丹尼尔·A. 雷恩《管理思想的演变》，第384页。

④ 同上书，第452页。

⑤ 哈罗德·孔茨、西里尔·奥唐奈：《管理学》，贵州人民出版社1982年版，第83页。

⑥ 岩部都美：《现代管理论》，新华出版社1984年版，第200页。

机而提供的效用称为“诱因”。组织要保持平衡，就必须要使“诱因”等于或大于“贡献”，只有这样组织才能生存和发展；反之，组织就会失去均衡，生存和发展也会遇到困难。因为只有当诱因大于或等于贡献时，才能赢得组织成员的合作意愿，继续为实现组织目标作出贡献，组织也才能得以生存和发展。如果诱因小于贡献，组织成员就不满，工作积极性会降低，组织的生存和发展自然也会遇到问题。另一方面，组织存在于社会中，与社会环境有复杂的相互依存与作用关系，这种关系也要求均衡。就是社会的功能和利益受到损害会影响到组织，而组织的功能和利益受到损害也会影响到社会。为此，组织为了自身的生存和发展也必须得维持社会及其他相关系统的生存和发展。组织系统不能离开社会及其他相关系统的均衡而追求自身系统功能与利益的最优，优化只能是适度的。否则将会损害社会及其他系统的功能和利益，最终也必然导致损害本组织系统的功能和利益。

有作者认为，组织平衡论本质上是有关动机的理论。然而，岩部都美特别认为，组织平衡论超越了单纯的动机问题，并与组织的效率和劳动生产率等基本问题有关，也包括组织适应环境的问题。从这个意义上讲，它是有关组织和管理的综合理论[①]。总之，组织要生存和发展，就要树立“均衡、协调、共存、共荣”的思想观念，实现组织内部及组织与外部关系的均衡与协调。

动态能力观由蒂斯等（Teece et al.）提出，在这一观点中，他们将组织管理的协调放在组织能力发展的关键地位[②]。动态能力指的是：应用资源（特别是过程，以集成、重构、增加和释放资源）以赶上甚至创造市场机会的企业过程。蒂斯等以三个关键要素来构建他们的动态能力战略框架：组织过程、位置和发展路径。其中，组织过程有三个作用：首先是协调与整合。管理层在企业内部组织生产的方式是导致企业在各个领域出现专长（能力、胜任）上的差异的基本原因。因此，专长或能力是嵌入在独特的协调和组合方式之中的。所以一个企业的组织过程往往具有高度的

① 岩部都美：《现代管理论》，新华出版社 1984 年版，第 203 页。

② 参见 Teece，D. J.，Pisano，G. and Shuen，A.，Dynamic Capability and Strategic Management. *Strategic Management Journal* 18，7，1997。

一致性，在这种情况下，其他企业要想对其复制是困难的。其次是学习。学习是通过重复和试验而能更好和更快地完成任务的过程，学习还能帮助发现新的生产机会。最后是重构和转变。在迅速变化的环境中，重要的是不断察觉对重构企业资产结构、实现必要的内外转变的需要，以求达到新的协调与整合状态。

蒂斯等认为，企业的竞争优势来源于嵌入在这样或那样的组织过程的专长和能力，即在企业内部运行的、由过程和位置所决定的高绩效的惯例。他们特别强调，管理层需要具备不断重构已经拥有的专长和资源的能力。

以往一些有关组织能力发展的论述中，大都将注意力放在技术能力的创新和发展上。蒂斯等则明确提出了组织管理及其协调在组织能力发展与竞争优势提升上的重要作用，他们的观点很有参考意义。

二 管理协调的状态与实现

（一）管理协调的状态

协调即和谐，或者说各得其所、配合适当、步调一致、内耗最小。管理协调是指在符合客观事物本性的前提下，通过系统调配和优化，消除组织活动及诸要素之间的不和谐现象，加强组织系统各部分的合作与协同，以便高效率地完成组织共同目标的管理活动和过程。

关于协调与和谐的认识，是自古就有的。古人极为推崇自然的协调与和谐，古希腊人发展科学的目的之一就是为了探讨自然的和谐；古代中国也强调自然的和谐，并将其扩展到社会活动，把“和谐之道”看做一种极高境界。但古代人却把和谐限定在某种特定的状态，如古代中国认为“天圆地方”；古希腊人认为所有图形中圆形和球形是最完善的和谐，数目中最完美的是“10”。其实，自然的“和谐之美”，根本点仍是在千姿百态及千变万化中表现出了协调。同样，管理中也强调协调与和谐，把这当做管理的最高境界；但同时也认为协调是多种多样的，协调并没有唯一的标准。那么，管理中怎样才算达到了协调。一般来讲，只要能够达到组织中各种活动及资源的协作、联合或调和，内耗最小及系统整体最优，并以最小的投入获得最大且最好的产出，就都是协调的表现①。

管理的协调总会产生某种后果，或者说要表现出某种状态，这通常是某种均衡或平衡。就组织系统属性来看，平衡指各组成部分在职责和功能上互相对应、程度上对称；就组织系统活动来看，平衡是指管理中各要素或因素的投入和产出正好匹配或相称。平衡是协调所追求的结果，而只有达到了某种平衡，组织系统也才能协调地运作。由此，我们也可以将平衡看做管理协调的一个综合性表征。当然，运动（或动态）是绝对的，静止（或平衡）是相对的。但也惟其如此，管理活动中需要不断地应用相应的管理措施来追求平衡②。

对此，郭跃进认为，计划管理的一个重要原则是平衡原则。无论是哪一个管理层次，管理部门的计划都必须做到自我平衡与全局平衡。平衡原则指出，事物的发展，无论时间和空间上都要保持一定的平衡。如果系统的各个部门不平衡，组织的功能就只能由产出能力最小的部分决定，这就是一个木桶的盛水量只能由最短的一块木板决定的道理。虽然不平衡是绝对的，但求得相对平衡是计划工作的基本要求③。

管理中的协调有多种平衡状态。从管理活动中各因素间的相互关系来看，可分为多种因素共处一体的平衡和不同因素分别适应不同情况而达到分工负责、相互配合的平衡。前者如量本利分析中的销售量、成本和利润的关系，或者项目管理中的进度、成本和质量之间的关系。后者如直线职能制和矩阵制分别用做不同活动的组织形式；或者跨国公司中，国内公司

---

① 曾有一位专业人士谈汽车驾驶中要注意合适的挡位，要使挡位与速度相配合。怎么才算是合适或配合了呢，他说了一个简单的办法：如果汽车驾驶中感觉发动机声音平稳正常且汽车行驶平滑顺畅，那就说明是合适的挡位，而且挡位与速度正相配合。虽然组织管理的协调比汽车驾驶要复杂得多，但我们仍可以借此来判断管理中是否达到了协调：当从整体上感觉组织工作平稳顺畅、内耗或摩擦很小，我们就可说达到了协调。如果没有这样的感觉，那就表明组织运作不协调，从而需要采取相应的措施来调整。

② 平衡是自然与社会运动的普遍表现和要求，在这方面司马云杰认为，无论是自然界，还是人类社会，都是一个有机联系的整体。如果在自然界和人类社会的发展过程中，某种变量不加控制，失去制约，那么整个生态体系就要遭到破坏，难以维持了。为此他认为，没有平衡，就没有永恒（司马云杰：《文化社会学》，山东人民出版社 1987 年版，第 230 页）。

③ 郭跃进：《管理学》，经济管理出版社 2005 年版，第 78 页。

总部的集权管理与国外分支机构的自主性之间的协调与平衡关系①。从平衡的时间—变化特征来看，则有动态平衡和静态平衡。如组织结构中各部门功能和编制之间的平衡，管理岗位上权力与责任的平衡，以及组织中各部门、各功能职责关系的平衡等，大都属于静态平衡。而项目业务量管理中的资源调配平衡，业务或项目活动进行过程中各部门、各功能运作关系的平衡，项目进度、成本和质量之间的平衡，采购批量与库存之间的平衡，组织与环境之间关系的平衡等，大都属于动态平衡。

协调平衡的关键是要找到平衡点，特别是管理中的许多因素及活动，经常会表现某种程度的相互制约或冲突的关系。典型情况如通常所说的“利润最大化”和“成本最小化”，或者“质量最优化”和“成本最小化”之间，就是这种关系。其他如（我们前面所举的）某项活动的进度、成本和质量的关系，库存成本与生产需求之间的关系，或者 R&D、生产与营销部门之间的关系等。对这样一些因素或关系，如果只强调其中一个因素或功能的优化，往往会引起其他因素或功能的不优化，不可能同时使这些因素或功能都达到理想的最优化。这时，只能是对它们进行综合平衡，也即通过寻求某一平衡点，在这点上虽然每一个因素或功能都不是其理想状态下的最优，但可能使所有有关因素或功能的综合达到最优。

平衡反映的是客观事物或因素之间的质和量的某种协调均衡关系。据此，我们可以区分出四种平衡点：

一是可以找出某一数量值作为平衡点，如盈亏平衡（或量本利）分析中的盈亏平衡点、生产经济批量、设备更新中的经济寿命，或者价值工程中的寿命周期成本等。

二是不存在某一确定的平衡数值，但有一定的数量比例关系。换言之，这种协调有一个相对较宽的平衡区间，如产品组合、长期（技术）投资与短期（技术）投资之间的比例关系。例如，在长期投资与短期投资关系上，可能是长期投资较多，短期投资较少；或者长期投资较少，短期投资较多。但是两者之间必须有某种数量比例关系，因为它们都是组织

① Fragkiskos Filippaios, Marina Papanastassiou, Robert Pearce, Ruth Rama, New Forms of Organisation and R&D Internationalisation among the World's 100 Largest Food and Beverages Multinationals, *Research Policy* 38 (2009).

生存与发展所必需的。

三是不存在明确的数量比例关系，但基于事物的性质或某种规律性而存在一定的原则，如组织管理中的跨度原则。管理跨度原则是对管理者可以管理的下属人员数的规定，但现实中很难明确规定某一层级的管理者只能或者必须管理多少下属人员。虽然一些管理学教科书中也有一个大致的数量范围说明，却不能就此认为这就是一种绝对的规定。然而管理跨度这件事确实存在，是管理活动及管理者能力特征的反映和要求，其对组织管理的意义也很明确。一般来讲就是：高层管理的跨度要相对小一些，基层管理的跨度可以相对大一些。或者是组织集权与分权的关系，例如，跨国公司中，国内公司总部的集权管理与国外分支机构的自主性之间的平衡原则是：既要保证公司整体的目标一致性，同时又要有利于各分支机构的本地化自主运作。其他方面则有经济发展与环境保护的关系①。

四是主要表现为管理者在观察、分析和解决问题时应该据有的某种立场和角度，如管理中的“制度和标准化”与“发挥员工创造性和主动性”之间，以及组织中技术创新与社会创新的协调关系。哈里森和拉伯奇认为，技术创新和社会创新密切联系，创新的实施者不能只从技术的意义来看待创新。突出技术是必要的，但是也应看到，技术不能单独作用，技术系统中还应包括人的创造和发展，以及人的生产力及社会秩序的概念……关心员工的需要与提高员工的知识及能力水平具有同样的重要性②。这种协调就既不存在某种数量比例关系，也很难说有某种确定的原则。大多数

① 在组织经营的多元化和专业化关系中，多元化指组织同时经营两个及以上不同行业的产品或服务；专业化则指组织只经营一个行业的产品或服务。多元化和专业化各有各的优势和局限，应辩证协调地对待它们之间的关系。现在的基本观点是：在专业化基础上的多元化。即组织必须有自己的主业或“核心业务”，将主业做大做强，在此基础上再逐步适当地实行多元化经营。经济发展与环境保护的平衡点涉及两个方面的内容，一方面是产业定位：一个地区的主体功能区划定好了，也就明确了保护什么、发展什么的目标导向；另一方面是功能区达标：即污染物排放总量控制好了，也就解决了各个主体功能区环境质量达标的要求。所以，主体功能区划定主要解决产业设置定位问题；总量控制主要解决功能区达标问题。经济发展与环境保护的平衡点应是：发展是产业符合主体功能区定位、污染物排放总量满足功能区达标要求的发展（《环保部门工作要实现有效作为》，《中国环境报》2007 年 1 月 12 日）。

② 参见 Denis Harrisson & Murielle Laberge. Innovation, Ldentities and Resistance: The Social Construction of An Innovation Network. *Journal of Management Studies* 39, 4, 2002。

时候，只能要求管理者在实施技术创新的同时，也要关注社会创新的有关问题，并根据情况，随时采取相应的措施。

由于管理实践复杂多样，因此寻求平衡点的方法也多种多样，既可能要用到定性方法，也可能要用到定量方法。至于平衡点如何产生，我们这里只举出三种一般来源。

第一种来源是从管理对象自身所包含因素的相互制约性中寻求平衡点，这时，管理中的平衡往往是取有关事物的“中间状态”。上述的第一种平衡点通常是这种情况，如价值工程中的寿命周期成本，就是产品功能与产品总成本的交叉点，如图 7－2 中的 A 点。

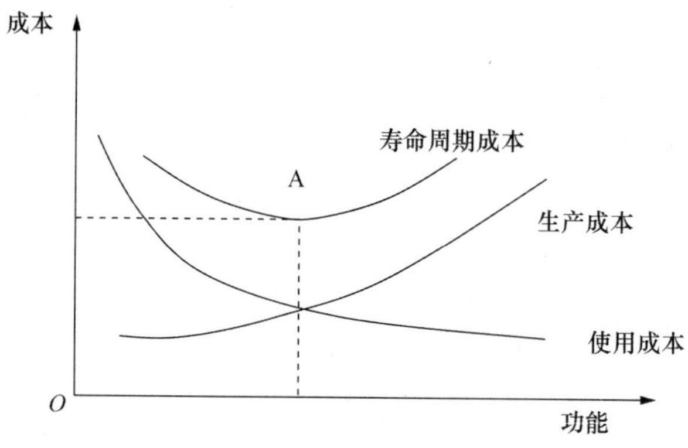

图 7－2 寿命周期成本

第二种来源是从组织目标的角度来观察平衡点，如第二种平衡点中的产品组合。例如，组织有时不能只是生产利润率高的产品，如果总固定成本不变，且生产能力有富余，产品组合中就可能既包括利润率高的产品，也包括利润率不高（甚至亏本）的产品。如设企业总的生产能力为 250，总固定成本为 70。产品组合为 A、B、C、D（见表 7－1），其中，A、B 为盈利产品，但这两种产品的市场销量最多分别为 100、60；C、D 为不盈利（甚至亏本）产品。如果企业从产品利润考虑而只生产 A、B，则企业仍亏损 2 万元。由于企业总固定成本不变，而且仍有多余的生产能力，因此从边际贡献的角度来考虑，还应该再生产 C、D。这样可分摊固定成本，减少盈利产品的成本负担，最后企业盈利 12 万元。换言之，组织在进行产品组合分析时，不能仅只从产品本身的利润来考虑，还应从组织的整个过际贡献来分析，这样才能找到更好的（投入产出）平衡点。

第三种来源是从客观事物本身的特征和要求出发，为维持客观事物本身的协调性而产生的平衡，如第三种平衡点中的管理跨度原则和第四种平衡点中的组织技术创新与社会创新的平衡关系。

表 7－1　产品组合分析

品种	销售额（万元）	单位销售额变动成本（元）	边际贡献率	边际贡献额（万元）	固定成本总额（万元）	损益额（万元）
A	100	0.5	0.5	50	70	－20
B	60	0.7	0.3	18		－2
C	50	0.8	0.2	10		8
D	40	0.9	0.1	4		12
合计	250			82	70	12

管理实践中，平衡点的寻求也许不仅仅是哪一种来源，而很可能是多种来源的结果。例如，上述第三种平衡点情况（即管理跨度原则中的平衡关系）就要从管理跨度这件事本身的特点和要求出发，同时应尽可能考虑到管理中各种制约因素的影响。

应该注意的是，首先，正如我们在前面所指出的，协调是多种多样的，协调平衡点的表现形式也多种多样。我们在这里说的是“平衡点”，在创造工程中，说的则是“组合点”。创造工程认为创造就是“组合”，即将有关事物组合（集成）成为某种新事物，创造的关键也即是寻求各有关事物的组合点。现在讨论较多的“界面管理”说的则是“界面”，即不同事物或部门之间进行交流、协调、合作的交接点（面），如人机界面、部门界面或功能界面等。其实，这些概念的实质都是一样的，都是如何实现协调平衡的问题。

其次，管理中的平衡是实际活动中的平衡，通常都有一定的约束或限制条件，如资源、条件、时间等的限制。很多时候，被平衡的各因素之间也互相制约或限制，如进度、成本和质量之间的关系。为此，管理中的平衡也要适用“满意原则”，而不能过于追求“理想化”的最优。为实现管理的平衡，有时也应注意协调的要素或范围不能过多或太大，以增加协调平衡的可能性，如“形态分析法”的应用。形态分析法在组织管理和产品开发等领域有广泛的应用，它是用一定的方式将有关因素进行“排列”和“组合”，以选择最优的组织结构或产品设计。但形态分析法中可能的因素不能太多，否则会因为排列组合的关系而使可能的选择无限多，最后就无法选择或平衡了。

再次，管理平衡常会表现某种动态特征。一是过程的发展性，如某一活动开始阶段可能成本平衡是重要的；而当活动进到后期阶段时，成本平衡可能就不重要了，产出和质量的重要性开始突出。二是人员的变化性，这种变化性尤其反映在决策过程中，不同的决策者所追求的平衡重点有区别。如项目管理者可能重视的是进度、成本和质量的平衡，组织管理者则可能更看重项目是否符合组织目标；或者新产品开发中，技术经理关注的是技术的完善与协调，销售经理则往往以销售状况作为平衡基点。三是平衡状态的多样性，例如，即使是第一种存在确定平衡量化数值的情况下，平衡也不一定都是均等的，如50%∶50%，很多时候可能是30%∶70%，或者17%∶83%，或者其他。平衡也不总是维持在某一特定的状态，例如，总是维持在30%∶70%的状态，而是动态、发展变化的。就是在某个时候可能是30%∶70%，但在其他时候又可能是40%∶60%，等等。

最后，管理的协调与平衡要以有利于组织目标的实现为出发点，以客观事物自身的系统特征为基础。例如，“成本最小化”和“质量最优化”就经常是管理平衡要考虑的问题，而它们也常常很难达到一致性。因此，决策往往就成了决定满足哪一个目标、同时要削弱甚至放弃另一个目标的选择过程。为了在成本和质量目标之间作出合理的抉择，关键就要看组织的总目标及希望达到的结果是什么。又如，由于组织系统的层次性，不同层次的目标和系统特征不一样，管理协调的实现也会有差别。例如，波特认为组织的竞争战略一般有三种：成本领先战略、歧异性战略和聚焦战略。其中，成本领先战略和歧异性战略互相抵触，也即组织采取了成本领先战略就不能再同时采取歧异性战略，反之也是如此①。一个组织也不能

① 迈克尔·波特：《竞争优势》，华夏出版社1997年版，第18页。

在成本领先战略和歧异性战略之间取得某种平衡，即采取“中间状态”，以便同时获得成本领先和歧异性两种优势。组织战略应该目标明确，即要么就是成本领先战略，要么就是歧异性战略，模棱两可的中间状态是难以取得竞争优势的。不过，一个组织可以通过设立两个差异很大且相互独立的业务单元，每一个单元都有互不相同的基本战略。只有在这种情况下，一个较大的整体组织才有可能同时采取成本领先和歧异性战略，但其中每个业务单元的管理协调仍是在其明确的战略目标范围内进行的。如果不是从这样的角度或观点来看问题，管理协调就会十分勉强，甚至还是不可能的。对此，波特举了 Laker 航空公司的例子[①]，其他的例子如惠普[②]。

（二）管理协调的整体性

管理协调与管理的系统性是有区别但又相互联系的两件事。系统性是一种客观存在，是客观事物既有的特征；而协调则是以客观事物自身特征和规律为前提的人为活动。管理协调以组织系统为基础，目的是要取得大于全部个体总和的整体效应。它们之间的关系是：系统性是协调的基础；协调是系统性的必然要求。换言之，因为系统性所以要强调协调；同时，为实现协调也要利用系统的分析与考虑。

首先，按照系统的观点，协调应以管理中各事物或因素间的相互关系为依据。在组织系统中，各种事物和因素之间常会发生多种关系，管理就是要从这多种复杂关系中找出优化的联系，使系统效率最高。这种相互间关系的联系和协调是多方面的，如资源协调、部门协调，或者各目标间协调、投入与产出的协调等。随着管理理论及其思维方式的整体性和全面性

---

① 迈克尔·波特：《竞争优势》，华夏出版社 1997 年版，第 17 页。

② 2001 年，惠普 CEO 卡莉将其价值定位在三个方面：高科技、低成本和最佳的全面客户体验。卡莉认为，戴尔是一个“低成本低科技”的公司，IBM 则是“高科技高成本”的公司，惠普可以“高科技低成本”避开和戴尔、IBM 直面竞争，取得最后胜利。为降低成本，惠普大幅度裁员，削减上游供应商的利润空间，并采用 AMD 的芯片。但惠普的战略并不明确，其成本和戴尔相比，始终无法形成竞争优势。在 PC 市场，全球第一的桂冠被戴尔摘走；在高科技研发上，2004 年期间惠普被批准的专利数居全美国第四，为 1775 件，而 IBM 的专利数高达 3248 件。反观戴尔和 IBM，它们都有清晰的竞争战略，而且所有举措都围绕着累积竞争优势而进行，并取得成效。惠普则腹背受敌，在低端市场难抗戴尔，在高端市场难超 IBM（《惠普的扩张教训》，《经济日报》2005 年 2 月 21 日）。

态势的发展，组织管理中对关系协调的视角和层次也有了更大扩展和提高，例如网络关系的协调或者组织中各项目活动关系的协调。特别项目管理中多项目活动之间关系的协调，是近年来的一个重要论题。

以往注重的是单个项目的管理，但随着组织中项目管理的"强化"，在某一时间内组织可能会同时开展多个项目，因此也要重视项目业务量（即组织内所有项目，或称"项目群"）的整体管理。为此，Chien 分析了项目业务量管理中的四种相互关系：一是技术或产出的相互关系，指一个项目的产出依赖于其他项目的产出；二是费用或资源利用的相互关系，指项目间的资源相互通用或集约应用；三是作用或利润的相互关系，指各项目的作用或利润互相依赖；四是连续的相互关系，指项目的前后时间联系[①]。

由于这样一些关系，项目业务量可表现为以下三种特性（或效应）：一是独立业务量特性，指每一项目的作用和贡献与其他项目的作用和贡献相独立，即与其他项目无关。二是关联的业务量特性，指某一项目的作用和贡献还与其他项目相关联。如某一项目成果能否发挥作用及作用的大小，还要看配套项目成果的作用表现。三是协同的业务量特性，指整体目标的实现是有关项目共同作用的结果。如果其中某一项目不能充分有效地发挥作用，则整体目标的实现就会受到影响。由此，Chien 认为，单个"好"的项目并不一定就能构成理想的业务量。项目不能在单独存在的情况下被评价，而是应考虑项目与整体业务量及其他项目的关系。换言之，项目的最佳组合（即理想业务量）不一定包括所有的"好"项目。决策者可能不会选择某些"好"的项目，因为它们不适合"整体的计划目标"。

项目业务量管理就是要从项目间的相互关系出发，通过协调使项目业务量的总体特性或效应实现优化，以提高组织内各项目总的产出和效益。对此，库珀等人认为，业务量的视界高于项目，它不是针对某一个单独的项目，而是把所有项目看成为一个为实现目标而运用资源的总体。在这个总体中进行资源的分配、平衡与协调，项目只是这个总体中的一个单位

① Chen – Fu Chien, A Portfolio – evaluation Framework for Selecting R&D Projects, *R&D Management* 32, 4, 2002.

(或单元)[①]。业务量管理是一个动态的决策过程，在其中要不断地根据项目间的关系及对整体业务量的贡献进行协调或调整。例如，不断修订组织内项目的业务量清单；根据情况添加新的项目、或者淘汰已有的项目；对整体业务量特性有重大贡献的项目要加快进行；对资源进行调整并重新分配给有活力的项目。

其次，组织系统中存在结构与功能的关系，协调应以功能为主要立足点。一般来讲，一定的结构会产生一定的功能；而一定的功能也需要有相应的结构。所以，管理协调要同时针对系统的结构与功能，即达到结构协调和功能协调，以及结构与功能的协调。在结构与功能的关系中，功能是关键，组织结构与形式的设置（如部门化和层级化）都应以组织功能的实现为基准。因此，组织系统功能的协调应占主导地位。从目前管理实践来看，强调功能协调：

一是有助于组织更好地明确管理的目的和任务，如下面我们将要谈到的 Philips 公司从注重组织结构的调整转而重视组织的功能运作。

二是有助于扩展组织的战略视野，能更好地制定组织战略并发挥战略的有效性。例如，以往认为组织的竞争者是指那些与本组织提供的产品或服务相类似的其他组织，如打字机企业的竞争者是其他打字机生产企业；航空公司的竞争者是其他航空公司。现在则强调产品“功能”的观点，这样组织的竞争者就是那些满足相同市场需要或服务于同一目标市场的企业。如打字机企业的竞争者不仅包括其他打字机企业，也包括铅笔和钢笔生产企业，因为打字机、铅笔和钢笔都具有“书写”的功能；航空公司的竞争者不仅包括其他航空公司，也包括汽车、铁路等运输公司，因为飞机、汽车和铁路都提供“运输”的功能。所以，功能的观点拓宽了组织眼界，使组织能更广泛地识别现实竞争者和潜在竞争者。

三是有助于组织行为更具合理性，并且也拓展了组织创新的空间。如 Drongelen 和 Bilderbeek 区别了 R&D 功能的目标及运作与 R&D（职能）部门的目标及运作：R&D 功能的目标是成功地发起、协调和完成组织的技术过程和产品开发活动；R&D 部门的目标（至少）是有效率和有效益地

---

① Robert Cooper, Scott Edgett and Elko Kleinschmidt, Portfolio Management for New Product Development: Results of an Industry Practices Study. *R&D Management* 31, 4, 2001.

创造、维持和利用组织所必需的技术知识基础①。按照这一区分，R&D 功能既可以在组织内部来完成，也可以利用组织外部资源来实现（如合作 R&D、合同 R&D 等），从而扩展了组织 R&D 活动的范围。又如我们强调保护环境，不是说要“消极”地维持自然环境的原貌，而是强调要保护或维持自然生态的功能。由于人类需要不断扩展，为了满足人类生产及生活的需要，很多时候难以维持自然的原貌，但是自然生态的“功能”不能削弱或破坏，这是问题的关键。强调自然生态功能的观点，也为我们改造自然、保护环境提供了更大的空间和更多的灵活性。如由于某项活动的需要，可能需要改变某一环境的原来面貌，但我们可以在活动所在地、或附近再造一个新的自然环境，恢复自然原有的生态功能。而且只要我们足够努力，这样再造的生态环境，其功能可能比原有的生态功能还要更好②。

最后，管理协调具有整体性，或者说协调总是从整体的角度来考虑问题。一般来看，管理协调的整体性主要体现在三个层面：首先是组织系统的整体协调，这是协调的基本层面。其次是在基本层面的基础上，对外扩展到供应链，把组织放在供应链的整个大系统中进行协调；最后是关注组织活动的协调。这三个层次中，供应链协调在第六章合作思维方法中已有涉及，组织系统的整体协调将在本章后面谈到，所以这里只考虑组织活动的协调。

组织中进行着多种活动，各种活动都有自己特定的任务、时间、资源和程序，因此是一个相对完整的协调整体。组织活动的整体协调是指组织中开展的任一活动，都要从活动的各个方面及全过程进行协调管理。在这方面，组织活动进行的“序列”和“并行”过程都是整体协调的相应形式。

以往主要是把组织活动看成一个连续的“序列”（或“串行”）过程，即活动的各个环节或部分互相之间通过明确定义的进入和退出标准被

① Kerssens - van Drongelen and Jan Bilderbeek, R&D Performance Measurement: More Than Choosing a Set of Metrics. *R&D Management* 29, 1, 1999.

② 这里要注意两点：一是首先要考虑的还是尽量维持自然原貌，这是保护自然环境的第一原则。尤其是对一些重要的敏感生态区，还要坚决维持其原貌。二是即使要改造自然，也要遵循自然规律，不能是只凭主观想法的“为所欲为”。

区别及分开，并且有先后的顺序和次序。因此，往往要等到前期工作结束、退出后，后续（下游）工作才能开始，并承担责任。有人将这样的序列过程称为“瀑布模式”（即水从上面顺序流向下面），或者将这种前后程序的衔接关系比做“扔东西过墙”：在东西从墙那边扔过来之前，墙这边只能等待，也帮不上什么忙；而墙那边将东西扔过来之后，也相应地将责任转移给了墙这边。在这样的序列过程中，活动的整体协调是组织管理的责任，活动中的各环节和部分关注的主要是内部的协调。因此，尽管“序列”过程有助于活动秩序的掌握和管理，但是却不利于从整体上实现活动及资源的协作，也阻碍了活动效率的提高。

现在则强调“并行”过程，即活动的各个环节或部分不是按照某种顺序逐次进行，而是同时开始和进行。这就像广场上的喷泉，许多喷头同时喷水，许多来源同时形成一股水流，因此也可称为“喷泉模式”。一般来讲，“并行”过程有助于提高活动的整体效率，但也产生了两个后果。一个后果是活动的顺序和秩序打乱了；另一个后果是活动的整体效率虽然提高了，但活动中各环节或部分却表现出多样化态势，就是：有的环节时间加快了，有的则可能没有什么变化，有的可能还延长了，有的环节或部分甚至要到活动最终阶段才结束。因此，“并行”过程更强调活动整体的协调。概括来讲，是产生了四个有关整体协调的特点（或要求）。

一是要使各环节和部分努力形成活动进行的整体结构与画面，促进各环节或部分对活动整体的把握。以便在活动进行过程中加强各环节或部分的相互联系，建立一个对活动的共同观点，形成共同的责任，并能有效地集成各环节或部分的资源和能力。二是要有更多的合作方式。“并行”过程与“序列”过程之间的主要区别，是在活动过程中，下游活动更早地进入和开始。例如，生产准备在产品设计时就必须开始（通常这种准备要在设计开始后相当长一段时间后才会有所行动）。这样做的主要目的，就是为了使各环节或部分能够在活动进行过程中充分实现合作。同时也使相互间的合作更有必要，否则很有可能造成更大的混乱。三是要有更为频繁的信息沟通和交流。信息沟通和交流是合作的前提和基础，通过频繁的信息沟通和交流，各环节或部分才能更好地了解其他环节或部分的工作和要求，并利用其他环节或部分的知识开展相应的合作。四是要加强对活动总时间的控制。“并行”过程的优点主要在于活动总时间的缩短，因此，为保证活动的正常进行及按期结束，严格的时间表是必要的，尤其是要对活动进行的总时间进行控制。

换言之，“并行”过程不仅需要从组织管理的角度对活动整体进行协调，也要求各环节和部分具有整体协调的意识和共同的责任感，并在实践中努力开展相互间的协作来实现协调。

与组织活动及管理的“序列”和“并行”过程相关联的是，组织活动及管理也从“线性”的观点进到了“非线性”的观点。以往的观点是“线性”的，即认为组织活动是按一定顺序从一个阶段进到下一个阶段，各阶段的任务和职责也都明确和确定。例如，组织创新活动的过程是线性的，即从科学研究一步步逐渐发展到商业应用的互相分离但前后联系的顺序过程。其间，创新者开展创新、生产者生产产品、应用者应用创新，创新知识源、生产者和用户的区分明显。现在则强调“非线性”的观点，尤其是现代创新理论强调的是创新系统中各主体间相互作用和联系的非线性关系，创新中的知识流动是多方向的，任何组织和机构都可能是创新源或者是创新应用者，其间存在着复杂的知识交换和反馈，而正是这种复杂的交换和反馈才推动了广泛的创新及扩散。

“非线性”是组织活动中的一个重要特征，也是其内在的要求。就是为了提高活动的效率并产生好的效果，必须要在整体上促进各有关环节和部分的相互联系与合作（而不是将它们孤立分割）。由此，也要从整体的角度灵活协调（而不是“教条”）地进行管理，以便及时处理各种问题。正是在这个意义上，尽管通常是按顺序来表述管理的各项职能（即先有计划，再有组织，而后是指挥和控制），但有很多作者也特别认为管理并不会完全按照这种顺序来进行。如（我们前面引述的）孔茨和奥唐奈就认为，实践中，管理职能不是按照某种顺序来执行的，管理人员是在同时执行管理的全部职能①。艾伯斯也认为，管理中的各个职能也可能不会按照管理过程图中的顺序来执行②。

所以，虽然“序列”过程和“并行”过程及“线性”观点和“非线性”

① 转引自丹尼尔·A. 雷恩《管理思想的演变》，中国社会科学出版社 1997 年版，第 452 页。

② 亨利·艾伯斯：《现代管理原理》，商务印书馆 1980 年版，第 43 页。

观点都要求对组织活动进行整体的协调，但“并行”过程和“非线性”观点是将整体协调放在了突出地位。它们体现了思维方式的一种扩展，即管理者在组织活动及管理职能基本顺序关系的前提下，同时要看到组织活动及管理职能相互间的整体联系和复杂的“非线性”特征，并通过相应的管理措施来促进活动中的相互协作与协调，以求取得更高的效率和更好的结果①。

（三）管理协调的实现

总的来讲，管理协调及其平衡一般都要通过一定的管理行为来实现，例如静态平衡和动态平衡。

很多时候，静态平衡可通过组织设计或制度安排来实现，其平衡关系一般都比较明确，而且一经确定通常都能稳定一定的时期。动态平衡则一般要在管理过程中通过某种管理措施来实行。因为，这类平衡在管理活动开始之前，通常都没有明确的界限，而且就算开始前确定了一个基本的标准，也需要在管理过程中随时进行调整。可以认为，这类平衡主要是通过管理活动来实现，而不是通过某种规定来实现的。

Hoegl 和 Weinkanf 特别讨论了多团队项目管理中的情况②。多团队项目指某一项目中同时包含了多个团队，其管理分两个层次：一是项目构建和支持，

---

① 需要指出的是，从“序列”过程和“线性”观点进到“并行”过程和“非线性”观点，并不意味着对“序列”过程和“线性”观点的否定。“序列”过程和“线性”观点是管理中有关活动相互联结关系（或者秩序）的反映，同时也是从概念上分析和理解管理活动、实践中开展和协调管理活动的基本形式。例如，管理职能前后相接的关系仍是管理活动的基本关系，它客观存在，也是必需的；管理者开展管理活动仍要以这种基本的关系为前提，否则管理活动也就无规律和秩序可言。至于管理中普遍存在的各种标准化、结构化的流程模型，也都具有为管理者分析解决问题提供指导和参考的重要意义。因此，管理活动中也不能缺少“序列”过程和“线性”观点，在一些特定情况下还要特别予以强调。实际上，就在人们强调“从线性观点到非线性观点的发展”的同时，也有作者提出了“有的时候也需要转变为线性过程”。例如，Sieg 等通过七个案例企业的实证研究指出：在开放创新条件下，为实现与创新中介的有效合作，企业必须从原有“循环”的问题解决过程转向“线性”过程。他们认为，这一变化对管理者有重要的理论和实践意义（Jan Henrik Sieg，Martin W. Wallin and Georg von Krogh，Managerial Challenges in Open Innovation：A Study of Innovation Intermediation in the Chemical Industry，*R&D Management* 40，3，2010）。然而，在“并行”过程和“非线性”观点日益明确的条件下，现在对“序列”过程和“线性”观点的强调，也是以整体协调为首要出发点的。例如，创新组织从“循环过程向线性过程的转变”，就是为了实现创新组织与创新中介的整体协作，而不能只是强调组织内部活动的本来特征。

② Martin Hoegl and Katharina Weinkanf，Managing Task Interdependencies in Multi－team Projects：A Longitudinal Study. *Journal of Management Studies* 42：6，2005.

即建立项目活动的各个有关团队，并为其项目活动提供必需的支持；二是团队界面管理，指项目团队应明确各团队之间的相互依赖关系。一般来讲，项目构建和团队界面管理在项目活动之前就应明确或确定，特别团队界面管理在项目早期阶段有很大重要性。首先，团队界面管理主要由团队自己进行；其次，团队界面管理越明确得早，对以后团队活动越有好的引导作用。项目构建和支持则主要由管理层进行，其中，项目支持在项目活动过程中有更大的作用：一是由于各种因素的影响，项目活动过程中经常需要管理层给予必要的支持和帮助；二是项目支持如果过早参与，可能会对团队的界面管理产生某种负面影响。一种影响是管理层将自己的意见强加给团队，而这种意见可能团队并不需要；另一种情况是团队可能会因此依赖管理层，而不是自己去努力明确并解决各团队之间的界面管理问题。所以，在 Hoegl 和 Weinkanf 看来，管理中有些协调与平衡，还必须或只能是在管理活动过程中动态进行。

正如我们前面所强调的，没有绝对的平衡，平衡都只是相对的，运动才是绝对的。因此管理中的静态平衡也只是相对而言的，动态平衡才具有更为普遍的（而这也正是动态与权变原理所强调的）意义。实际上，正是动态平衡才集中体现了管理思维方式协调性特征的意义，而且这类平衡数量也远远多于静态平衡①。

从管理者实现协调与平衡的主动性与否，可区分出主动性平衡与被动性平衡。主动性平衡是管理者能自主确定目标和结果而主动采取行动所实现的平衡；被动性平衡是管理者在难以（或不能）自主确定目标和结果的条件下所达到的平衡。某一管理活动是主动性平衡还是被动性平衡，常常取决于管理活动中有关因素的可控性。一般来讲，管理活动强调协调与

---

① 与静态平衡和动态平衡的关系相类似，Belecheanu 等也谈到了设计决策中机械平衡与动态平衡的关系。总的看来，现有的设计研究很多都是以机械的方式来探讨设计协调平衡问题，典型如规范的设计理论。它应用规范设计理论提供的模型，为决定最优设计方案发展了设计决策的方法，其目的是要指导决策者选择做什么，并假定这些选择是基于人类的理性。问题在于为明确决策标准，需要将价值准确地分配给产品的有关属性或偏好。然而在信息不明确、或不确定，设计选择在逐步发展并在项目生命期内会多次改动的情况下，这是难以做到的。他们认为，设计决策中的平衡实践并不是完全按照组织中已有的指南和方法，而是会随着有关因素的变化，决策标准也会有所变化，因此也是动态的（Roxana Belecheanu，Fohann Riedel and Kulwant S. Pawar，A Conceptualisation of Design Content to Explain Design Trade - offs in the Automotive Industry. *R&D Management* 36，5，2006）。

平衡，管理者也必须要主动地采取相应的管理措施来实现协调与平衡。但在很多时候，管理者对有关协调平衡并无主动性而只有被动性。这是由于组织管理活动涉及的因素多种多样，这些因素一般分成组织可以控制的因素和不可以控制的因素两类。对不可控因素，组织管理就只能适应。例如，在营销管理中，产品、价格、分销和促销是组织可以控制的因素；而市场环境、政策法规、消费者爱好等，就是不可控因素。对可控因素，组织管理可以采取相应的措施来加以控制、利用和改变，以使其符合组织的需要。如组织可以开发生产新的产品、制定某种具有竞争性的价格、对分销和促销进行策划等。而对不可控因素，组织就只能适应或利用，如遵守有关法规、产品开发以市场为“导向”、了解消费者的偏好等。孔茨和韦里克就指出：所有的管理人员都必须在不同程度上考虑到外部环境的各种因素和力量，他们不大能改变这些影响力量，除了适应它们，别无选择，他们必须对可能影响企业运转的外部力量加以确定、评估并作出反应①。

由此，也可将主动性平衡看做组织管理活动中，组织自己可以决定协调的标准并加以控制的平衡。如组织对产品、价格、分销和促销四种营销手段相互之间平衡关系的确定，或者如促销组合决策中，对广告、人员促销、销售促进等促销方式的选择、运用和搭配组合的决策。促销组合决策的实质是企业总的促销预算在各种促销方式之间如何分配使用的问题，包括：一是应花费多少投资用来进行促销活动；二是这些投资应如何在众多的促销工具之间进行分配。这一类平衡是组织可以采取措施直接进行控制的，如果这些因素之间的平衡关系效果不好，或者组织对有关因素之间的平衡关系不满意，亦可以根据情况随时进行调整。

被动性平衡也可被看成组织自己不能决定协调的标准，而只能适应有关标准的平衡。如组织产品的环境影响是否符合有关环境保护法规的规定，产品特征是否满足消费者的偏好。总的来看，为了实现这一类平衡，组织只能通过改变自身的活动或产品来适应，而不大可能通过采取某种措施来调整环境法规或消费者的偏好。正是从这种情况出发，对政策法规、市场环境及消费者的偏好进行分析预测，在营销管理中有重要的意义。

---

① 哈罗德·孔茨、海因茨·韦里克：《管理学》第十版，经济科学出版社 1998 年版，第 36 页。

主动性平衡和被动性平衡都是管理协调的表现，也是客观存在的事实。但为了更好地进行管理协调，提高管理的绩效，现代管理思想与实践发展的一个重要趋向是努力扩大主动性平衡。在组织内部，这方面的一个主要表现是尽可能利用定量技术和方法来处理管理中的有关问题，以求取得较精确的数量关系上的平衡，例如人的考核和管理。组织对员工做了投入，希望员工能有好的绩效，为此需要对员工的绩效进行考核。以便既能促进工作效率的提高，同时也能作为员工参与某项活动、提升与发展、薪酬红利分配等管理工作的依据。由于人的复杂性及工作的多样性，绩效考核与管理也具有复杂性，为此进行了多方面的探讨，发展了多种观点和方法。其中所提出的一些主要原则如：一是过程与结果相结合，就是既强调工作的结果，同时又注重工作的过程，因为就人的活动而言，很多时候其行为也是重要的；二是注重有价值的成就或产出，而且有关参数是可测量和可计量的，以便用数量关系来表示；三是客观与主观相结合。通常绩效考核应该强调可量化测量的优先性，如果难以达到，也要尽可能将数据中的主观性减到最小，但同时也应注意利用主观的测量，如基于直觉的判断，或者是可能转换成某种数字（评分），或者是由反映感觉的词汇（如典型的、充分的……）所报告的自然判断等；四是具有简单性，即测量指标不应过多（当然一些关键指标必不可少），指标过多常常预示着合理性和可操作性水平较低。

组织内部主动性平衡发展的一个突出例子是 R&D 管理。通常认为 R&D 活动难以进行精确严格的管理，这主要是由于 R&D 活动的独特性、创造性和非结构化过程，因此也具有很大的不确定性。另外，R&D 活动的成效取决于创新人员创造性能力的发挥，严格精确的管理很可能会限制或者扼杀创新人员的创造性，因此难以（如果不是不可能的话）对 R&D 活动进行管理。而且很多时候，也认为其他业务部门中应用的管理技术（如生产部门的管理技术）不适合 R&D 领域，实际中 R&D 的管理也常表现为制定预算和定期关注技术可能达到的结果。

但随着科学技术的进步和市场竞争的加剧，以及创新活动对组织生存与发展意义的扩展，组织管理中也越来越强调：如何利用紧缺的资源产生最大的创新效益。所有这些，都迫使组织管理者越来越关注 R&D 管理的问题，以便改进组织 R&D 活动的效率和效益。其结果是，虽然很多组织仍然知道 R&D 过程的有些特征与其他业务活动过程的特点有所区别，但他们也开始强调 R&D 是可以也应该加以管理[①]。因为只有这样，才能更好地实现 R&D 活动中资源投入与创新产出之间的平衡、创新战略与业务战略之间的平衡、组织当前竞争与长远发展之间的平衡。

在组织对外关系方面，主动性平衡也在发展。例如通过供应链管理来加强外部资源和能力的协作利用；第六章“合作思维方法”中谈到的“网络绘制”也是外部资源和能力管理的一种有用工具。又如营销管理中，在传统的四种营销组合的基础上，科特勒又提出了“大市场营销”概念，其中包括：产品、价格、分销、促销、政治、公众等六个组合。其意图是希望利用新增加的“政治”和“公众”两个手段来影响甚至改变社会与市场环境，以便更好地实现组织的目标。再如，很多企业强调的是“市场导向”，意即要适应市场。但索尼公司却强调企业的责任是“创新”，创新之后，再教育、引导市场。其中所表明的，也是企业应主动地影响或者引导市场的意愿。另外，组织加强自身的责任管理，以求更好地满足并服务于社会需求及社会的长远发展，也可看做组织力求将被动性平衡转为主动性平衡的一个表现。

总之，管理的实质是协调，而且只有主动地协调才能更好地提高管理的效能和绩效。在这里，主动性平衡体现的是管理者的主动管理意识。但被动性平衡不能导致被动的管理意识，被动性平衡同样也需要管理者采取积极态度，把问题当做挑战和机会去主动发现和解决。

应该指出的是，强调协调与平衡不是说不要重点。管理中应该突出重点，突出重点也是协调的一种状态。强调协调与平衡，也不是说不要“区别管理”或“例外管理”。协调平衡指的是要妥善处理好各有关事物之间的相互关系，以使整体达到最佳状态。因此根据情况，有时要突出重点，有时也要对某一事物进行区别管理或例外管理。所以，突出重点、区别管理和例外管理并不与协调平衡相矛盾，而应看做协调与平衡的某种特定表现。另外，很多时候管理上也可能要有意识地造成某种不协调，例如，一是客观特殊情况使然，如设备出了故障，但仍需要勉强运行（而

---

① Kerssens - van Drongelen and Jan Bilderbeek, R&D Performance Measurement: More Than Choosing a Set of Metrics. *R&D Management* 29, 1, 1999.

不是停止运行），这时局部的不协调是为了维持整个系统的协调与平衡。二是作为某种管理策略或艺术而有意为之，例如冲突的利用，这时则是以不协调为手段或途径来达到协调①。

因此，不论是突出重点，或区别管理，还是有意识地造成某种矛盾或冲突，最终目的仍都是为了更好地实现协调与平衡。

三　管理协调的机制

（一）管理协调的组织与信息技术机制

一般而言，组织结构和形式的协调是基本的协调技术和机制。因为组织活动都是在一定的组织框架内进行，组织结构（如组织的部门化和层级化）设计得如何对管理协调有主要的影响。例如，直线等级制强调的是纵向协调关系，而矩阵制更多突出的则是横向协调关系。

协调离不开信息的交流和沟通。在管理活动中，各有关部门与人员通过沟通而交流有关信息、了解相互间的关系，并形成对组织活动（或任务）的共同理解，从而也能为协调提供前提和基础；反之，缺乏有效的沟通也往往是不协调的重要原因②。现代信息技术在促进组织中及组织与

① 杰尼曾任美国国际电报电话公司的总裁达 20 年，他在管理上有许多特点，其中一个是通过制造摩擦来暴露问题。他发现，每个分公司等于一个山头，都有本位主义倾向，分公司的经理往往只见树木不见森林。为此，他派出总部的科室人员下访，科室人员成为杰尼的耳目。他们的特权不可避免地造成了与业务部门的摩擦，这正是杰尼的用意所在：通过摩擦暴露本来不会暴露的问题，然后根据公司的整体利益及时给予解决（《制造摩擦暴露问题》，《经济日报》2005 年 4 月 22 日）。

② 所以，管理中要注意加强沟通，要使组织中的沟通成为某种制度，如定期交流、开会，或其他某种形式。在这方面，有必要强调“开会”的重要性。现在通常是反对多开会，认为许多会议没有价值，而且徒耗时间。但实际上，会议除了有一定的目的而需要召开外，还有一个沟通的作用。特别在重视人与人面对面沟通的情况下，必须要有一个人们之间相互交流与沟通的场所，会议就提供了这样的场所。人们聚在一起，可以交流信息、思想，还可以加深情感。所以很多组织很重视会议的沟通功能，甚至还定期召开无主题的会议（如每周一的例会），大家在一起想说什么就说什么，也不做会议记录，就是为了能使有关人员有聚在一起的机会。因此，我们要反对无价值的会议，同时也要重视有价值会议的作用。根据一定的目的和要求，可以是开“主题会议”，也可以仅为沟通的无主题会议。

外部的信息沟通和交流上有极大作用，因此也使信息技术成为协调的一种重要机制。

为了更好地发挥组织结构及信息技术在组织管理协调和沟通中的作用，现代管理活动也创造了许多新的思想和实践。

1. 网络型组织为管理协调提供了新的组织形式

传统的组织管理一般是通过组织内部诸要素的相互协调，以及组织结构的（所谓）合理安排来实现提高管理效率的目的。这种管理机制所隐含的基本观念是：组织结构的和谐布局，要比组织的战略、结构、技能等因素中任何一个单一因素的最优化更具有决定性。在这种管理观念中，高层管理者被看做主要的战略制定者，组织员工则被看做执行战略的机器，对任何复杂的系统都能靠分解、组合的方法得到很好的分析和处理。这种管理观念在环境稳定和要素平衡的情况下是合理的，然而作为理解在复杂和易变条件下的组织竞争关系的观念，则有较大的局限性。

新的观点是将组织看做一个有生命力的自我组织的系统，例如网络型组织，其特点是扁平化，各部门具有高度的自主性和创造性。其运作就像一个计算机网络：许多具有自主性、智能性的运作单元与外界及其他运作单元进行着快速的信息交流，并能为解决新问题迅速自我调整。公司高层监管着整个组织网络，但不为各运作单元制定工作进度，也不在各单元之间筛选信息。公司高层更注重培养各运作单元的工作能力，制定整体目标和战略，并监督工作的进度。

有观点认为，网络型组织体现了一种与传统的组织假设不同的新思想：不能由企业战略直接推导出企业的组织结构，并建立相应的决策和人员配置体系。相反，这些过程应是交替进行的。根据某项战略的需要组建一个团队，经过团队对所处的环境进行分析和权衡后，制定自身的战略目标，团队按照需要可随时进行重组。换言之，组织结构并不是长久不变，它应对外界环境和新的需求变化作出及时的反应；组织的目的不是自上而下的管理和控制，而是授权一队人去完成相应的工作。组织管理则体现在培训和激励员工、制定明确的目标和战略，以及业绩评估等方面。

2. 流程重建体现了新的管理协调的思想

关于流程重建本书前面第四章已有讨论，这里只是强调它体现了一种新的管理协调思想。传统组织是按职能或功能组建的，虽然这样有利于发挥各职能部门的协调作用，但是也因此而阻滞了业务流程的顺畅进行，造成了流程的不协调。现在流程重建强调从顾客需求出发，将企业按照产品线的组织流程进行重组，包括管理从顾客下单到收货的各项业务或交易、提供更好的服务、开发新产品，等等。这样将能更好地满足顾客需求，使企业运转快速，反应敏锐，也即能够收到更好的协调效果。由此形成的组织与传统的等级制组织相比，可看做横向型组织。

从协调的角度来看，流程重建特别强调了两点：一是重建的主要任务是如何才能更好地满足顾客需求，解决“满足个性化要求”与“交货期缩短”之间的矛盾。二是不论对哪种流程进行调整，都要从组织整体和全局出发进行考虑。就是：从整体上确认组织的作业流程，强调全局最优，而不是局部最优；使组织各要素和各个环节的组合更科学，关系更协调，以增强组织整体运行效率。

3. 项目管理和团队为管理协调提供了更为灵活的协调手段

项目团队（或多功能团队）是指：为完成某个确定的任务（如新产品开发）而从多个部门或学科领域里抽调人员所组成的团队。多功能团队对组织活动有多方面的意义：首先，它是组织功能的体现，例如新产品开发项目团队就是企业创新功能的一种体现；其次，它是一种重要的协调手段。

作为一种协调手段，主要是因为项目团队有两个特点：一是混合性；二是叠加性。混合性是指项目团队的人员来自组织中多个部门或领域，从而综合了组织中的多个功能及知识领域，实现了这些功能和知识领域的协调。叠加性是指它并不要求改变正式组织的结构，而是把综合与协作的思想贯彻到正式的组织结构之中，叠加到正式组织之上。由于这两个特点，项目团队就能在正式组织结构基础上，提供更为灵活的协调组织形式。尤其是多功能项目团队兼具纵向组织与横向型组织两种特征，或者说它是一种“二维”的组织形式，因此它也能同时发挥纵向型组织和横向型组织的优点。

纽曼和萨默就认为，从近期来看，项目经理起能动作用，他和他的小组提供了一种在纯粹按职能划分部门的组织中很难得到的合作协调的、积极主动的领导方式。项目经理和产品经理都是为在迅速变化的环境中保持灵活反应的一种组织手段[①]。

实践中，组织都十分重视多功能项目团队的应用，一般都将其看做获得有效产出结果的一种重要方式。项目团队与项目管理现在也得到很大发展，组织中越来越多的工作或任务也都通过项目形式来完成，为此有作者将这样的趋势称为“项目强化”。特别在新产品开发与R&D活动中，项目团队与管理更是有广泛应用。例如，一项调查表明，多功能团队的应用占新产品开发的时间在70%—75%[②]。

4. 集成管理表达了系统的管理协调观

集成管理的发展主要取决于两方面的原因：一是随着科学技术的发展和组织运营环境的复杂多变，组织管理所面临的问题也更加复杂化。为了更有效地实现协调，有必要进行综合集成的管理；二是新的管理技术和方法的发展，也使得能够对复杂的管理问题进行综合集成的管理。

集成管理针对的是整个管理系统，其基本思想是：管理的各个职能（包括计划、组织、指挥和控制）和功能（如研究开发、生产制造、市场营销、人力资源等，或者生产计划管理、生产能力管理、库存管理、采购管理、人力资源管理等）都是管理过程中不可分割的有机组成部分，应该在组织目标的指导下，为实现组织目标而密切结合、协调运作。功能集成则是中心问题，管理的主要任务是通过各种管理活动促进组织中知识流、功能流和技术流的统一，而知识流是基础。目的是将管理中各种相关的职能、功能、要素、资源和方法等整合为一个整体，以便综合考虑和解决所面临的各种管理问题。这种集成管理既表现在管理活动的某一方面，如财务管理就从原来的战术性、事务性的管理向战略性、全局性的经营理财方向发展；或者从内部的、独立的职能管理向开放的、三流（物流、信息流和资金流）合一的集成管理方向发展。也表现在组织活动的整体集成上，就是组织如何将各种必需的管理活动和内容（如市场营销、生产制造、技术创新、知识管理、人力资源管理等）统一为一个整体。

① W·H. 纽曼、小C、E. 萨默：《管理过程——概念、行为和实践》，中国社会科学出版社1995年版，第128、131页。

② Gloria Barczak and David Wilemon, Team Member Experiences in New Product Development: Views from the Trenches. *R&D Management* 33, 5, 2003.

集成管理主要通过两种途径来实现：一是组织集成，如我们刚才说的多功能项目团队（或者矩阵组织），在这样的组织结构或项目团队中，通常包含了研究开发、生产制造、市场营销及其他相关部门的人员和能力，从而能够实现有关部门或功能的协作与集成；二是技术集成，即利用现代信息技术和手段，实现采购、生产制造、库存、销售等多功能综合统一的管理。

尤其在技术集成方面，现在发展很快，例如 ERP。ERP 是一种现代化的信息集成系统，它通过应用现代信息技术，为组织提供了一个统一的业务管理信息平台，将组织内部以及外部供应链上所有的资源与信息进行统一的管理。ERP 实现了广泛的功能集成，包括生产、销售、财务、质量、人力资源及决策支持等多种业务和活动，都可实现协调的管理或处理。它将组织业务划分为由多个业务节点联结而成的业务流程，通过各个业务节点明确了各自的权责范围。并且通过各个节点间的平滑联结，实现了信息的充分共享及业务的流程化运转。从而有助于实现组织运作的集约化和精细化，达到提高质量、降低成本、缩短生产周期、为市场提供更好服务的目的。因此也可以说，ERP 是一个以组织为主体，整合组织内外资源以便进行有效的计划组织和科学运作的集成管理系统。

（二）单一协调机制的局限性

组织和信息技术及机制在管理协调中有重要作用，但也存在一些问题，主要是在促进某一方面的协调和效率的同时，又带来了另外的不协调和低效率。例如，网络型组织（在一定程度上也包括了项目团队）缺乏严格的控制，无法利用规模优势，无力完成大型组织中的繁重任务，而且它在工作层面上过分依赖积极的“能人”。流程重建在突出了业务流程的协调和效率的同时，却也多少减弱了职能组织的作用。而职能组织也是重要的，特别是有助于专业水平的提升及专长与经验的积累和发展，如设计生产先进产品的工程技术、致力于开发超一流信息系统的技术专家、高水平的财务管理等。至于集成管理，如 ERP 作为一种系统整合管理的模式和技术有很大发展前景，但它也没有包含所有的实际管理行动。

又如，组织结构和形式协调的一个主要问题是组织中的集权和分权。集权是指管理活动中的集中统一指挥，一般来讲，一定程度的集权可以保证决策的专门化与合理化，有助于组织将有限的资源集中用于最重要的目标。从协调的观点来看，集权的主要优点是：能够统一目标、统一指挥、统一行动、防止“政出多门”，意见不统一。特别是有些业务活动专业性较强，集中管理有时效果也更好。例如，人力资源管理就有较强的专业化特点，有共同的方向和要求，有必要而且也需要统一处理，集权能够使其避免不相关工作的干扰。分权就是分散权力，是指上级部门将某些事务的决策权转移给下级部门，分权是发挥下级组织决策自主性和创造性的重要手段。分权的主要优点，一是决策所需要的信息大多来自管理现场，很多时候这些信息必须及时处理，通过分权有助于下级组织根据情况及时采取对策；二是现代管理活动日趋复杂化，决策所涉及的因素日益增多，可能的选择也多样化，分权能够使下级组织根据现实“具体情况作具体分析”，从而有助于作出最佳选择；三是分权有助于增强下级组织的责任感、积极性和创造性，尤其是利用组织全体的智慧和能力，为组织发展作出贡献。

然而，仅靠集权或分权也存在局限，而且一旦选择了集权，则分权的优点便无法充分利用，反之也是一样。现实中，组织及其管理活动总在有意无意之间，倾向于或者是集权，或者是分权，对此组织发展理论有纲要性的论述①。西蒙则从上级管理人员和“上层组织”对下级组织的审查职能行使方法与集权化和分权化的关系作了分析，他指出，首先，审查职能用于纠正下级组织的决策时，将导致集权化。这意味着决策职能（向上级管理人员或“上层组织”）的实际转移。其次，审查职能如果用于发现下级组织需要什么新的标准，就会制定更完善的规章和标准以限制下级组

① 组织成长模式将组织发展分为四个阶段，首先是创业阶段：组织的建立是创业者全力进行开拓性活动的结果。组织在创业阶段的发展主要靠不断地生产出新产品或提供新的服务项目。组织结构尚处于非正式的状态，工作时间很长，对组织的控制也主要依靠主管人的亲自监督。这是集权阶段。其次是聚合阶段：这一阶段开始确立新的组织发展目标，即按照权力等级、工作设计、初步分工等原则，建立起各个部门。这时职工对组织具有很强的一致的使命感，感到自己是组织集体的一个成员，齐心协力促进组织的成功。正式体制虽已产生，但在沟通和控制机制上还几乎都是非正式的。再次是规范化阶段：这个阶段要设置和使用控制系统和信息系统，通过规范化解决上下级的矛盾，为此：一是制定各种条例的细则；二是高层管理者和基层管理部门进行分工；三是建立起调动职工积极性和实现组织目标的各项激励制度；四是在高层管理者与中下层管理者之间建立起新的有效的协调系统和控制系统，在横向部门之间建立起各种有效的联系制度。这一阶段倾向于分工。最后是成熟阶段：这一阶段要通过加强协作和配合、管理人员的各种联系等形式来克服文牍主义，精简体制。应该注意的是，当组织达到成熟之后，可能会进入某种衰退阶段。为了适应环境的变化，避免陷入衰退，就需要对组织进行更新变革。

织的自由裁决，这也将导致集权化。最后，如果是为了发现下级组织必须在何处加强自己的条件而运用审查职能，这将导致分权化[①]。因此，由于管理活动的复杂性和倾向性，集权和分权的“度”通常较难把握。由此而形成的基本思路，仍然是要求组织管理在动态过程中随时控制这两者之间的转化，在动态调节中求得协调和平衡。

问题的关键是：组织系统无论如何设计，它都有某种静态性。组织系统及其与环境的关系本质上是动态的，因此总是需要动态的措施来进行调整和控制。在这个意义上，Philips强调组织运作的思想更应得到强调。

组织结构设计中集权和分权之间的矛盾关系，在多单位、多部门的大型组织中表现尤其明显，例如Philips。Philips是世界上最大的跨国公司之一，在全球多个国家和地区都建立了地区总部和办事处。各个地区部门同时下辖Philips的各大业务部门，每个业务部门又下属单独的职能部门，独立完成自己的计划，负责单独的盈亏报告，从而造成了公司内部高度独立、重复建设的功能体系。为了对这样的企业进行管理，Philips一直在集权和分权之间左右摇摆。在20世纪40年代，采用的是功能集权的管理模式；从20世纪七八十年代开始，慢慢转换到标准的地方分权的运作模式。后来试图将集权与分权相结合，就是采用“矩阵管理”；到90年代，干脆又回到了标准的集权式运作模式，所有的业务由产品部统一领导。

后来Philips认识到，一个企业领导最好的做法是，不应该强调组织结构，而应该强调工作（运作）方式。为此，Philips提出了一个TOP计划，意思是“迈向一个Philips”，其做法是将“服务分享模式”介绍给各部门[②]。“服务分享模式”内容涵盖财务、人力资源、IT等职能部门，其主要含义：一是在基本层面上，让不该各自为政、需要集中运作的业务共享服务，也即将人力资源、财务和IT集中处理，通过服务共享压缩“重复建设”；二是在更高层面上，实现合作与协作，提高整体运作的能力和效率。目的在于资源共享，以标准化的流程以及简化的组织架构，提供各业务部门更好的服务支持，避免各部门各自为政，并能节约成本，达到高效率。

---

① 转引自岩部都美《现代管理论》，新华出版社1984年版，第267页。

② 《如何克服大企业病》，《经济日报》2003年11月7日。

至于信息技术在沟通与协调中的作用，也存在一定的局限。雷格（Reger）就认为，直到现在，电子支持还不能取代面对面的接触，相反，面对面的沟通还是技术支持沟通的先决条件①。尤其在知识的交流和学习中，技术支持沟通应该和人与人之间的直接沟通相配合。例如，Verona等将基于互联网的创新中介称为“虚拟的知识中间人”②，这样的中介也确实发挥了很大的作用。不过Afuah也指出，应用互联网作为沟通的中介限制了隐性知识向客户企业的转移③。西格（Sieg）等认为，比较之下，传统的知识中间人在识别并与客户企业共享隐性知识方面更有效④。Hippel也认为，（在知识的学习或交换中）越是隐性知识，个人间的相互作用就越是重要⑤。Ostrom的观点是：因为面对面的相互作用提供或促进了信任与交流⑥，电子技术沟通在这方面就显得较为缺乏。

（三）管理协调的整体机制

总的来看，组织的运作与协调涉及组织的所有管理职能，管理的所有手段和方法也都有协调的功能，也应该发挥协调的作用。为了整体把握和

---

① Guido Reger, How R&D is Coordinated in Japanese and European Multinationals. *R&D Management* 29, 1, 1999.

② Verona, G., Prandelli, E. and Sawhney, M., Innovation and Virtual Environments: Towards Virtual Knowledge Brokers. *Organization Studies*. 27, 6, 2006.

③ Afuah, A., Redefining Firm Boundaries in the Face of the Intermet: Are Firms Really Shrinking? *Academy of Management Review* 28, 1, 2003.

④ Jan Henrik Sieg, Martin W. Wallin and Georg von Krogh, Managerial Challenges In open Innovation: A Study of Innovation Intermediation in the Chemical Industry, *R&D Management* 40, 3, 2010.

⑤ E. von Hippel, Sticky Information'' and the Locus of Problem Solving. Lmplications for Innovation. *Management Science* 40 (4) 1994.

⑥ 转引自：Carolin Häussler, The Economics of Knowledge Regulation: An Empirical Analysis of Knowledge Flows, *R&D Management* 40, 3, 2010。面对面沟通在知识的学习和共享中有重要意义：现在都强调组织中的学习和知识共享，然而组织中知识的学习和共享也存在一些障碍：一是由于隐性知识的特征，隐性知识很难明确转移和学习（电子技术沟通手段可以有效地传送文档和数据，却难以传达隐性知识）；二是由于知识成为重要资源，有些人也不愿意将自己的（尤其是核心）知识公开化而与别人共享。克服这些障碍的一个主要的办法就是加强人们之间面对面的沟通，以便人们在密切的相互接触和作用过程中，能够自觉或不自觉、或有意无意间进行知识的转移、学习和共享。例如，隐性知识的学习通常是以“师徒传艺”的方式，在师傅和徒弟之间密切的互动中实现的。在面对面接触与沟通中，一方面，知识所有者能够通过自己的言行表现出某种知识；另一方面，知识接受者也能利用知识所有者的言行而揣摩体会其中可能的知识。

统筹发挥组织管理的所有职能及其协调功能的作用，最终还是要从组织管理的整体协调机制上考虑问题。就组织管理协调的整体活动而言，可概括出两种基本的机制：一是系统—技术机制，如上面所说的组织结构和形式的设计，借助信息技术建立储存、传播知识的管理系统及渠道等，为管理协调提供组织和信息技术支持。二是社会—动力机制，即通过推动组织中人员的交流和沟通来促进资源和知识的流动、整合与应用，并实现功能与工作的协调及高效率。

这两种机制中，系统—技术机制已有大量文献进行了讨论，而且也较为容易建立。更多的问题是在社会—动力机制，其意义也更为突出。社会—动力机制以人为中心，因为工作要靠人来做，知识也要靠人来创造、传播并利用。组织形式和信息技术手段等提供了组织合作与协调的手段与条件，但它们不能自动完成组织的协调。组织协调最终还是要取决于人的思想和行为，即人们是否具有合作的意愿并能采取积极的协调行动[①]。换句话说，管理中无论怎样进行协调，都离不开人的作用。因此，发挥人的作用，推动他们之间的相互作用与协作，才是协调的根本。

总之，管理协调应具有整体性，要采用系统—技术机制与社会—动力机制相结合的整体机制，尤其要把人的作用放在协调的中心地位。在这方面，雷格的有关探讨最具特色，他提出了 R&D 协调管理的四种机制[②]，而这四种机制对一般管理也是适用的。

1. 正式机制

即正式的组织管理手段，其主要内容包括五个方面：一是集权和分权，这是组织管理的一般方法，其意义或者是通过集权加强控制；或者是通过分权促进灵活性和创造性。二是结构协调主体，即组织中有关负责人或负责部门，它们具有协调的职责及所需的权力，如组织高层领导以及组织中技术部门及其负责人、生产部门及其负责人、财务部门及其负责人、

① 也正是为此，在现实的组织活动中，小到项目团队成员的选择，大到供应链合作伙伴的评估，除了技术和业务能力外，是否具有合作的意愿从而能够达到一种协调的活动局面，都是一个需要考虑的重要因素。

② Guido Reger, How R&D is Coordinated in Japanese and European Multinationals. *R&D Management* 29, 1, 1999.

营销部门及其负责人等，这些管理者通常是组织或部门协调的关键节点。三是政策与标准，组织中制定的各项政策或标准都具有指导或规范组织活动的作用，如技术政策、产品政策、财务政策，工作（或程序）的规则，各种工作手册或指南等。四是计划及其执行过程，计划既是协调与沟通的产物，也是协调控制的标准，因此计划、计划的形成和执行过程是指导和协调工作的重要手段，如战略规划、业务计划、技术规划；有关活动的财务预算；产品营销计划等。五是结果与绩效的控制，这是事后的控制，一般包括财务报表、产品质量报告、产出或销售数据、计划完成情况的评价等。

2. 混合机制

这一机制主要包括某些结构化的自我协调和横向部门的相互协作关系。由于这类机制中的许多次级手段不是（或只能在某种程度上是）组织结构的一个部分，因此它们不能被明确地划分成正式的机制；但它们又具有组织管理的某些特征，因而也不能将其划为下面的非正式机制，故将它们单独作为一类。其特点是：它们并不要求改变正式组织的结构，而是把（横向）整合、协调的思想贯彻到正式的组织结构之中，或者说是叠加到等级制组织之上，其存在只有暂时性，企业的主要等级制结构大部分仍保持原状。这类机制的主要手段是：一是组织中所开展的各种项目活动，如多功能或跨学科项目、战略项目。二是项目团队，即为完成组织中某一项目任务而组建的多功能（部门）项目群体。三是技术平台，作用的基础是组织技术系统本身的系统匹配性。

3. 非正式机制

非正式机制与正式机制相对应，强调的是个人、组织观念或文化的作用，特点是不能精确计划和控制。非正式机制由两种手段所组成：一是个人交流，主要指个人之间的接触与非正式沟通。二是企业文化的构建，以创造共同的组织文化与和谐的组织氛围，如形成组织的共同目标或战略；共同价值与标准；明确组织信念与使命；各种非正式的激励手段；进一步的教育及个人发展等。

4. 组织内部市场机制

即将市场机制引入组织内部，以发挥其资源配置、活动协调的作用。基本手段通常包括：一是组织内部价格；二是组织内部的供应商—客户关系。为了使这一机制发挥作用，管理上必须强调：有关部门能够为它自己的绩效（或利润）负责；并且具有相应的决策自主权。

这四种机制涵盖了组织管理的所有方面，表明了管理协调的整体性和全面性。虽然各个组织在实际协调中表现不尽相同，重点也会有所区别（如有的组织较为重视混合机制和非正式机制，有的组织则更看重职能组织和内部市场机制），但这样的整体性和全面性观点不能忽略。

第八章　组织思维方式的特定性

一　组织特定性与思维方式

（一）组织管理的共性与特定性

首先应该强调，不同组织的管理都有共同性。前面第三章我们曾指出，不管人类活动的哪个领域或组织，管理的本质特征和内在规定性都是共同的。具体到组织层面上，如管理业务专业领域或范围的划分如生产管理、财务管理、技术管理、人力资源管理等；组织结构和机构的设置如直线职能制及生产部门、财务部门、技术部门、人力资源部门等；管理的过程及职能如计划、组织、指挥和控制等；业务工作的基本流程与执行；组织项目活动与管理的理论和手段；管理所追求的根本目的及所表现出来的基本要求等，大都是一样的，具有共同性。

也正是为此，不同组织间的管理者可以“互换”，即一个组织的管理者到另一组织也可以作为管理者。不同组织间所使用的一般管理手段和方法也可以互相通用，如计划管理、财务管理、信息管理、项目管理等手段和方法。特别是现在所开发的各种管理软件，对各个组织都有通用性。不同组织间的经验也可以互相学习，甚至不是同一个行业的经验，也可以互相借鉴，①

① Rahmandad 就谈道：能力问题在不同组织和工业环境中具有共同性，因此管理者能够互相学习并能部分地将他们的学习运用于新的场合［Hazhir Rahmandad，Effect of Delays on Complexity of Organizational Learning. *Management Science* 54（7）2008］。

例如某航空公司的通用定点超越[①]。

同时又要看到，各个组织的管理活动又是具体的、特定的，不同组织的具体管理活动又各有不同。关于组织特定性的观点，大致有以下几种：

1. 组织与所处的社会体制与文化环境有密切联系

按照一般观点，不存在超越所有社会体制与文化的“一般”组织，所有的组织都是具体的，是在一定环境中生存并表现相应环境特点的组织。因为组织具有社会性，都是“社会的”组织。由于不同国家的社会体制与文化环境不同，组织在一定的社会体制和文化环境中运作，必然会受到其所在的社会体制和文化环境的影响，并表现出相应的特征，组织中的成员也都会具有相应的思想观念和行为准则。

在这方面，管理文献中做了很多探讨，例如徐渊从比较管理学角度指出，不同的文化会形成不同的管理，文化差异是造成管理差异的直接原因[②]。如美国在继承了欧洲文化遗产的同时吸收了众多国家的文化特点，形成其独特的美式文化，即以个人主义为核心的“变”文化。与之相适应的是一系列管理上的特点，在思想观念上完全是现实主义态度，措施大多以短期效果为目的。日本虽然也学习了美国的管理理论和经验，但是日本的“和”文化及“不断完善”精神在日本文化中起着主导作用。日本的管理思想、方式和具体方法都体现以“和”为核心的日本文化特点，如终身聘用制、年功序列工资制和年功序列晋升制等。即便是“质量管理小组”概念，原本是从美国学来的，但最终也是日式的团队精神集体力量在发挥主心骨作用。

拉姆（Lam）也明确指出，在国际合作中，不同国家的企业是不同的，它们通常都带有“国内影响”的强烈印记。这不是说将以国内为基础的组织形式和学习模式在全球范围内的复制，而是指出了以国内为基础

---

① 航空公司为了提高利润，必须要尽可能地增加飞机在天上飞的时间，减少飞机在地上停留的时间。为此，该航空公司参观了 F1 方程式赛车：参赛车手为了夺得比赛胜利，必须要驾驶赛车不停地在赛道上飞跑。但是由于油耗很大，且轮胎磨损严重，又要不时地退出赛道加油和更换轮胎。为此，各参赛队伍都有完善的规程和方式，以尽量减少加油和换轮胎这样一些无效时间。该航空公司通过参观，受到了很大启发，回去后根据航空公司的特点进行创新，从而也大大减少了飞机在地面停留的时间。

② 徐渊：《比较管理学》，上海远东出版社 1994 年版，第 259—261 页。

的制度既定了企业国际合作的性质和边界，以及它们开展合作的能力和方式①。例如，由于美国企业所植根的自由的市场制度环境，允许它们能更灵活的跨越制度和地理的边界来扩展他们的组织和人力资源制度。日本企业则由于其所赖以成长的组织和商业制度有更高的集中度，它们在国际合作中也有更多的限制。

威廉·大内在其所著的《Z 理论：美国企业界怎样迎接日本的挑战》一书中也表明，美国不能照搬日本的一套。因为虽然管理应该有普遍的原则，但因为文化的不同，结果是社会结构和行为模式的不同，管理制度便不能不做相应的改变。

2. 组织发展惯例的制约

Lin 认为，组织是特定的，是指组织是自身特征的表现，是组织特定技能和惯例的独特集合②。纳尔逊和温特的演化理论也首先认为企业不是一个静态的生产函数，而是一个稳中有变的惯例（或规则）的集合。企业的行为具有惯例遵循的特征，而惯例则具有稳定性乃至刚性特点③。Massini 等也认为，依赖企业的行为理论，演化经济学表述了：企业运作大多数是在时间历程中保持和加强的惯例化行为和方法所构成的决策规则基础上进行的④。

组织是惯例集合的观点强调的是组织发展中路径依赖性的作用。蒂斯等就认为，企业今后的发展取决于它现在的位置；而现在的位置又是它以前发展所造成的。换言之，一个企业以前的投资和它所储存的惯例（历史）制约着它的未来行为，这是因为学习是渐进、局部的，是一个不断试错、反馈和评估的过程。学习的进行往往围绕着企业正在从事的活动，学习的机会也特定于企业已经从事的活动⑤。

---

① Alice Lam, Organizational Learning in Multinationals: R&D Networks of Japanese and US MNEs in the UK. *Journal of Management Studies* 40: 3 May 2003.

② Bou - wen Lin, Technology Transfer as Technological Learning: A Source of Competitive Advantage for Firms with Limited R&D Resources. *R&D Management* 33, 3, 2003.

③ 陈劲、王焕祥编著：《演化经济学》，清华大学出版社 2008 年版，第 179 页。

④ Silvia Massini, Arie Y. Lewin, Tsuyoshi Numagami and Andrew M. Pettigrew, The Evolution of Organizational Routines Among Large Western and Japanese Firms, *Research Policy* 31 (2002).

⑤ Teece, D. J., Pisano, G. and Shuen, A., Dynamic Capability and Strategic Management. *Strategic Management. Journal* 18, 7, 1997.

惯例的这种作用是明显的，它常使组织运作或发展稳定在某个特定的轨迹上。对此，Rahmandad 认为，惯例和资源是动态、缓慢变化的，由此产生的时间复杂性造成了组织惯例进化及它们在运作中的异质性。特别地，不同的机会、不同的工业和组织情景及不同的初始条件都能促使组织寻求不同的战略，从而引起组织结构和运作中的异质性①。帕特尔和帕维特（Patel and Pavitt）从技术能力发展的角度指出，组织知识和能力的发展是一个逐步积累的过程，组织要调节它们的知识和能力既是困难的，同时也可能要花费很长时间②。

3. 组织是一个独特的系统整体

组织的系统性包括技术系统性和社会系统性。从技术的角度来看，组织实际上是一个复杂的技术系统，即其组成要素有多重相互作用并构成为不可分解整体的一种应用系统。其特征是：复杂产品和技术包含了要素单位或组成部分，这些要素单位和组成部分又构成为次级系统的等级制结构，这个等级制结构引起了相互关联的次级系统和组成部分间的复杂相互依赖性，并且导致了多重的相互作用。组织在社会意义上的系统性与技术的系统性正相关，也即，组织中的社会系统与技术系统是共同发展和完善的。它们相互促进与融合，如此才能充分发挥技术系统的作用。换言之，组织中的社会系统性与技术的系统性相匹配，组织中的技术系统常常是植根于组织并且与组织的社会系统同时存在并发挥作用。因此可以认为，任何一个组织都是其社会系统与技术系统的独特集合。

进一步可考虑，渐进创新加强了组织的特定性。激进创新一般以产品创新为主，要求组织获取新的技术知识的集合，和/或重新建构它们的组织结构。在激进创新过程中，组织为新的知识和产品开发而竞争，很难说哪一组织更适合新知识和产品的要求。渐进创新的焦点大多是产品和工艺的改进和完善，涉及的是产品和服务的适应、精炼和增强，它典型地导致

① Hazhir Rahmandad, Effect of Delays on Complexity of Organizational Learning, *Management Science* 54 (7) 2008.

② Pari Patel and Keith Pavett, The Technological Competencies of the World's Largest Firms: Complex and Path - dependent, But Not Much Variety. *Research Policy* 26 (1997).

了“一个不断发展的特定化系统”①，因此，渐进创新将加强组织已有的能力。或者说，随着技术的不断成熟和特性化，组织也更倾向于适应这样的技术特征。因此可以认为，通过渐进创新，组织也更多地突出了自身的特定性。

4. 隐性知识的作用

现代组织以知识为基础，组织知识可分成两部分，一部分是显性知识，如包括在各种以文件、硬件、软件包、标准操作程序和图表的形式中的知识；另一部分是隐性知识，例如经验。隐性知识是现代知识范畴的一个重要内容，其特点是难以模仿和转移，因而与组织核心能力有密切关系。这主要是因为隐性知识存在于个人或组织的行动、know - how、信念和看法中，与特定的组织情景或特性相关联。有关研究特别强调，这些媒介能够保留而不是减少隐性知识的价值和复杂性②。因此，目前知识学习与管理中的一个问题是：如何才能既实现隐性知识的学习与转移，又不至于降低其价值。

组织特定化的意义在很大程度上是由于隐性知识的存在，因为它阻止了组织间的学习和模仿。植根于特定组织的隐性知识很难在短时间内转移到其他组织，任何组织要想获得某种隐性知识，大都需要在组织内部自己创造，最终也使得组织与组织之间表现出不同的特点。

5. 组织竞争优势的要求

如果说以上四个区别更多地表现出“被动性”特点的话（即在其影响下，组织不得不这样），那么竞争优势的要求则使组织“主动地”寻求某种特色，即有意识地使自己与其他组织相区别。有观点认为，企业通过促进发展企业特定的、产生复杂的社会关系、植根于企业的历史和文化、并形成隐性的组织知识的能力，能够建立持续的竞争优势。

现代强调特色，意义主要在于突出差别，以便获得“差别优势”和“差别利益”。虽然在通常情况下，竞争不可避免，但若有可能，组织还

① Bou - wen Lin, Technology Transfer as Technological Learning: A Source of Competitive Advantage for Firms with Limited R&D Resources. *R&D Management* 33, 3, 2003.

② Lars Lindkvist, Knowledge Communities and Knowledge Collectivities: A Typology of Knowledge Work in Groups. *Journal of Management Studies* 42: 6, 2005.

是要尽量避免直接的对抗（尤其是恶性竞争）。避免恶性竞争的一个主要办法就是突出特色，发展独特能力，实行“差异经营”。为了造成差别，就要创新，这也是创新意义之所在。只有通过不断地创新，想别人所没有想，或想别人所不想，做别人所没有做或做别人所不做，组织才能发展自身的特色和独特能力，并取得持续的竞争优势。在这方面，竞争优势理论、核心竞争力概念以及创新理论等理论和观点，都有明确的论述。

由于以上这些因素的作用，组织都是特定的。张宗真等人就特别强调：以资源为基础的企业观把企业看做各种有形的、无形的资源的集合。不存在两个完全相同的企业，因为企业之间不可能有同样的经历、同样的资产和技能、同样的企业文化等①。而且组织特定性还不仅仅是针对组织整体而言，很多时候也是针对组织中的各分支机构和单元。例如在经济全球化条件下，一些跨国公司正大力鼓励其分支机构和单元走向“个性化”。这样既有利于满足不同市场的特定需求，也能为企业竞争优势提供广泛的基础。由此，也使跨国公司成为一个集各种异质性而大成的“异质管理体”②。

组织的特定性对组织管理提出了相应的要求，或者说组织特定性会在组织管理中得以表现，使组织管理体制也具有特定性和具体性。实际上，与组织特征和管理实践密切相关的管理活动及能力都是具体、特定的，表现出来的都是组织自身的特点。在这方面，很多文献都对日本和欧美企业的组织及其管理活动的特点做了探讨，如日本企业强调管理者应具备多样化能力，欧美企业则更多注重管理者的专业能力；日本企业重视组织文化在组织内部协调中的作用，欧美企业则大多发展了组织内部的供应商—客户关系来进行协调。在国际合作中，日本企业有较明显的“活动中心化”特征，就是国内总部保持着较强烈的领导关系，对国外的各分散化部门施加了较为严格的控制；而欧美企业则普遍带有“合作自治”管理风格，一般是通过项目形式来寻求发展合作的全球集成网络，国外机构被允许有

① 张宗真等：《知识经济与现代企业的资源经营》，《管理百科》1998年第3期。

② Fragkiskos Filippaios, Marina Papanastassiou, Robert Pearce and Ruth Rama, New forms of Organisation and R&D Internationalisation among the World's 100 Largest Food and Beverages Multinationals. *Research Policy* 38 (2009).

相当的自由度来发展与当地的各种联系，等等。

由于组织及其管理活动的特定性，各个组织的管理战略、目标、模式及运作很多时候也不具有普遍性，因此也很难转移或被其他组织所学习。如柯林森（Collinson）的研究表明，不存在普遍有效的知识管理，在某一环境下有效的知识管理在另一环境下不一定有效①。或者如 Massini 等所说，惯例的有效性不是通过在原则上达到了什么程度来测量，而是通过在实践中达到了什么来测量的；这一般意味着惯例可能在某些特定情景中是有效的，而在其他情景中则不是这样②。

（二）组织特定性与组织思维方式

组织是一个具有共同目标的群体，也有自己的作为整体的思维和行为方式。同时，一个组织为了顺利地完成自己的目标，也需要有自己的思维方式，以便规范组织中各成员的思维与行为方式，使其达到一致性。

组织思维方式的建设首先应反映管理思维方式的一般内涵。由于管理的本质特征和内在规定性的一致性，组织管理也具有共同性。换言之，管理的一般规律、功能、理论、方法及本质的要求对不同组织的管理都是一样的，不同组织的管理在这些管理的基本内涵上不存在差别。因此，组织思维方式应该由一般管理理论及其思维方式来规范，这是组织思维方式构建与发展的基本前提。

同时组织思维方式又必须具有自己的特点，因为组织又是特定的、具体的，各有各的“个性、偏好和特点”。不同组织间的管理实践、方法，以及管理体制、模式等并不能完全照搬。特别地，我们说的组织特定性，不仅是指组织的规模、任务、产品或服务，以及组织目的各不相同，更多的是指组织的惯例、运作方式和竞争优势是特定的。因此，不同组织间的管理也大不一样，这方面尤其是组织管理的具体思维方式应有区别。在这方面，组织特定性既是组织思维方式特定性的根源，即组织思维方式特定性产生于组织特定的社会环境与实践；又是组织思维方式特定性的一个必

① Simon Collinson, Knowledge Management Capabilities in R&D: A UK – Japan Company Comparison. *R&D Management* 31, 3, 2001.

② Silvia Massini, Arie Y. Lewin, Tsuyoshi Numagnmi and Andrew M. Pettigrew, The Evolution of Organizational Routines among Large Western and Japanese Firms. *Resesrch Policy* 31 (2002).

然后果，即各个组织都需要从自身特定的角度来观察、分析和解决自己的具体问题，从而也使各个组织的行为及其结果出现差别。因此，两者可说是互为因果的关系。

一般来讲，从管理的规律上看，组织思维方式必须由管理的基本理论及其思维方式来规范，其基本内涵不应该改变。但是管理理论及其思维方式是在管理本质特征基础上产生的，并且是以抽象的理论形式进入组织管理的领域，还只是一个基本的框架或“模板”，或者说是针对纯粹的（理想的）管理而言的。组织存在于实际的社会及市场环境中，其管理的活动和实践也要比理论上的描述复杂得多。组织为了能实际地开展管理，必须要将管理理论及其思维方式予以具体化和丰富化。首先，组织都是特定的，有着自己特定的活动内容及目标、宗旨和任务，因此组织应将一般管理理论及其思维方式具体化，使之符合组织管理的特点和要求。其次，组织管理中的问题多种多样，管理理论及其思维方式通常很难将其全部包括在内，因此组织管理应根据需要对管理理论及其思维方式进行补充和完善。同时，组织存在于社会中，与社会有密切的相互作用。为此，组织一方面要符合或适应社会及市场的要求；另一方面也要主动地吸收社会中的积极先进的思想观念和文化内容，以引导和丰富管理理论及其思维方式，使组织能够应对组织内部及组织与环境相互作用中的各种复杂关系与问题。最后，组织思维方式应突出组织自身的特点和要求，因此需要在一般管理思维方式的基础上，提出组织思维方式的特有内容。这方面最明显的表现就是组织的信念、战略和运作方式，以及组织文化中的一些基本观念。

实际上，组织思维方式是一般管理理论及其思维方式在组织环境中的应用，是结合了组织自身宗旨、目的、任务、要求和特色的具体的思维方式。组织管理思维方式的构成除了管理理论中所蕴涵的基本价值标准和观念外，还常常包含组织自身的有关内容。也正是为此，为了满足实际管理活动的需要，管理者需要将管理一般理论与组织的具体实践相结合，同时也需要将管理的一般思维方式融化、内化到自己的具体管理活动中。这里包含了两层意思，一是管理者应在自己的管理活动中贯彻管理的一般思维方式；二是管理者必须将管理的一般思维方式与自己的具体管理活动相结合，以突出本组织管理的特点和要求。在这个意义上也可以认为，组织思维方式的特定性其实就是用管理思维方式来观察、分析和解决组织管理中的特定问题。

例如，基本价值标准是效率和责任，具体到组织自身，则可能是通过产出、顾客、服务、利润、发展或其他具体事物及要求来表现；基本观念是系统原理，反映到各个具体的组织，则可能是以生产为主的系统、以研发为主的系统，或者企业系统、政府系统、学校系统等；人本原理也是共同的，但（如我们前面第三章所指出的）科研组织突出的可能是如何激发科技人员的创造性，生产组织则可能更强调全面质量管理或者员工的参与管理。又如，除了管理思维方式中的一般价值标准和观念外，很多组织还提出了自己的信念。信念是从组织自身角度对管理价值标准及观念的某种概括，有强烈的组织特定性意味，因此各个组织的信念通常都会有所不同。

由此，虽然管理思维方式的基本内涵是一样的，如基本价值标准、基本原理和方法，但具体到各个组织，如何按照这些内涵去考虑并管理组织中的具体问题，则要根据情况具体处理。因此在实践中，各个组织的思维方式也不会完全一样。用梅西的话来说就是，各公司之间的哲学互不相同，一种哲学可能对甲公司适宜，但对乙公司也许并不适用。就这一点而论，管理哲学指的是那些对于一个社会群体的合作具有重大意义的一般观念和综合态度。这些观念和态度逐渐发展成为公司用于了解自己的一种特殊方法……这种哲学是由各个公司的独特情况决定的，而且要受到众多因素的影响，这些因素集合到一起便可以称之为公司的观念。公司的观念是下列因素的总和：公司是怎样发展起来的，它在本行业中占的地位，它的实力和弱点，它的管理人员的观点，它同社会与政治机构的关系①。

组织思维方式的特定性，往往会带来两种正反相对的后果。一方面，由于各个组织的思维方式不一样，因此有时外来的思维方式常会在组织内部产生某种新鲜感，并导致组织内部产生某种试图变化的愿望。如有句话说道：外来的和尚好念经。很大程度上就是由于外来者带来了新的观点和思维方式，从而为组织的运作和管理带来了新的面貌和激励因素。而组织中原有管理者的思维方式，相应的就可能成为他们的一种劣势。康纳等人

---

① 约瑟夫·L. 梅西：《管理学概要》，辽宁人民出版社1985年版，第41页。

就认为，（组织变革的内部实施者）了解组织文化和历史的这种优势事实上也可能成为劣势，因为它可能限制了变革实施者对将来的构思或对变革的实施计划，受组织现有文化影响很深的实施者制订的未来计划可能就像是昨日重现[①]。另一方面，外来的思维方式也可能会遇到如何与组织自身特点相融合的问题。对此，康纳等人也指出，（外部人员作为变革的实施者）一开始就处于劣势。由于不熟悉组织文化所形成的语言特征，外部人不能理解组织的通用语言和一些象征意义，因而不能完全理解所讨论事情的重要性。如果只能在组织工作一小段时间，那些企图完成组织变革的外部实施者就会发现文化障碍大得难以逾越。

但是总的来看，由于竞争优势的重要性，组织思维方式必须要有特定性，因为组织思维方式与组织优势有密切关系。可以认为，正是因为组织思维方式的特定性，才使组织形成并发展了有特色的竞争优势。现实中，一些组织不注重自己的特定性，而是倾向于向其他组织的模仿，这就不利于自身优势的形成和发展。当然有创新就必然有模仿，而且（从我们在第一章中所谈的"思维定式"的意义来看）好的思维方式也需要坚持和学习。但这种坚持和学习必须和组织的具体实践相结合，而不是完全的原样模仿，因为模仿毕竟不能为组织带来（尤其是持续的）优势[②]。

---

① 派特里克·E. 康纳、琳达·K. 莱克、理查德·W. 斯坦科曼：《组织变革中的管理》，电子工业出版社 2004 年版，第 186—187 页。

② 例如西部大开发中，西部地区有很多工作要做，其中一个重要方面就是要学习东部地区的改革开放、市场导向、创新进取的思想观念和思维方式。与此同时，西部地区在自然资源和地理环境、经济技术基础和发展要求、社会文化和观念习俗等方面与东部地区有较大区别，因此西部地区的学习又要结合本地区特点，因地制宜地分析解决自身特定的问题，而不能完全照搬照套东部地区的具体做法。张云则指出，现在"模仿"很流行，但模仿不一定能导致成功。跨国公司的大品牌策略和多元化一度是中国企业的标杆和榜样，但是如果忽视了跨国公司特定的企业背景和在其本国中的特殊地位，很多中国企业可能难以成功。随着各种知名国际品牌进入中国，国际品牌的营销模式和品牌管理经验又成了中国企业争相模仿的对象，一时间，品牌管理成为了热门概念。然而，大部分国际品牌的基础和历史都远比国内品牌深厚，这种不在一个起跑线上的模仿并没有多大意义。企业应该去看看领导者们成功之前是怎么做的，而不是学习他成功之后的做法。这里强调的是创新和创造，经营管理要有区别和特色。为了生存和发展，企业必须与领导者有所区别，有特色才能获得生存机会（张云：《成功不可复制，经验岂能推广》，《经济日报》2004 年 5 月 13 日）。

作为一种经营或竞争策略，模仿也有不可忽视的意义。例如，市场竞争战略中的“追随者战略”本质上就是一种模仿战略。市场追随者不是向主导者发动进攻，并图谋取而代之，而是跟随在主导者之后，以便寻求一种“和平共处”局面。目的是学习主导者的做法，并利用其力量为自己寻求生存空间。但追随战略也不是不要发展，而是作为一种策略，是为谋求今后发展的积极跟随策略，而不仅仅是消极跟随。这里特别要强调：模仿作为一种策略是可以的，关键是组织思维方式不能模仿。这有两种含义：一是组织不能把“凡事都要模仿”作为自己的思维方式；二是组织应该采用什么样的思维方式，不能主要依赖向其他组织的模仿。

然而现实中，思维方式往往会出现某种“顺潮流而动”的现象。由于现代社会中互动性的增强，在“创新”观念和“潮流效应”的影响下，某种新的思维方式也倾向于被其他组织模仿。如一说“国际化”，现在凡事都国际化。或者有地方搞“文化搭台，经贸唱戏”，结果一哄而上，到处都在搭台唱戏，如“文化节”、“荔枝节”等；有地方办了一个“节”，并将某物称为“王”，后来很多地方逢节会必封王，致使各种“王”层出不穷，如南瓜王、莲藕王、螃蟹王、柑橘王等。按说，现代社会中经济发展快速，市场不断扩大，需要努力开拓发现新的机会。因此，通过办节（会）搭台来宣传自己的优势商品，往往是一个好办法，很多时候也能起到扩大名声、聚敛人气、吸引资金、拓展市场的作用。

但若在思维方式上跟风跟潮，那就不是思维方式的创新，而是模仿之风，甚至炒作之风盛行了。结果很可能是，有些原来起作用的做法可能就没有作用，很多时候还可能出现一些负面作用。例如，首先是使本地或本组织的经营管理理念缺乏特色，大家都这样做，结果大家又都一样了；其次是可能成为某种“口头禅”，实际意义被稀释，受重视的程度也会降低；第三是还可能成为某种“噱头”，甚至一种“忽悠”，那就招人反感了。

从大的方面来看，通过管理思维方式的具体化和丰富化从而表现出组织思维方式的特定性，首先是组织信念和使命；其次是组织战略和运作方式；最后是组织文化。

二 组织信念与使命

组织属于社会实体群体的范畴，与专业性群体有区别。专业群体是同质性群体，即从事同一专业活动的人们所组成的抽象群体，同一专业中的人们通常遵循的是同一种规范；另外，专业群体文化由于其专业特点和历史传承，往往具有稳定性，不需要也不可能临时构建，也不会因环境的变化而发生迅速或明显的改变。总的来看，专业群体文化及其思维方式遵循的是专业的逻辑，也更具基础性。组织群体中通常包含了多种专业或技术功能领域，其内部文化或思维规范也具有更多的异质性。而且，实体群体是为了某一特定目的而建立，有明确的群体要求和界限，群体中各成员间的互动也更为频繁和紧密。因此，为形成统一的组织文化或思维方式，需要组织有意识地构建。在这过程中，既要遵循专业的逻辑，同时也更强调组织和社会的逻辑。这方面的一个主要表现，就是组织信念、使命和组织文化等对组织生存和发展有重要作用。

例如，组织在实现生存、发展及为社会作贡献等目标的过程中，都要借助相应的信念和使命来引导、团结和激励组织中每一个成员，使之成为一个整体而共同协作。尤其信念和使命能深刻展现组织目标的内在宗旨并使之具体化，因此各个组织都十分重视本组织信念和使命的表述。

（一）信念

信念是指人们认为正确而坚信不疑的某种观点。信念是组织文化的一个组成内容，但是它有突出的意义，因此我们单独列出。随着现代管理活动越来越深入，组织的思想、观念、士气和文化等精神性因素对组织的运作也有越来越大的重要性，从而促使了现代组织往往会提出自己的经营管理的信念或理念，以便有效地指导、激励和凝聚组织成员的思想和行为，使组织整合为一个整体，并在明确的思想指导下努力实现自己的目标。信念的意义主要有三个方面：

一是表明组织所追求的目的。孔茨和韦里克就认为，公司的一些口号可使人们看出公司的主张是什么，如通用电气公司的口号是：我们最重要的产品是进步。美国电话电报公司为它们的“服务于全球”而骄傲。杜邦公司“通过化学的办法为改善生活而生产更好的产品”[①]。海尔集团提出：营销的本质不是卖产品，而是在买用户的忠诚度[②]。还有企业则宣称：我们出售的不仅仅是产品，而且也是（帮助客户取得）“成功”。

二是强调组织所遵循的价值观。例如上面所举的一些例子表明组织的目的和信念，同时也包含了某种价值观的含义。其他如我国著名的“老字号”同仁堂提出：“炮制虽繁必不敢省人工，品味虽贵必不敢减物力”，“修合无人见，存心有天知”；杭州胡庆余堂：“采办务真，修制务精”，等等，也都表现出了明显的价值观意义。尽管这些“老字号”当年也许并没有像现代组织那样建立系统的组织文化理论，但是它们能够提出这样的信念或“座右铭”，也表明了它们对组织价值观的重视。而且这些企业之所以成为人们心目中的“老字号”，这样的信念（或价值观）起了很大的支撑作用。

三是突出组织所希望弘扬的精神面貌。例如，我国曾有企业提出“虚心好学，严细成流；一丝不苟，精益求精”，体现的就是一种努力向上、精益求精的精神面貌。Philips 公司提出的“迈向一个 Philips”也是一种精神风貌的表现，突出的就是要具有组织整体的观念和思想。即不管公司部门、机构或成员处在世界哪个地方，都是公司的一个组成部分，都应认为是在为公司工作。

信念是组织价值观和文化的概括表现，能够简要并集中地表示出组织所期望的价值和思维方式，因而对组织成员的思维和行为方式也有更明确的导向作用。特别是信念不仅仅是某种口号，因为其中所蕴涵的明确的思维方式指向性，往往还能够在深层次影响和引导组织全体成员的思想和行为。例如，当组织强调“我们出售的是成功”时，意味着组织应该站在客户立场考虑问题，想客户之想为想、急客户之急为急。当强调“修合无人见，存心有天知”时，则是恪守诚实守信、质量第一的经营宗旨，不张扬、不“炒作”，老老实实做人，勤勤恳恳做事。其心之善、其意之诚，可对天表。

---

① 哈罗德·孔茨、海因茨·韦里克：《管理学》第十版，经济科学出版社 1998 年版，第 217 页。

② 廖仲毛：《买进顾客忠诚度》，《经济日报》2005 年 7 月 15 日。

信念有特殊性，就是它所代表的思维方式通常都有强烈的组织特色，而且在很多时候主要反映了组织领导者的管理观念和经营理念。不同的组织往往都有自己特定的信念，尤其是成功组织，这方面的特点通常也更明显。

（二）使命

使命包含了责任、义务、任务和目的的含义，组织使命是对组织的责任、义务、任务和目的的综合表述。将组织使命具体化和可应用化，就是组织的使命陈述，即组织对自身经营目的、经营业务、市场、产品服务、顾客、价值观和宗旨等问题的陈述①。使命陈述也可称为：纲领陈述、目的陈述、宗旨陈述、信念陈述、愿景陈述、经营原则陈述、企业业务定义的陈述。组织应该明确自己的使命，并以书面形式给以清楚陈述，以便对组织成员的活动及组织发展提供指导和方向。

一个好的组织使命陈述有重要的作用：一是作为战略工具，为组织提供战略决策的依据和开展战略活动的基础；二是作为组织观念的表征，对内指导组织员工行为、对外宣传组织形象。对此，皮尔斯（Pearce）认为，使命陈述向管理者指明了超越个人、局部和暂时需求的整体和持久的发展方向。它促使不同层级、不同代的人们建立共同的期望感。它兼顾和统一了不同市场、不同个人及不同利益集团的价值观。它使公司的价值观得以具体化，从而使其得到社会公众的认同②。凯琳和彼得森认为，好的使命有助于将管理者有关组织的长期发展方向和特征的看法具体化；在确认、搜寻和评价市场及产品机会中提供指导；激励和挑战员工从事组织和顾客认定的有价值的事情。而且它也为组织设定业务目标提供了方向③。

目前来看，组织使命陈述中应包括哪些内容，观点并不完全一致。不过，大多数组织都通过员工、顾客、产品或服务、市场、理念和技术等方

---

① 邓路：《从战略视角看企业使命陈述》，《管理》2007 年第 5 期。

② John Pearce, The Company Mission as a Strategy Tool. *Sloan Management Review* 1982, 23 (9).

③ 罗杰·A. 凯琳、罗伯特·A. 彼得森：《战略营销》第八版，东北财经大学出版社 2000 年版，第 3 页。

面，对组织的目的进行描述[①]。这方面的一个代表性观点，是戴维以及皮尔斯和戴维提出的九项内容：一是顾客：公司的用户是谁；二是产品或服务：公司的主要产品和服务是什么；三是市场：公司在哪些区域进行竞争；四是核心技术：公司的技术是否是最新的；五是对生存、增长和盈利的关注：公司是否努力去实现业务的增长和健康的财务状况；六是公司哲学：公司的基本信念、价值观、志向和道德倾向是什么；七是自我认知：公司最独特的竞争优势是什么；八是期望的公众形象：公司是否对社会、社区和环境负责任；九是对员工的关心：公司是否视员工为宝贵的资产[②]。饶远立和邵冲根据有关文献观点及国内企业实践，认为使命陈述包括企业的自我评价、企业精神、企业宗旨、企业价值观、企业基本政策和信念、企业经营原则等方面[③]。

从组织使命陈述的主要内容及我们所举的例子来看，组织使命陈述中都明确包括了组织的观念、信念和价值观等内容，目的是借此来引导组织全体成员的思想和行为，同时也能起到吸引市场和用户的作用。特别地，

---

① 例如一个企业的使命陈述：我们的员工是我们力量的源泉，参与与合作是我们主要的人力价值观；我们的产品是我们努力的最终结果，它们应在全世界的服务范围内具有一流的标准；利润是我们如何高效地为客户提供最好的产品、满足他们需求的最终衡量标准，利润是公司生存和发展所必需的；质量第一，为使顾客满意，我们的产品和服务的质量是必须优先考虑的问题；客户是我们一切工作的核心，我们的工作要时刻把客户牢记心中，提供比竞争对手更好的产品和服务；持续的改进是我们成功的关键，我们必须出色地完成我们所做的每一件事：我们的产品、我们产品的安全性和价值、我们的服务、人际关系、我们的竞争力和我们的盈利水平；职工参与是我们生存的方式，我们是一个团体，必须互相信任和尊敬；分销商和供应商是我们的伙伴，公司必须与供应商、分销商和其他合作伙伴保持互利关系；绝不在形象上妥协，我们在全球的公司的所作所为必须遵循对社会负责、注重优良形象、为社会作贡献的方式。我们对男女职工一视同仁，反对种族及信仰歧视。

② 弗雷德·R. 戴维：《战略管理》第六版，经济科学出版社 1986 年版，第 115 页；Pearce, J. A and David, F. R, Corporate Mission Statements: The Bottomline. *Academy of Management Executive* 1987, 1 (2)。

③ 饶远立，邵冲：《46 家国内企业使命陈述的实证分析》，《南开管理评论》2005 年第 1 期。他们利用上述九项内容对国内 46 家企业的使命陈述作了一个实证分析，由此得出的一个结论是：国内企业使命陈述中最关注的是产品和服务要素以及公司哲学等要素，其次是市场、关心员工、技术和自我认知四个要素，而最不关心的或描述的最不好的三个要素是对生存、增长和盈利的关心，对公众形象的关心以及顾客要素。除此之外，国内企业使命陈述中一个独特的地方是比较重视创新精神，有些企业还表现出了较强的民族情感。

按照这些内容来进行使命陈述，也会表达出明确的组织思维方式，是对组织所希望的思维和行为规范的概括性表述。

虽然有关观点提出了组织使命陈述的九项内容，但由于组织使命反映的是组织对自身的责任、任务和目标的认识和要求，各个组织的观念和想法不会完全相同，因此其使命的陈述也会有所区别。对此，饶远立和邵冲的实证分析就表明了，国内不同行业、不同企业之间的使命陈述不尽相同。他们还指出了不同国家企业之间的使命陈述也不会一样，因此国内企业不能照搬国外企业使命陈述的标准。

综上所述，组织的信念和使命反映了组织的特定性，其中也包含了组织思维方式的独特性。组织应该明确自己的目的、信念和使命，才能在复杂动荡的环境中实现自己的任务和目标。尤其是现代社会越来越具复杂性，新的事物和问题不断产生，各种思想、建议和意见也层出不穷。这种复杂性往往会对管理者产生很大的影响，从而使管理者游移不定，管理行动也可能会左右摇摆。由此，管理者必须要有明确的信念和使命，以便在复杂的环境中把握组织发展及管理的方向和目标，在众多的声音中找出最适合组织发展的良策，并予以坚定的贯彻和执行。

三 组织战略与运作方式

组织战略与运作方式是组织思维方式的一个主要表现领域。战略是指组织对自身未来发展及目标的长远与整体的考虑，或者说是组织的全局性、前瞻性和长远性的谋划。运作方式是指组织“如何”管理和经营，也可将运作方式称为经营管理方式或经营管理模式，通常包含经营管理观念、过程及一般的方法和手段。战略事关组织的长远发展与优势，运作方式则关系到组织如何获得竞争优势。因此组织是否具有明确的战略和独特的运作方式，往往有重要意义。

（一）组织战略

组织战略与组织思维方式有很大关系，因为组织战略是组织意图和目标的反映。

总的来看，组织的战略考虑首先应该反映市场竞争的一般要求与趋向，如应该突出“市场导向”，讲求产品及服务质量，力求满足市场或顾客需求；同时也要突出“科技导向”，以适应在科学技术发展条件下组织战略发展的一般趋势。例如，现代组织战略的趋势就至少包括了：一是经营战略：由“多元化”、“规模化”向“核心竞争力”转变；二是技术开发战略：由高度重视“应用技术开发”向不断增强“战略技术储备”转变；三是竞争战略：由“个体竞争”向“战略联盟”转变等[①]。符合这些一般要求和趋势是当然的，否则组织战略就会和社会大势“背道而驰”。然而，若每个组织都仅这样做，不突出组织自身的目标和特色，那大家就都一样了，组织也很难获得自身的优势。因此，在基本趋势之下，各个组织的具体战略（同时也是组织管理者的思维方式）也应突出自身的特色，也即要强调“差别化战略”的含义。对此，特劳特的观点是：所谓战略，就是如何让企业与产品与众不同[②]。

差别化战略的主要思路就是向市场提供与众不同的产品或服务，并借此希望竞争者无法或很难模仿自己的产品或服务。换句话说，就是组织通过树立品牌形象、提供优势技术或特色产品及服务等手段，来强化产品及服务特点，以便与竞争对手相区别或与对手拉开差距，同时也使用户感到“物有所值”，以满足市场上的某一特定需求，据此来获得组织生存与长远发展的机会。现代很多理论或观点都强调了差别化战略的意义，如核心能力的观点认为，组织的战略目标就是识别和开发竞争对手难以模仿的核心能力；战略资源观则认为，组织战略的主要内容是如何培育自身独特的战略资源，组织战略的选择必须最大限度地有利于培植和发展组织的战略资源，而战略管理的主要工作就是培植和发展组织对自身拥有的战略资源的独特运用能力。

差别化战略不是指具有某种特定业务内容的战略，如技术战略、营销战略、产品战略、人才战略等，而是指任何战略内容都应有相应的组织特色或特点。所以，它在本质上是一种管理者如何看待组织战略特点的思维方式，其对立面就是“模仿战略”。组织战略是模仿他人还是要有自己的

---

① 李寿生：《看跨国公司如何调整竞争战略》，《经济日报》2004年11月23日。

② 杰克·特劳特：《什么是战略》，中国财政经济出版社2004年版，第57页。

特色，管理者首先要解决的是自己的思想观念和思维方式问题[①]。

现实中，成功组织的战略通常都有明显的差别化特点，它们往往应用差别化战略而不是模仿他人或者就简单采用价格战来获取竞争优势。例如，《财富》500强中的通用电气采用的是“多元化”战略，而且在其所经营的许多业务领域也都占有领先地位。但500强中也有许多企业强调“有所为有所不为”，集中精力于企业的核心业务，实行的是“专业化”战略。

差异化战略并不是某种人为的结果，而是组织市场竞争中必须的考虑。首先，在科学技术和市场发展的一般要求和趋势下，组织应明确自身的主要问题和目标是什么。虽然一般要求和趋势对各组织是一样的，但各组织自身的问题和目标不会完全相同。这就要求组织能够明确认识，并据此制定自身的战略。其次，组织要能生存和发展，必须寻求市场机会，但一般的市场机会并不是组织的机会。市场机会是指市场上未满足的需求，组织能否满足这样的机会，还要看组织自身的特征和能力。符合组织自身特征，且组织有能力满足的市场机会才是组织的机会。换言之，组织必须根据自身特征和能力来选择市场机会，并在市场竞争中表现出自身的特征和能力。最后，组织特征和能力的现况如何，是组织战略定位的前提。对此，维克托和博因顿提出了生产方式演进的四个阶段：手工作业方式；大批量生产工作方式；工序强化；大批量按顾客要求定制工作方式。这一发展过程中各个阶段所要求的生产能力是不同的：手工阶段的主要能力是R&D和运输；大批量生产阶段是制造、销售和后勤服务；工序强化阶段是服务；大批量定制则强调将企业资源与顾客需求相结合的能力[②]。不同的工作方式决定了组织参与竞争的基础，因此重要的是确认组织是在哪种基础（即处在哪一阶段）上进行竞争，以便明确什么是组织的“最重要

① 闫娜指出，大多数中国企业家都认为自己在战略方面很强，缺的只是执行。然而经常的现象是：不同企业写出来的战略，往往有相当大的相似性，如果隐去公司名称，这些应该代表企业核心经营理念的战略描述甚至完全可以互换。不少企业的战略连措辞也大致相同，如“快速做大、做强”，“以最低的成本生产最优质的产品”，或者“成为行业老大，实现产业整合”。如此战略水平，却依然沾沾自喜，其害大矣（闫娜：《谋定而后动》，《经济日报》2004年9月12日）。

② 巴特·维克托、安德鲁·博因顿：《创新的价值》，新华出版社2000年版，第一章。

的能力”。

组织战略差异化特征的实现，包括了战略制定和实施两个基本的阶段。组织的特色与优势首先从组织战略的制定开始，其中包括了四个方面的问题，即组织现况（在哪里）、组织希望发展的方向和目标（往哪发展）、组织如何达到这一目标（如何发展）、需要做什么事才能更好地达到这一目标（如何才能实现好的发展）。组织战略的制定就要对这四个问题逐一进行考虑，在此基础上再来明确战略目标并进行战略规划。换句话说，战略制定的过程也是战略思维的过程，而且也如本书前面第一章所指出的：战略思维是先于战略规划的。正是通过这样的考虑，组织思维方式将融合到组织战略中，从而体现出组织战略的特色。

组织战略思维是重要的过程，一方面，通过这四个问题的思考，有助于避免组织战略的“策略化”和“短视化”；另一方面，组织战略是一个包含了对这四个问题进行全面考虑的整体，也正是这样的整体性，使组织战略难以被竞争者模仿，因此其特色及其所体现的优势也将更持久。现实中，一些组织喜欢模仿其他组织的战略，尤其是其他组织“如何发展”的一些实务性内容，但最后通常都难以取得好的效果。原因就在于这种模仿很难涵盖战略的全部内容，尤其是很难得到其他组织战略的精髓。也正是为此，我们应该强调：如果要进行学习，那就应该更多地去看市场领先者成功之前是怎么“想”的，而不是仅学习他们成功之后的某些做法。

在这一过程中，关键是组织首先要明确自己的主要问题和优势是什么。约翰·凯认为，基本的思考路径是：首先应着眼于组织内部，确认本组织的独有能力，并寻求用一系列可仿效能力或补充性资产将其包围起来，以使组织能够在市场上推销自己的独有能力。其次要着眼于组织外部，以确认组织的能力在哪些市场上能够产生竞争优势。这里的重点仍然是独有能力，因为只有它们才能成为“经济租金”的来源①。

其次是组织战略的实施。战略实施是战略制定的必然发展，因此为保证组织战略意图和目标的顺利实现，战略实施阶段的思维方式也是战略制定思维方式的延续和贯彻。在这方面，特劳特认为，问题的关键是，如何

① 《抛弃不切实际的妄想》，《参考消息》1999 年 12 月 12 日。

在让顾客满意的前提下，实施组织战略的差异化[①]。他认为应该：一是成为市场的领先者，即以新概念、新产品或新的服务成为第一个进入市场的组织。用户心目中一旦认定某组织是某一概念的原创者，则随后的竞争者只会加强该组织的领先地位。二是突出组织产品的独特特征，一个人或一个产品的独特之处在于以某个特性而闻名。当然，组织不能拥有竞争对手已经占有的同一个特性，必须要有自己产品的独特特性。三是成为领导者，通常领导者是指能够主宰一个产品的品类（如复印机品类或饮料品类）。领导地位有不同的形式，只要能够有效地区隔本组织与其他组织，使组织或产品与众不同，组织都可以选择并坚持。四是将传统与发展相融合，首先，一个组织的长期历史能向市场表明它一直在做正确的事；其次，在传统的基础上进行发展，也能向市场表明组织在尊重传统和面向未来之间取得了平衡。五是创新，并通过营销让市场知道这一创新。

（二）组织运作方式

在运作方式方面，一般来讲，成功组织也都有共同点。例如，一些成功的大型企业的管理者通常都具有“强势”特点，如大的气魄、强的能力及坚定的意志等。他们首先高瞻远瞩地为企业制定一个合理而长远的战略目标；然后大胆果断地建立严密的组织体系和具体政策，以实现这一战略目标；最后再脚踏实地地在企业最底层采取有力措施实施管理和控制[②]。

然而，不同组织间的运作方式也存在很大区别，而且也应该有自己的特点。在各种对成功组织的研究中，一个重要的方面就是都对这些组织运作方式的特点做了描述。例如，ABB 公司采用的是矩阵结构：公司由执行委员会领导，下面按商业领域、企业和利润中心，以及国家或地区来组织，目的是尽可能获得既有大型组织的优势、同时又能表现小型组织的优点。通用电气则突出组织内部的文化环境与氛围，其中主要是尊敬其他人，在工作中尽可能找到乐趣。同时也努力进行运作创新，如发展了跟踪、评估和管理公司人才资源的有效系统；推行新的将奖金与创新思想及顾客满意度挂钩的绩效考核制度等。沃尔玛曾经以低价策略为主，同时也

---

① 杰克·特劳特：《什么是战略》，中国财政经济出版社 2004 年版，第 45 页。

② 严恒元：《欧美企管各有千秋》，《经济日报》2005 年 8 月 2 日。

在努力利用新的先进技术作为支持。沃尔玛不是单纯地为技术而应用技术，在应用某一新技术之前，它首先要考虑两个问题：它能帮助我们降低价格吗？它能增进客户对我们的消费体验感觉吗？正是这样的思维方式，使新技术的应用不仅为沃尔玛及供应商提供了大量实时信息数据，而且也为彼此的沟通与合作搭建了一个共同的平台。宝洁公司则把品牌资产作为其竞争优势的关键，为此它强调：一是通过销售渠道取得更高效率，就是采用大宗商品战略，实行大批量生产，并密切关注商品在渠道中的流动情况，在整个系统中实行自动化、工序标准化和工作简单化，集中力量简化和整理自己的供应链、订货和开单系统以及质量保障计划；二是按价值订价计划，就是每种产品对所有分销商实行统一价格，让每个分销商都能得到公平的利润。

其他如丰田的汽车不是独一无二的，但它制造汽车的方式却是独特的；联邦快递公司的核心竞争力是后勤管理能力；美国航空公司和英国航空公司在机群管理和订票系统上发展自己的核心竞争力等。国内企业中，则有娃哈哈以销售和配送系统见长；蒙牛的成功很大程度上是依赖其独特的公司文化等。不过，这方面最典型的比较还是戴尔和索尼。

戴尔可被看做“市场导向”战略的典范，其基本思想是“精确”地满足客户需求，为此戴尔最看重的客户是科技人员。因为科技人员的要求通常都很苛刻，由此也才能最大限度地体现出戴尔“精确”满足客户要求的优点和能力。在这种思想指导下，戴尔采取的是大批量定制的经营运作方式，其主要能力是将组织资源与顾客需求相结合的能力，并将这种能力作为其竞争优势的基础。戴尔公司自己并不生产所需要的（计算机）零配件，它的能力通过以下三个方面来表现[①]：

首先是产品和企业的功能“模块化”。计算机由多个具有相应功能的零部件所组成，这些零部件都按功能进行了“模块化”，以便按顾客要求进行配置或重新组合配置。企业管理的重点是确定各个工序间可能的界面，使它们能快速、有效、无间隙地重新配置。这样不仅一个PC机的零部件（驱动器、储存器、芯片及其他部件）必须是模块化的，而且与订

① 巴特·维克托、安德鲁·博因顿：《创新的价值》，新华出版社2000年版，第九章。

货、装配、测试和为每个零部件开具单据相联系的工序也必须模块化。其次是“网络化”。网络即功能模块的供应网络，或者说是一个能让企业在满足个别顾客需求时重新配置模块的组织。网络将各模块聚在一起，按照一台能有效工作的电脑要求来调整每个元件，确保每一项功能达到要求。正是这个网络组织使企业能高效、快速地定制出一项产品或服务。最后是“配置器”。配置器是一个软件系统，它提供了一个可嵌入各个模块的PC机“虚拟空间”。在按照顾客要求定制产品时，配置器检查并确保各个模块，以便构成一台能协调运行的计算机。与配置器相配合的是训练有素的顾客服务业务人员，他们确保软件运行正常，并利用自己的经验与顾客交谈，了解顾客真正需要的是什么样的计算机，并选择适合的模块去满足顾客的需要。软件与服务业务人员共同使大批量按顾客要求定制方式得以实现。

索尼与戴尔正相反，它是以“科技创新”为导向。其观点正如索尼的一位前董事长说的：我们的计划是用新产品引导公众，而不是问他们想要哪种产品。公众不知道能有什么，可我们知道。因此，我们不搞大量的市场研究，而是去完善自己对产品和产品用途的构思，并通过教育公众，与公众交流的方式设法为产品创造市场[①]。因此，索尼突出的是走在市场前面的“创新”，其能力和优势也主要来自企业的技术创新。

所以，组织的运作方式是多种多样的，这方面没有一定之规。这就像在自然竞争中，各种生物都要遵循基本的生物学规律，同时也都发展了自己独特的生存方式一样。针对各种各样的组织运作方式，我们不能抽象地说哪一种运作方式就是最好的。在激烈的市场竞争中，组织只要能够满足市场的需求，同时又能促进自身能力的发展，走出一条反映组织特点的道路，就是好的战略或运作方式。在这方面，核心竞争力概念中有一个重要观点就是：某一组织也许不是行业中最好的，但只要有自己的独特之处就行了，组织尽可以将这些独特之处作为它们的核心竞争力及组织取得优势的重要来源。

总而言之，一个组织不能“人云亦云”。要在基本的前提（如市场导向或科技创新导向）及社会经济技术范式发展的总趋势下，明确组织自

① 转引自哈默尔、普拉哈拉德《竞争大未来》，昆仑出版社1998年版，第108—109页。

身的主要问题和特点，要用组织自己的思想或思维方式（或者创造新的思维方式）来考虑并选择符合自己要求的战略和运作方式[①]。

在现代科学技术和市场发展的条件下，组织为了实现迅速发展，必须获得更多的市场份额，而组织扩大市场和创造价值的一个重要途径就是创新的运作方式。在这方面，特别有观点强调：现代企业为取得市场上的竞争优势，除了要依赖产品优势外，更要依赖经营商品的优势。经营商品的优势指的就是运作方式或者经营方式或模式的优势，也即组织是如何经营其产品或服务的。同纯粹的技术创新相比，运作方式的创新使组织得到的新竞争优势能够保持更长的时间。而正是因为运作方式没有一定之规，也为组织进行运作方式的创新提供了可能性和空间。

运作方式创新的意义概括来讲就是：企业的产品固然很重要，但不如它们如何组织和管理更重要[②]。尤其是通过创新形成新的运作方式，也是组织竞争优势和效益的重要来源。对此，Kang 和 Afuah 从完全竞争的假设出发，谈了自己的观点。完全竞争是新古典主义经济学的一个假设，在其中，企业的产品没有什么差别。各个企业也都按照供应商的成本向供应

① 王育琨说道：中国一流企业，整天在追求时尚。国际大咨询公司给它们忽悠什么，它们都感兴趣。只要说 GE、IBM、HP 等世界一流公司实施这个工具了，它们就会不计代价地引进。等到事后验证没有实效，企业也捂着不说。再说什么好概念，照样心急火燎地去学。ERP 在中国的际遇就很说明问题。千千万万个中国企业抛下几千万元甚至亿元引进 ERP，最后却发现没有什么用。因为一个简单的基础数据都不真实，何谈在数据之上的管理！其实，中国经济能够傲立于全球金融危机的飘摇之中，一定有中国企业独特的东西在发挥作用。可是，我们不自信。我们不知道千千万万个企业家在一个个现场整合资源的关键能力，或称在田间地头往前拱的地头力，才是中国奇迹的原因（王育琨：《通用汽车需要深刻调整》，《经理人》2009 年第 1 期）。徐文莉也强调指出，企业为了角逐国际市场，必须要先实行国际化。但国际化现在却有泛滥之势，如管理、人才、产品、消费甚至生活方式等都要国际化。所谓“国际化”的标准也越来越多：如产品质量标准、人才标准等，什么都要国际化。然而，在“国际化”问题上，也存在许多误区。关键是每个企业的管理模式、经营方式都应有其独到之处，如松下的、杜邦的、宝马的管理模式和经营方式都各有不同。而正是这种个性、特色，才恰恰是它们成功的要诀。一流的企业管理与实践并不只有一种唯一的类型，中国企业也应有自己的特色。总的来看，国际化是一种大势所趋，它并不是什么物化的、有形的东西，而是一种观念、一种价值定势。我们应当在提国际化的同时，积极探索有中国特色的经营管理模式。世界经济一体化，其最大的商机在于优势互补，而不是“同业竞争”（徐文莉：《点评当今中国企业管理的八大误区》，《决策探索》2004 年第 12 期）。

② 斯图尔特·克雷纳：《管理百年》，海南出版社 2003 年版，第 206—207 页。

商购买所需物资，同时又以生产成本向市场销售其产品。在这样一种均衡条件下，没有一个企业占有高于其他企业的力量（或地位、优势）。企业只能通过最小化其成本来获得收益（或者如威廉姆森所说的：通过节约来获得收益[①]），由此也使企业规模成为重要因素。然而，企业可以通过产品特别是运作方式的创新来获得某种独特的地位和优势，使自己区别于其他企业，从而超越（或者打破）完全竞争的状态，获得更多的经济收益。Kang 和 Afuah 认为，这一创新就是实施新的游戏战略。新的游戏战略是一组不同于其他企业所从事活动的活动，它们常常能颠覆产业或市场中做事情的方式，并且能重新解释产业中竞争优势的基础。如果一个企业能够成功地开展新的游戏活动，它就能拉开与其他企业的差距，因此也能占有更好地创造并获得更多价值的地位[②]。

一般来讲，运作方式的创新可分为"对外"和"对内"两个方面。"对外"即组织如何为市场提供产出或形象，例如从以往的注重产品经营转向更为重视品牌经营、服务经营。这主要是由于在买方市场条件下，产品供大于求，组织之间差别缩小，产品竞争日趋激烈。特别是一些产品同质性程度较高的行业，更容易形成单纯的价格竞争。为了突出特色，更好地为市场及客户服务，组织除了要在产品质量及特色上继续努力外，也更加强调品牌经营和服务经营的优势[③]。"对内"即组织如何开展活动，如采用新的组织形式，使组织具备更大的适应性；实施流程重建、精益管

---

① Williamson, O. E., Strategy Research: Governance and Competence Perspectives. *Strategic Management Journal* 1999, 20.

② Jina Kang and Allan Afuah, Profiting from Innovations: The Role of New Game Strategies in the Case of Lipitor of the US Pharmaceutical Industry. *R&D Management* 40: 2, 2010.

③ 针对公司把价格而不是品牌作为广告的优先对象，而大量推出促销广告的现象，百事可乐国际餐馆营销副总裁 Riskey 指出：促销性广告只有短期效果，旨在刺激消费者的即时反应，它只有在作为更大的计划和更大的图画（品牌的 DNA 已做详尽描述）的一部分时，才能发挥作用。品牌 DNA 携带了有关品牌实质的所有信息，它勾画了品牌的形象、个性和消费者心目中品牌的全部特征……以便消费者联想起品牌……看到其价值……体会到质量与价值。品牌 DNA 为我们的促销性广告设立了背景。……（应当）一开始就推出一流、内涵丰富的品牌。这样，只有这样，促销才能起到应有的作用。……我所讲的广告强调的是建立品牌长期的优势，而不是过于重视长期销量。目的就是建立品牌的公信力或权益价值。当我们继续促销时，（也才能）从销售中获得利润……我们的目的是，跨越时空创建品牌，同时又利用品牌来推动每周的销售额（参见罗杰·A. 凯琳、罗伯特·A. 彼得森：《战略营销》，东北财经大学出版社 2000 年版，第 262—263 页）。

理、集成管理和整合营销，提高活动效率；实行参与式管理，推动决策体制的科学化；建立技术创新体系，促进创新活动与业务活动的结合；改革绩效考核办法，实施新的更灵活的管理制度；发展对外合作，建立广泛的供应链网络；加强组织责任的管理，树立好的组织形象等。“对外”和“对内”两个方面紧密关联：“对外”为“对内”提出了要求；“对内”为“对外”提供了支持。由于组织对外的表现和形象是由其内部的运作来支持的，缺乏内部运作和管理的支持，外部创新可能就只是一种“宣传”而已。所以，“对内”这一方面可能更具基础性意义。

四　组织文化

（一）组织文化的作用

有关的研究认为，组织文化是指在组织管理领域内产生的一种特殊的文化倾向。具体是指一个组织在长期发展过程中，把组织内部全体成员结合在一起的行为方式、价值观念和道德规范。或者是指组织经过长期倡导、逐步形成的并为企业成员所普遍奉行和恪守的共同价值观念，包括基本宗旨、共同理想、道德规范、行动准则等[①]；或者是指组织成员所共有的、并作为真理向新成员传授的一系列价值观、指导理念、见解、思考方式的组合，它是组织中未成文的、涉及感情的一部分[②]；或者是指那些能将一个群体维系在一起的共同哲学、思想意识、价值观、假设、态度、规范、象征等[③]。

组织文化之引起人们的注意并将其作为组织管理的一个重要内容，主要是由于一些成功组织将社会文化的优秀内容引入组织管理中，与组织管理中的基本原理及先进科学技术相结合，从而形成了一整套既具有组织管理特色，同时又符合社会及民族的文化和思维方式的管理哲学和方法。并

① 黄卫东：《现代西方企业管理的软化趋势》，《工业经济管理丛刊》1988年第8期。

② 派特里克·E. 康纳、琳达·K. 莱克、理查德·W. 斯坦科曼：《组织变革中的管理》，电子工业出版社2004年版，第67—81页。

③ 伊弗特·古默桑：《管理的定性研究方法》，武汉大学出版社2006年版，第81页。

据此而重视从组织和人的价值观、文化理念等角度来做人的工作，通过各种“文化的”手段来激发员工的自尊心、责任感。相应的，员工也对组织产生了强烈的向心力、认同感、凝聚力。使组织管理收到了很好的效果，组织发展也具有明显的活力，由此也推动了组织管理中对企业文化的重视和建设。

组织文化包含了对组织成员思维和行为方式的某种规范，如孔茨和韦里克认为，文化与组织联系在一起的时候，指成员所共有的总的行为方式、共同的信仰及价值观。可从人们在一个组织范围内的所说、所做、所想中推断出它的文化，它往往为公司确定了风气并奠定的人们的行为准则①。卡斯特和罗森茨韦克则认为，文化提供了进行思考、感觉和反应的方式，这指导着组织成员的决策和其他活动②。

组织文化是从组织的整体考虑问题，而不是对某个单个员工的激励。强调组织文化，就是既要重视对组织内部员工个体的研究，同时又要重视对组织内部成员整体的研究。不仅要重视探讨如何对个别员工的激励，也要重视探讨如何对组织员工整体的激励。尤其是组织文化涉及的是组织管理中有关思想观念、价值观及思维和行为方式等深层次的内容，目的是希望塑造组织整体的价值观及思维行为方式与准则，以为全体组织成员的规范和引导。

组织文化具有凝聚、协调、激励、自控、塑造形象等功能，其作用主要在于：有助于增强组织的内聚力；有利于组织活动的协调和控制。例如，康纳等人就认为，组织文化一是将其成员结合在一起，使得他们知道如何处理彼此间的关系；二是帮助组织适应外部环境③。孔茨和韦里克也指出，组织的效力也受组织文化的影响。组织文化影响着计划、组织、人事、领导和控制等各项管理职能的实施方式④。索能伯格则认为，管理者

---

① 哈罗德·孔茨、海因茨·韦里克：《管理学》第十版，经济科学出版社 1998 年版，第 216—217 页。

② 弗莱蒙特·E. 卡斯特、詹姆斯·E. 罗森茨韦克：《组织与管理——系统方法与权变方法》第四版，中国社会科学出版社 2000 年版，前言。

③ 参见派特里克·E. 康纳、琳达·K. 莱克、理查德·W. 斯坦科曼《组织变革中的管理》，电子工业出版社 2004 年版，第 67—81 页。

④ 哈罗德·孔茨、海因茨·韦里克《管理学》第十版，经济科学出版社 1998 年版，第 216 页。

的工作就是推动员工按照既定方针办事，或控制他们用确切的行为原则办事。然而，有见识的管理者知道，通过企业信念和价值观来吸引留住员工的奉献精神，才是管理的最佳方式。有成效的管理者懂得，鼓励机制对员工的作用仅能维持其达到自己的短期目标，如果你用反复强调企业宗旨的方法取而代之，使员工理解他们的贡献对企业至关重要，那么你所得到的将是为企业感到自豪、愿望、为社会多作贡献的奉献精神①。卡斯特和罗森茨韦克则认为，组织文化和（管理者的）管理风格对工作组织中的两个基本问题有着显著影响：一是实现目标并能高效地利用资源；二是提供提高组织成员福利的氛围②。其中，管理风格是指一个管理者在组织文化限制和个人哲学观念指导下进行行为的独特方式。

组织文化所以具有这些功能和作用，是因为它在本质上，是在组织长期发展及具体实践的基础上，通过结合组织的理念并内化为组织成员的个人价值观，由组织成员自我确定和自我完善的思想意识和行为规范。其中心内容是尊重人、相信人的首创精神，强调非计划、非理性的感情因素在组织管理中的重要作用，主张以此为基点去协调和控制人的行为。这种以尊重个人思想和情感为基础的无形的软约束，能更有效地将组织的目标转化为人们的自觉行动，实现个人目标与组织目标的高度一致性。因而组织文化的作用比通常的正式控制或“硬约束”要更深刻和明显，而且也更具有持久性。

总的来看，组织文化是组织思维和行为方式的集中表现，也是组织管理精神世界中最核心、最本质的东西，有观点认为它对组织的成长和发展有决定性的意义。一个组织是不是有明确的文化，就好像一个人是不是具有明确的思想观念和思维方式一样。尤其是组织作为一个集体或群体，如果没有自己明确的作为整体的组织文化，那就意味着没有自己特定的作为整体的思维和行为方式，这一组织内部也必然是散乱、无序的。因此对组织思维方式和行为规范的建立而言，管理者的一个重要任务就是塑造组织文化。

---

① 法兰克·K. 索能伯格：《凭良心管理》，中国经济出版社 1997 年版，第 17 页。

② 弗莱蒙特·E. 卡斯特、詹姆斯·E. 罗森茨韦克：《组织与管理——系统方法与权变方法》第四版，中国社会科学出版社 2000 年版，前言。

（二）组织文化的构成

组织文化有其内部结构，如徐国华主编的《企业管理学》认为企业文化分三个层次，第一层次是可见之于形、闻之于声、触之有觉的物质文化，如企业产品形象、典礼仪式、员工服装、宣传材料、建筑物外表等；第二层次是企业的制度文化，如领导体制、组织结构、规章制度中反映出来的指导思想；第三层次是精神文化，如理想信念、道德规范、价值取向、经营哲学、行为准则等。第三层次是企业文化的核心[①]。康纳等人则把组织文化分为四个层面[②]：

第一层是最直观的标志物，这是可观察到的行为和直观的人为现象（包括逸事、习俗、语言和象征，如公司标志、口号、厂标等）。

第二层是行为规范，即表明行为是否得当的准则和标准。组织中一般有四类行为规范指导着组织的文化：任务支持规范（从技术角度指导人们彼此间的行为）、任务革新规范（本质上也是技术性的，是鼓励创新的某种规范）、社会关系规范（这涉及公司的社交方面，对员工的人际关系行为起着约束作用）和个体自由规范（它同样涉及了组织生活的社交方面，它们决定了组织成员所享有的自主权的大小）。

第三层是基本价值观，即组织成员共同认可的某种明确或含蓄的、指导或影响人们作出抉择的理想观念。基本价值观不是很直观，但它是逸事、象征、规范等的基础，促使相关组织成为现在的样子。通常有两类基本价值观，一是业绩价值观（这一价值观关系到组织对于其生产力的定位，如“最大限度的关注客户服务”的观点）；二是人员价值观（涉及的是企业在社会及个人方面的行为品质，如“把员工作为个体的人十分重要”的观点）。

第四层次是核心观念，它们反映了组织成员如何感知、考虑和感受事物。这一层次最为隐秘或模糊，有时甚至组织内部的人都无法直接理解和确认。共有五类主要的观念：一是人性的本质；二是组织同其环境的关系；三是现实、真理、时间、空间的本质；四是人类活动的本质；五是人

---

① 徐国华主编：《现代企业管理》，中国经济出版社 1993 年版，第 124 页。

② 派特里克 · E. 康纳、琳达 · K. 莱克、理查德 · W. 斯坦科曼：《组织变革中的管理》，电子工业出版社 2004 年版，第 67—81 页。

际关系的本质。

总的来看，组织文化可分为外层要素和内层要素。外层要素如物质文化、制度文化、标志物等较为直观，也较为容易建立；内层要素如精神文化、基本价值观和核心观念等则不太直观，较为隐秘，因此也常为人们所忽视，甚至认为只是某种“虚”的东西。但实际上，精神文化（如理想信念、道德规范、价值取向、经营哲学、行为准则等）或基本价值观与核心观念是组织文化的最重要内容，也是组织文化的核心要素。组织文化的外层要素要反映其内层要素，内层要素则体现了外层要素的内涵。因此，发展组织文化，关键是内层要素的发展与构建。而且，组织也像“人”一样，有深厚的文化内蕴，才会有更好的形象与表现。而组织文化内蕴的体现，也主要是通过组织文化的核心内容的建设与发扬。

组织文化不是“死”的，不是以上各构成要素的在概念意义上的僵化的集合。组织文化是“活”的，是能够融入组织及其成员的思想和行为中的有生命力的精神因素。为了达到这样的层次或境界，组织文化的建设要特别重视两个要素：一是组织的情感；二是组织的惯例。

人是有情感的，情感也影响了人们对周围事物的指向性和态度，因此组织文化应重视培育其成员对组织的情感。我们前面第五章曾谈到社会中存在两种关系，一是以情感为纽带的首属关系，二是以工作和任务为中心的次属关系。现代社会的发展是从“首属关系”进到“次属关系”，传统社会中以基于家庭和村舍（情感纽带）的首属关系为主，现代社会则是以工作和任务为方向的次属关系为主。然而，次属关系和首属关系都是现代社会中的重要关系，或者说现代社会中传统模式和现代模式实际上是混合并存的①。组织作为一种社会实体性群体，必须要强调共同目标和凝聚力，因此其文化的构成中也应同时包括首属关系和次属关系两种内容，并将它们相结合。就是既强调次属关系，注重人的能力和发展；同时又要重视首属关系，讲求情感和集体意识。这样，组织文化才是全面、完整的，也将能更好地起到维护组织生存和发展的作用。

特别地，首属关系重视情感的作用。而正是情感才使组织成员认为：这是“我的”或“我们自己的”组织。从而把“我的”组织与其他组织

① 李芹：《社会学概论》，山东大学出版社2009年版，第301—302页。

区别开来，并形成自己组织的文化和思维方式。

在组织文化的构成要素中，还应特别重视组织惯例“自动引导”的作用。“惯例”通常被划入组织文化的范畴，只不过不同的文献中在表述上有一些区别，如惯例是组织的技能和能力；惯例是组织的遗传物质；惯例是组织活动的语法规则；惯例是有关组织成员为完成组织任务而采取的行为的重复模式，等等。实际上，可以认为惯例是组织特有的思维和行为常规，引导并规定了组织成员在组织中应该“做什么”以及“如何做”。惯例的存在是组织文化及其思维方式特定性的一个重要原因，同时也是其具体的表现。

通常人们较为注意的是惯例的稳定性，因此也主要是强调了惯例的规范与约束的作用。这一作用就好像计算机的软件程序一样。某一成员一旦进入某一组织，就要按照这一“软件程序”来思考和行为。这时，惯例的作用也像是提供了一种背景“情景”。然而，惯例还有另外一个作用，它提供了一种组织协调的重要形式。对此，Feldman 和 Rafaeli 认为，惯例既有稳定性，也有适应性。或者说，惯例也能发挥组织成员及整个组织适应变化的作用[①]。其作用的主要过程是，惯例首先创造了组织中人们的联系，即人与人之间使他们能够传递信息的相互作用。而后，惯例通过联系促进了组织中的“共享理解”，这种共享理解规范了人们在组织中的思维和行为。

组织中的“共享理解”分为两个相互关联与作用的层次，一是操作层面的共享理解，即关于个人应该做什么及如何做的特定的理解（如为了制订计划，需要了解有关营销方面的资料。那么，计划人员应该找营销部门的“谁”以及如何去找他了解有关的资料呢）；二是组织共享理解，即关于组织结构与文化的理解，包括对某种类型的惯例的理解（如关于组织计划活动惯例的理解）。一般来讲，操作层面的共享理解要适应具体操作的特定环境，因此有一定的变化性，不是很稳定；组织共享理解则有一定的抽象性和间接性，因此也较为稳定。

概括来讲，惯例的协调作用就是：它帮助定义了成员所属的集体，这

---

① Martha S. Feldman and Anat Rafaeli, Organizational Routines as Sources of Connections and Undekstandings. *Journal of Management Studies* 39, 3, 2002.

个“集体”也帮助定义了所期望的能维持集体同时在需要时能适应集体的行动。一方面，当组织中某个人的思维或行为出现了变化，其他成员也会自动（自发或自觉）地调整自己的思维和行为，以便维持组织的正常运作；另一方面，当个人的思维或行为出现较大变化，从而使操作层面的共享理解出现较大改变时，组织共享理解也会进行相应调整。最终就是组织惯例的变化和演进，并为组织在新的情景条件下正常运作提供了新的协调手段。换句话说，惯例既是组织思维和行为的一种规范，同时也起到了协调和维持组织作为一个特定整体的作用。

（三）组织文化的构建

组织文化是特定的，因为它是组织在其特定情景条件下、经组织内外环境相互作用长期发展的产物，是组织内在观念与外在形象的整体表现。组织文化的建设与发展有三个特征：一是培育过程的长期性；二是演变发展的渐进性；三是鲜明的企业特色。

这三个特征中，特别要强调组织文化与组织特定性之间的密切联系①。可以认为，两个不同的组织可能在技术和设备等物质条件方面是相同的，但很少会在组织文化等“软环境”上具有相似性。因此，组织应构建具有自身特色的组织文化，要努力突出组织的“个性”。为此，第一，要尊重组织自身的历史和传统，同时又要考虑社会趋势和组织未来的发展及优势。尊重历史才有组织自己的根源，考虑未来才有明确的方向。第二，要在组织长期发展所形成的习惯和常规前提下，注重吸收社会及民族文化中的优秀内容，反映社会主流的文化和价值观念，这是组织之存在于社会及民族文化环境中的一个客观要求，也是为组织文化注入新的内涵和活力的必然要求。第三，要在精神文化、基本价值观和核心观念等深层

① 正是在组织文化的特色方面，国内一些组织目前还存在较多问题。如徐文莉指出，目前企业文化漫天喊，但国内很多企业没有自己的企业文化。企业文化是指一个企业组织本身所具有的许多有形或无形的特质。企业文化本是企业在自然成长过程中经过成功与失败的反复交替来建设，而非照搬或追风。有企业说自强不息、团结奋进，其他企业也说自强不息、团结奋进；社会上风行开拓创新、与时俱进，于是各个企业也说开拓创新、与时俱进。这不是企业文化。企业文化不是现成的，必须有自己的特点。没有一家企业文化的概括是能够从别的企业当中直接移植过来的，可以借鉴，但不能移植（徐文莉：《点评当今中国企业管理的八大误区》，《决策探索》2004 年第 12 期）。

次文化内容基础上，设计物质文化、制度文化、标识物等组织文化的外层要素，以便这些外层要素能切实表现深层次文化的本质与特点。第四，组织文化建设要以人为本，要通过文化建设，在组织中形成尊重人、关心人、发展人的和谐氛围，培养增强组织成员的组织情感[①]。第五，要用组织自己的语言来表述组织的文化，以便表现出组织自身的思维和行为方式，形成自己的特色[②]。第六，要努力使组织所建立的新文化成为组织中的惯例，使组织成员能在其实际的活动中“自动”切实的遵守和贯彻。

关于组织文化如何建设，威尔逊（Wilson）提出了两种方法：解释性方法和结构性方法[③]。解释性方法是以符号、礼仪、惯例以及在组织中流传的各种故事、传说等来诠释的组织文化，因此组织文化建设的主要过程包括对这些象征性成分的操作以及向顾客和员工解释这些成分。结构性方法以组织文化和组织结构之间的联系为关注的重点，是通过组织结构及体制的特点和运作来表现组织的文化。例如可将组织文化分为四种类型：角色型组织文化，它由多个层级的等级制度构成，每一层级向上级汇报，这也是传统官僚型组织的典型形式；权力型组织文化，其特点是强势的有权威的个人在这些组织中成长起来，并成为组织结构的中心（就像蜘蛛处在蜘蛛网的中心一样）；任务型组织文化，其外在表现通常与矩阵型组织结构有关，强调灵活性、适应性和工作团队内部成员之间的平等性及横向沟通；人本化的组织文化，这一类型特别强调个人的自由和人际关系，与高度非集中化和非正式的组织结构相联系。

侯松容则从企业运行管理的角度表明了我国企业组织文化构建应具有的一些观点[④]。在企业运行管理提升方式上通常有两条道路：一是高度权

---

① 组织情感的培养应结合组织的历史，因为历史是情感的一个重要来源。情感是对已发生事物的某种体验，通过这种体验而产生“喜、怒、哀、乐”等感觉及“怀念”和“留恋”等感情表现。如果组织不尊重自己的历史，组织成员无可体验之事，组织情感就无从发生。即使已经发生，也会因无可借以存在的依托，而逐渐“淡漠”或消失。

② 例如我们前面所举的同仁堂“炮制虽繁必不敢省人工，品味虽贵必不敢减物力”、杭州胡庆余堂“采办务真，修制务精”，其中所蕴涵的思想是相似的，都是强调要“功有所费、物有所值”。但是由于表述不一样，就显出了各自的特色。

③ 转引自奈杰尔·金、尼尔·安德森《组织创新与变革》，清华大学出版社 2002 年版，第 126 页。

④ 侯松容：《中国企业需要第三条道路》，《经济日报》2003 年 10 月 22—24 日。

变的企业运行方式。它强调具体问题具体分析，凡事讲灵活机动，很少规定动作，大部分是自选动作。二是用规范化、科学化、程式化的管理方式来运行企业。凡事一切讲程序、制度、流程，不越雷池一步。他认为，我国企业应走第三条道路，即高度制度化、流程化和创造性的高度权变相结合的企业管理运行方式。具体地讲，就是企业要在战略层保持高度权变的灵活性，在运营层建立制度化的流程体系，在基层作战单元预留权变的空间，并在三层结构中保持协调和均衡。他认为，要用三层结构的管理模式来看待企业、运营企业和管理企业，要为每个层级建立起适应其层级的不同管理哲学，而且这个管理哲学一定要得到企业从上到下的高度认知和认同。从组织文化的角度来看，这一运行方式的优点是：可使企业更好地应对复杂多变的外部市场环境；是打造中国特色的学习型组织的道路，它的快速学习的特点可以保证企业持续的竞争力；体现了制度和流程对人的约束及权变空间对人的创新力的尊重的有机结合，符合知识经济的时代精神。

应该指出，这些组织文化的构建方法中其实蕴涵了一个明确的思想，就是组织文化是内在于组织管理活动及其体制中的。虽然，理论上我们可以将组织文化分解成一定的要素，而且组织文化也需要给予诠释，但它本质上仍是组织管理活动及其体制特点的表现。对此，司马云杰曾对社会文化下了一个定义：文化乃是人类创造的不同形态的特质所构成的复合体①。据此我们也可以给组织文化下一个定义：组织文化乃是组织管理活动及其体制特质的复合体。因此，组织文化构建和发展的关键仍是在于组织的管理活动和体制，取决于组织采用的管理体制或者如何进行管理。而不能将组织文化看做某种外在于组织管理的“额外的”装饰或者修饰，只是在其外表（或外在形态）上下工夫。

五　组织思维方式建设中的两个问题

（一）组织思维方式建设的积累性

组织能力、组织文化和组织的思维方式等，都属于组织整体特征的范

---

① 司马云杰：《文化社会学》，山东人民出版社1987年版，第11页。

畴。一般来讲，组织整体特征通常都是时间的函数，是组织长期渐进发展积累的结果。对此很多观点都有相应的论述，例如动态能力观中提出的组织能力发展的“路径依赖性”概念，就表明了积累性的含义。帕特尔和帕维特认为，组织技术能力的发展是一个逐步积累的过程，发展和调节组织的技术能力既是困难的，同时也要花费很长时间①。达文波特等（Davenport et al.）对新西兰企业的能力发展进行探讨后也指出，这一发展是一个相对较慢的长期积累过程，一些企业花费了 20 年时间才发展积累了相应的经验和能力②。

组织文化与思维方式的建设和发展也强调渐进性和积累性，因为组织文化和思维方式与组织管理活动及人的信念和价值观等密切联系。改变组织文化与思维方式要求发展相应的管理活动与体制，尤其是要改变人们的价值观和思维及行为方式，需要花较长的时间才能有所结果。为此孔茨和韦里克估计，可能要花 5—8 年的时间③。科伦索也认为，改变组织文化绝不是一日一月之功，因为人们的信念形成于他们对组织的长期观察。再精心设计和周密组织的变革运动产生的动量，也远远比不上长年累月观察到的事件积累而成的惯性④。

这种积累性的一个重要表现是：组织文化和思维方式是在组织及其管理活动过程中逐渐形成和发展的。特别地，在组织思维方式形成的长期过程中，组织中的各种活动及管理中采取的各种措施，不管是不是与组织文化或思维方式直接有关，都会对组织成员的思维及行为方式产生某种明显或潜移默化的影响。这就如同蒂斯等人所说的，学习是渐进、局部的，是一个不断试错、反馈和评估的过程。学习的进行往往围绕着企业正在从事的活动，学习的机会也特定于企业已经从事的活动。由于路径依赖的作用，企业的投资有比一般人所能想到的更长远的影响，因

① Pari Patel and Keith Pavett, The Technological Competencies of the World's Largest Firms: Complex and Path - dependent, But not Much Variety. *Research Policy* 26 (1997).

② Sally Davenport, Colin Campbell - Hunt and Julia Solomon, The Dynamics of Technology Strategy: An Exploratory Study, *R&D Management* 33, 5, 2003.

③ 哈罗德·孔茨、海因茨·韦里克：《管理学》第十版，经济科学出版社 1998 年版，第 218 页。

④ 迈克尔·科伦索：《组织变革改善策略》，经济管理出版社 2003 年版，第 86 页。

为投资影响企业学习和能力发展的方向①。在这方面，组织管理者试图人为地来划分什么时候开始学习、什么时候不学习，或者什么活动可以学习、什么活动不可以学习，如果不说是不可能的话，至少也是十分困难的。

组织思维方式发展的积累性特点，一方面是形成组织思维方式特定性的一个重要条件，其形成时间的长期性阻碍了其他组织的学习和模仿；另一方面，也要求组织具有明确的指导思想和要求，以便在组织思维方式的长期发展过程中进行有意识地指导或引导。而且要有耐心和务实精神，一步一个脚印，真正花大力气、下大工夫。

然而，现在一些组织并不是从这样的角度来考虑问题，而是指望迅速地建立起组织的文化和思维方式。例如，请所谓的"文化高手"来为组织做"文化包装"，以求收到"立竿见影"的效果。但是实际上，由于这些文化高手可能并不了解组织的历史、惯例和特点，因此效果有时往往会打一个折扣。组织文化和思维方式是组织在长期的创业和市场竞争中逐渐形成的一种集体性社会性精神财富，它当然需要人们去发掘、总结、提升，但这绝不是一两个所谓的文化高手包装一番就能达到目的的。组织文化和思维方式是在组织内部管理不断创新的过程中概括、总结、提炼而成的产物，不可能抛开组织固有的传统和严格的管理去谈文化和思维方式的建设，更不可能为文化而文化。否则的话，不光组织文化和思维方式难以建立，很可能还把原来好的思想观念和行为准则破坏了②。

也正是为此，徐文莉认为，国内企业应该树立企业文化建设理念，但不能操之过急，更不能"米不够水来凑"，而是应该以非常严肃的态度来

① Teece, D. J., Pisano, G. and Shuen, A., Dynamic Capability and Strategic Management, *Strategic Management Journal*, 18, 7, 1997.

② 伍振曾谈道：某建筑工程公司以前的经营业绩就很好，可是数年前这家企业的老总，忽然从京城高薪请进一个"文化高手"，花巨资构建所谓的企业文化，重新编印了企业画册，规范了员工制服，设置了什么企划部、公关宣传部等部门，招聘一大帮具有表演和公关才能的靓女俊男……结果，一方面是企业花大价钱搞了些有名无实的所谓文化建设，另一方面是把原本朴实的员工也搞得学会了务虚不务实、做表面文章的毛病。后来，在两年不到的时间里，原来兴旺的企业终于受不了这些"花拳绣腿"表面功夫的拖累，支持不下去了（伍振：《别误读"企业文化"》，《经济日报》2005年7月20日）。

建设自己的企业文化[①]。

（二）组织思维方式建设中管理者的作用

在组织思维方式建设的过程中，组织领导者有很大的作用。这是由于组织领导直接负责组织的运行及管理的活动，他们的思维及行为方式对组织管理思维方式的确立有直接的影响[②]。

这种影响主要有四个途径：一是管理者是组织战略及运作方式的决策者和制定者，通过组织战略和运作方式的制定与明确，管理者的思维和行为方式会借助组织战略和运作方式的实施而影响组织中其他成员。二是管理者是组织管理的实施者，如制定组织的目标和计划、负责并实施管理的职能等，通过这些管理活动，管理者的思维和行为方式也会在组织中得到传播和贯彻。三是管理者是组织思维方式的引导者。这种引导首先在于为组织管理提出明确的价值标准和基本观念，以为组织制度的建立、组织文化的形成以及人们的思维和行为方式提供某种具体的指导。实际上很多组织的有特色的价值观念或信念，大多是组织领导思想观念的某种反映。其次在于管理者以自身的思维和行为来引导人们学习理解新的思维和行为方式，并按新的价值标准或基本观念来思考问题并行为[③]。四是管理者是组织思维方式的推动者，即通过各种管理措施和方法来发展创新及创建思维方式变革的适宜环境，最终推动组织的管理及人们的思维方式向着预期的目标转变。

特别地，由于组织文化与思维方式与组织管理活动及其体制密切联系，就使管理者之“所思”、“所说”和“所行”都会对组织思维方式的发展和形成产生某种潜移默化的影响。

由于管理中人们的行为与思维方式密切联系，以及建立组织思维方式的必要性。因此，管理者在实施管理的过程中，同样也承担了组织思维方

---

① 徐文莉：《点评当今中国企业管理的八大误区》，《决策探索》2004年第12期。

② 管理者对组织及其运作通常有很大影响，有关研究就强调：管理者是在他们认识图式的基础上进行战略选择的，由此管理者个人特征也会在组织运作及其结果中得到反映［参见Ho－Uk Lee and Jong－Hun Park，The Influence of Top Management Team International Exposure on International Alliance Formation，*Journal of Management Studies* 45（5）2008］。

③ 参见Liz Borredon and Marc Ingham，Mentoring and Organisational Learning in Research and Development. *R&D Management* 35，5，2005。

式构建的责任。换言之，组织领导不能只是考虑管理工作如何进行，同时还要关注管理过程中人们的思维及行为方式问题，并努力将其贯彻到组织管理活动之中，这样才能更好地取得所希望的管理结果。

组织管理者为了发挥这样的作用，首先自身就应具有相应的素质并持有明确的观点。对此，康纳等人从组织变革的角度认为，（变革）实施者的……个人特征将影响变革的创新和变革的成败。特别地，他们所描绘出来的蓝图就是组织的变革目标①。IBM 前董事长托马斯·沃森关于组织信念的看法也是这方面的一个例子，他在其所著的《一个企业和它的信念》一书中就认为：第一，任何组织要生存和取得发展，必须有一套健全的信念，作为该企业一切政策和行动的出发点；第二，公司成功的唯一最重要的因素是严守这套信念；第三，一个企业在其生命过程中，为了适应不断变化的世界，必须准备改变自己的一切，但不能改变自己的信念②。可以认为，一个组织管理者如果具有明确的信念，并且能够在组织管理活动中予以坚决地贯彻，是会对组织成员产生积极影响的。

其次，组织管理者有责任为组织思维方式的建设提供明确的思想和观念。对此，伯克认为，（为了修改现在的价值观或建立一种全新的价值观）组织管理者有责任建立新的价值观。这不是说价值观需要直接来自于组织管理者，价值观建立的过程可能包括许多人的参与。但是最终，价值观必须与组织管理者的个人价值观一致，因为他或她必须在组织日常活动的基础上使它们体现出来并予以坚持③。现实中，很多组织中的信念也都由组织的领导者所提出，而且通常都是企业领导者思维方式的特定反映或表现，如我们在第一章中举的盛田昭夫的例子。其他还有如：丰田汽车公司下属的丰田汽车销售公司的创始人、第一任经理神谷正太郎，就在很多企业强调“生产第一”观念的时候，提出了“用户第一、销售第二、制造第三”的新观念，把用户摆在了第一位。正是这样的思维方式，指

① 派特里克·E. 康纳、琳达·K. 莱克、理查德·W. 斯坦科曼：《组织变革中的管理》，电子工业出版社 2004 年版，第 179、188 页。

② Thomas J. Peters and Robert H. Wsterman, *In Search of Excellence*, Harper & Row Publishers, 1982, p. 280.

③ W. 沃纳·伯克：《组织变革：理论和实践》，中国劳动社会保障出版社 2005 年版，第 218 页。

引了丰田公司的经营管理活动，也为丰田汽车公司的发展打开了广泛的市场。

在这方面，福克尔认为，不论是大企业还是小企业，管理层都必须要明确自己打算做些什么，而且必须向组织中所有的人说明管理层的信念。使下面的人了解管理层预定的“目标”，是管理者必须首先具备的本领[①]。

最后，组织管理者要为组织思维与行为方式的确立发挥模范带头作用。很多作者也都对此做了强调，例如，孔茨和韦里克明确指出：管理人员，特别是高层管理人员是企业风气的创立者。他们的价值观影响着企业发展的方向……可以把价值观看做渗透于日常决策中的思想方法的形成……在许多成功的公司中，在价值观推动下的公司，领导人起了模范带头作用。他们制定了行为的标准，激励员工们，使自己的公司具有其特色，并且成为对外界的一种象征。……无论怎样，首席执行官们都必须把他们想要推动的组织文化形象化[②]。

徐源以其在小天鹅公司的实践为基础，也认为经理必须明确信念、理想和宗旨，以身作则，深入现场与员工沟通，组合力量，调整好人们在观念上、心理上、道德上产生的变化，发掘、释放、引导、提高人们的潜力，在员工中形成方向感、使命感和自豪感[③]。

---

① 罗杰·福克尔：《漫谈企业管理》，新华出版社1982年版，第33页。

② 哈罗德·孔茨、海因茨·韦里克：《管理学》第十版，经济科学出版社1998年版，第216—218页。

③ 徐源：《小天鹅的经营理念》，《光明日报》2002年6月10日。

第九章　管理思维方式的辩证性

管理思维方式的辩证性，是指管理者既要强调管理理论的科学性，要用理论作指导；同时又要看到管理实践的复杂性，理论的应用要注重艺术性。在这方面，我们赞同管理的科学性和艺术性的提法，认为管理的科学性和艺术性二者之间的辩证关系，其实也是管理思维方式的一种规定性。

一　管理活动需要有理论作指导

（一）管理理论的指导作用

在前面第三章我们曾概括了管理理论的价值；关于管理理论在管理领域中的科学性，我们也提出了四个方面的表现。特别地，我们认为管理理论是对管理本质特征的概括和抽象，并通过这种概括和抽象揭示了管理的内在规定性。由于这样一些价值和意义，管理理论就为管理者提供了理解和把握管理活动的基本指导，同时也为管理者提供了分析、解决问题的科学方法论及确实的手段和方法。因此，管理理论需要学习，并在实践中加以贯彻和应用。许多作者对此也都表达了自己的观点。

孔茨和韦里克认为，理论是将相互依存的概念和原则系统地组合起来，从而构成知识的基本框架或组合。运用条理有序的管理学知识，管理人员会把管理工作完成得更好。而也正是这种知识构成了科学……管理人员如果不具备管理科学知识，也只能是碰运气，凭直觉，或照老经验行事①。雷恩也指出：不了解历史，个人只能依靠自己的有限经验作为思考

① 哈罗德·孔茨、海因茨·韦里克：《管理学》第十版，经济科学出版社1998年版，第8—9页。

和行动的依据[①]。所以我们也可以说，不学习管理理论和知识，管理者也只能依靠自己的经验作为思考和行动的依据。当然他自己也可以摸索或创造，但是过程也将缓慢或曲折。尤其是我们在前面第二章中曾指出：管理理论和思维方式的发展具有某种周期性特点，从而使历史的经验可以作为现在的借鉴。因此，了解管理理论及其发展历史，对现在的管理思想及活动将有很大的帮助。

格里芬的观点是：为什么理论重要，是因为理论是组织知识和提供行动蓝图的概念框架。用于构造组织和引导组织方向的理论是以现实为基础的。如采用装配线的组织（像汽车厂）都吸取了“科学管理法”的理论。许多企业吸收了行为理论来改善员工满意度和对员工进行激励[②]。

古默桑则将管理咨询师与学术研究者作了一个比较：管理咨询师在……理论的支撑下致力于解决实践中的问题（或者说成：从理论中啄食并贡献于实践）；学术研究者则是在实践的……基础上致力于理论研究（或者说成：从实践中啄食并贡献于理论）[③]。先不论他这一比较的本意是什么，只从这一比较，可以认为管理理论应该也可以对实践作出贡献。。

基尔伯特里克的观点间接地表明了管理理论及其知识体系的重要性，他认为，在数学问题的构成中，在寻求数学问题答案的过程中，一定要用到数学概念、原理或方法[④]。同样，在管理问题的构成及解决过程中，也一定要用到管理的概念、原理或方法。

理论的作用不可缺少，例如，一些作者指出了管理活动中管理者往往会依赖直觉，但直觉也要以理论知识作为前提。如布鲁纳认为，可将“直觉”看做“直接”了解或认知，与之相对应的就是靠正式的分析法和证明法为中介所获得的“间接”了解或认知。作为心理学家，布鲁纳承认有直觉天赋存在，但更强调要重视知识结构的理解：直觉好的人可能生来有点特殊，但他的效果有赖于科学的牢固知识，熟悉学科知识，能使直

① 丹尼尔·A. 雷恩：《管理思想的演变》，中国社会科学出版社 1997 年版，第 3 页。

② 里奇·格里芬：《管理学》第八版，中国市场出版社 2006 年版，第 28 页。

③ 伊弗特·古默桑：《管理的定性研究方法》，武汉大学出版社 2006 年版，第 7 页。

④ 杰里米·基尔伯特里克：《数学解题教学研究的 25 年回顾》，《国外科技动态》1989 年第 2 期。

觉更好地发挥作用[①]。艾伯斯则指出了管理理论在管理者的学习培养过程中的作用：在过去的六十年中，可以用来培训专业的系统化的整体管理知识已经有了发展……管理过程这一概念的形成使管理向专业化大大推进一步。管理过程强调这样的思想：管理既包含技能，也包含知识。尽管管理学知识还不是很完善，但人们还是可以从中得到关于管理问题性质的某些有意义的见解。大学不可能训练出“成品的”管理人员，然而，它为通过经验进一步培训管理人员提供了一个良好的开端[②]。

而且更重要的是，只有学习了管理的理论及知识，掌握了管理的知识参考系框架，也才有可能发现管理实践中的问题。对此，汉森（“观察渗透理论”[③]）就认为观察和感觉不一样，感觉只是“感觉到某物存在”，观察则是要“看出某物是什么”，要达到一种“视觉理解”[④]。为了达到“视觉理解”，观察就要受理论的指导和约束。换言之，人们在观察中能够看出或看到什么，都是由人们自身所具的理论和知识所决定的。人们具有什么样的理论和知识，人们就能借助这样的理论和知识去观察对象，并且从中看出与此理论和知识相符合的意义。如果人们不具备这样的理论和知识，人们就不能从对象中看出这样的意义。由此他提出：观察中渗透着理论，正是理论决定了人们的观察结果。他进一步认为，有的人在工作中能够做出成绩，有的人做不出成绩。做不出成绩的人不是因为他从对象中看不出什么，而是因为他的理论和知识使他将对象看成了别的东西，从而未能用正确的方法去工作。

就我们的观点而言，所谓把握了管理的思维方式，也就是说要从管理的角度去看待管理中的有关问题，并提出相应的解决办法。而要做到这一点，就要以管理理论及其知识体系为基础。对此，我们在前面第三章

---

① 关于布鲁纳在直觉思维方面的探讨，可参见杰·S. 布鲁纳《教育过程》，上海人民出版社1973年版。

② 亨得·艾伯斯：《现代管理原理》，商务印书馆1980年版，第3—12页。

③ 关于汉森“观察中渗透了理论”观点的具体论述，可参见汉森《发现的模式》，中国国际广播出版社1988年版。

④ “视觉理解”与“思维理解”不同：思维理解是经过思考后形成的理解；视觉理解不经过思考，是在观察过程中形成的理解，或者说一看就看出了对象是什么。教学活动中，利用直观教具（如实物、图形、模型等）来帮助学生对概念进行理解，就是视觉理解的一种典型应用。

“三”中就说明了管理理论的思维方式意义，并在第二章“五”中指出了管理思维方式是由管理理论及其知识体系的整体来规范的，管理理论及其知识体系为管理者提供了整体的参考框架。换言之，管理者要运用管理的概念、原理、原则和方法，才能表现出管理的思维方式，并据此观察、分析和解决管理的问题。这方面特别要强调，知识和信息的学习有两种应用：一是工具性应用，即为解决某个具体问题而利用知识和信息。二是概念性应用，即利用知识和信息来改变我们的思想和思维方式。例如，当我们处理 A 员工与 B 员工的矛盾时，我们需要了解 A 员工和 B 员工为什么有矛盾（或矛盾的来龙去脉），这是工具性应用。而当生产部门与营销部门发生沟通，从而了解了市场需求及组织营销的目的后，可能就会改变以往只从生产出发考虑问题的习惯，而更加注重生产与市场的结合，这就是概念性应用。所以，我们应该重视管理理论及其知识的学习。因为正是这样的学习，才使我们有可能通过“概念性应用”而具备相应的管理思维方式。

总而言之，要采用管理的思维方式，也就要采用管理的概念、原理和方法。对此，Koppinen 等就指出：为了使公共研究机构的科技人员具有市场导向的思维方式，就要在科学研究计划的制订中采用通常组织所应用的（商业化）业务计划方法①。霍奇森（Hodgson）更是特别强调了项目管理知识学习与项目管理思维方式形成的密切关系。他指出，通过项目管理知识的学习，能够改变组织成员的思想方式；实践中很多组织也都把严格遵循项目管理的知识和过程看做“职业化”（或专业化）的一个标志。为了做到这一点，就要在实践中应用项目管理的知识和专门术语。因为，知识体系……反映了职业的本体，以及项目管理哲学所描述的意义。他借用有关组织的话说道：（项目管理知识的学习）是一个改变组织成员思想方式的问题②。

（二）理论学习中应避免的两种倾向

为了发挥理论的指导作用，管理者需要学习理论。这种学习应注意两

---

① Seija Koppinen，Jorma Lammasniemi and Petri Kalliokoski，Practical Application of Aparallel Research - business Innovation Process to Accelerate The Deployment of Research Results. *R&D Management* 40，1，2010.

② Damian Hodgson，Disciplining the Professional：The Case of Project Management. *Journal of Management Studies* 39：6，2002.

种倾向：一是轻视管理理论与知识的“理论性”或“抽象性”，只强调管理活动的技能和经验性。二是只重视管理理论与知识的“理论性”，而忽视管理的“实践性”及实践中的学习。

首先，我们不能轻视抽象管理理论的指导作用。现实中，有观点认为，教科书中理论上的管理与实际组织中的管理不一样，从教科书中学习到的很多抽象的理论和知识都没有什么用处。还有观点认为，管理是一种技能，不需要学习，任何人都能成为管理者。这些观点好像也不能说完全不对，但是有些过于强调管理的技能一面，而忽视了管理的理性一面及理论的指导作用，有点过于偏激了①。

管理理论是抽象的，然而正是这种抽象性才使管理理论具有普遍的指导作用。在这方面，数学家迪多内的观点值得参考。理论（或纯）数学是一个高度抽象的领域，尽管如此，迪多内认为②，谁也不想否定，数学的诞生是由日常生活中提出的问题（例如计算物件和测量大小）而决定的。但是数学的发展并不限于此，数学在其发展过程中经历了不断的抽象，这种抽象使数学远离了实际具体事物的层次，但绝不是脱离“实践”。而是为了更深刻地认识自然的本质特征和联系，以便为人类实践活动提供更有力的思维方法和手段。迪多内认为，数学中真正的进展大都是在深刻理解了被研究的对象之后而取得的，而这种深刻的理解往往是将这些现象放在比较广阔的范围内时产生的。这样引进和研究的比较普遍的对象较之原始对象

① 理论与实践有差别：首先，理论是对实践的抽象，有一定程度的简化，而实践是具体复杂的；其次，理论是实践的总结，理论的发展与实践相比，总有一定的滞后性；最后，理论要求全面性，实践中的管理则可能因工作或岗位的要求，只突出某一方面。当然，也不能否认理论中确实有些内容与实践相脱离。但即使有这样一些原因，也不能就此而全面否定教科书中管理理论和知识的学习。我们前面说过，管理理论的价值在于思维方式，学习理论除了要掌握一定的知识和方法外，重要的是把握管理的思维方式。至于理论的全面性，这是学习管理的知识参考系、把握管理思维方式的必须要求。因为管理理论和知识是一个整体，管理思维方式也是以这一整体作为基础的。而且学习过程中要辨别哪些知识有用、哪些没有用，其实有很大的难度。另外，理论的全面学习，也是为今后从事实际工作提供更宽广的基础和发展的多种可能性（这也是目前高等教育中“宽基础培养”的意义）。在这方面可打一个不怎么恰当但也可以说明问题的比喻：有人肚饿要吃饼，吃了五个饼，饱了。付钱时后悔道：早知如此，何不只吃第五个饼，节省前面四个饼的钱。却不知吃第五个饼饱了是因为有前面四个饼垫底。同样，实践中某一方面的知识有用，也是因为有理论的全面性和整体性作基础。

② 让·迪多内：《论数学的进展》，《数学史译文集》，上海科学技术出版社1981年版。

是更为“抽象的”，只有抽象和综合才真正导致了本来就很特殊的情况和经常掩盖着事情本质的那些现象的消失。正是由于它们，才能够弄清楚外表完全不同的问题之间的深刻联系，进而弄清楚整个数学的深刻的统一性。也正是为此，现代数学有必要研究一些一般的抽象的“结构”，如群、环、拓扑空间、算子、簇、图式等。也正是因为有了这样一些研究，才能在实践需要的时候，数学能够为实践提供必需的手段或工具。例如，为发展19世纪末20世纪初物理学中出现的革命概念（如相对论和量子力学）所需要的数学工具，早在这些概念产生之前就由于数学的内部问题毫无疑问地制成了，并得到了发展，而且这种工具随时都可获得其他的用途。

对此，列宁也明确指出：物质的抽象、自然规律的抽象、价值的抽象，等等，一句话，那一切科学的（正确的、郑重的、不是荒唐的）抽象，都更深刻、更正确、更完全地反映着自然[①]。

在理论和实践的关系上，任何极端或绝对的观点都是不适宜的。例如，一种极端观点是认为理论可以无限制地发展。对此，迪多内谈到了自己的看法：对数学有危险的是来自那种只是希望胜过前辈的毫无根据的抽象，例如，对网状集合的抽象研究，或对非结合代数的抽象研究，几乎不能认为它们的作者将其运用到老问题上的希望是正当的。另一种极端观点是用低层次的实际利益来否定理论的抽象意义。迪多内也认为，如果这样的观点占了优势，就会把数学的大多数优秀理论扼杀在摇篮中，甚至还会牵连到那些在实践中产生的理论。

管理是人的有意识、有目的的活动，是人们理性的活动，而理论的指导则是管理活动理性特征的一个重要要求和结果。实际上，现代管理早已过了传统的经验管理时代，现代管理与传统经验管理的一个区别就是有科学系统的理论作指导。尤其现在的组织是一个复杂的综合性系统，对这样的系统进行管理，仅凭经验行事已经远远不够了，必须要有理论作指导，现代管理理论正是适应这一需要而产生和发展起来的。

最后应该指出，虽然经验是学习的一个重要来源，但管理者在强调从经验中学习的同时，也不能仅依靠经验。对此，圣吉首先认为，最强有力的学习出自直接的经验。同时他也指出，从经验学习有其时空极限，因为

① 列宁：《哲学笔记》，人民出版社1974年版，第181页。

任何行动在时空上都有其有效范围，在此范围内我们得以评估行动是否有效；当我们行动的后果超出了这个时空的范围，就不可能直接从经验中学习。组织学习也遭遇到同样的困境；能从经验学习当然是最好的，但是对于许多重要决定的后果，我们无从学习①。

其次，我们也要重视管理的实践性和在实践中的学习。管理活动有很强的实践性质，因此管理理论的学习不能只重视理论而轻视实践。由于管理实践的复杂性和多变性，理论学习必须和实践紧密结合。实际上，所有专业理论及其思维方式的学习和把握都要通过实践学习的途径。而由于管理实践的特点，管理理论及其思维方式的学习和把握对实践途径的依赖更为突出。特别地，（正如我们在第三章中所强调的）不能将管理理论仅仅看做概念、观点和方法的简单集合，学习管理理论与知识就是背诵或记忆这些概念、观点和方法。管理理论与知识体系同时也是思维方式的整体表述，是思维方式的综合与集成，管理理论与知识学习的关键是掌握其中所蕴涵的思维方式。这时实践将有重要作用，通过学习管理理论与知识，并借助实践来体会理论的概念和观点中的思维方式，才能在实际工作中真正予以正确地把握及灵活地应用。

管理思维方式的学习和把握可有两种基本途径：一种是课堂或书本学习，目的是掌握管理理论及知识，以为管理思维方式的学习和把握提供知识框架。二是“干中学”，即在实践中学习，目的是通过实践中管理理论及知识的应用，来体验其中所包含的思维方式。这两种途径中，特别重要的是实践中的学习。因为，管理是“知行合一”的活动，尤其思维方式的学习与掌握必须与“情景”相关联，要与一定的实践情景相配合。因此，管理思维方式的学习与掌握不能仅依赖理论的学习，还需要“干中学”，即实践中的学习和体会。只有通过实践，人们才能将所学习的管理概念、观点或理论内化为自己的经验，最终成为自己思维方式的基础；同时也能使“运用管理概念、原理、原则和方法来看待问题”成为一种习惯或惯例，使自己常有这样一种意识，并能自觉（或不自觉）地在管理活动中应用。这方面特别要强调：某种思维和行为方式要能成为惯例，必须要有经验来“强化”。

---

① 彼得·圣吉：《第五项修炼——学习型组织的艺术与实务》，上海三联书店 1998 年版，第 25、26 页。

“干中学”又有两种方式：一种是直接参与管理活动；另一种是通过案例进行学习。通过直接参与管理活动来学习的意义已不容置疑，现在的问题是还需要更多地强调案例学习的作用。案例学习的作用主要在于它提供了一种应用情景，其中，学习者能够学习管理理论，同时也能通过相应的应用情景来体会并掌握其中的思维方式。案例的作用是多方面的，一方面是案例的现实性特点，能为课堂或书本学习提供某种实践情景，使课堂或书本学习能够与实践相联系；另一方面是因为案例具有灵活性和多样性，能够弥补管理具体实践在时间和空间上的局限性（如管理者从事某一具体实践，他往往会局限于这一实践，从而限制了管理者的视野。如果管理者长期从事某一实践，则这种限制作用会更明显），为学习者提供更广阔的实践情景或范例。尤其是案例研究能够为从整体上认识某个过程创造了机会：通过案例研究方法进行详尽的观察，有助于我们对不同方面进行研究；有利于将它们之间相互联系起来；有利于在整体环境范围内对过程进行观察；有利于充分发挥研究人员的理解能力①。

为了发挥案例学习的作用，应特别注意突出其对思维方式学习和把握的意义。对此，小钱德勒等人就强调：本书（即《管理学历史与现状》）通过“案例方法”来讲述这些问题，“我们希望，您不要费时去记忆这些事实，而要运用案例中的数据形成您自己有关这些问题的判断和见解。案例讨论不应该仅仅是案例中所讲述的事实的简单重复。应要求学生基于这些事实，积极地形成和陈述他们自己的见解。事实只是手段，不是目的。您必须举一反三”②。

二　管理理论应用的艺术性

（一）艺术性的含义

学习了管理理论及其知识体系，掌握了管理的概念、原理、原则和方

① 伊弗特·古默桑：《管理的定性研究方法》，武汉大学出版社 2006 年版，第 64 页。

② 阿尔弗雷德·D. 小钱德勒、托马斯·K. 麦克科劳、理查德·S. 特德劳：《管理学历史与现状》，东北财经大学出版社 2001 年版，前言。

法，也不一定就能把握管理的思维方式，还应注意实践中管理概念、原理、原则和方法的灵活应用。为此，管理理论与知识的应用强调“艺术性”。

孙剑认为，管理具有实践性和创造性，没有实践和创造则无所谓艺术。管理的艺术性就是强调：管理活动除了要掌握一定的理论和方法外，还要有灵活运用这些知识和技能的技巧和诀窍。管理的艺术性是指管理靠的是人格魅力、灵感和创新……灵活运用是管理的灵魂。管理属于软科学，没有最优解，只有满意解。如何管理，受天时、地利、人和的影响，更受管理者本身的价值观、风格和偏好的影响。在这方面，也可以认为一个人有一个人的管理学①。

何钟秀认为，管理艺术是指管理者在一定经验、知识、智慧基础上形成的非规范化的、给人以美的感觉或体验的各种管理技巧、管理方法和管理技能的总和，是管理者聪明才智、学识水平、胆略志向和阅历经验的综合反映，是管理者的素质、才能在管理方式上的体现。在管理工作中，存在许多不能靠固定的程序，不能靠严格的定量，不能靠可解的数学模式，不能靠电子计算机的计算和模拟，而必须靠管理工作者的知识、经验、智巧、直觉力来处理的问题；善于及时、迅速、正确、有效地处理这类问题的能力，都可以叫做管理的艺术②。

孔茨和韦里克则认为管理的艺术性是指：管理是“技巧”，即依据实际情况而行事③。

管理的艺术性涉及了多种因素的影响，如上面各位作者所提到的管理者素质、知识、经验、价值观、管理风格，以及天时、地利、人和等。格里芬则认为，尽管管理者们总是尽可能采取科学的方法，但他们还是不得不经常基于直觉、经验、本能和个人观察力做出决策和提出解决问题的方法。例如，管理者也许必须在多种看上去同样可行的方法之间进行选择，他们必须高度依赖概念沟通、人际关系和时间管理的技能。有时甚至连

---

① 孙剑：《论管理的科学性和艺术性》，《科技咨询导报》2007 年第 24 期。

② 何钟秀：《现代管理学教程》，河南人民出版社 1986 年版，第 386 页。

③ 哈罗德·孔茨、海因茨·韦里克：《管理学》第十版，经济科学出版社 1998 年版，第 8 页。

“客观事实”也可能被证明是错误的①。

总之，管理的艺术性可这样理解：管理实践是复杂的，管理活动也应具体情况具体分析。管理者除了要依赖理性和科学的方法外，还应充分发挥个人的经验、判断和观察力的作用，以便根据具体情况灵活运用管理的理论和知识，收到更好的管理效果②。

概括来讲，管理活动中强调艺术性的主要原因：一是管理具有很强的实践性，管理实践是具体的、千变万化的，普遍性的管理理论与具体的管理实践之间总是存在一定的差距，因而不能完全照搬理论。二是管理活动中既包括可以用客观的科学方法加以处理的、能够精确测定且程序化的工作，也包括难以用客观的科学方法加以处理的不能够精确测定、且非程序化的工作。三是管理中所面对的不是可以重复设定完全相同条件的实验环境，而是经常在发生变化的组织的内外环境，因而也没有一成不变、可以到处“照搬照套”的方法或做法。四是现代组织管理领域中的一个很大发展是人的因素日益突出，因而也导致了“软管理”的产生。由于人是管理的中心问题，因此强调管理“艺术性”的意义，很大程度上也是对软管理而言的。

简言之，管理艺术性的根源在于管理活动中确定性和不确定性的辩证统一关系。因此，管理艺术性和科学性，都是管理活动的本性要求。而动态与权变原理则是其内含的观念基础，是管理者思考问题及开展管理活动应遵循的基本依据。

（二）艺术性的实现

艺术性的存在表明了，学习管理的理论与知识是一回事，应用管理的理论与知识又是一回事，那么如何做到“艺术性”。当然，艺术性的定义就指明了如何做到艺术性，但艺术性又不能完全由它自己来规定自己。实践中往往有这样的情况：知道了某件事情的含义，却不一定

① 里奇·格里芬：《管理学》第八版，中国市场出版社2006年版，第15—16页。

② 实践中常有人将“艺术性”（或权变观）理解成就是要“善于变通”。不过，虽然艺术性的实现中有时也可能表现为某种“变通”，但艺术性和“变通”有区别。艺术性（如我们后面将要谈到的）突出的是在客观事物特征和管理规律基础上的具体情况具体分析；而“变通”除了有“灵活性”的意思外，往往还有“不拘常规”、“绕过规则”之意，带有较明显的“实用主义”的意味。所以，我们在说“艺术性”的时候，不认为它就是“变通”。

就能做好这件事。换言之，知道了艺术性的含义，也不一定能做到艺术性。

为了做到“艺术性”，首先要明确管理的科学性和艺术性是对立统一的辩证关系，如通常的观点是：管理的科学性是管理艺术性的前提与基础；管理的艺术性是管理科学性的补充与实践体现。孔茨和韦里克就认为，管理实践是一门艺术，而指导这种实践活动的有条理的知识，可以被称之为一门科学。在这一点上，科学和艺术不是相互排斥而是相互补充的①。格里芬认为，有效能的管理是科学和艺术的结合②。所以，把握管理理论及其中所概括的规律仍是艺术性实现的必不可少的前提。与此同时，又要根据情况灵活应用管理的理论和方法，而且要时刻把艺术性放在重要的地位。周凌霄就认为，管理是一门科学，但由于管理的特殊性，使管理的科学特征不如其他自然科学那么明显，这是相对性；管理过程中却始终离不开管理者的管理艺术，这样来看，艺术性是绝对的③。法约尔说，在管理方面，没有死板和绝对的东西，这里全部是尺度问题。我们在同样的条件下，几乎从不两次使用同一原则，因为应当注意到各种可变的条件，同样也应注意到人的不同和注意许多其他可变的因素④。

在此基础上，我们还强调：艺术性与管理者的思维方式密切相关，是管理思维方式的一个内在要求。

首先，管理的科学性和艺术性不仅是管理理论的特点及其应用问题，同时也是管理思维方式的重要内涵。一方面，它强调了管理是一门科学，管理者应以管理规律为依据，注重科学分析与管理；另一方面，它强调了管理实践的复杂性和多变性，因此在应用管理理论及知识的时候，应突出具体情况具体分析，这样才能收到好的管理效果。特别是艺术性的内涵要求管理者破除思维定式，不能固守教条和常规，因而也是对管理者思考问题的更高要求。

---

① 哈罗德·孔茨、海因茨·韦里克：《管理学》第十版，经济科学出版社 1998 年版，第 8 页。

② 里奇·格里芬：《管理学》第八版，中国市场出版社 2006 年版，第 15—16 页。

③ 周凌霄：《论管理的科学与艺术》，《中山大学学报论丛》2006 年第 12 期。

④ 法约尔：《工业管理与一般管理》，中国社会科学出版社 1982 年版，第 22 页。

其次，管理的艺术性实际上强调了，管理没有一定之规，因而管理者的思维不能简单化。莫登认为，系统理论中有一条公理，即要想达到运作的或是组织的目标，没有唯一的最佳方法。通过不同的途径，我们可以依赖于外部环境中的条件或偶然性，由不同的起点得到相似的结果，这就是“等效”原则。实践等效原则，本身就包含了对上述公理的认同，即不存在达到特定目标的最佳方法。这就给了管理者更大的空间和判断力来决定如何达到他们的目标，而不是像古典科学管理学派或人际关系学派所主张的那样有一定的限制。然而，与此同时，对于等效原则的承认也意味着，管理者们有更多的问题要问，要去寻求更多的解决方法，要面对更高层次的困惑，还要去处理更多的不确定性因素①。

所以，按照莫登的意思，管理者的思维活动要有一定的“扩散性”，要对管理中的各种可能做全面系统的考察。

再次，艺术性实际是“辩证”地看待管理问题的要求，因此是哲学思维的问题。我们前面第二章曾谈到格里芬的观点，他认为首先应有系统观和权变权，再考虑具体的管理技术和方法。他的观点中隐含了这样一个思想：要做到管理的艺术性，就要跳出管理具体问题的束缚，从更高层次来看待管理及其活动。由于哲学是关于自然、社会和思维的学问，是最高层次的世界观和方法论。因此，“从更高层次来看待管理问题”的最好做法，就是提高哲学素养，运用“辩证”的哲学观点来看待管理并开展有关活动。

最后，应该强调指出，管理的艺术性不仅仅是一个管理方法或技术灵活应用的问题，管理也是一个创造（或创新的）过程。“管理是一种创造”包含了两层含义：一是管理者要根据实际情况灵活应用有关理论和方法；二是管理者要根据管理实践中的新问题提出新的思想和方法。

实际上，管理的科学性和艺术性关系表明：在管理理论和管理实践之间，存在某种差距，管理理论和管理实践并不总是完全吻合、相一致的。为了弥合这一差距，使理论能够应用于实践，就需要管理者的创造。这是实践中的创造活动，是为了弥补课堂或书本学习中的局限。课堂或书本学习中通常只是概念、方法、原理和原则，以及这些概念、方法、原理和原

① 托尼·莫登：《管理学原理》，中国社会科学出版社 2006 年版，第 16 页。

则应用的一般规则。由于管理实践的复杂性，因此很难明确规定这些概念、方法、原理和原则如何具体应用于实践。而且如果做了明确规定，那这一规定本身也成了某种规则，又会产生一个如何应用的问题。因此，在多数情况下，只能由管理者根据具体实践及其要求，来“创造性”地灵活应用管理的概念、方法、原理和原则。由此来看，管理作为一种创造，也是管理者的一种责任，管理者不能认为学习了管理的概念、方法、原理和原则就行了。学习管理的概念、方法、原理和原则，只是管理者从事管理活动的开始，其后的真正难题是管理者如何运用这些管理的概念、方法、原理和原则来实际进行管理。

总而言之，这里涉及的是思维方式问题。第一，不能完全按照理论“照本宣科”，也不能完全照搬以前的经验，要学会从新的角度或用新的观念看待新的问题和情况；第二，要勤于思考、善于思考，尽可能开拓思路，全面把握管理中所面对的问题；第三，要提高哲学素养，跳出具体问题的束缚，从更高的层面来看待管理问题；第四，要有创造意识和创新思维。

正是为此，本书认为，管理理论应用的艺术性也是管理思维方式的一个内在要求或规定性。

三　管理艺术性的主要表征

（一）管理艺术性的表征是“度”

就管理思维方式的意义来看，管理艺术性的一个主要表征，就是要有“度”的观念和意识，要善于把握管理活动中的“度”。

在哲学上，“度”是指一定事物保持自己质和量的限度，是和事物的质相统一的限量。如水（液态）的度是0℃ — 100℃，超过这个限度，水就变成冰（固态）或水蒸气（气态）了。度是质和量的统一，首先，它所指的量不是单纯的量，而是一定质的量；它所指的质也不是抽象的质，而是一定限量的质。其次，度是质和量的互相规定，即质规定了量的限度；而一定的量又规定了一定质的存在。掌握事物的度对人们的认识有很大的重要性，就是要真正了解事物，必须把质和量统一起来，掌握它的度。只有这样，才能正确地把握事物，并为人们的实践活动提供一个正确的尺度（或程度）。

管理艺术性的根本问题在于“度”的把握，就是管理理论与方法的应用要讲求“尺度”或程度，以符合事物本来的质。首先是要注意事物质的量的限度，不能超过，以免破坏事物本来的质；其次是要根据事物质的量的限度，理论和方法的应用要达到一定的程度，以便收到应有的效果①。管理中“尺度”问题是重要的，列宁在说明“任何真理都有自己适用的范围和条件”时曾这样表达了其重要性：只要再多走一小步，仿佛是向同一方向迈的一小步，真理便会变成错误②。由于管理中事物多种多样，质和量的规定性也各不相同，因此尺度或程度的把握也是普遍的要求。（如我们前面所引述的）法约尔就曾指出：在管理方面，没有死板和绝对的东西，这里全部是尺度问题。他特别认为，原则是灵活的，是可以适应于一切需要的，问题在于懂得使用它。这是一门很难掌握的艺术，它要求智慧、判断和注意尺度。由机智和经验合成的掌握尺度的能力是一个管理人员的主要才能之一③。

管理中“度”的问题普遍存在，例如，人的管理要强调“尺度”。人不像设备或工具那样是“死”的东西，人有情感和思想，因此对“尺度”也极为敏感。例如对员工的激励，就要从员工的特征和要求出发，采取适当措施。如果激励的指向不对、或者激励不足，都收不到应有的效果；但若过于依赖某一措施致使激励过度，又可能“适得其反”。因

① 尺度把握的这两种含义都是重要的，这就像治疗疾病：措施过分不仅治不好病，可能还会造成更大的有害后果；措施不足则不能根除疾病，甚至不能产生任何效果。现实中，由于“措施过度”所造成的危害通常要更大一些或者更明显一些，因此人们更多关注的也是如何避免措施“过度”。然而“措施不足”也会对管理造成很大的不利影响，特别是它往往与管理者的“惰性心理”有关，例如“不求有功，但求无过”的心理状态。从这种心态出发，虽然也在工作，但不尽全力；“好像”做了许多工作，却看不出什么效果。这样的管理行为对组织管理也是有害的，当然也不是管理上所期望的。所以，从协调的观点来看，只有从这两种含义全面看待尺度的把握，才能真正达到管理理论和方法的应用与客观事物本身特征的一致性，管理活动也才能收到预期的效果。

② 《列宁选集》第 4 卷，第 257 页。

③ 法约尔：《工业管理与一般管理》，中国社会科学出版社 1982 年版，第 22、23 页。

此对人的管理行为，关键是“尺度”的把握。如果管理活动不能把握好“度”，往往会使好事变成坏事，或者是出于“好心”却做了“坏事”①。

物或技术的管理也有“尺度”，例如很多时候要在设备的技术先进性和经济适用性之间进行平衡，任一方面都有一个“度”。又如我们原来说的是：一件衣服新三年、旧三年、缝缝补补又三年，这样一共可以穿九年。这样虽然节约了购买成本，但总效益不一定好（如使用成本提高了，美学功能降低了）。组织的技术设备也是一样，也不是使用得越久越好。技术设备使用年限长，虽然可以节约购置成本。但由于设备老化，使用或维修成本会增加，能耗也可能会加大，最后总的经济效益反而会降低。因此，技术设备也有一个使用年限的优化问题，即使用年限要“适度”。

又如，质量管理不是说要无限制地提高产品的质量，因为那样也会导致成本的提高，而且现实中的应用也可能并不需要这样的质量。质量管理有一个“程度”，就是按照事先确定（或有关规定要求）的质量标准，保证达标、略有盈余，这样才能将质量和成本（很多时候还有时间）协调起来，使组织活动收到更好的效果。

再如我们在前面第七章曾谈道：组织不能只生产利润率高的产品，在组织的产品组合中，可能既包括了利润率高的产品，也包括了利润率不高（甚至有时还亏本）的产品。这其中就包含了一个“度”的问题，就是组织如果只将全部生产能力用来生产利润率高的产品，很可能就会超过市场需求的“度”；但若不充分利用组织的生产能力，又会造成组织部分生产能力的闲置，从而又不能满足生产能力的“度”。因而在通常情况下，只要组织的总固定成本不变，且有多余的生产能力；而且利润率不高（甚至有时还亏本）的产品还有边际贡献、能够销售出去，继续生产这些产品还是有利的，组织的总效益也会得到提高。换言之，组织应全面地考

① 有地方曾经规定：为有助于国际间的经济文化交流，提高办事效率。50岁以下公务员要在一年内，学会包括300句英语在内的5门700句常用外语，否则将会影响其前程。这一规定能否实现、是否合适，就有一个“度”的问题。有文章就认为，这一规定没有考虑事物本来的“度”，有点过于“苛刻”了。

虑自己的产品组合，把握好产品、能力、需求、效益等各方面的关系与“度”。

“尺度”或“适度”的问题在竞争与冲突的关系中表现特别明显。一般来讲，组织中应该有竞争，但不能有冲突（但如我们前面所说的，将冲突作为某种策略的话，那就是另一回事了）。不过，竞争和冲突又密切关联，如组织中采取了某种激励措施，本意是想创造一种既竞争又合作的氛围，以推动人们积极工作，提高工作效率。但在很多时候，这种激励措施却导致了组织成员之间的矛盾和冲突。结果，工作绩效没有提高，反而因为内耗增加还降低了。在竞争与冲突的关系上，管理者首先应把握竞争与冲突之间的“度”，即目标是否相互干扰。竞争是目标互不干扰条件下的互相促进；冲突则是目标干扰条件下的互相阻碍。在冲突的条件下，某一组织成员为实现自己的目标，会影响其他成员目标的实现，其他成员很可能会采取某种行为来阻止该成员目标的实现。为此，管理措施的制定和实施要对其目标及可能的后果进行充分的考虑。不过，由于资源的稀缺性，要使每个组织成员都能获得自己所希望的资源，有时也很困难。因此，要完全避免目标互不干扰有时也不现实，这时就要考虑竞争的“尺度”或“适度”。否则，一味强调竞争，并使其“激化”，最后很可能就是恶性竞争或过度竞争，那就变成完全的冲突了。

在具体管理活动中，可以区分出两种“尺度”：一是事物本身的尺度，如人和物管理的尺度；二是事物间相互关系的尺度，如质量管理中质量和成本之间及产品组合中多种产品之间等的关系尺度。

管理中强调协调与平衡，就是对这两种“尺度”的综合要求。在这方面，协调是指管理措施和行为符合事物本来性质、各事物间也存在相互适应的关系。协调的结果常表现为某种平衡，也就是要找到协调的“度”（平衡点就是“度”的一种表现），即管理措施和行为正好适应事物本来性质；各有关事物之间相互联系、衔接、配合的（平衡）程度也恰到好处。协调管理能否取得成效，关键就是要把握好这些尺度。如果不顾事物本身性质，管理上为所欲为；或者只顾某一方面而不及其余，将某一事物的意义无限放大，破坏该事物与其他事物之间关系本来的“度”等，都将难以达到协调的结果，甚至造成管理的结果向相反方向发展①。

管理实践中，常有所谓“成本最小化”和“利润最大化”等“极致”化倾向。“极致”发展与效率和效益目标的强调有很大关系，同时也是组织管理对绩效不断追求的结果。然而，效率的强调也要有“度”，(根据我们在前面第四章“效率标准”中所说，以及第五章“效益原理”的含义来看）就是要用责任标准来对效率加以平衡。另一方面，在“极致”发展的条件下，事物本身及事物之间协调平衡关系的尺度也会趋向“极限”，“尺度”把握的必要性和难度也更高了。从而也要求管理者更加注重“尺度”问题，控制好管理活动中应有的协调平衡关系②。否则，“极致”发展也可能会破坏事物本身质的、量的限度；或者由于事物之间的某种制约关系，某一事物发展到“极致”，会导致与其相关联的其他事物出现问题，最终都可能是管理中的“不协调”。如过于强调竞争可能导

---

① 例如，组织追求特色也有一个“度”的把握问题。一是不能为了特色而特色，以至于只是为了“标新立异”；二是特色也可能会变成“特化”，而“特化”则表明对环境的变化缺乏适应力。尤其在特色与“特化”的关系方面，组织发展核心能力可能就会产生某种“核心刚性”。就是当一个企业经过多年的积累逐渐形成其独特的核心能力时，它就会有意无意地排斥其他方面的能力而形成核心刚性，从而使组织难以根据环境的变化而迅速作出调整。所以，组织追求特色要有“尺度”，就是在发展自身特色的同时，又要保持一定的多样性，要在组织特色和多样性之间保持某种平衡。其他方面，例如组织创新中，组织一方面要积极寻求和吸收外部的多样化知识；另一方面又要通过自身内部的R&D活动对外部知识进行有效的利用。Laursen和Salter通过研究发现，这两个方面应彼此协调。否则，任一方面的过度强调都会使创新绩效呈现反向的“U”形发展。例如寻求外部多样化的知识，最初会推动创新绩效不断提高，但若“过度”寻求外部知识，反而会导致创新绩效降低的风险（Laursen, K. and Salter, A., Open for Innovation: the role of Openness in Explaining Innovation Performance among U. K. Manufacturing Firms, *Strategic Management Journal*, 27, 2, 2006)。在他们之前，Katila和Ahuja的研究也指出：在组织的创新行为与创新绩效之间存在一种反转的“U”形关系，过度广泛的外部寻求活动也可能会产生负效应（Katila, R. and Ahuja, G., Something old, something new: a longitudinal study of search behavior and new product introduction, *Academy of Management Journal*, 45, 6, 2002)。现在文献中，“开放创新”和外部知识的利用是“热门”话题。然而这些作者的研究表明：即使是“热门”话题，实际管理活动中也要注重“适度”而不能“过度”。

② 一般来讲，由于客观事物及环境的动态复杂性，尺度的把握需要预留一定的“变化空间”。“极致”化倾向的一个主要问题，就是将“变化空间”压缩到了极点。这样一旦发生了新的变化或者管理上出现了某种失误，就会使尺度的把握偏离应有的要求。所以可以认为，“极致”发展要有两个前提：一是要有“动态协调”的措施，以保证各有关因素协调发展；二是要有“留有余地”的准备，以避免在极限情况下管理控制的失灵。

致冲突的产生；或者极力节约成本可能会导致产品质量下降；或者只关注技术的应用可能会忽视人的作用等①。

我们前面曾谈道，当管理中出现不协调时，也要从管理者思维方式上找原因，以避免因思维方式上的不协调而导致管理上的不协调和不平衡。换言之，为了在管理活动中把握好“尺度”，首先思维方式要有“度”。而“度”作为管理艺术性的表征，其首先的思想也是强调思维方式要有“度”。就是由于管理实践是复杂的，我们不能用一种原本是科学或合理的理论或观点去看待所有的问题，那样很可能会超出这一理论或观点本来的科学性或合理性范围。为了适应管理实践的复杂性，我们的思维方式要讲求灵活性，理论或观点的应用也要讲求艺术性，要符合客观事物本来的性质和联系，这样才能真正达到理论和观点的“科学性”或“合理性”，同时也有利于推动理论和观点的新发展。何文华认为，思维方式的“度”就是悖论：当某一理论或语言系统试图以自己的规律和方法无条件地绝对地解释或表述任何对象时，则产生了思维层次之间的缠绕，悖论也就会产生。而当主体认识到原有的概念体系和表述方式的非普遍有效性、相对性，从而超越历史，超越自我，以更广阔的视野，或者建立较完善的理论系统，或者丰富原有规律和方法，悖论就成了认识进程中的里程碑②。

（二）客观事物的辩证性与“度”

总的来看，管理中强调“度”（或尺度）的把握，与管理活动中的不确定性密切关联。管理活动要求有确定性，这一方面是为了提高效率、减

---

① 例如，针对丰田公司的召回，有观点认为，其“拧干毛巾上最后一滴水”的成本思路是一个重要原因：由于极力强调节约成本，在一定程度上影响了产品质量的保证，最后导致产品质量失去了控制。针对通用汽车公司的破产，也有观点认为其中的一个原因就是过分注重技术和设备的力量，而忽视员工的作用。

② 何文华：《悖论·理性冲突·思维方式的度》，《求索》1987 年第 1 期。提示：所谓“悖论”，是指一命题 A，如果承认 A，就可推出非 A；反之，如果承认非 A，又可推出 A。这时，我们就称 A 为一悖论。例如“理发师”悖论：假设有一群体，其中有一理发师。理发师宣称：他将为群体中所有不自己为自己理发的人理发，但若涉及他自己就有问题了。他若不给他自己理发，他就属于“不自己为自己理发的人”，那他作为理发师，他就应该为他自己理发；但若他为他自己理发，他就不属于“不自己为自己理发的人”，作为理发师，他就不应该为他自己理发。

少成本；另一方面则是完全不确定性的事物难以认识和把握[①]。由于管理中既包括了确定性，也存在不确定性，管理活动需要对不确定性进行控制（或者从不确定性中找到某种确定性），以便减少不确定性，做到规范性。为此强调制度、标准化等手段和方法的应用，而且这也是管理方法和技术发展的一个主要的期望[②]。然而，不确定性是客观存在，不可能完全消除。这样就产生了一个问题，就是在将“不确定性”转化为“确定性”时，要把握一定的限度，也即要讲求“度”。否则，管理的结果将会和事先的预期背道而驰。

进一步，不确定性的根源仍在于客观事物的辩证性，就是客观事物既是确定的，有自己特定的质的规定性和规律；同时又是不确定的，即在其运动过程中，又是复杂的、有条件的和发展变化的，表现出质的规定性的某种量的特征。

随着科学技术的发展，人们对不确定性的认识也在不断扩展和深入。以往认为不确定性是人类认识的局限性所致，现在则进一步认为不确定性本来就是客观事物的本性，是客观存在的。这方面的一个代表是物理学中的“测不准原理”，这一原理对改变经典物理学中决定论思想的支配地位有重要意义。管理领域中不确定性的存在也是客观的，例如，Amaral 和 Uzzi 区分了三种系统：一是简单系统，这是结构简单且运作规则能清楚理

① 对此，辩证唯物主义哲学强调：否认事物的相对静止，就会使一切具体物质形态以及它们的具体运动形态都变成不可捉摸、无法认识的东西（李秀林、王于、李淮春主编：《辩证唯物主义和历史唯物主义原理》第三版，中国人民大学出版社 1990 年版，第 60 页）。

② 例如，产品开发是创造性活动，其间充满了不确定性（包括技术不确定性和市场不确定性），从而使得产品开发活动往往曲折复杂。为了提高产品开发成功的可能性并减少成本，必须要对其中的不确定性进行控制，为此需要采用多种管理方法或措施：一是开发活动全过程的程序控制，即在产品设想的提出、设计、开发等阶段加强调研、预测和决策及风险管理来实现控制；二是发展组织能力，以便有效处理所遇到的问题；三是利用以前的成果或经验，或者借助模拟或试验等手段，预防或者事先发现问题；四是加强信息、数据的应用管理，减少可能的失误或不规范现象。又如“不确定性决策”中，决策者不知道事物各种状态发生的概率，决策有很大的不确定性，因此不能采用类似于“确定性决策”或“风险性决策”中所用的方法。为此管理中提出了一些决策原则，如小中取大法、大中取大法和最小最大后悔值法等。这样，决策者决策时不需要考虑事物状态发生的概率，只需从这些原则中选择一个作为决策标准，从而就使不确定性决策变成可以把握的确定的决策了。其他如采用统计方法以寻求某种统计规律，也有这方面的意义。

解的系统，如钟摆；二是复杂结构系统，即由许多按照预先设计的规则而相互作用的部分所构成的系统，如喷气飞机；三是复杂系统，是由许多按照偶然规则而自动相互作用的部分所构成的系统，如我们通常说的“蝴蝶效应”。这三种系统都会表现出不确定性，尤其是复杂系统中存在大量不确定性，而且它们也不可避免。Amaral 和 Uzzi 就强调：在管理情景中，不管什么时候，只要相互作用的主体（人或组织）按照他们各自有限的或局部的知识或信息采取行动，就会形成复杂系统（从而产生不确定性）[①]。

甚至连“科学”这一概念也是如此。我们通常说“科学”的时候，是带有很大的确定性意味的（如果不说是完全绝对确定的话）。这一词汇一般都带有“正确”、“对”、“好”、“客观”、“应该”等意义，因此某一事物如果被冠以“科学”的名义，其意义也就基本上得到了确定。但实践中也常出现这样的情况，就是“科学”的不一定就是最适用的，或最符合实践要求的[②]。例如，某一技术或方法本身可能是“科学”的，但是或者是因为管理对象的特点，或者是因为成本等原因，这一技术或方法可能难以应用；管理实践中采用的某种方法，也许符合“科学”的规定，但不一定是合理的（例如不太符合“人性化”要求），如泰罗科学管理中的某些管理措施。因此很多时候，在采用某一“科学”方法的同时，还需要利用其他措施来进行修正或补充，以便这一管理行动既“科学”又合理。

其实，科学中也充满了不确定性，“科学”这一概念也需要辩证地对待，例如亨普尔对科学假设检验的分析[③]。科学假设的通常表述形式是：如果 A，那么 B。其中，A 是假设，B 是假设的推论。B 具有可观察的效应，科学假设的检验就是通过观察 B，来证明 A 的正确性。科学假设的检验有特定的逻辑形式，其中，假设检验的肯定形式是：

---

① LuisA. Nunes Amaral and Brian Uzzi, Complex Systems—A New Paradigm for the Integrative Study of Management, Physical, and Technological Systems. *Management Science* 53 (7), 2007.

② 例如，我们可将拟采用技术分为“最佳实用技术”和“最佳可行技术”两种情况。“最佳实用技术”指工艺和技术可靠，从经济技术条件上看现实中能够普及的技术；“最佳可行技术”指技术上证明可靠、经济上有一定合理性，但属于代表技术发展方向的技术。实际决策中，就应考虑如何从组织实践出发进行选择。

③ 亨普尔：《自然科学的哲学》，生活·读书·新知三联书店 1987 年版，第 12 页。

如果 A，那么 B。

现 B 对，

则 A 对。

一般来讲，检验科学假设就是为了（或希望）得到“肯定”的结论，即证明假设是正确的，或者是“科学的”。然而，逻辑学却不承认这一逻辑形式。在逻辑学中，“如果 A，那么 B”属于（严格讲是充分条件）假言判断。其中，“如果 A”是前件，“那么 B”是后件。在假言推理中，前件和后件只有两种关系：前件对，后件对；后件错，前件错。或者说：如果承认前件就承认后件；如果否认后件就否认前件①。现在科学假设的肯定检验强调的关系是：后件对，前件对，这不符合逻辑学的观点。换句话说，用这种形式来检验科学假设，实际上得出的是“零”结果。只不过由于没有得出反对的结果，所以我们说科学假设的肯定证明还是得到了某种证明。但这只是一种“确证”，而不能说科学假设得到了“证实”。证实是指科学假设一经检验是正确的，它就永远是科学的真理了。确证是指尽管由于科学假设的检验得到了正面的结果，但也只是说现在可以认为科学假设是正确的（毕竟没有出现反对的结果），不能说科学假设就永远是正确的了。以后（或者在新的情况下）为证明假设的科学性，还必须得对它再进行检验。所以，与“证实”相比，“确证”突出了某种“程度”的含义，从而表明了“科学”这一概念中也包含了某种相对性或者不确定性。

卢嘉锡和蔡元霸也指出：我们说科学是精密的、确定的，这只是对研究对象的不确定性的某种程度的简化、抽象的一种描述。而实际过程则往往是十分复杂，带有不确定性或模糊性。一种不确定性是与事件出现的次数不够多或无从取得大量有关信息，因而表现为不确定性。这种不确定性可以通过概率统计的方法来解决。而另一种不确定性，则属于事物本身的固有属性产生出来的模糊性②。

霍尔茨纳更是认为，关于科学的知识，有一点应该强调，即科学确实

---

① 金岳霖主编：《形式逻辑》，人民出版社 1979 年版，第 184 页。

② 卢嘉锡、蔡元霸：《结构化学研究中若干方法论问题》，《自然辩证法通讯》1982 年第 1 期。

是动态的、累进的、累积的，是关于外部世界的最先进的知识。但科学不是对事物产生确定性，而是某种不确定性①。

不确定性表明了客观事物的本性是“辩证的”，我们必须用辩证的观点或思维方式去看待事物。而“度”就是在不确定性条件下，辩证地看待问题的一个重要概念。

客观事物的这种辩证性，一方面使管理具有确定性，即由于客观事物有自身的质的规定性，我们能够确实地把握它们，并对其采取相应的管理措施。另一方面又使管理具有不确定性，即由于客观事物的复杂性、条件性和发展变化性，其质的表现又带有量的特征，某一管理理论和方法是否就一定能产生预想的后果，也不是绝对、必然的。为此，管理中应根据情况具体对待，要在程度上多作权衡，把握好客观事物及其管理的“度”。所以，度的辩证原理认为，客观事物是复杂的，是质和量的辩证统一体，而管理的确定性与不确定性则是这种复杂性和辩证性的表现和反映。由此管理的艺术性（或者权变观和情景论）也应当以客观事物本身的特征与规律性为前提和基础，这才是管理艺术性及其“度”的真正内涵。

这里包含了两层同样重要的意思，一层意思是指管理应该以客观事物的辩证性为基础，讲求具体情况具体分析，把握好管理的“度”；另一层意思是指管理必须（或只能）以客观事物的辩证性为基础，不能从自己的主观意愿出发而违背客观事物的固有特征和规律。也正是为此，前面第五章我们曾指出：动态与权变原理的运用要以管理的规律或客观事物之间的相互联系及发展特点为基础，不能主观上想怎么变化就怎么变化。现在我们同样要强调：艺术性也不是无原则的，也要以客观事物的质和量的规律性为依据，而不能任凭管理者自己的主观意愿或想法，想怎么做就怎么做。

（三）管理科学性的相对性

基于以上认识，我们对“管理科学性”的概念也需要重新做进一步的审视。正如我们在第三章所指出的，管理及其理论是科学的，具有科学性。然而，管理的科学性主要是就管理的本质特征和内在规定性而言的，由于客观事物的辩证性及管理实践的不确定性，管理理论和方法的具体应

① 伯·霍尔茨纳：《知识社会学》，湖北人民出版社1984年版，第72页。

用又有相对性。换言之，某一管理理论和方法对具体问题的应用，是否就能产生“科学的”后果，不是绝对、必然的，而是相对、有条件的。这种相对性有两种表现：一是从质上看，某一理论或方法能够应用于管理中的某种情况，却不一定就能应用于其他情况；二是从量上看，某一理论或方法能够应用于管理中的某种情况，还存在应用程度上的差别。相比较而言，从量上看的相对性其意义可能还更大一些。

实际上，当我们说一种理论或方法可以应用于某种情况而不一定能用于其他情况，为此我们要根据情况灵活应用时，这一说法还是有点简单化，其实还是确定性观点的表现。管理理论和方法能应用于某种情况，并不一定是“百分之百”地能应用于此种情况。尤其是管理中针对某一情况经常是有多种理论或方法可以应用，这多种可以应用于某种情况的理论或方法之间往往会存在“程度”上的差别。也即有的理论或方法更适用于某种情况，而另一些理论或方法的适用程度要低一些。换句话说，一种理论可以应用于某种情况，不一定是百分之百地能应用于某种情况，其间还存在“在多大程度上”能应用于某种情况的问题。它可能是能够“较好地”应用于某种情况，或者是在“一定程度”上能够应用于某种情况。同样，不能应用于某种情况也存在这样的程度问题，有的理论或方法“根本”不能用于某种情况，有的理论或方法则是“一般不能”用于某种情况，但在某些特殊情况下，也可以“勉强”应用。

例如，强化理论认为，应该应用某种强化物来强化人的某种行为，以便产生管理上所希望的后果（这即是所谓的“行为矫正”）。在具体应用强化物的时候，有连续强化和不连续强化两种基本形式。连续强化是指：当某人产生了某种管理上所希望（或不希望）的行为，就对其给予奖励（或处罚），每一次这样的行为都有一次相应的奖励（或处罚）。但连续强化可能会产生某种负效应，就是在连续强化的情况下，可能会导致人们的行为最后不是为了取得工作的结果，而只是为了取得强化的结果（如奖励）；或者强化的效果会逐渐减弱。由此又发展了不连续强化，即当人们产生了某种行为后，可能给予奖励（或处罚），也可能不给予奖励（或处罚）。通常认为不连续强化比连续强化的效果要好一些：当某人产生了某种行为后，得到了一次奖励（或处罚）。于是下一次他产生这种行为后，他预期又会有一次奖励（或处罚），但实际上没有。这样他可能会产生某种较强烈的愿望（希望得到奖励）或者是出现某种松懈状态（认为不会处罚他了）。然而再一次发生这样的行为后，奖励（或处罚）突然又来了，这样的奖励（或处罚）对某人的影响就要比连续强化的每一次行为后的奖励（或处罚）要深刻得多。

强化理论从连续强化到不连续强化是一种"程度"的变化，表明的是"连续强化"这一管理措施具有相对性，不能把它简单化和绝对化，为此有必要进一步发展到"不连续强化"。"不连续强化"的效果比"连续强化"要好一些，但"不连续强化"也有局限：不连续强化的时间间隔过短，就和连续强化一样了；但若时间间隔过长，可能又起不到强化的作用。所以，虽然"不连续强化"的效果要好一些，但强化理论不能（也无法）明确规定不连续强化的间隔大小，因此实践中"不连续强化"的应用也有"相对性"，也不是"百分之百"的适用。

其他方面，如组织中对员工进行激励，很多时候，既可以采用物质激励，也可以采用精神激励。但又不能完全（或绝对地）依赖物质激励或者精神激励，因为不论是物质激励还是精神激励，其作用都是相对的。不能因为它们有某种作用，就把这种作用绝对化。同样，管理中某一实际问题常常可以用不同的（数学）模型或方法来表示或解决，这些模型或方法各有各的优点和作用。但是它们也必然存在一定的局限性，因此管理者又不能完全依赖某一种模型或方法。即使某个模型或方法相比于其他模型或方法可能优点更明显，因此也更适用，也不能就此认为该模型或方法就能百分之百地解决一切事情。

所以，管理是科学的，同时这种科学性也是相对的①。管理的科学性能够为管理者指明观察、分析和解决问题的一般方向（或指向）和途径；

---

① 我们这里说的仍然是辩证唯物主义哲学中"绝对真理和相对真理"的辩证统一关系：一方面，人类能够正确认识客观事物的规律，而且人类认识中都包含了客观的内容；另一方面，人类的任何正确认识都只是客观事物的一部分的认识，是客观事物一定方面、一定程度、一定层次的正确反映。在这里，我们既要反对绝对主义（认为人们可以一下子穷尽绝对真理，不承认相对真理），也要反对相对主义（否论人类认识的客观内容，认为人类认识只能是相对的，不存在绝对性）。所以，当我们说管理科学性的"相对性"时，并不是说管理的"科学性"不存在了；进一步，说管理既有科学性，又有艺术性时，也不是指"艺术性"与"科学性"相对立。而是相反，说管理科学性的相对性，以及管理既有科学性又有艺术性，正是"科学地"对待管理的态度或要求。

管理科学性的相对性则要求，具体如何解决问题，还需要管理者根据情况和条件来灵活对待。例如，强化理论指明了人的行为激励的基本途径，但管理者采用强化理论，还需要对连续强化和不连续强化，以及不连续强化的间隔大小进行关注并做深入的分析。如果不以为然：不就是一个强化问题，该给奖励就给奖励，该给惩罚就给惩罚，哪有那么多“麻烦”。如果这样来考虑问题，事情是变得简单了，但管理的效果也会打折扣。

针对管理科学性的相对性，管理上就要强调动态与权变原理及管理的艺术性。尤其是管理者的思维和行为要有一定的“扩散性”，应将各种可能的变化包含在内，以便为管理活动及其结果创造更大的“正确空间”[①]。首先，组织管理实践中，管理理论和方法没有“最好”，只有“更好”。为了追求更好的管理业绩，管理者应仔细观察和分析，多方考虑和权衡，以便采用更适宜的管理手段和方法。同时也要针对现有问题或者新问题，不断提出新的理论和解决办法。其次，任何一种管理方法和措施都不可能是绝对科学、适用或尽善尽美的。一种方法或措施可能是科学的，但这种科学性也只有相对性。因此，管理中在主要采用某一措施和方法的同时，也应重视多种方法和措施的综合应用（我们在第五章中也对此作了强调）。以求各种方法和措施互相补充和促进，取得更大的综合效果。最后，管理者应具有管理方法和措施的适用“程度”的意识。不能因为针对某一管理问题采取了某种方法和措施后，就认为“万事大吉”了。而应以“认真谨慎、如履薄冰”的感觉和态度，注重管理方法和措施的跟踪检查、不断改进，以求工作取得更好的结果。

“程度”是管理活动中的微妙问题，其细微之处是课堂上的书本学习难以企及的，只能在实践中逐渐体会（由此也可以体会出“细节决定成败”这句话的意义）。而正是这种细微之处，体现了思维方式上的差别。管理者如果能在管理活动中经常这样考虑问题，并且养成这样的思维方

---

① 与此思路类似的是：预测应该准确，但预测的准确性与预测精度和预测区间这两个变量有关。一般来讲，预测区间越小，预测精度也就越高；然而预测精度越高，预测的准确率也会越低。由此，很多时候预测一般追求的是区间预测，而不是点预测。如果预测的结果处在预测区间内，则预测就是正确的；如果预测结果落在区间外，则预测不正确。所以通常情况下，我们不能为了追求预测的精度而过于缩小预测的区间（直至到“点”），当然也不能为了求得高的准确率而无限制地扩大预测的区间。

式，对管理能力的提高就会大有裨益。

（四）“连续统”思考方法

实际管理活动中，度的把握是一个微妙问题。为了更好地说明管理中的尺度问题，有作者提出了管理的“连续统”思考方法。即在两个极端事物之间，存在一个连续变化的区间，如人与工作以及领导的民主作风与专制作风之间，就是一个连续统（见图9－1）。在具体的管理实践中，管理者可以是完全突出人的问题，而采用完全的民主作风；也可以是完全关注工作问题，而采用完全的专制作风。但更多时候，是在人与工作之间、民主作风与专制作风之间的连续统上的任一点。或者说：民主作风很明显，专制作风不太明显（如A）；或民主作风稍微少一点，而专制作风稍微多一点（如图中的B）。这样一来，管理中尺度的把握就很微妙了，也与管理者自身的特征（如经验、判断、能力或思维方式等）有密切的关系，需要管理者仔细权衡、谨慎管理。

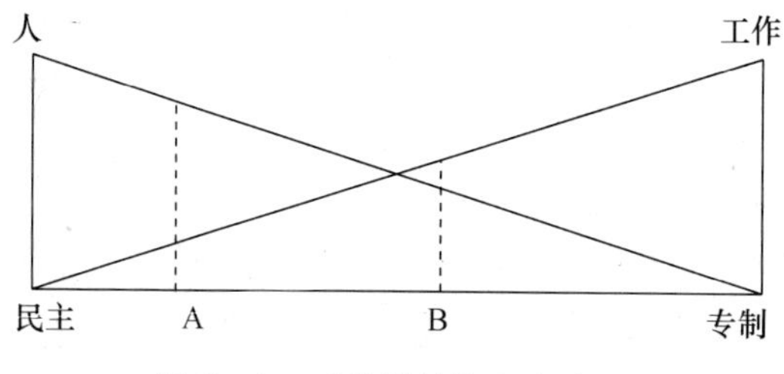

图9－1 “连续统”思考方法

又如在组织形式问题上，Massini 等借用有关作者的话说：在迅速变化的环境下，有机的组织形式更好，而在稳定的环境中，机械的组织形式更适合。机械的和有机的结构是一个系列的两个极端，突出了适应性组织和创新性组织的结构和程序的重要特征①。按照 Massini 等人的观点，我

---

① Silvia Massini，Arie Y. Lewin，Tsuyoshi Numagami and Andrew M. Pettigrew，The Evolution of Organizational Routines Among Large Western and Japanese Firms，*Research Policy* 31（2002）。类似的，Shibata 等人将“产品架构”分成集成架构（即关系复杂、界面复杂和非标准化）和模块架构（即关系简单、界面简单和标准化）两种类型。他们认为，集成架构和模块架构之间不可能画出一条清楚的界线来加以区分，所以最终是一个程度的问题（Tomoatsu Shibata，Masaharu Yano and Fumio Kodama，Empirical Analysis of Evolution of Product Architecture Fanuc Numerical Controllers from 1962 to 1997，*Research* Policy 34，2005）。

们可以进一步认为，处在极端情况下的适应性组织和创新性组织特点鲜明，我们易于对其把握。但在环境变化不那么迅速、或者环境不那么稳定的情况下，更多的可能是某种中间状态的组织形式，其适应性特点或者创新性特点就不会那么明确。因此，重要的问题仍是在复杂的管理实践中，如何根据具体情况构建相应的组织形式，而不是简单地直接套用适应性组织或者创新性组织的特征。这样的思维方式可用图 9 - 2 来表示，其中，适应性组织形式和创新性组织形式分别处于两个极端，横轴表示处于这两个极端之间的各类组织形式，纵轴表示不同组织形式在适应性和创新性特征上的显著度。

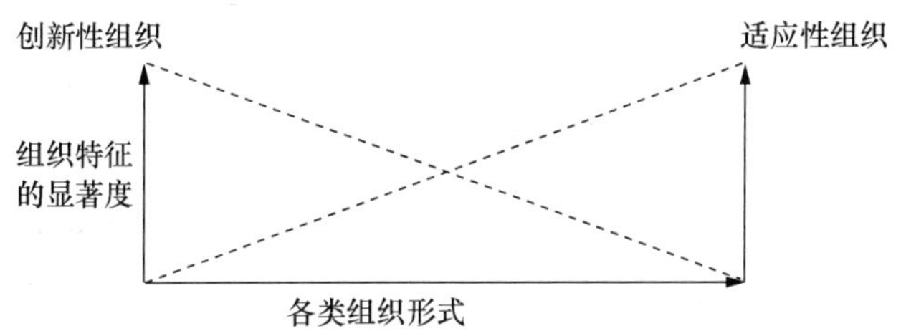

图 9 - 2　组织形式的特征连续统

其他方面，如在重点与一般，或好与坏这样一些对立统一关系中，管理活动中所遇到的事物也许正好处在关系的某个极端，但也可能是处在某个中间状态，这些关系之间都有一个“度”的把握问题。例如突出重点不是不关注一般；但如果都一般对待而没有重点，也不利于资源的有效利用和管理效率的提高。关键是“重点”的重要性到什么程度，“一般”的一般性有什么特点，从而能够采取不同的措施进行管理。局部和整体的关系也是如此，就是局部利益必须与整体利益相一致，同时又要考虑到局部自身的利益。因此问题仍然是：局部利益要到什么程度才不至于损害整体的利益；整体应在什么程度上来照顾局部的利益，等等。不管哪种情况，都要求人们从事物的本来面目去认识，切实把握事物的具体特点和要求，而不能简单地将所遇到的事物做“归一化”处理。如对于重要的事物就都看做重点，对于不那么重要的事物则都归于一般之列。

这样考虑问题的方式看来很“模糊”，尤其对“尺度把握”的要求也更高，但是考虑现实问题所必需的，也是思维方式发展的某种表现。以往的思维方式主要强调的是事物的确定性，例如数学思维中，“模糊”与“数学”常常是一种对立关系。特别是经典集合中，它的出发点或概念，从一开始便断定：集合是由所有属于它的东西所完全确定的。所以，它的全部推理过程，都是在“非此即彼”的判断中进行的①。又如数学中为了建立某个模型，通常是要假设事物处在某种确定的状态，这样才能将事物加以简化、进行分析，并得出某种确定或精确的结果（或模型）。这种假设是确定的，即事物只能处在这种状态，如图 9 – 3 中的（a）O 点，如果状态发生了变化，那数学模型的建立就要重新考虑了。而且事物只能是稳定的处在这种状态，而不能是“要上不上、要下不下”的不稳定状态，如图 9 – 3 中的（b）O 点。但客观事物并不会完全按照人们的要求而确定地处在某种状态，因此数学建模往往要做一些假设，其结果的应用也要附加一些初始条件。这样一来，数学模型也可能会脱离事物的本来面目，以至于原来的本意是为了追求“精确”，实际上得到的却是某种“模糊”的结果。

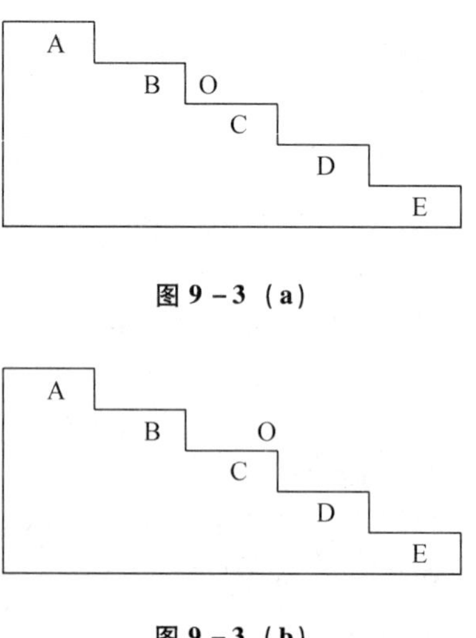

图 9 – 3（a）

图 9 – 3（b）

① 刘永振：《模糊数学与科学方法》，《科学方法论文集》，湖北人民出版社 1981 年版，第 112 页。

由于客观事物中确定性与不确定性同时并存，因此也有必要对不确定性现象进行处理，为此发展了如模糊数学和模糊控制这样的理论和方法。这些新的理论和方法与过去数学模型思维相比，有明显的区别。例如模糊控制，它不是简单地设想事物必须处在某种特定的状态，而是认为事物可以是处在任何一种可能的状态，在此基础上再来考虑可能的管理对策。由此，它也更符合客观事物的本来面目及管理的实际要求。换言之，模糊控制从“模糊”出发，最后却达到了“精确”。

所以，管理中的“连续统”思考方法并不是一个孤立的现象，它在本质上与思维方式的这种发展要求和趋势相一致。

四　管理活动中的若干辩证关系

管理活动中不论是协调性、艺术性，还是各种关系的处理及度的把握，都充满了辩证性。特别地，管理实践中常常是某种理论、思想和观点说明了某种情况，但另外的问题又表明相反的理论、思想和观点也有适用性。正是由于管理活动中的这种矛盾性和辩证性，也要求管理者具备辩证思维观，从矛盾和辩证的立场认识和考虑问题。这样才能真正把握客观事物的度，达到管理的协调性和艺术性并处理好管理中的各种关系。

管理活动中客观事物的矛盾性和辩证性，常以某种对立统一形式出现，如整体与局部的关系、重点与一般的关系、合作与竞争的关系、创新与管理的关系等。如何正确认识并应用这些对立统一的关系概念，是管理理论的学习与应用的一个重要内容，也是管理者进行辩证思维的重要表现。

应该指出的是：这些以对立统一形式出现的关系概念，只是一种简化了的概括表述，现实中的问题要复杂得多。就像上面所说的，任何一对对立的概念之间，还存在许多中间状态，实际上可以认为它们是一个连续统的两个极端。辩证思维观的一个重要要求，就是要从各种关系的中间状态出发，把握好其中的度。

现有文献中对一些基本的对立统一关系都做了充分的论述，我们这里主要讨论理性与经验、学习与创造、正确与错误、专业化和多样化这四种关系。

（一）理性与经验

理性与经验的概念前面已经有所述及，这里讨论的目的是试图给出一个简单的总结。

在认识论中，理性和感性相对，它们分别表述了认识的两个阶段。但在管理活动中，理性和经验也是一对矛盾统一体，其意义是：管理活动中应该以理性为主，还是应该以经验为主。

经验是人们以前认识和实践活动的体验和总结。传统社会思维方式的一个重要表现，是以过去的经验为基准或参考点，即过去怎么做，现在就应怎么做。因此，有俗语道：老年人吃的盐比年轻人吃的饭多，老年人过的桥比年轻人走的路多。意思是不听老年人的还听谁的，更进一步就是：不听老人言，吃亏在眼前。

现代社会则强调理性，既人们的活动要有目的性，并通过自己的思考，选择最好的方式和办法来实现自己的目标。由于现代社会的发展及科学技术的进步，产生了许多新事物，社会也变得更加多样化和动态化，因此仅凭经验已难以应付社会发展的要求，针对新事物、新现象努力进行思考越来越重要。理性的观点强调，自己的思考要以未来为出发点，就是现在应该采取什么行动，要以未来社会发展的状况作为基准。这样才能使自己的行动和社会未来发展的状况相吻合，实现自身发展与社会发展的协调。按照理性的观点，经验是不可靠的。有一英国谚语说道：经验是挂在船尾的灯，照亮的是驶过的航迹。然而，船头正要驶向的前方却仍是漆黑一片。因此，我们不能依赖经验。

管理活动是理性的，所以管理活动中也强调意识性和目的性，并在管理中应用了大量的科学技术和方法，以便做出正确的选择，并通过适宜的方法和途径达到目标。

然而，经验在现代人们的活动中也能发挥重要作用。例如，卢嘉锡和蔡元霸就指出，科学不是从纯粹理性认识中推敲出来的，它大部分是人类系统化的经验，而建立在实验基础上的化学更是如此。现代化学一方面是不断发展精确方法，另一方面也通过实验取得信息，从而凭借现代结构化学和量子化学基本概念、原理，根据经验参数，提出简化的模型进行近似计算，然后总结出经验、半经验的规律。这种经验或半经验方法，尽管缺乏理论严整性，但它机动、灵活、有效，因而富有生命力[①]。

因此，在管理强调理性的同时，很多理论也探讨了经验的作用，并且使经验也成为管理中的一个重要依据。首先，经验是知识经济中的一种重要知识类型，这方面的一个代表是 OECD 对知识经济中的知识所做的分类：一是“知道是什么”（know - what）的知识，这是只叙述事实的知识；二是“知道为什么”（know - why）的知识，这是有关自然规律和原理的知识；三是“知道怎样做”（know - how）的知识，这类知识典型的是企业内部形成和保持的知识形式；四是“知道是谁”（know - who）的知识，即指关于谁知道什么和能够做什么的信息，就是建立可以与专业人员接触和有效使用他们的知识的特殊社会关系。知道是什么和知道为什么这两类知识也就是一般的科技知识，或者说是显性知识（可整理的知识），这两类知识可以编码、度量和表达。知道怎样做和知道是谁这两类知识不能编码、度量和表达，因此它们属于经验或隐性知识（或缄默的知识）的范畴。其次，经验是核心竞争力的重要基础。因为经验是知道怎样做、却难以说出的知识，不能编码、度量和表达。因此以其为基础，就能够在较长时间内有效地保持组织核心竞争力的独特性。再次，经验有助于复杂程度较高、压力较大问题的解决。特别在管理活动中，利用一般的科学技术方法能够解决很多问题，但对复杂性较高、压力较大情况下问题的解决，有时还是要强调相应的经验。例如，复杂工作或项目或有特殊要求的工作或项目，通常都会对是否具有丰富的经验有明确的要求。最后，管理中利用经验来解决问题也是经常的事，如决策中决策者有时要基于经验的判断，或者管理活动中某种“经验系数”的估计等。而且有些时候，利用经验来解决问题效果还更好。在这方面，郑成思有明确的观点[②]。

---

① 卢嘉锡，蔡元霸：《结构化学研究中若干方法论问题》，《自然辩证法通讯》1982 年第 1 期。

② 郑成思认为，“以评估房地产及其他有形资产的方法去评估知识产权”，在实践中是行不通的。有文章提到在技术转让中对专利技术的评估主要用“收益现值法”与“现行市价法”。但如果不了解知识产权在评估中的特殊性（主要指与有形商品价值评估相比的特殊性），这些传统方法也是难以运用的。……在版权领域，“评估公式”几乎完全不起作用。……应当指出，国外惯例中的数据（例如书籍出版发行版税在图书市场价的 5%—15%），并不是依照任何评估公式算出来的，而是在长期版权贸易的实践中得出来的。它们比“公式”算出的更可靠些（郑成思：《知识产权法》，法律出版社 1997 年版，第 87、100、101 页）。

总而言之，理性和经验都是管理活动中所需要的。管理者应用辩证的观点来看待它们之间的关系，并在管理活动中进行协调的处理。

（二）学习与创造

组织学习是现在组织管理的一个重要内容和任务。关于组织学习目前有许多定义，例如，它是企业相对竞争优势的保持和对企业创新能力的促进；是企业在特定的行为和文化下，建立、完善组织的知识和常规，通过不断运用相关工具与技能来加强适应性与竞争力的方式；是运用集体的智慧提高企业的应变能力和创造能力，等等。所有这些定义虽然表述不一，但都强调了一个目的：组织学习是为了提高企业的能力与竞争优势。

学习是获取新能力的重要途径，但要真正实现这样的目标，不能依靠单纯性的学习。其原因概括来讲是两个：一是某一组织能够通过学习获得某种能力，那么别的组织也能获得。因为知识是无形的、可扩散的、非独占的，任何组织都可以学习和应用。二是知识和能力是组织的重要战略资源，也是组织获得竞争优势的重要支撑。组织为取得竞争优势，必须要确保自己知识和能力的独特性，通常也不会将自己的独特知识和能力转移给其他组织。换句话说，核心能力是"买"不来的。要想通过单纯的学习来取得具有很大竞争优势的能力，如果不说是不可能，至少也是有很大的困难。

学习中必须要有创造或创新（即创造性学习），这是由于事关竞争优势的知识有两个特点：企业特定化和原因不确定性①。

我们在前面第八章曾谈道：组织都是特定的，组织的特定性是企业特定技能和惯例的独特集合。由此，每一个组织的知识和能力都与其自身特点相配合，一个组织通过向另一个组织的学习而获得的知识和能力，一般都会与自己组织的特点与要求有一定的差距。这种差距必须通过组织自身的创新来弥补，也即使学习而来的知识和能力适合组织自身的特点和要求。这就像别人穿着好看的衣服，自己借来穿就不一定好看，必须要改一下才会有好的效果一样。换句话说，在组织学习过程中（特别是涉及隐性知识内容时），新知识和技术的学习并不只是一个简单的"受让"过

---

① 参见 Bou－wen Lin，Technology Transfer As Technological Learning：A Source of Competitive Advantage for Firms with Limited R&D Resources. *R&D Management* 33，3，2003。

程，它更多的是学习者如何将转移来的技术与自己企业的特征相结合的过程[①]。

原因不确定性的一个含义，是指知识和能力与竞争优势之间因果关系的不确定性。原因不确定性与隐性知识有关，隐性知识是高度个人化、组织特定化的，常与组织和个人的具体行动及组织和个人对特定情景的参与相关联。通常情况下，隐性知识是指知道怎样做，却说不出来的知识。由此，组织即使取得了竞争优势，也很难解释为什么会取得竞争优势。或者说，竞争优势很难与相应的知识和能力发生明确关联。在这种情况下，一个组织即使向具有竞争优势的先进组织学到了某种知识和能力，但也会难以肯定这些知识和能力就是先进组织竞争优势的来源。因此，组织不能只局限于学习，而应通过学习来促进自己的创新。

另一方面，学习和知识创造相关联[②]，创新是学习的起点和不竭的源泉。凯斯勒（Kessler）等就指出：组织的（内部）学习过程起自于个体的知识创造。这里包含了两层含义：一是组织学习是对新知识的学习；二是组织成员提出的关于产品和工艺改进的新思想是组织学习的起点[③]。通过组织内部的创造或创新来进行学习，这样的学习更符合组织自身的特点和要求；同时也有助于避免产生或克服"不是组织内部发明"的心理障碍。

学习和创新什么时候哪个为重点，这要看实际情况。例如，一个组织以前在某一领域没有任何基础，那么它将会以学习为重点；如果一个组织已经具有相当基础，为了求得进一步的发展，那就应以创造或创新为主。

---

① 从这个角度来看，学习不是学生等着老师讲什么就学什么，学习应是一个学生主动地创造过程。对此，基尔伯特里克援引波利亚的观点写道：教学的第一原则是让学生主动学习，"在设计好的环境中尽可能地让学生自己去发现"。波利亚的观点是，我们应该让学生对他们自己的学习负责："老师在课堂上讲的东西并不是不重要，而是学生自己想到的东西比老师讲的更重要一千倍。我们想要学生学到的东西，构想应该出自学生的脑海中，老师的任务就只是当个接生婆"（杰里米·基尔伯特里克：《数学解题教学研究的25年回顾》，《国外科技动态》1989年第2期）。

② Adrian S. Choo, Kevin W. Linderman and Roger G. Schroeder, Method and Psychological Effects on Learning Behaviors and Knowledge Creation in Quality Improvement Projects. *Management Science* 53 (3) 2007.

③ H. Kessler, E. Bierly and Shanthi Gopalakrishnan, Internal vs. External Learning in New Product Development: Effects on Speed, Costs and Competitive Advantage. *R&D Management* 30, 3, 2000.

特别对以本地特色产品为主的组织而言，可能就要一直以创新为主，因为只有这样才能更好地维持并发展自己产品或服务的特色。否则，只是向别人学习，使自己的产品或服务充斥着他人的知识和成果，那就无自己的特色可言了。

总的来看，学习总是以创造或创新为主旨的。一般情况下，即使是以前没有任何基础因此要以学习为开始的组织，也要把创新作为重要要求。同时，在取得一定基础后，要尽快转向创造性学习（即在学习中进行创新），最后则应进到自主创新。这时仍在学习，但已经是在更高基础上的学习了。这种从单纯性学习转向创造性学习，再到自主创新的思路的意义，已被很多组织、地区甚至国家所证实，同时也是我国将“引进、消化、吸收、再创新”作为自主创新基本模式之一的重要原因。

定点超越（或标杆竞争）就是“创造性学习”的一种重要方式。定点超越是指组织将其产品、服务和其他业务活动与自己的竞争对手或者某一方面的领先者进行连续对比衡量，在向竞争对手或领先者学习的同时寻找更好的办法以超过竞争对手或领先者的过程。其特点是为组织设置经营目标或绩效基准的“标杆”或“榜样”，而后通过有关管理措施使组织达到与标杆同样水平，最后超过标杆。所以，定点超越不是一般地向“榜样”学习，以便做得与榜样一样好，而是强调“比、学、赶、超”。就是首先向榜样学习，然后在学习的基础上，通过创造而做得比榜样更好，直至超过它。因此，定点超越既是一种重要的管理理论和技术，同时也可看做创造性学习在管理实践中的具体应用。

（三）正确与错误

管理者经常会遇到一些事关正确与错误的问题，尤其是现代社会注重创新，创新中不可避免会出现错误或失误，因此对正确与错误采取适当的思维方式很有必要。

首先，要对正确与错误的相对性有明确的认识。

从定义上看，正确与错误是两个明确的概念，我们对它们的态度也泾渭分明。如《新华词典》（1991 年修订版，商务印书馆）中，“正确”是指符合实际，没有错误；“错误”则是指不对，过失。《辞海》（1979 年缩印版）中，“错误”是指不正确。在辩证唯物主义认识论中，正确的认识是真理，错误的认识是谬误。真理是标志主观同客观相符合的范畴，是思维对客观世界的正确反映；谬误是同客观实际和客观规律相违背的思想和行为，是主观同客观相脱离的反映。

但在现实中，由于管理活动的复杂性，人们的思想和行为是正确还是错误，是真理性认识还是谬误性认识，很多时候却又表现出不确定性的特点。例如，我们前面曾谈到科学假设“正确性”检验的不确定性。与此相关联的，亨普尔也分析了科学假设的“否定证明”的不确定性①：

很多时候，从科学假设 A 推出推论 B，必须要有一些辅助条件 C_1、C_2、…（这称之为“辅助性假设”）例如，假设 A：手术过程中病毒是致人死亡的原因。由此得出推论 B：用漂白粉消毒能避免死亡。但要得出这一推论，必须要有一个辅助条件 C：漂白粉具有消毒功能。这样，科学假设及其推论的表述就成为：如果 A，且 C_1、C_2、…，那么 B。由于辅助性假设的存在，科学假设的否定证明也呈现出一种复杂的情况：

如果 A，且 C_1、C_2、…，那么 B，

现 B 错，

则可能 A 错，也可能是 C_1、C_2、…错。

如果观察不到 B，那么可能是 A 错，但也可能是 C 错（例如可能是漂白粉失效了，不能起到消毒的作用，而不一定是 A 错）。由此我们说，否定证明也只能是“确证”。

在某事是否错误的问题上，可能有两种观点应该强调：一是理论和实践的关系。理论具有普遍性，而实践通常是具体的，因此很难用一个具体的实践来否定整个理论。而且单个具体的实践本身也具有“二重性”，就是既具有确定性，也具有不确定性，因此也不能把某一具体实践绝对化。二是理论中的某一结论，通常是多种前提和因素共同作用的结果（如上面所说的假设与辅助性假设共同推出某一推论）。因此，当理论的某一结论出现问题，应该从这一结论的所有前提和因素出发进行检查，而不能简单地对理论整体进行否定。

其次，要对正确与错误之间的辩证关系有明确的认识。

正确与错误之间是辩证统一的关系，它们既对立又统一。对立是指正确与错误有明确区别，是对人们思想和行为的客观性的不同的反映；统一

① 亨普尔：《自然科学的哲学》，生活·读书·新知三联书店 1987 年版，第 42 页。

是指正确与错误又互相贯通，在一定条件下可以相互转化。一方面，正确可以转化为错误，如超出了某一正确认识所赖以成立的范围和条件、忽视了正确认识的全面性而只是断章取义、没有从发展的观点来正确地对待认识等。另一方面，错误也可能转化为正确。例如，出现了新的条件或因素而使原先的错误转化成为正确（如原定的某一计划或方案因为条件不具备而不可行，但当条件成熟或具备了后，这一计划或方案也就可行了），或者通过错误来学习而获得了新的正确认识等①。

正确与错误的辩证关系主要有两种表现：一是从相对真理与绝对真理的关系来看，正确与错误可能相互包含。就是人们的认识中既包含了正确的内容，也可能含有错误的成分。二是在人们的认识和实践活动中，正确的前提可能导致错误的结果，而错误的前提也可能导致正确的结果。正确与错误的这种相互转化关系，在科学技术史中屡见不鲜。尤其是在后一种情况，如热力学第一定律的发现中将“热机”比做水轮机的运动，以及瓦特发明蒸汽机过程中应用的“热质”概念。

在管理领域中，也存在大量如何处理正确与错误关系的问题。很多时候，为追求正确，可能导致了失败；而从错误前提出发，也可能对正确的思想和行动有帮助。实际上，人们的思想或行动往往是从错误中学到正确的东西，最后才取得成功。例如，在产品开发活动中，产品开发活动获得成功，当然是好事。但若产品开发项目没有取得预期成果，或者失败了，也可能会对其他或今后的产品开发活动产生帮助。这种帮助可能包括：失败项目的某些内容可用于其他产品开发项目；虽然失败项目的预期目的没有达到，但可能其中产生的副产品是有用的；失败的项目能够为其他或今后的产品开发项目提供借鉴或启示；或者失败的项目至少表明了此路不通，从而避免了今后再走弯路。也正是基于这样一种认识，现在创新文化

① 在这方面，科学哲学中波普尔的“证伪主义”认为，科学研究就是为了发现错误，通过排除错误，我们也就会离正确更近。“证伪主义”是一种很出人意料的观点，但据说受到很多科学家的赞同。虽然它不是管理中的理论或观点，而且其观点也有待进一步的评价，但其中所包含的思想值得重视，就是：人们在管理活动中，也同样需要通过错误来发现正确，或者接近正确。不过这里应该指出：证伪主义是以严格的科学精神为前提的。同样，我们强调“从错误中学习”，也要以管理的基本价值标准和基本观念为前提。而不是说反正要“从错误中学习”，我们就可以随意地对待管理中的各种问题和要求。

中的一个重要内容，就是“对错误的宽容”和“善于从错误中学习”。而这样一种文化在管理实践中也常常能收到好的效果，例如有组织开发了一种护肤产品，但由于市场上其他产品的竞争，这一产品失败了。组织并没因此而灰心，而是从中领悟了一个道理：产品要有竞争力，必须先要有稳固的基础。之后，每当组织开发一种新产品，都要尽量利用原有的销售能力做杠杆。

反过来，管理领域中也存在许多因正确经营而成功的组织，最后却正是因为这种成功而表现出了颓势。例如，松下公司在松下幸之助的领导下，取得了很好的业绩，松下幸之助也因此被称为“经营之神”。松下幸之助的经营之道主要是两条：一是事业部制；二是庞大的销售网络。然而，到了20世纪90年代后期，正是事业部制和庞大的销售网络使松下公司遇到了困境。其中的主要问题，一是流通费用居高不下；二是销售网点过多过杂，成为集团经营的一大包袱。结果，从2000年开始，松下公司开始了改革。首先是废除事业部制，在松下本社新设了NATIONAL和PANASONIC两大名牌市场本部，以两大名牌为中心推出新的市场营销战略。其次彻底整顿全国贩卖流通网，通过研修考核制度重新认定代理店和专卖店，减少销售网点的数量，提高其质量①。

在正确与错误的相互关系上，西蒙也指出，管理决策的正确性只有相对的意义：我们说一项决策正确，指的是它选择了达到既定目的的适当手段②。因此，正确与错误之间的界限不是固定不变，很多时候要依形势而定。关键是要有宽容态度对待“错误”，要用发展变化的观点看待“正确”。不管正确与错误，都要努力从组织的行动中进行学习，尤其是从错误中学习正确的做法③。

（四）专业化和多样化

管理活动中的专业化是指集中于某一专业活动或知识领域；多样化是指同时包含了多个专业活动和知识领域。专业化和多样化是管理中必须涉

---

① 陈颐：《松下集团：由破坏走向创生》，《经济日报》2004年10月26日。

② 西蒙：《管理行为》，北京经济学院出版社1988年版，第60页。

③ 索能伯格指出，在富于创造性的企业中，即使是失败却付出了特别努力的情况下，也会受到特殊奖励。企业文化如造成职员惧怕失败，则是一种扼杀创造行为的文化（法兰克·K.索能伯格：《凭良心管理》，中国经济出版社1997年版，第46—47页）。

及的论题，特别在知识经济条件下，也是管理文献中经常讨论的一个内容。其重要性在于：能否处理好这两者之间的关系，对员工的招聘、培训和组织的工作有重要的隐含意义①。

总的来看，现代社会还是以分工为主，由此也产生了各种领域、专业和学科的区别，尤其专业化分工是资本主义大生产的一个特点。专业化有许多优点：如有利于资源的高效使用、有利于知识的深入发展及知识和经验的积累和再利用、有利于形成核心能力、有利于减少成本提高效率、有利于工作做精做细等。实际上，核心能力概念本身就隐含了某一特定方向的专业能力的意义。由此出发，组织知识和创新管理应努力关注并促进组织的专业能力（或专长），特别是作为组织专业能力基础的有关人员的专业知识和能力的发展。

但是专业化也有局限，其中主要的：一是不利于个人的全面发展，二是不利于知识的综合与开发，三是不利于资源的综合利用，四是不利于创新和组织发展的多样性。特别是现代产品是多学科、多技术、多资源的集成，不仅需要与产品或工艺创新有关的特定的技术或专长，以提供解决相应问题的能力，如机械、软件、电子等知识与专长；而且也在更广泛的意义上，需要其他类型的有关知识，包括：用户知识（目标市场）、竞争者知识、合作者知识（为战略决策），以及为组织的各种能力提供基础的所有种类的知识。为此，组织或个人为保证活动的正常进行及组织发展的多种可能性，又要强调多样化。在这方面，日本企业为促使员工全面发展及更好地开展工作，通过“岗位轮换制”来实现员工知识多样性已成为广为传扬的一个例子。帕特尔和帕维特则指出：由于企业（特别是大企业）活动的技术领域的广泛性或多样性，它们需要多样化的技术和能力。更重要的是，发展多样化的能力，也有利于扩大和巩固企业的能力基础，及时抓住机会，在需要的时候有更大的选择范围。为此他们认为企业技术能力的多样化是普遍现象，并且提出了“多重技术”企业的概念②。

---

① Wai Fong Boh, Sandra A. Slaughter and J. Alberto Espinosa, Learnning from Experience in Software Development: A Multilevel Analysis, *Management Science* 53 (8) 2007.

② Pari Patel and Keith Pavett, The Technological Competencies of the World's Largest Firms: Complex and Path - dependent, But not Much Variety Research Policy, 26 (1997).

然而，多样化虽然能够避免专业化的局限（专业化的局限正好是多样化的优点），但它也有自己的缺点（多样化的缺点正好也是专业化的优点）。所以，专业化和多样化任何一方都不能代表全体，必须将它们进行综合或结合。

总的来看，专业化和多样化都有其必要性。但是当这样两个方面的要求同时集中在有关组织和人员身上时，则可能构成一对矛盾关系。例如，就研究开发个人而言，一方面，研究开发人员是专业化的，即主要在某一专业岗位、从事某一专业工作；另一方面，研究开发人员同时又要具有多方面的知识和能力，即对企业其他功能或部门也有充分的了解。这种情况很可能导致某种相互冲突的后果①，或者是为保证知识的多样化与集成，专业化能力减弱了。这一方面是因为工作的需要，缺乏相应的条件和时间去钻研；另一方面是有关人员的精力所限，在掌握多种多样知识和能力的同时，很难再使这些知识和能力达到精深的程度。或者是强调专业化能力及绩效，但综合多样化知识的能力不明显，原因也和知识的多样化相似。

就组织而言，不论是专业化还是多样化，都与一定的组织管理体制相关联。正如我们前面所说的，组织都是特定的。组织是自身技能和惯例的某种独特集合，由此也决定了其组织管理体制也具有特定性和具体性，与组织特征和管理实践密切相关的专业化或多样化的管理能力也是具体、动态的。对此，柯林森和格雷格森（Collinson and Gregson）的探讨表明了，在知识管理的专业化能力和多样化集成能力之间，当企业突出知识管理的某一任务或能力时，也往往会要求组织管理体制方面产生相应的变化，从而导致知识管理能力的某一方面受到加强而另一方面却受到削弱，例如专业化能力加强了但多样化能力减弱了，或者是相反②。他们进一步将日本企业与欧洲企业做了比较：日本企业有更好的集成能力，它们通过 R&D 与业务单位的良好协调得到很大的利益，并加强了应用技术的能力。但也正是日本企业中这种促进企业员工的整个职业生涯的“多面手”管理能

---

① 通常认为，一个人的知识应呈“T”形结构。其中，“—”代表知识多样化，“｜”代表知识专业化。尽管理论上这样要求，实践中仍然存在如何将多样化与专业化结合成为“T”形结构的问题。

② Simon Collinson and Geoff Gregson, Knowledge Networks for New Technology – based Firms: An International Comparison of Local Entrepreneurship Promotion. *R&D Management* 33, 2, 2003.

力的组织机制，也倾向于限制科学专业人员的更深入的发展。比较之下，欧洲企业突出了知识的专业化，而在知识全面性及集成能力方面又比日本企业有欠缺。

专业化和多样化在管理中出现的这些问题，我们可称之为管理的多样化（集成）能力和专业化能力的互易关系。当组织倾向于发展专业化能力时，往往会减弱其多样化集成能力；而当组织倾向于发展多样化集成能力时，又可能会削弱其专业化能力。这就像用天平称重，左右两个秤盘总是一个上，一个必然下。由此，管理的关键就是要寻求某种适宜的“度”，从而在这两个方面取得某种“适当的”平衡。对此，孔茨和韦里克指出：组织工作并不意味任何极端职业专门化。在任何一个组织中，可以把任务规定得允许个人有很少或根本没有灵活性，也可以有最大限度的自由处置权。人们绝不能忘记组织结构理论的运用一定要考虑具体情况，而且也不存在一种最好的组织方法①。

总而言之，组织管理中的专业化和多样化之间是一种对立统一的辩证关系，需要管理者进行综合权衡。对此，Boh 等的观点是：管理者必须要决定是将相同人员分配到同一系统以专业化经验来获得更大的杠杆效应，还是将相同人员分散配置到多种系统以增加他们的经验多样性来获得更大的杠杆效应。在进行这样的决策时，管理者要对（知识和经验）探索的需要和（知识和经验）利用的需要进行平衡②。这里的一个基本思路是：在需要利用知识时，应以专业化为主；在需要探索知识时，则应以多样化为主。在个人层次，利用战略可能更有效，因为能够利用个人获得的专业化经验来改进其生产率。在团队和组织层次，则可能需要采取探索战略以为有关人员提供相关的多样化经验，这样能更好地促进团队和组织的生产率，并增加组织的知识吸收能力。

---

① 哈罗德·孔茨、海因茨·韦里克：《管理学》第十版，经济科学出版社 1998 年版，第 168 页。

② Wai Fong Boh, Sandra A. Slaughter and J. Alberto Espinosa, Learning from Experience in Software Development: A Multilevel Analysis. *Management Science* 53 (8) 2007.

第十章　管理创新与思维方式的变革

一　管理创新的关键是思维方式的变革

（一）管理创新及其主要问题

在科学技术进步与市场竞争的推动下，现代社会中创新已成为一种热潮，管理创新则是其中的一个重要内容。关于管理创新，有关文献也给出了很多定义，如达南波和埃文（Dananpour and Evan）从社会—技术体系的角度，对技术型创新和行政管理型创新进行了比较。其中，技术型创新是指发展新的与基本的工作活动直接相关的产品、服务或者工作程序；行政管理型创新是指改革有关的社会关系和沟通方式以及与之有关的规则、角色、工作程序和组织结构①。

杨梅英的观点是：技术创新适应并引导着市场需求，决定着企业的业务流程体系和产品的发展方向，是企业赢得市场份额的根本所在。管理创新是企业根据企业经营的内外部环境的变化，根据企业的生产力发展水平，及时调整和优化企业的管理观念和管理方式的过程②。

芮明杰则认为，管理创新是指创造一种新的更有效的资源整合范式。这样一个概念至少可以包括下列五种情况：一是提出一种新经营思路并加以有效实施；二是创设一个新的组织机构并使之有效运转；三是提出一个新的管理方式方法；四是设计一种新的管理模式；五是进行一项制度的

---

① Dananpour, F. & Evan, W. M., Organizational Innovation and Performance: The Problem of "Organizational Lag". *Administrative Science Quarterly* 29, 1984.

② 杨梅英：《知识经济与管理创新》，经济管理出版社1999年版，第17页。

创新[①]。

金锡万主编的《管理创新与应用》中认为管理创新是指管理者利用新思维、新技术、新方法，创造一种新的更有效的资源整合范式，以激励企业管理系统效益的不断提高。其主要内容包括：思想创新、战略创新、组织创新、经营创新、管理模式与方法创新、项目管理创新[②]。

管理创新都是在一定组织中进行的，因此和组织变革紧密关联。芮明杰就认为：组织创新是管理创新的一个部分[③]。李燚则概括道：管理创新理论是组织变革理论的发展和延续，而组织变革理论也是管理创新理论的基础[④]。

从这些定义来看，管理创新可概括为组织管理模式、制度和方法的发展和变革。按创新的范围和程度的不同，可能包括组织与管理的目标、思想观念、体制和模式、制度、结构和程序、手段和方法等多种内容。然而，这些内容之间并不具有平等的意义。其中，人的思想观念及其思维方式的发展和变革在管理创新中总是占有基础的地位[⑤]。尤其是激进的管理创新，要求组织改变看待问题的角度或者探讨新的问题、发展新的技能、采用新的问题解决方法[⑥]。因此，其中的思维方式问题也更为突出。例如，泰罗就特别强调了科学管理产生的思维方式意义[⑦]。

他指出：科学管理包括了成本核算制度、工时研究、职能工长制以及其他有关的制度和方法，但就其实质而言，科学管理是一次全面的心理革命。一方面在任何特定企业或工业中劳动的人，就他们对于他们的工作、伙伴和雇主的责任而言，这是一次全面的心理革命。而在管理这一方面，

---

① 芮明杰：《管理创新》，上海译文出版社 1997 年版，第 49 页。

② 金锡万主编：《管理创新与应用》，经济管理出版社 2003 年版，第 26—31 页。

③ 芮明杰：《管理创新》，上海译文出版社 1997 年版，第 48 页。

④ 李燚：《管理创新中的组织学习》，经济管理出版社 2007 年版，第 16 页。

⑤ 与一般创新相类似，管理创新也可分为两种类型：一是渐进创新，它不是改变组织的管理模式、制度和方法，而只是在现有基础上的改良和改进，因而也是对现有思维方式的加强和完善；二是激进创新，它要改变或改革组织的管理模式、制度和方法，因而也需要在新的理论和观点基础上，创建新的思维方式。

⑥ Tushman, M. L. and Anderson, P., Technological Discontinuities and Organizational Environments. *Administrative Science Quarterly* 31, 1986.

⑦ 转引自亨利·艾伯斯《现代管理原理》，商务印书馆 1980 年版，第 52 页。

就他们对于企业中的同事、劳动者以及一切日常事务的责任而言，同样是一次全面的心理革命。如果没有这两方面的全面的心理革命，那么科学管理就不存在。新看法或新观点的替代是科学管理的实质所在。在新观点成为双方的主导思想之前，在用新思想代替旧思想之前，任何什么地方都不会出现科学管理。

泰罗认为，科学管理还有一个观点的改变，对于科学管理的存在也是绝对不可缺少的。这就是双方都必须从本质上认识到，老板也好，劳动者也好，都要用严密的科学调查和知识代替老的个别人的判断或意见去处理有关企业各项工作中的所有事务。这既适用于进行工作所使用的方法，也适用于完成每项具体任务所需要的时间。因此，在管理和劳动者双方的心理态度都发生这样变化之前，并且都认为有必要用严密的科学知识代替一般意见或老的单凭经验或个人知识办事之前，在任何企业中都不能说有了科学管理。

在这方面，谢舜也作了一个评论①：科学管理强调，管理是一门科学，管理活动所依据的应当是对管理活动作实证分析、研究所获得的客观的科学知识，而不是主观的个人经验。单从经济学和企业管理学的角度来看，科学管理只不过是一组新的以生产作业为对象的管理技术、管理方法的集合，无论是工时研究、动作研究、分工与专业化、生产条件和作业流程的标准化、企业员工的科学培训、职能化的组织设计，还是各种各样的奖励工资制，都不过是提高劳动生产效率的手段或途径，其目的和意义只限于提高资本主义生产的效率。然而，科学管理也是在资本主义社会里进行的一场社会变革。这场变革以管理方式的改进为切入点，通过对资本主义生产的基本要素进行重组，通过观念和创新引导社会成员达成新的共识（即泰罗所谓的“精神革命”），通过培育，形成新的社会阶层结构，重建资本主义的生产秩序和社会秩序，从而改良了资本主义的社会结构，推动了资本主义社会从工业社会到知识社会的转型。

他认为，科学管理的出现和推广首先是要解决资本主义生产的低效率问题，但这不是一个纯技术性的问题，而是有重要的思想革命的意义。相比于传统的经验管理，科学管理意味着人类告别长期以来依靠经验，依靠

① 谢舜：《管理创新与社会转型》，《广西大学学报》（哲学社会科学版）2001年第2期。

传统行事的行为模式，开始遵循科学的行为规范。

他进一步强调：管理创新与社会结构转型之间应有内在关联，但常为人们所忽视。事实上，当人们孤立地为解决效率问题而在管理上盲目求变时，这种管理方式上的改变总是伴随着一连串的社会问题，并最终因缺乏相应的社会支撑而无法解决效率问题。管理创新应使管理体制有利于解决社会分歧和冲突，在不同的个人和群体之间建立更多的共同点，并且能保证有关的知识在不同个人与群体之间得到有效传递。

（二）思维方式变革在管理创新中的意义

我们认为，由于思维方式在管理活动中的作用，使管理创新也具有更为深刻的含义。尤其是从深层次上看，管理创新也意味着人们在管理中的思维和行为方式的变革，也即用新的观念、思路、角度、方法来看待及处理管理中面临的已有问题或出现的新问题。例如，从刚性管理制度向柔性管理制度的创新和转变，相应的就是从以 X 理论和“经济人”假设为基础向以 Y 理论和“自我实现的人”为基础的转变；同时也是从以“硬管理”和经济手段为主向以“软管理”和发挥人的积极能动作用为主的转变。这种转变的实质，就是根据组织内外环境及管理要求的变化，而对人们在管理中认识和处理问题的基点、角度和方式的改变。

实际上，真正影响管理创新的进行并表现出管理创新关键点的还是思维方式的变革。其中，思维方式的变革主要有两个意义：

1. 思维方式的变革是管理创新的必然要求

首先，管理理论不仅是概念、观点和方法的简单集合，其中也包括相应的据以形成并理解该理论的思想观念和思维方式；其次，管理是人的有目的的行为，实践中采取什么样的管理模式、制度或方法，都是一定的思想观念和思维方式所支配的结果；最后，在既定的管理模式、制度和方法及管理环境的影响下，人们会形成相应的与之相匹配的思维和行为常规。因此，发展新的管理理论，或改变实践中的管理模式、制度或方法，必须要有新的思想观念和思维方式作先导。如果改变了管理的模式、制度或方法，也应要求人们的思维和行为方式进行变革。否则，旧的思维方式就会与新的管理模式、制度或方法发生冲突。

2. 新思维方式的建立是管理创新的实质性内容

由于思维方式决定了人们的行为方式及行为的结果，因此管理创新中为改变人们的行为方式，并得到所期望的行为结果，必须首先要解决人们的思维方式问题。然而，思维方式作为一种“观察、分析和解决问题的相对稳定的思维模式或程式”，不像有形工具或具体方法那样，通过调换工具或方法就能直接发生转变；也不能仅依靠改变某些规章条文或制定新的规则，就能使人们转而接受新的思维方式。特别地，管理思维方式中的三个构成要素在变化中的表现并不一样。总的来看，思维方法较为容易发生创新和变化，而价值标准和基本观念由于其具有深层次性，因此变化的难度较大。现实中，经常是采用了新的体制、结构和方法，但人们的思维方式没有发生相应的转变（尤其是价值标准和基本观念没有变化），其行为方式也仍带有明显的旧体制下的痕迹①。从旧的思维方式向新的思维方式的转变是一个痛苦的过程，因此也往往是管理创新必须加以重视并着力加以解决的难题。而且也只有解决了人们的思维方式问题，才能说管理创新真正得到了实现。

正是在这些方面，表现出了管理创新的主要特点，对此可将管理创新与技术创新相比较。一方面，管理创新与技术创新通常相互关联。这主要是由于现实中的技术问题和管理问题往往密切关联，因此技术创新和管理创新也经常纠缠在一起，从而使得某项创新活动中可能既包括了技术创新，也包括了管理创新②。另一方面，管理创新与技术创新又有区别。一

① 例如，我国建立现代企业制度已有多年，但仍有一些人不适应这样的改变，其思维方式仍带有以往计划体制及全民所有制企业的痕迹，结果其行为方式也常与现代企业制度的要求相抵触。

② 例如，管理中采用计算机技术就可以看做既有技术上的创新，如从原来的手工作业转为计算机处理；同时也有管理上的变革，包括组织结构和工作流程的改变，人们已有知识、技能、地位和行为习惯等方面的变化，以及建立新的管理制度和工作责任感等。所以布卢姆菲尔德和库姆斯（Bloomfieldt and Coombs）认为，计算机系统是一种与改变当事人之间关系状态的思维方式和行动方式相联系的社会结构（Bloomfield，B. P. &Coombs，R.，Information Technology，Control and Power：The Centralization and Decentralization Debate Revisited. *Journal of Management Studies* 29，4，1992）。又如，以往的技术创新多是在组织内部，现在则强调“开放创新”，要努力开展合作及广泛利用外部资源和知识。Sieg 等指出：“开放创新”不仅仅是个技术现象，同时也要求管理上的发展和变革，如转变业务模式、创建新的 R&D 组织形式、改变组织的文化以求在组织成员中形成“开放”的思想观念等（Jan Henrik Sieg，Martin W. Wallin and Georg von Krogh，Managerial Challenges in Open Innovation：A Study of Innovation Intermediation in the Chemical Industry. *R&D Management* 40，3，2010）。

般来讲，管理创新与技术创新的区别是多方面的[①]，至少从任务特点上看，如果某项创新活动主要解决的是技术问题，那它属于技术创新；如果创新活动主要解决的是组织和人的管理问题，那就属于管理创新。技术创新的主要任务是解决技术问题，创新的发生及结果有明显的过程和标准。例如，通常是将新技术（或工艺、产品）取代原有的技术（或工艺、产品）作为创新的标准，而将新技术（或工艺、产品）投入市场或应用作为其过程的结束。技术创新依据的是技术的逻辑，突出的也是技术的标准和效率。

管理创新也常包含技术性内容，如采用新的技术手段和方法、改变工作流程并制定新的制度条文和规则等。但不能就此而认为管理创新主要是技术上的某种改变，创新的主要问题仍是人的思想、观念和行为。管理创新不论涉及组织管理的哪个方面（如管理观念和模式、体制和结构、程序和规则、技术和手段等），最后都要归结为人的问题。李燚就强调指出：管理创新是对组织中资源整合范式的创新，必然表现为组织成员在思想上和行为上的改变[②]。在这过程中，管理创新必须从人的角度出发，考虑人们之间的相互关系、人们的利益以及人们的思维和行为惯例，以便人们顺利接受新形势下的新视角、新思维和新行为。否则，管理创新虽然按照计划是完成了，但由于人们的思维方式没有明显的变化，创新实际上仍未取得成功。所以可以认为，管理创新的最终后果如何，取决于人们的观念和思维方式的转变。科伦索的观点是："组织的变化最终只能来自工作于其中的人员行为方式的改变。"而"行为改变是新的信念体系所致"[③]。这是由于从信息论学家的角度来看，信念系统的特性和结构非常重要，因为信念被认为能够为态度提供认知基础。那么，想改变一种态度，就有必要对此态度所依赖的信息进行更改，因此通常就要改变一个人的信念，删除旧的信念或引进新的信念[④]。Chin 和 Benne 则认为，实践或行动模式的

---

① 例如，在首届中国管理论坛中有一个观点：与其他方面的创新相比，管理创新有其突出的特点，就是人人、事事、处处都可以创新（《中国管理科学发展和企业管理创新》，《光明日报》2005 年 1 月 11 日）。

② 李燚：《管理创新中的组织学习》，经济管理出版社 2007 年版，第 41 页。

③ 迈克尔·科伦索：《组织变革改善策略》，经济管理出版社 2003 年版，第 4 页。

④ 杰克·特劳特：《什么是战略》，中国财政经济出版社 2004 年版，第 33 页。

变革只有在被卷入的人们变革其旧模式的规范并开始赞同新的模式时才会发生。在规范导向上的变革引起在态度、价值观、技能和重要关系方面的变革，而不只是在知识、信息或对行动和实践的基本原理方面的变革[①]。在这方面，与技术创新主要遵循技术逻辑不同，管理创新更多关注的是社会和心理的逻辑，因此很多作者也直接将其称为“社会创新”[②]。

从有关研究的发展来看，以往的组织创新通常注重的是组织成员和组织结构的特征，但自20世纪80年代后期以来，则开始重视组织中的无形因素，尤其是组织氛围和组织文化[③]。这种转变反映了人们对组织管理创新的认识在不断深化，同时也表明了现在管理创新应该关注的重点。例如，琼斯和史蒂文斯（Jones and Stevens）全面考虑了创新活动中组织的微观社会模型，其中包括（按照从中心到外围的顺序）：个人和团队行为；运作系统和文化系统；组织环境和历史情景；政治系统和社会文化。他们认为，在创新过程中，个人和团队的“单位利益”会变得特别明显。因此，任何试图为创新建立一个框架的建议，都必须包括对组织中社会（政治、文化）内容所起作用的清晰认识[④]。哈里森和拉伯奇通过案例研究，也指出了组织管理创新中“社会创新”的重要性，并认为要特别关注“人们之间的相互关系和价值模式，以及身份和地位的再造”等问题[⑤]。杨加陆和方青云则更是直接指出：组织变革的关键是改变思维

---

① 转引自W. 沃纳·伯克《组织变革：理论和实践》，中国劳动社会保障出版社2005年版，第149页。

② 有关文献中，“社会创新”和“管理创新”这两个词在很多时候是相通的。例如德鲁克区分了技术创新和社会创新，社会创新是指在经济与社会中创造一种新的管理机构、管理方式或管理手段（参见胡志坚主编《国家创新系统——理论分析与国际比较》，社会科学文献出版社2000年版，第7页），所以他的“社会创新”其实也是“管理创新”。本书认为，“管理创新”这个词更为明确，不过“社会创新”和“管理创新”相互通用，在很大程度上也反映了管理创新具有明显的社会学和心理学意义。

③ 奈杰尔·金、尼尔·安德森：《组织创新与变革》，清华大学出版社2002年版，第125页。

④ Oswald Jones & Gary Stevens, Evaluating Failure in the Innovation Process: The Micropolitics of New Product Development. *R&D Management* 29, 2, 1999.

⑤ Denis Harrisson & Murielle Laberge. Innovation, Identities and Resistance: The Social Construction of an Innovation Network. *Journal of Management Studies* 39, 4, 2002.

模式①。

对此，孙永正的解释是，组织惯性是组织现存的思维方式、组织结构、利益关系和制度相互联系形成的维护组织现状及其发展态势的一种自发性动力。人类任何行动都受意识的支配，现存企业组织运行无疑受原有意识的支配。这种意识存在一定时间后必然形成特定的思维定式或思维习惯，若没有外力作用，很难改变。另一方面，现存的组织体制作为组织意识支配的结果，反过来会肯定并巩固原来的组织意识，使其稳定而不是变革。总之，组织的习惯思维作为一种意识形态，会渗透到现存组织的各个方面，与之相结合，形成稳定的体制，阻碍组织变革。现行组织体制的惯性是组织思维惯性的物质表现。从这个角度讲，习惯思维是组织变革极难克服的一种无形障碍。这也是在变革时代人们呼吁首先要重视观念变革与创新的一个主要原因②。

我国的改革开放也是一个管理创新的过程，其中大致包括了两种情况：一种情况是改变过去的传统落后做法，转而采用新的（但现在已经存在而且已被成功组织所应用并验证了的）先进管理思想和模式。第二种情况是，组织管理已经发展到较高的层次，为了获得更大的发展，必须要在没有（或缺乏）先例的情况下进行创新。对我国大多数组织而言，这两种情况的创新都属于激进创新。特别是第二种情况的创新，涉及的是新思维方式的创造，难度也更大。我国改革开放已经 30 多年，很多组织早已过了“学习先进管理思想和模式，以改变传统落后做法”的阶段，现在实际面临的大都是第二种情况的管理创新。因此，管理创新与思维方式变革的关系，在我国多数组织中都有突出的表现。

由于管理创新与思维方式变革的密切联系，管理创新的成效如何往往取决于思维方式变革的结果，为此管理创新中要重点关注思维方式的变革问题。目前来看，一是如何推动思维方式的变革；二是思维方式变革的方向与引导。

① 杨加陆、方青云编著：《管理创新》，复旦大学出版社 2003 年版，第 35 页。

② 孙永正：《企业组织与制度》，中国财政经济出版社 2004 年版，第 158 页。

二　管理创新中思维方式变革的推动

思维方式不是一成不变的，它应该发展，而且也必须不断发展。正如我们前面所强调的，管理并不消除问题，但在新的情况和要求下，则有必要（或者应该）改变观察、分析和解决问题的角度和方式，或者是提出新的思维方式。一方面，这是由于原有的管理问题在新的形势下可能会有新的表现或特点；另一方面，则是因为社会与科学技术以及管理实践也会提出新的问题。不管哪种情况，管理创新和思维方式的变革都是必要的。对此，斯图尔特·克雷纳在其《管理百年》一书的醒目位置写道：管理只有恒久的问题，没有终结的答案。其实就隐含了管理思维方式不断发展的必要性。

新的管理思想和思维方式的产生也是管理理论与实践发展的一个主要标志。例如，我们在前面第二章曾谈到，相对于近代以经验为基础的管理而言，泰罗科学管理的一个重要贡献是从根本上改变了人们对管理问题的看法，使人们不再依靠传统的和个人的直观感觉，而是强调任何管理问题都应经受严格的分析，创造性试验和客观的评价。行为科学应用人类学、社会学和心理学的研究成果来分析人的行为，突出了人的问题在管理活动中的地位，从而体现了一种（与科学管理相比）新的思维方式。管理科学将现代自然科学和技术科学的最新成果广泛地应用于管理，形成了一系列新的科学管理方法和技术，尤其是使数学或定量的思维方法成为管理思维方式中的一个重要内容。

现代社会发展的一个突出趋向是越来越具复杂性，这一趋向在管理实践中也有明显表现。尤其是自20世纪80年代以来，管理环境发生了很大变化，一是组织活动的范围具有全球性；二是组织战略的运作空间扩大了；三是速度成为至关重要的因素；四是创新是竞争优势的新来源；五是组织能力的发展具有战略意义；六是组织与社会的关系成为组织生存与发展的重要条件。在新的形势和环境下，传统的主要注重资源配置（如哪些工厂、什么地点、什么产品，有时还有什么行业等）的战略规划过程及工商模式不再适用了[①]。原有的逻辑推理与因果关系的思维方式也不能适应这种要求[②]，从而使得能够处理复杂性的新思维方式的意义开始日渐突出。由此，管理创新也出现了蓬勃局面，新的观点、思想和理论不断涌现。

从日常的具体活动来看，如原来说“创造”，主要指的是创造的活动，现在则说“创意”，突出的是创造和想象，以及介于策划与表现制作之间的构思活动；原来说“计划”，现在则说“策划”，其中就包括了创造、设计和计划等多种含义；原来进行新产品发布会，就是开一个会，现在则大都要借助声、光、电等多种新技术，营造一个具有震撼力的视听新场景。否则，主办单位会觉得气势不壮，效果不好；参会者也会感到了无新意、索然无味。从管理的思想和观点来看，则有如流程重建、项目管理、精益管理、供应链管理、知识管理、复杂性管理、企业责任与道德管理等，以及资源观和能力观理论、竞争优势理论、产业组织理论、创新管理理论、动态能力观、复杂性理论和可持续发展观点等。

这些新的发展都有一个共同的特点，就是都强调了在新的管理实践和环境下，管理者应该具备新的视角，从新的思维基点和过程来观察、分析和解决问题。这种发展的一个关键，用比尔的话来说就是：旧世界的特点是需要管理事物，新世界的特点是需要处理复杂性[③]。也就是说，向新思维方式的转变是现代管理的主要问题。

然而，具体到各个特定的组织和个人，思维方式又具有稳定性。我们前面曾谈道：人们的思维方式一旦产生，就有一种保持自身稳定的倾向，难以改变。孙永正也从组织意识与组织惯性关系的角度，说明了组织习惯思维的稳定性。思维方式的作用及其稳定性所可能带来的各种影响，在它

---

① 《把握新时代的战略思维》，《参考消息》1999 年 12 月 14 日。

② 曼弗雷德·马丁、加比·波尔纳：《重塑管理形象》，中国经济出版社 1996 年版，第 14 页。金吾伦和郭元林认为，以牛顿力学为基础的线性思维在一个充满不确定性的非线性世界里已变得相当无能为力了。只有完成从线性到非线性、从机械论到有机整体论、从依赖过去到面向未来的认识飞跃，才能把僵硬的旧组织结构转变为具有适应复杂环境变化能力的新组织和新管理形式。要完成这个转变的艰巨任务，要靠复杂系统理论、非线性理论，突变论和混沌学等复杂性科学提供的一种适应新环境的新方法、新工具和新思维方式（金吾伦、郭元林：《复杂性管理与复杂性科学》，《复杂系统与复杂性科学》2004 年第 2 期）。

③ 转引自 W. E. 哈拉尔《新资本主义》，社会科学文献出版社 1991 年版，第 119 页。

与管理制度相适应的管理平稳期表现还不是很明显，在现有管理制度的遮蔽下，甚至还常为人们所忽视。但在管理的创新或改革时期，由于其与新管理制度的不适应或不一致，其反制作用和影响立时就会凸显，最终将会演变成为管理创新的障碍和阻力。

金和安德森根据有关文献中的论述概括出了组织创新的四种阻力：一是作为自然反应的阻力，即意识到变革所带来的威胁后所作出的本能的反应行为；二是作为阶级斗争的阻力，即一种有政治动机的、协同一致的选择运动和阶级斗争；三是作为建设性的反向平衡力的阻力，即为反对错误发起的组织变革的一种建设性的反向平衡力；四是作为个人认知重构和组织重构的阻力，即在变革中重构认知模式、行为规范或组织文化时的阻力[①]。

这四种阻力都或多或少与人们的思维方式有一定的联系，特别是作为个人认知重构和组织重构的阻力，更是涉及思维方式的深刻转变。人们在组织中，都是按照他们所惯有的思维和行为方式去努力获得资源和利益、并改进他们的未来发展前景。现在管理的创新迫使他们必须实行转变，为此人们需要更新他们的发展目标、知识技术和工作能力，尤其是要重构他们的认知模式和知识框架，发展新的工作态度及重新调整他们在组织中的地位和观念，形成新的思维和行为方式。这种转变的实质就是发展新的自我认识结构，一种新的自我身份认同，很多时候就像是在经历一次困难的、破坏性的人生转变。因此，作为个人认知重构和组织重构的阻力，是一个人们的认知参考系转变所必然产生的阻力，同时也是为保护他们已有习惯和思维方式的一种机制。这一阻力有深刻的认识、心理和社会根源，也是影响人们在创新过程中行为的重要原因。管理创新和思维方式变革的实际进行，很大程度上就是要克服这种阻力，使新的思维方式在组织内部扩散，并被人们接受而成为一种思维常规。

这种转变通常不会一帆风顺，鲍文和弗赖伊（Bouwen and Fry）的案例研究表明：在组织变革中，在从“主导逻辑”（即在组织中现有的工作思维方式）转向“新兴逻辑”（即决定未来行为的、变化后的环境所要求

---

① 奈杰尔·金、尼尔·安德森：《组织创新与变革》，清华大学出版社2002年版，第214页。

的新的认知模式）的过程中，通常都存在某种紧张关系，很少能够看到从“主导逻辑”到“新兴逻辑”的平稳转变[①]。相反，每个人都在抱怨他们在为了适应新环境而改变思维和行为方式时所遇到的困难。由此，也使得“如何”进行思维方式的转变成为一个重要论题。

思维方式是发展的，同时思维方式又具有稳定性，这是一个矛盾，而且这一矛盾在组织范围内通常表现也更激烈。因为，组织中所希望建立或形成的思维方式，是从组织角度出发并带有明确指向性的组织的思维方式，以便维持组织中某种特定的秩序，使组织成员能够相互协作以完成组织的共同任务。与此同时，组织中的管理创新和思维方式变革，一般也都发生在组织内部相对狭小或受限制的空间和时间中。由此，组织中思维方式的变革通常都会有较多的限制，对思维方式发展的方向和具体内容也会有更多的要求，从而也使思维方式发展与稳定的矛盾表现更明显。

也正是为此，组织中的管理创新与思维方式变革通常是由某一力量（如组织管理者或政府等外部力量）的主动干预来推动和进行，有较明显的强制性。创新和变革也大都以项目形式来实施，有明确的改革压力和要求，过程的进行也常表现出激进特点。由此而导致的管理创新和思维方式变革的问题也较为复杂和激烈，阻力也更为明显，因此创新和变革的进行更多依赖的是组织内部的各种措施。

为了推动管理创新中思维方式的变革，有关文献也做了很多探讨。相对而言，由于这方面的问题较容易把握，因此文献中的探讨也较为“实在”和具体。概括来讲，可分为三种基本观点。

（一）管理措施推动

推动指从后面加力，使事物向前运动或发展。在组织变革和管理创新的过程中，为消除思维方式发展的阻力，有关研究提出了多种管理措施，如技术方法、结构方法、管理方法、人性方法等[②]。这些措施和方法对思维方式的变革都有一定的激励和控制作用。

---

① Bouwen, Rene and Fry, Ronald, Organizational Innovation and Learning. Four Patterns of Dialogue between the Dominant Ligicand the New Ligic. *Lnternational Studies of Management & Organization* 4, 1991.

② 派特里克·E. 康纳、琳达·K. 莱克、理查德·W. 斯坦科曼：《组织变革中的管理》，电子工业出版社 2004 年版，第 86 页。

这方面的一个代表，是科特和施莱辛格（Kotter and Schlesinger）针对组织创新中的阻力所提出的六种策略：一是交流：如提供变革的信息；提出有关建议的理由；教育员工理解利益之所在，以减轻恐惧心理；澄清对变革过程的谣言。二是参与：让受变革影响的群体参与变革；参与中心问题及周围细节的决策过程；向有关人员做出对变革过程更广泛的承诺。三是简化：如探索产生阻力的领域；使人们相信对变革的承诺；简化态度和行为上的变革。四是协商：包括为克服阻力进行正式的和非正式的协商；使用第三方调停等。五是控制：如使用地位权力来获得顺从；同时使用实际的或潜在的威胁和奖赏来获得顺从。六是强制：包括明示的或隐含的强制；无补偿报酬的胁迫行为；终止不顺从员工的合同①。

这六种策略中，按照从一到六的顺序，其强制的特征和干预的效力也依次增强。科特和施莱辛格特别强调了策略的权变观点，即应按照发起变革时的环境和权力准备来选择合适的策略。如果变革的阻力较小，仅应用交流和参与的方法就能完成变革，当然首先应使用这两种策略；但如变革阻力较大，而且变革发起人拥有必要的权力和权威，就应采用更具强制性的方法，如控制或强制。

金和安德森的评论是：这六种策略可能代表了“如何克服阻力”这个主题的顶点②。然而，索能伯格认为，现在这些措施已经不太适用了，其中一些策略实施起来太费时间，而现在时间对企业往往意味着成败；有些策略则容易引起敌意、破坏信任，最终会削弱企业竞争力。这些策略之所以过时，有两个原因：一是变革已经成为组织的一种日常行为，组织不能为变革过程花费很多时间；二是组织管理变革的方式也发生了变化，以往是少数人作出决定，企业全体就必须执行，现在这种做法往往会失去组织全体的支持，而这是组织所承担不起的③。

实证研究方面，如哈里森和拉伯奇对某企业有关措施的概括④。该企

① John P. Kotter & Leonard A. Schlesinger, Choosing Strategies for Change. *Harvard Business Review*, March – April, 1979.

② 奈杰尔·金、尼尔·安德森：《组织创新与变革》，清华大学出版社 2002 年版，第 199 页。

③ 法兰克·K. 索能伯格：《凭良心管理》，中国经济出版社 1997 年版，第 104 页。

④ Denis Harrisson & Murielle Laberge. Innovation, Identities and Resistance: The Social Construction of an Innovation Network. *Journal of Management Studies* 39: 4, 2002.

业为了克服员工们因技术创新而对生产组织和管理进行改革的思想阻力，采取了多种措施：通过生产转移和缩减规模来重新构建环境；通过增加工资和提高地位进行（诱导）说服；通过学习和培训向员工灌输新的思想和观点；通过心理测试和检验挑选合适的员工以强行支持；甚至用“你是人群中的优秀者”这样的比喻以及“每一个员工都是创业者”这样的思想观念进行引导，等等。但是这些措施在实践中效果并不明显，问题在于该企业将员工过于抽象化了，他们把员工看成无历史、无社会联系的顺从的人。似乎员工没有过去，只有未来；没有情感，只需服从，因此只是按照技术的逻辑单方面的推行改革。

这里的问题还是如威尔逊所指出的，组织氛围和组织文化可能是难以“管理”的①。组织氛围和组织文化深深植根于组织的历史和组织成员的个人经历之中，这些东西不能通过改变组织的标识和分发任务说明书就能消除。用高压手段对组织成员强加一整套价值观的做法，可能难以奏效。

（二）组织学习推动

在思维方式变革的问题上，仅考虑某种管理策略可能还不够。因为：变革通常包含从一个熟悉的环境的转移……人们关心的是已知的转换成了未知的、确定的转换成了不确定的、已存在的行为模式和适应转换成了发展新模式的需要。为此，伯克指出：在变革中，人们面临的问题不总是技术上的，而可能更多地与标准、价值观和态度有关，因此需要再教育②。

为了有效地推动组织中思维方式的变革，现代很多研究从创建学习型组织、推动组织学习的角度探讨了思维方式的转换问题。通过组织学习，人们能够学习新的理论与知识，从而为新思维方式的形成提供参考系或概念框架；也能够展现和分享个人的思想方式，以形成组织共享的思想方式；尤其是能引导人们去思考自身的“心智模式”，推动他们接受新的思维方式。在有关组织学习的理论中，突出的是圣吉的观点。

圣吉提出了学习型组织的“五项修炼”：一是自我超越，这是学习型组织的精神基础；二是改善心智模式，强调用新视角看待世界；三是建立

---

① 转引自奈杰尔·金、尼尔·安德森《组织创新与变革》，清华大学出版社 2002 年版，第 126 页。

② W. 沃纳·伯克：《组织变革：理论和实践》，中国劳动社会保障出版社 2005 年版，第 85、150 页。

共同愿景，以为学习型组织提供焦点和能量；四是团体学习，以激发群体智慧和力量；五是系统思考，将以上各项修炼整合为一体[①]。这五项修炼对组织中人们思维方式的变革是重要的，特别是"改善心智模式"的核心任务，就在于提示心智模式……了解它对我们生活的影响，通过创立新的心智模式更好地立足世界[②]。而系统思考则可以使我们了解学习型组织最重要的部分，也就是以一种新的方式使我们重新认识自己与所处的世界……从将问题看做由"外面"某些人或事所引起的，转变为看到自己的行动如何造成问题[③]。为此，弗勒德认为，心智模式的修炼是为了训练人们理解占据他们头脑、指挥他们行动的心智模式。人们需要找出当前主导他们推理方式的心智模式，他们必须学会管理这些心智模式[④]。圣吉特别强调了学习对思维方式变革的意义，认为学习不仅包括吸收知识或获得信息，学习也包括心灵的根本转变或运作，这就是学习型组织的真谛[⑤]。

圣吉的观点揭示了组织中人们思维方式（或心智模式）变革的微观机制，使我们能更深刻地了解组织学习对管理创新和思维方式变革的意义，并采取相应的措施。特别地，弗勒德认为，"五项修炼"的中心思想是系统思考[⑥]。系统思考将圣吉的五项修炼整合在一起，形成一套完整的理论体系，并为学习型组织提供了一种实践模式。

不过，组织学习中还有一个问题不容忽视。就是组织学习（以及思维方式的变革）与学习的动力和环境密切相关，不存在无动力无环境的"纯粹"的学习。凯斯勒等就指出了环境对组织学习的影响：环境太稳定，组织学习将缺少动因；环境变动太大，则无法解释变化，同样也难以开展组织学习[⑦]。换言之，组织学习必须要有相应的动力和环境予以配

---

① 彼得·圣吉：《第五项修炼——学习型组织的艺术与实务》，上海三联书店 1998 年版，第 7 页。

② 彼得·圣吉等：《第五项修炼·实践篇》，东方出版社 2002 年版，第 256 页。

③ 彼得·圣吉：《第五项修炼——学习型组织的艺术与实务》，上海三联书店 1998 年版，第 13 页。

④ 罗伯特·路易斯·弗勒德：《反思第五项修炼》，中信出版社 2004 年版，第 26 页

⑤ 彼得·圣吉：《第五项修炼——学习型组织的艺术与实务》，上海三联书店 1998 年版，第 14 页。

⑥ 罗伯特·路易斯·弗勒德：《反思第五项修炼》，中信出版社 2004 年版，第 4 页。

⑦ Kessler, H., Bierly, E., Gopalakrishnan, S., Internal vs. External Learning in New Product Development: Effects on Speed, Costs and Competitive Advantage. *R&D ManageMent* 30, 3, 2000.

合。特别地，新的思维方式要成为人们的思维和行为常规，必须要有相应的动力和环境作为前提和基础。

至于学习的方式，威廉姆斯区分了计划学习和“突现的学习”①。计划学习是指组织针对某一主题而开展的有意图的正式学习，强调计划学习是指要对学习进行指导或引导，包括理论指导、方法应用、措施激励，以便人们形成所期望的思维和行为方式。突现学习是指由于组织内外多种因素的综合影响而产生的相对无计划的自发学习，其意义在于：一是学习应根据组织自身特点和情况而定，不能一概而论。二是组织成员的很多知识是在日常的社会与工作的相互作用中产生的，是突现的；组织及组织成员所拥有的知识也不全是在管理的指导下取得的，很多时候学习所得的经验是那些未被管理者所注意，或不能给予管理的多种因素复杂混合的产物，是组织成员（从管理的角度来看）隐而不见的突现学习的结果。三是突现学习大多发生在复杂情景中，对隐性知识的学习作用更大，尤其是涉及观念、习俗和惯例的问题时更是如此。因此，应特别重视突现学习在思维方式变革中的作用，为此应注重通过管理的创新来创建有利于产生突现学习的适宜环境和情景。

（三）创新过程推动

管理创新与思维方式的变革是共同进行、互相促进的互动关系，应该通过管理创新来推动思维方式的变革；同时要通过思维方式的变革来引导和实现管理的创新，两者互为对策。我们在本章前面曾谈道：思维方式的变革是管理创新的必然要求和实质性内容，现在我们则要强调：管理创新也为思维方式的变革提供了必要的环境和激励。

总的来看，创新过程指的是“怎样创新”。在前面第四章我们曾引用了伯克的定义：过程是指推动整个变革成果的机制，以及变革工作所需的新技术和行为的培训计划②。创新过程是重要的，因为人们思维方式的变革很少能“一蹴而就”，往往要经历一个逐渐适应和变化的过程。例如科

① Williams, P. O., A Belief - focused Process Model of Organizational Learning. *Journal of Management Studies* 38: 1, 2001.

② W. 沃纳 · 伯克：《组织变革：理论和实践》，中国劳动社会保障出版社 2005 年版，第 98 页。

伦索认为，个人对变革的反应通常可分为五个阶段：消极抵制、转折事件、做出承诺、自我发现和内化变革[①]。为此，创新和变革也要有一个过程，以便为人们思维方式的转变进行引导并提供学习和适应的机会与时间。在这方面，通常是将变革过程分成渐进发展、不断深化的多个阶段，突出的观点是卢因的“解冻、变化、再冻结”三阶段。其他研究则有如四个阶段：准备阶段；启动阶段；启动后阶段或进一步实施阶段；维持变革[②]。或者是较为复杂的八个阶段：确定变革的问题；组织诊断；提出方案；选择方案；制订计划；实施计划；评价效果；反馈[③]。或者是比较简单的两个阶段：开始阶段和执行阶段[④]。

创新和变革过程在思维方式变革中具有重要意义，首先，人们是在管理实践（或经验）中来体验并学习新的思维方式的，而创新和变革过程则为这种学习和体验提供了必需的重要经历。人们的思维方式是在一定的管理环境中长期生活和工作的结果，具有稳定性。即使存在某种变化因素，人们通常都会力图从原有的思维方式来解释新的变化。思维方式的变革必须要有某种新的管理实践环境作配合，并为其提供新的激励。另外，即使人们学习了某种新的思维方式，也需要在一定的环境中用一定的时间来体验和强化，以便形成新的思维和行为常规。正是在这个意义上，乔伊斯强调：员工要想理解自己的新角色，首要的办法就是通过亲身实践[⑤]。科伦索也指出：有效的学习需要通过经验加以强化[⑥]。而创新和变革过程就是这样的、可使人们在其中体验新的思维和行为方式的新实践。

其次，创新和变革过程本身就是思维方式变革的一种重要促进因素。一方面，管理创新是一个具有确定方向和目标，同时又分阶段进行的整体过程。而按照一定方向并达到确定的目的，是通过创新的实际过程来实现

① 迈克尔·科伦索：《组织变革改善策略》，经济管理出版社2003年版，第77—80页。

② W. 沃纳·伯克：《组织变革：理论和实践》，中国劳动社会保障出版社2005年版，第238页。

③ 孙永正：《企业组织与制度》，中国财政经济出版社2004年版，第163页。

④ M. Glynn, Innovative Genius: A Framework for Relating Individual and Organizational Intelligences to Innovation. *The Academy of Management Review* 21, 4, 1996.

⑤ 威廉·乔伊斯：《组织变革》，人民邮电出版社2003年版，第62页。

⑥ 迈克尔·科伦索：《组织变革改善策略》，经济管理出版社2003年版，第4页。

的。另一方面，人们思维方式的变革也需要循序渐进、不断深化，通过创新过程各阶段的实际执行，也才能不断创造并深化新的管理实践和环境，引导人们逐渐体验及适应新的管理环境，顺利实现思维方式的变革。为此，乔伊斯认为，变革过程是向所期望的新文化进行过渡的基本工具。变革过程中的每一项经验都有积极作用，个人也正是通过这些经验才能更好地理解未来，并对他们产生积极的影响①。

特别地，管理创新也意味着管理情景的转换，即从原有的管理模式、制度和方法转变到新的管理模式、制度和方法。心理学研究表明，不同情景间的学习包括两个方面：知识内容的转移和学习过程的转移②，学习过程的转移即对“学习”的学习。换句话说，人们在从原来的管理情景转换到新的管理情景中时，既需要学习掌握新思维方式的有关理论和知识，同时也需要对如何学习掌握这些新思维方式的理论和知识进行学习。这时，管理创新的分阶段（渐进）过程将有助于人们进行对“学习”的学习。

最后，创新和变革过程执行的如何（如创新和变革的目标是否明确，过程执行是否坚决，执行得或快或慢、或顺利或曲折等），不光会影响创新和变革本身的成功，同时也会影响人们对创新和变革未来的（心理）预期，最终将影响人们思维方式转变的信心和决心。对此，乔伊斯认为，无论是在形式上，还是在内在意义上，变革过程都必须和期望的文化保持一致。否则，管理者将发出错误的信息，以至完全破坏变革目标③。

为了发挥“过程”的推动作用，创新和变革就既需要管理者“从上到下”的引导，也需要员工“从下到上”的促进。尤其是在思维方式的变革中，组织全体都是参与者。在这方面，鼓励“参与意见”和“参与管理”是推动组织成员是被动消极，还是主动积极地从过去向未来转变的一个重要环节④。

---

① 威廉·乔伊斯：《组织变革》，人民邮电出版社 2003 年版，第 50、51 页。

② Wai Fong Boh, Sandra A. Slaughter and J. Alberto Espinosa, Learnning from Experience in Software Development: A Multilevel Analysis. *Management Science* 53 (8) 2007.

③ 威廉·乔伊斯：《组织变革》，人民邮电出版社 2003 年版，第 50 页。

④ 可参见 Denis Harrisson & Murielle Laberge 的有关观点（Innovation, Identities And Resistance: The Social Construction of an Innovation Network. *Journal of Management Studies* 39: 4, 2002）。

三　管理创新中思维方式变革的引导

在管理创新的实践中，思维方式变革的方向和引导是第二个需要给予重视的问题。而且相对来讲，这一问题可能更难把握。

（一）管理思维方式发展的一般方向

思维方式的发展应与客观事物的规律和科学技术进步及经济、社会发展的要求相适应，因此它有特定的方向。就人类思维方式的一般发展而言，其主要的趋势是伴随着人类社会从古代社会发展到近代社会、再进到现代社会，相应的也是从古代直观、思辨、猜测的思维特点发展到近代的以实证、分析为主要特征的思维方式；再从近代的形而上学思维观发展到现在的以全面性、联系性与发展性为特征的辩证思维观。管理思维方式是人类思维方式的一个构成内容，因此，人类思维方式发展的一般趋势也是管理思维方式变革与发展的一般方向。对此，很多文献都作了探讨，概括来讲，一是要有动态或发展的思维方式；二是要有系统和整体的思维方式。

动态思维方式的含义最为宽泛，也是管理创新首先要遇到的问题。现代社会中，由于科学技术的进步和管理实践的发展，组织的变革和管理的创新已成为一种常态化活动，因此也需要人们从以前的平稳保守的观念和态度转向发展动态的观念和态度，以主动适应这种新的形势。换言之，人们要具备一种变革的思维方式，来看待并接受现在组织管理及其环境的动态复杂性。在这方面，霍尔茨纳特别提出了“现代思想”的三个要点：一是时间和空间的取向是现代的；二是理性、以未来为出发点；三是对复杂性的接受①。他认为，现代社会是不断发展的，由此也造成了传统社会与现代社会之间简单性与复杂性的区别。为此，人们不能完全照搬以前的经验，凡事要经过自己的理性思考；这种思考不能完全以过去的经验为依据，而是要以未来为出发点；特别重要的是，人们要接受现代社会的复杂性，并努力从这种复杂性中求得自身的生存和发展。

---

① 伯·霍尔茨纳：《知识社会学》，湖北人民出版社 1984 年版，第一章。

具体到组织管理的动态性，索能伯格认为，人们并不阻止变革，而是阻止被变革。组织必须鼓励其员工成为变革的促进者，而不是被动的接受者。不要通过改变管理技术来应付变革，然后等待下一轮变革的到来，而必须将要求变革的能力作为一种日常的行为——这一点必须成为每一个员工思想的一部分[①]。

而且，这种转变不仅仅是管理中应该用什么观念和态度来对待创新和变革的问题，同时也是发展相应的管理方法和技术，以更好地开展创新和变革的重要前提。例如，动态能力观就是在动态思维基础上产生，并为动态管理提供了相应的概念和工具。动态能力是专为组织的动态管理而提出的，蒂思等在提出这一能力概念时，突出的就是组织在动态环境中应用资源以赶上甚至创造市场机会的过程的含义[②]。后来很多作者也都对此做了明确，如李和凯利指出，动态能力在动态环境中有关键作用，因为它们本来就是与变化相联系的[③]。据此，他们将动态能力与组织中为资源配置提供手段的常规能力做了区别。希达尔戈和阿尔伯斯则从更一般的角度指出：创新并不意味着总是应用最近的先进技术。比较之下，创新很少是一个技术的问题，而更多的是一个思维方式及在企业内部发现创造性解决方案的问题。在这个意义上，创新管理技术能被看做一系列的工具、技术和方法，它们有助于企业以一种系统的方式适应环境并满足市场挑战。创新管理技术的发展起自于新的思想方式，它不一定是因为技术，而更多的是因为企业应用其知识来改进它的内部业务及它们与外部行动者关系的能力。这对大企业或者小企业都是一样的，因为创新对大企业和小企业在竞争的、变化的市场中求得生存都是至关重要的[④]。

系统和整体的思维方式则表现出了管理思维方式发展的一种趋势，即从工业时代的机械论和分析主义的思维方式，转变为知识经济时代的整体

---

① 法兰克 · K. 索能伯格：《凭良心管理》，中国经济出版社 1997 年版，第 104 页。

② Teece, D. J., Pisano, G. and Shuen, A., Dynamic Capability and Strategic Management. *Strategic Management Journal* 18, 7, 1997.

③ Hyunsuk Lee, Donna Kelley, Building Dynamic Capabilities for Innovation: An Exploratory Study of Key Managemen Tpractices. *R&D Management* 38, 2, 2008.

④ Antonio Hidalgo & Jose Albors, Innovation Management Techniques and Tools: A Review from Theory and Practice. *R&D Management* 38, 2, 2008.

论和复杂性的思维方式。与此同时，（如我们前面第二章所指出的）它也是管理理论及其思维方式发展的整体性和全面性态势的一个必然表现或结果。对此，Amaral 等通过引用有关作者的观点指出：对复杂系统的研究所提出的新思想，改变、扩展和抛弃了传统的战略—计划观念①。就是要从整体的观点考虑组织的战略和运作，其中包括了时间和空间两个方面：

就时间整体性而言，以往的观点通常是：组织采取的每一个行动（或战略）都会有一个特定的结果，或者说在第一个时期采取的行动，会在该时期产生一个结果；在第二个时期采取的行动，也会在第二个时期中产生一个结果；在第三个时期，等等。简言之，组织中采取的行动（战略）与其结果之间是“一对一”的关系。Ragmandad 则认为，组织在不同时期所采取的行动有时间上的相互依赖性，即过去所采取的行动对现在都有影响，因此组织现在的绩效其实是过去和现在行动的共同结果。就像厨师烧出菜肴的最终味道是调和多种配料（如先是基本调味，然后正式调味，最后是辅助性调味）的结果一样，组织也需要经过多种行动（其中有些行动可能并无结果）才能发现或找到适宜的战略。他们的观点是，组织战略要素在时间上是相互依赖的，这种相互依赖性导致了组织适应的复杂性。组织不能只从行动与结果的“一对一”关系来考虑问题，而是应从过去和现在行动的不同组合来评价②。

在空间整体性上，Itami 指出：传统上战略规划主要是从经济学的角度来考虑的：需求、市场竞争、资本投资、生产等，采用的大多数是分析方法。但是在现代社会，无形资产的积累与利用、动态性、非平衡增长，以及处理公司内部关系和处理与客户、竞争者的关系时涉及的人的心理因素等，越来越具有重要性。因此，应当把上述两类方法综合起来，创造一

① Luis A. Nunes Amaral and Brian Uzzi, Complex Systems - Anew Paradigm for the Integrative Study of Management, Physical, and Technological Systems. *Management Science* 53 (7) 2007.

② Hazhir Rahmandad, Effect of Delays on Complexity of Organizational Learning. *Management Science* 54 (7) 2008. 由此可进一步考虑：按照组织行动在时间上的相互依赖性（同时加上路径依赖性）观点，在组织运作存续期间，可能不会存在完全意义上的“零起点决策”（即和以前的行动及其影响无关的决策），因为组织决策都是在以前行动及其影响的基础上进行的。组织中实际存在的其实都可认为是“非零起点决策”，即在以前的决策并造成环境变化后的追踪决策。

种整体方法[①]。孙健认为，这是一种整体化、系统化的思维方式，它不是将组织仅仅看做一个分散的、互不相关的、部分的聚合物，而是将其当做一完整的统一体进行系统化思考和进行管理[②]。金吾伦强调：这种转变仍是当今时代的最本质特征[③]。

在转变的一般内容上，萨维奇的概括是：一是从工业时代到知识时代的转变；二是从例行程序到复杂性的转变；三是从序列活动到并行活动的转变；四是从工业时代的概念性原则到知识时代的概念性原则的转变；五是管理在结构、控制、权力、交流等方面的转变[④]。

应该指出，思维方式发展的实质，是思维方式构成要素的变化，也即价值标准、基本观念和思维方法的变化。正是这样一些变化，构成了思维方式变革的内在含义。例如，在人类思维方式的一般发展中，古代直观、思辨和猜测的思维特点与当时的自然哲学信念相联系；近代形而上学思维观以当时分析方法（如牛顿力学、数学分析等）的应用和作用为前提；而现代辩证思维观则以辩证唯物主义哲学的思想和观点为基础。思维方式发展与思维方式构成要素变化之间的这样一种关系，在管理活动中就表现更明显了，例如，除了系统原理外，责任价值标准、可持续发展原理以及合作思维方法等，都极大地影响了现代组织或管理中人们思维方式整体性、全面化特点的形成。

具体到各个组织或个人，其思维方式变革则是与组织或个人的思维方式构成要素相关联。或者换句话说，各个组织或个人思维方式变革的方向，是与它们或他们所持有的价值标准、基本观念和思维方法相联系的。组织或个人持有什么样的价值标准、基本观念和思维方法，它们或他们就会表现出什么样的思维方式；组织或个人接受了什么样的新的价值标准、基本观念或思维方法，它们或他们的思维方式也就会向什么方向变革和发展。

由此，思维方式的变革具有复杂性，仅只指出其发展的一般方向或趋

---

① 转引自戴布拉·艾米顿《知识经济的创新战略：智慧的觉醒》，新华出版社1998年版，第100页。

② 孙健：《现代管理应实现的几大转向》，《内蒙古大学学报》（人文社会科学版）2007年第9期。

③ 金吾伦：《当今时代的思维方式与人才培养》，《中国人才》1999年第12期。

④ 查尔斯·M. 萨维奇：《第五代管理》修订版，珠海出版社1998年版，第300页。

势，可能还不足以满足思维方式变革及其复杂性的要求，还要进一步从思维方式的构成要素及基本内涵上予以明确。

（二）管理思维方式发展的多样性与进步

现代社会中思维方式的变革和发展与传统社会有很大不同。传统社会中由于科学技术不发达，因而也表现出较大的保守性。前人经验是行为的重要依据，遵循以往的做法或者“古训”是必需的行为准则，因此对新的思想、观念和行为方式一般都是持反对态度。在这种情况下，思维方式的变革通常很难发生。即使有所发展，也往往表现出“曲折缓慢”的特点。

但在现代社会，思维方式发展的影响因素日益多样化，影响程度也更深刻。其主要的影响因素：一是科学技术的进步；二是管理实践的发展；三是社会文化和文明的提高；四是经济全球化的扩展。例如，电子计算机与信息技术的发展及在管理中的应用，对管理的方式产生了很大影响，从而也导致了管理思维方式的某种变革；组织合作实践与组织网络形式的发展，促使了供应链管理的产生及组织概念的扩展，人们的视野也越来越广阔；社会文化与文明的提高，使组织的道德与责任管理，以及经济、社会与环境的和谐统一成为管理的重要内容；至于经济全球化的扩展，则推动了不同国家、不同社会思维方式的相互融合与结合，等等。

这样一些影响因素，使新的事物和问题不断产生，人们的思想和观念也在不断发生变化，从而一方面使创新成为竞争优势的主要来源；另一方面，也使“创新”概念深入人心，创新成为一种社会潮流，最终也使新思维方式的产生和发展成为一种“经常的”现象。特别地，为了实现管理的创新，提高工作的效率，人们甚至还会刻意追求思维与行为方式的“新颖性”或“奇异性”①。其结果是，管理活动中思维方式的变革呈现

① 例如，为训练员工的坚韧性或培养其心态，一些组织“发明”了很多办法，如要员工在街面上高声叫喊；或者要员工当街“乞讨”；或者为“处罚”员工绩效不高，要他们当众做“俯卧撑”。更有甚者，还有企业为开展所谓的“拓展训练”，要男女员工只穿内衣一起跳舞，等等。这些做法就可能有点过于“标新立异”，或者说过于“怪异”了。为了显示其思维方式的新颖性，而试图做些完全不合常理的举动，有时也确实能引起一些出乎意料的效果。但这些效果很多时候主要是因为扰乱了人们的正常心理活动和行为准则，使之觉得好奇，而不是认同，因此不能持久，最终也难以为社会所接受。这样一些举动就可以看做思维方式上的某种动向，但绝不是思维方式的发展或进步。

多元化（或“多方向性”）态势。

思维方式的变革与发展的多元化和多方向性，已成为现在管理活动中的一个重要现象。在这种情况下，思维方式的发展除了要继续关注其（动态的、系统整体的）特性外，可能在某种程度上还要注重其基本内涵和主要的内容，以便从多样化的发展中突出社会或组织所期望的，或者说真正能够反映社会发展及现代管理所要求的思维方式。在这方面，涉及了两个问题：一是是否应该对思维方式的变革和发展进行引导；二是如何对思维方式的变革和发展进行引导。

就是否应该对思维方式的变革和发展进行引导而言，虽然一般来讲，管理创新过程中不能为创新设置限制或障碍，否则“创新”就不成其为创新了。但对思维方式的变革以及管理创新进行引导还是必要的，对新思维方式的发展进行引导，是为了更好地进行思维方式的创新和变革。

这是由于现代社会以及管理实践十分复杂，存在大量影响思维方式变化的因素，这种复杂性有可能模糊对思维方式基本内涵和内容的把握，这种情况就如同我们对植物季节性的认识。在自然规律的作用下，大多数植物都有其特定的季节性，因此我们可将其分为夏季作物，或者冬季作物。但现在技术的发展使大棚蔬菜或反季节蔬菜大量供应，如原本夏季生长的蔬菜冬季也有生长，或原来冬季生长的蔬菜夏季也有供应。结果使许多人模糊了这些作物原本具有的自然季节性，或者认为作物的自然季节性不再重要。与此相类似的是，在现代社会中产生的大量新事物的复杂影响下，很多人对社会或管理中原本应具有的基本规范或要求也可能会认识模糊，或者认为不再重要，或者可能就根本不知道，这都会导致思维方式变革中的“随意而为”。

对思维方式的变革和管理创新完全不加指导，任凭其发展可能并不适当。在这方面，告诉人们“应该怎么做”和“不应该怎么做”都是必要的。只告诉人们“不应该怎么做”，人们并不一定就知道如何做，因为“应该怎么做”并不一定就是“不应该怎么做”的反面状态；同样，只告诉人们“应该怎么做”而不告诉人们“不应该怎么做”，人们也可能会难以区别什么是应该做的、什么是不应该做的，有时就会把不应该这么做当成了应该这么做。总的来看，在多数情况下，告诉人们“应该怎么做”是更为重要的一面。这是由于谬误的产生和从真理向谬误的转化常常带有自发的性质，而从谬误变为真理却不是自发的。另外，现在强调学习，而客观事物也能被人们正确认识和学习。但正如有作者所说的，人们也可能会用正确的方法学习不正确的事物[①]。同样，现在创新有重要意义，但创新的后果也可能是我们不需要或不希望的。所有这些，都要求我们自觉地坚持真理，修正错误，主动辨别思维方式的正确变革方向。因此，对思维方式的变革必须进行引导[②]。

所以，这种引导不是压制，不是强迫人们必须采用某种思维方式，也不是盲目反对新的思维方式。而是在社会发展的趋势下，研究新问题、掌握新动向，在符合社会进步规律和现代管理要求的前提下，促进新的思维方式的变革和发展。

在这里，我们特别应该强调：发展的多样性不等于都是发展方向。这就如同生物进化过程中，生物基因经常会产生许多变异，但最后真正能够成为进化方向的变异很少。基因变异是否能够遗传下来，要经过一个自然选择的过程。只有符合自然选择的基因变异，才能成为生物进化的最后方向。在这方面，在社会的进步和发展问题上，社会学中同样也有明确的观点。例如，李芹主编的《社会学概论》中这样写道：

社会变迁不同于社会进步。一方面，社会变迁具有多向性特点，既包括社会的进步和发展，也包括社会的停滞和倒退，而社会进步则是正向的、一维的；另一方面，社会变迁不带有价值判断的成分，而只是一种事实陈述，是客观描述，无所谓善恶、对错。只有当人们认识和掌握了社会变迁的规律，并以某种特定的方式去影响社会变迁的方向和进程时，社会变迁才可能以社会发展或社会变革等有目的的形式出现。所以，社会变迁并不直接意味着社会进步。社会进步包含了一定价值判断的成分，它是以普遍的价值体系的确立为基准的。在不同的社会发展阶段，人们的认识水平、价值评判标准不同，对社会进步的认识也会出现差别。虽然人们对社会进步的认识有一个不断深化并接近客观的过程，衡量标准也从单一性向多元化、综合性方向发展，科学性也不断提高。但是，社会进步仍然是一

---

① Huber, G. P., Organizational Learning: The Contributing Processes and The Literatures. *Organization Science* 1991, 2 (1).

② 曾经有观点认为，某一事物是不是创新，很大程度上取决于人们的感觉。如果这一观点是正确的，那么首先应强调，正确的行动不能仅凭感觉；其次，即使感觉不能缺少，那么为避免感觉的失误，就应该了解并把握感觉。

个带有主观性的评估概念[①]。

换言之，代表社会和管理实践发展要求和规律的思维方式，必须要经过一个社会和管理的价值判断或评估过程。正是通过这样的判断和评估，我们能够对思维方式的发展进行引导。

（三）管理思维方式发展的引导

所谓引导是指：带领、启发诱导，其中隐含了方向、目标和要求的意思。对管理思维方式的发展进行引导，就是希望其发展能够符合管理的本质特征和内在规定性，更好地实现组织管理的目标和要求。为此，这种引导可能主要有三个方面：

1. 正确认识创新与继承的关系

创新的目的就是为了创造新思想、新事物，创新的过程也是对旧事物、旧思想的否定。管理创新也是如此，随着管理实践的不断扩展和深化，也在不断地提出新的理论和方法。但不能由此而理解成：新的理论和思维方式产生后，原有的理论和思维方式就都不再适用了。

管理创新中存在创新与继承的关系。我们在前面第二章就曾指出：管理理论及其思维方式的发展是辩证地“扬弃”，而不是“全盘”否定或抛弃以前的思想和方法。即使是激进创新，其中也包括了继承。例如（前面第二章曾经指出），行为科学和管理科学被看做对泰罗科学管理的发展，但它们都没有全盘否定科学管理。泰罗的科学管理中确实有很多内容和思想被后来所批判或修正，然而科学管理强调的“用科学方法进行管理”和“效率”等思想，却也构成了现代管理发展的某种基点或起点，行为科学和管理科学则都是在这一基点上的发展、扩展和深化的。又如，整体论和复杂性的思维方式被看做对工业时代的机械论和分析主义的思维方式的发展，但是我们也不能认为整体性思维方式就是对分析方法的全盘否定。整体论和复杂性思维方式并不是一般地否定分析方法，而只是对“将分析方法‘以偏赅全’、以为它就是我们的全部思维方式”的否定。这就如同辩证思维观并不是一般地否定分析方法，而只是否定“形而上学”思维观一样。实际上，分析方法仍是现在管理方法中的重要内容，对复杂系统的研究仍要以分析（或分解）为基础。同样，“非线性”观点也没有全

① 李芹：《社会学概论》，山东大学出版社 2009 年版，第 301—302 页。

部否定“线性”的观点，而是将“线性”观点作为其中的一个重要内容。

我们还可以指出，即使是西蒙用“满意原则”作为决策的基本原则，以取代以往所认为的“最优原则”，但其论述中也仍然隐含了这样的观点：决策者决策时通常还是从最优原则出发，只是由于人们心理因素和客观条件的影响，因此如果达到了某种满意的结果也就行了，而不一定非要达到“最优”。这里的区别是现实决策与理论决策的区别，实际上我们仍可以设想：如果当时情况能够达到最优，估计决策者当然还是希望取得最优结果的，即使这个最优是在一个有限制的范围内的“最优”。所以不管哪种情况，“最优化”或者经济学上效益最大化总还是决策者的某种思维出发点，这个不会改变。

管理创新中存在继承，是因为管理并不消除问题。尤其是一些带有本质特征的问题，如效率问题、人的问题等，在不同的管理时代或环境中都会存在。只要这些问题还是存在，相应的理论、观点及其思维方式也就有其存在的合理性或价值。特别地，由于管理思维方式的基本内涵和要求的根源并不主要地存在于某一组织内部，而是以管理的本质特征和内在规定性，以及社会、经济和科学技术的活动为主要根源或基础。只要管理的本质特征和内在规定性不变，则在此基础之上发展起来的管理理论及其思维方式中的基本价值观念和要义也不会发生改变。与此同时，只要科学技术发展及其作用的背景基础不改变，管理中“应用科学的思想和方法”来观察、分析与解决问题的基本思路也不会发生大的变化，由此而产生的正确管理思想和观点也会保留下来并为后人所继承。

我们认为，就管理思维方式的继承而言，至少以下两个方面是应该明确的：一是管理思维方式的基本内涵。例如，我们对管理基本属性的认识，以及管理思维方式的基本价值标准、基本观念和主要的思维方法，都是应该也必须予以坚持的。二是管理中的基本“常识”。我们前面曾指出，常识是日常生活中的基本知识。虽然由于常识是简单的和普遍的知识，很多人通常也不会对它多加注意。但常识对社会中人的思维和行为有重要的规范作用，有观点就认为常识是生命赖以存在的根基，是社会进步的规范要求，并呼吁将常识的力量上升为国家的力量，变成全民的力量[①]。

---

① 赵振宇：《让“常识”成为公众力量》，《楚天都市报》2009 年 8 月 17 日。

管理中也有许多"常识"，如管理就是日常进行的管理活动；管理者应做好其职责范围内的事情；不管多么好的管理计划和制度，只有真正付诸实施才能起作用等。又如管理者要承担责任，这既是管理的基本规定性，也是人们对管理的"常识性"要求。现在虽然由于计算机和信息技术的发展与应用，管理的方式发生了很大变化，管理不再是人们的"事必躬亲"，很多事务性、业务性的管理活动可以借助先进技术的功能来完成。但管理者仍然要承担管理的责任，这个不能也不会改变[①]。所以，尽管现在的管理思想和技术不断发展，管理系统也日益复杂，但这些基本的常识仍然存在，应该坚持。这就像原来用木柴或煤球烧水，水要烧开100℃，现在用煤气或电烧水，水仍要烧到100℃一样；或者如数学的发展越来越深奥，但仍然以"加减乘除"这些基本的运算规则为基础一样。

管理创新中又包括了理论和思维方式的发展，这是因为社会活动及管理实践的发展，使管理中的问题带有了新的内涵和特点，或者是产生了新的问题。由此，也要求提出新的理论、观点和思维方式，以便从新的角度看待管理中已有的问题，或者处理新的问题。就目前来看，这种创新或发展的主要表现：一是管理中看待某些问题的角度发生了变化，如原来把人看成"工具"，现在则强调人是"资源"，由此也从传统的人事管理进到了现代的人力资源管理。二是管理思维方式中的一些基本内涵得到了进一步的加强，如效率标准更突出了，由此也更为强调竞争优势的意义；系统原理也从组织系统扩展到了整个供应链及组织和社会、生态环境的系统联系。三是管理思维方式的基本内涵增加了新的内容，主要是在原有价值标准、基本观念和思维方法的基础上，现在还应强调责任价值标准、可持续发展原理及合作思维方法在管理思维方式中的意义等。

总的来看，在管理创新的过程中，并不是思维方式的所有构成要素

① 现在经常会看到这样一种现象，当工作中出现了某种失误或问题，有关部门或人员就用一句话做了解释：计算机出了故障。似乎计算机出了故障，那就是没有办法的事。由于现在各行各业计算机应用广泛，这样的解释也俨然成为了一种思维和行为方式，诸如服务收费、业务办理，甚至高考计分等过程中出现的问题，都可用这句话来推脱。正是基于这样一种情况，国内有报载文章强调：采用计算机管理，不能免去人的责任。

（如基本价值标准、基本观念和思维方法）的一次性整体转换。即使是激进创新，也往往是其中某些部分发生变化，即可能是改变（或者增加）了某些价值标准、基本观念或者思维方法，其他一些则仍然保留或者不变。关于管理创新中思维方式变革的这一特点，罗珉从“范式”的角度也表达了明确的观点。他认为，在管理学研究中并不存在新范式代替旧范式、新工具代替旧工具的情况。实际情况是把新范式添加到范式体系中，这就像在工具包中添加新工具一样，而旧工具照样可以使用[①]。正是这样的既创新又继承的辩证发展，既使管理思维方式具有现代特点，能够更好地满足现代管理实践的要求；同时也使管理思维方式的发展具有继承性和规律性，人们也能够对其明确把握。

其实，创新与继承的这种既对立又统一的辩证关系，仍是人类活动理性特征的一个主要表现。例如在科学研究领域，科学的生命力就在于创造，人们也总是习惯于认为科学研究强调的是“发散式思维”，甚至把它看成唯一的科学精神。但实际上，科学家不但要敢于创新，不受陈旧范式的束缚，要敢于打破旧的范式；同时也要尊重传统，善于维护正确的范式。正是由此出发，库恩认为应全面评价科学的传统和创新：全部科学工作具有某种发散特性，在科学发展最重大事件的核心中都有很大的发散性。但是我自己从事科学研究以及阅读科学史的经验却使我怀疑，强调思想活跃和思想解放是基础研究必须具备的特征，是否太片面了。……所谓“收敛式思维”也同发散式思维一样，是科学进步所不可少的[②]。就科学的历史来看，这种辩证对待“发散式思维”和“收敛式思维”关系的全面性观点，是使科学研究成为理性活动的一个重要原因，同时也成为科学家从事科学研究活动的一个思维准则。

总之，创新也有自己的规律和要求。在变革旧事物和旧观念、创造新事物和新思想的过程中，要从创新的规律出发，认真考虑哪些应该创新、哪些则应该继承。应注意把握创新与变革的“度”，不能因为创新而造成已有的正确事物和观念的破坏和抛弃。换句话说，不能因为倒洗澡水，连

---

① 罗珉：《管理学范式理论的发展》，西南财经大学出版社 2005 年版，第 31 页。

② T. S. 库恩：《必要的张力——科学的传统和变革论文选》，北京大学出版社 2004 年版，第 223 页。

带着把孩子也倒掉了。

2. 明确管理思维方式发展的基本要求

由于思维方式的变革和发展与组织或个人所持有的价值标准、基本观念和思维方法有密切关系，遵循的也主要是社会和心理的逻辑。因此，主要的引导是对组织或个人的价值标准、基本观念和思维方法的规范，以便管理创新和思维方式的变革能够“正确地”反映社会的发展方向及管理的宗旨、要求和目的。在这方面，总的来看，一种新的思维方式的阐述和确立，大致应反映四个层次的基本要求：一是应反映社会的发展趋势和主流价值观念；二是要符合社会民族的思维方式特点；三是要符合管理的基本规律和要求；四是要考虑组织的宗旨、目标和特定性。

首先，一个社会都有自己的主流（或核心）价值标准与观念，如此才能使社会活动具有秩序，并借以明确社会发展的基本要求和趋势。目前社会中主流价值标准和观念的集中表述，就是“三个代表”、科学发展观、和谐社会等思想和概念。由于管理活动具有社会性，而且任何组织都是社会中的一个组成部分，因此管理的思维方式也必须反映社会的主流价值观念。

其次，一个社会及民族之所以能立于世界民族之林，其所具有的社会及民族文化（也包括了思维方式）是重要原因或基础。任何一个社会及民族的文化与思维方式都有其独立存在的价值与原因，特别是我国历史悠久，文化积淀深厚，其中不乏优秀思想与内涵，应该发扬继承。而且，组织思维方式与社会和民族的文化传统、经济制度等有密切的关系，经过长期积淀的社会或民族的文化往往使人们的心理形成定式，成为人们思维和行为方式的主导力量，因此不同国家和地区的文化差异也造成了人们思维方式的不同。组织存在于一定的社会中，其群体和个人的思维方式也都是社会与民族思维方式的一个构成部分，要受到社会及民族文化与思维方式的规范①。因此，组织中思维方式的创新和变革必须要以社会及民族文化和思维方式为前提和基础，要积极发掘其中的优秀内容，并努力使之融合

① 宋铠认为，有些民族似乎比较好管理，深究其原因，应该是“民族”与“人性”之间的问题，而不是一个人的教育背景或其他我们在表面上看得见的原因（《中美日等五国管理思想的比较》，《国外科技动态》1988 年第 11 期）。

到组织文化及思维方式中。

在这方面，特劳特通过引述有关观点，特别强调了传统的重要意义：传统具有心理上的重要性，这源自作为一条连续线索对个体所具有的归属力量。这条线索连接、结合一个人的生存历史，继承、延续过去并且穿越死亡传给下一代，这个联系连接不朽。人们感觉不到传统，不知道先辈，就容易感到被孤立、被抛弃，情感上被切断并且没有根基。没有过去的线索，很难相信将来的线索[①]。

在反映社会的发展趋势和主流价值观念及符合社会民族的思维方式特点这两个方面，组织思维方式变革的一个责任是促进“社会共识”的形成。刘少杰指出：社会共识是指社会的普遍同意，或指集体、社会共同持有的某种心态与观点。具体说来就是：社会成员在生活实践中，经过日常交往、心理沟通、舆论传播、理论教育等途径，在情感体验、道德规范、价值评价、理想信念、理论观点等方面达成的共同意识。它是导致社会成员团结协力、维持社会实践协调有序、保证社会向前发展的必要条件[②]。社会共识的形成是社会全体的责任，组织在这方面尤其应发挥积极的作用[③]。

再次，符合管理的基本规律和要求，这是管理思维方式的应有之义。人类活动多种多样，管理的具体实践也复杂多变。但管理作为一种特定的活动，其规律具有一致性，管理的本质特征和内在规定性也有同一性。为此，管理创新和思维方式的变革要以管理的规律为基础，突出管理的本质特征和内在规定性，努力贯彻效率和责任两个价值标准，以系统原理、动态与权变原理、人本原理、效益原理和可持续发展原理等基本观念为指导，以科学的思维方法为路径。在这里，遵从管理的规律仍是关键，这也

① 杰克·特劳特：《什么是战略》，中国财政经济出版社 2004 年版，第 54 页。

② 刘少杰：《发展的社会意识前提——社会共识初探》，《天津社会科学》1991 年第 6 期。

③ 在这方面，孔茨和韦里克的观点值得思考：管理人员会对社会公认的价值准则作出反应，并且也会把社会公认的那些价值观放在首要地位。假使我们一定要使各个组织对社会因素作出反应的话，那么，我们就必须澄清社会价值观，然后对那些成功地作出反应的管理人员加以奖励（哈罗德·孔茨，海因茨·韦里克：《管理学》第十版，经济科学出版社 1998 年版，第 44 页）。

是把握管理创新和思维方式变革的基本途径和要求[①]。

最后，我们前面谈到，组织管理的思维方式是特定的。这种思维方式的特定性与组织的宗旨、目标和特定性相关联，任何一个组织都需要在上面所表述的社会主流价值观念、管理的基本规律和要求的基础上，来明确符合组织自身的任务和特点要求的思维方式。对此，可提出两项原则：一是组织管理中的具体思维方式，应该和组织管理的任务、要求及特征相适应；二是一个组织所发展的思维方式，应力求突出特色，以为组织发展创造更多的机遇和更大的空间。

这四个层次的基本要求是相互关联、互相统一的关系，如突出组织自身思维方式的特色，不能违背社会的主流价值观念或道德伦理思想，也不能误解组织管理的效率与责任标准的基本含义。反过来，强调社会的主流价值观念和管理思维方式的基本内涵，也不是说组织思维方式不能有自己的特色，而是说要在社会主流价值观念和管理思维方式基本内涵的前提下，组织通过创新来形成自己的具体思维和行为方式。

3. *以实践作为管理思维方式发展的标准*

在管理创新和思维方式的变革中，最根本的引导是管理的实践。管理创新和思维方式变革首先应满足实践的需要；同时管理实践也是基本的价值判断和评估过程。哪种思维方式最后真正成为管理的思维方式，还要经过管理实践或社会的选择，实践是管理思维方式变革的最重要标准。

实践本身就是一个价值判断和选择的过程。其中，实践是指以客观事物规律的认识为基础的人类实践活动。而管理创新和思维方式变革的最终结果，也是要有助于推动管理实践活动的发展，并满足社会整体利益的要求。概括来讲，一是要符合科学技术的发展及其为社会、经济等活动带来的新趋势和新范式，推动管理活动达到新阶段；二是要符合管

---

① 有报纸报道：有学校推行“希望式作业评价方式”，就是以后批改作业时不再打“×”。于是有文章评论道：当年前辈们在使用“√”和“×”来批改作业时，应是经过反复比较才确定这个“标准答案”的。可以说，这样的批阅方式正是“知之为知之，不知为不知”理念的活学活用。如果批改作业不打“×”，则把简单的事情复杂化了。单从表面看，该方法在创新，实则容易把学生引入不知对错的“晕头转向”境地。文章认为，“教育是一门科学，它的意义在于求真”。应该是在尊重教育规律基础上的创新，否则的话，便将会被实践惩罚。该文章的观点其实也符合管理思维方式的创新，就是要尊重管理的规律。

理中人的本性和价值，要以人的本性为前提（包括人的生理心理特征，以及人格、人性、人的利益与发展），充分发挥人的创造性作用；三是要符合管理的协调性特征，努力实现组织内部及组织与外部环境之间的协调发展。

管理活动中，实践标准的应用具有广泛性和多样性，不同的领域和组织都有特定的目的和要求。然而，从社会活动及其利益的整体性出发，实践标准也是统一的，有着确定的准绳。其中最重要的，就是实践标准的实际衡量仍是以效率和责任两种价值标准为基本尺度。不管什么领域和组织，这两种尺度标准都既是创新和变革目的的内在要求，同时也是创新和变革之后实际结果的应有表现。这里应该指出，实践标准不等同于“实用主义”，不能以为只要能够达到某种目的，就都可称之为实践标准①。实践标准和实用主义的关键区别，就在于实践标准将效率和责任两种价值标准作为主要的着力点。实用主义（从其出发点来看）则不仅违背了责任价值标准，而且还违背了从社会整体利益出发的效率标准。

以实践作为标准，管理创新和思维方式的变革就要以做好工作为根本。也即创新本身不是目的，创新的目的是为了做好工作、提高工作的效率并产生更好的结果。为此实践中要注意避免：一是“如果不创新，似乎就不能进行工作”的思想，由于没有创新，就宁可使工作等待。实际上，创新的本意是为了做好工作，而做好工作可能需要创新，也可能现在的方法仍然适用，关键是要努力履行责任②。二是“不是从做好工作出发，而只是‘热衷’于创新”的心态，把“创新”本身作为某种“目

---

① 实用主义的“实践”标准是所谓“兑现价值”和“效用”，认为这也就是真理的标准。因此，在实用主义看来，真理不是人们对客观事物本质及其规律的正确认识，而是“有报酬”、“有效用”、“能够满足我的需要”。这样的观点就不能被看成我们所说的实践标准，实际上，在实用主义观点影响下所进行的活动，很可能是违反我们所说“实践”的本意的。例如，制售“假冒伪劣”产品也能达到某些人获取利润的目的，但社会并不需要而且还会反对这样的“实践”。

② 2008年北京奥运会涉及成百上千亿元资金，却没有审计出腐败问题。对此，有文章谈道：所谓的“奥运防腐经验”，并没有特别的制度创新，只不过对现行制度执行得较好而已。另据报载文章道：有员工上班在计算机上玩游戏，有关部门接到反映后表示要“认真”研究以提出相应对策。对此有作者评论道：有关的制度对员工上班违反工作纪律其实已有明确的“惩戒”规定，只须照章执行便可，根本无须“认真”研究。

的"；或者只是将"创新"作为某种"宣传"的手段，以为创新就是"标新立异"①，将创新活动简单化。这样的"创新"认识和心态，其实无助于工作效率的提高或好的工作结果的产生。为此徐源特别指出：创新的当务之急是"回到基点"，做好人人皆知的基本工作，而不仅仅是热衷于计算机、数学模型等花样翻新的现代化工具和方法②。

总而言之，强调管理实践的标准意义，就是要求管理者从实践角度出发来看待并开展创新，尽可能减少或者不进行"不当"的创新③。

四 关于管理创新中思维方式变革的几点思考

（一）明确阐述新的思维方式

明确阐述新思维方式的目的，是要将其作为管理创新的实质性内容。这里应强调，管理创新和思维方式的变革是相统一的。管理创新除了要达到改变管理模式、制度或方法的目的外，也要努力确立新的思维和行为常规。为此，管理创新应清楚阐述所期望的思维和行为方式，并将其作为创新发展的明确方向和实质性要求。

---

① 创新可能表现为"标新立异"，但创新绝不是"标新立异"。创新的关键是其内涵，"标新立异"只是其可能的外在表现。创新的一个主要定义是熊彼特提出的：将新技术发明应用到经济活动中去所引起的生产要素与生产条件的重新组合，即新的生产函数的建立。这一定义中强调了两点：一是新技术或新思想的应用；二是新技术或新思想的应用要产生某种实际效果。所以，关键还是要看创新的实际内容与效果。就客观事物的内容与形式的辩证关系来看，也不能只强调"标新立异"，否则很可能导致：或者是因过于追求"标新立异"的表现而迫使事物的内容（或其性质）发生变异；或者是脱离事物的内容而只关注于"标新立异"的外在形式。

② 徐源：《小天鹅的经营理念》，《光明日报》2002 年 6 月 10 日。

③ 从这个意义来看，有时管理创新和思维方式变革中存在某种阻力也不一定是"坏事"。金和安德森就认为，不能认为（对变革的）任何形式的阻力都是有害的、不合逻辑和有损生产力的，会对管理人员和员工的共同利益产生不良的作用。实际上，有阻力也不一定全是坏事。有时，阻力在特殊的场合下能够成为一种高效率的反向平衡力，会阻止那些从上面强制推行下来的、严重缺乏规划的组织变革的进行。另外，我们应摒弃将抵制变革的组织成员视为与那些拒绝吃药的不听话的病人一样的看法，因为阻力有时也可以被看做抵抗有害的组织变革的一种保护机制（奈杰尔·金、尼尔·安德森：《组织创新与变革》，清华大学出版社 2002 年版，第 220 页）。

就组织管理创新而言，在讨论或实际进行管理创新和思维方式的变革时，自然也会引出“新的思维方式是什么”的问题。特别地，在管理创新和思维方式变革的过程中，新的制度和观念与原有的制度和观念都可能会发挥作用，从而造成一种混乱局面：或者是积极转变思维方式，实现管理的创新；或者是虽然支持创新，却误解了新的思维方式及其应用；或者是反对创新和变革，仍沿用原有的思维方式；或者是不知道该按照何种模式在新的环境中行动，因而消极随意地对待管理中的有关问题。因此，组织应对所期望的新思维方式进行全面和具体的说明，以便组织成员从整体上对其清晰把握，实践中予以明确贯彻，并以此为基础在应用中予以拓展。

（二）及时建立新的管理制度

及时建立新管理制度的目的，是要以此来规范和固化新的思维和行为方式。思维方式的变化不能无中生有，它总是在一定的情境中产生并维持，特别是与组织的管理制度和组织文化有很大关系。因此，通过管理制度的建立来形成思维方式发展的某种情境，也应该予以重点考虑。

管理制度是指组织成员共同遵守的，按一定程序办事的规程、规则、惯例和行为方式，其作用是规范人们在管理活动中的思想和行为，使其符合管理目标和任务的要求并达到一致性。组织管理制度和其思维方式是相辅相成的关系：管理制度中都包含或体现了相应的组织文化和思维方式。另一方面，一定的思维方式也必须要有一定的制度来作为其外在（或形象化）表现，以便人们能更好地理解并遵守。特别对一个整体组织而言，为了突出组织所期望的思维和行为方式，实现组织的共同目标，制度的约束总是必不可少的。可以认为，管理制度是思维方式的外在表现，思维方式则构成管理制度的内在含义。对组织管理而言，建立一种管理制度即是确立一种思维方式；对组织成员而言，遵循一种管理制度也即是适应其中所包含的思维方式。

管理创新常常意味着制度的转换，即通过创新，旧的制度被破坏，新的制度要建立。对管理中制度的创新而言，这种转换是一个必然的内容，但毕竟在客观上会出现转换中的“真空”现象。就是旧的制度被破坏，新的制度又没有及时建立，从而造成一种“缺乏规范或约束”的状态。这种状态的后果与新思维方式不明确的后果有相似性，同样也会对管理的创新产生不利的影响。因此，在管理创新和思维方式变革的过程中，要及时建立新的管理制度，以便规范和固化新的思维和行为方式。

新管理制度的“及时”建立，应从管理创新和思维方式变革的整体过程来考虑。一般来讲，首先是组织开始管理的创新，而后才会有人们的思维方式变革；思维方式变革了，也才能更好地实现创新。因此，新管理制度的建立应在管理创新开始之后，人们的思维和行为方式受到触动而开始变革之前。

（三）重视理论的指导作用

我们在前面第三章曾指出，管理思维方式由管理的理论来规范。因此，在管理创新过程中，要重视有关的理论研究，以为思维方式的变革提供理论指导和基础。由于管理创新具有目的性，同时也由于管理创新中经常会遇到各种各样的新现象、新问题，呈现出复杂、动态的形势，因此管理创新也特别需要有相应的理论作指导。而且在管理规律和实践基础上提出的明确的理论，也能够对管理创新提供必需的指导作用。既使由于创新活动的多样性和复杂性，理论并不完全适合某一具体的创新活动要求，也仍然会对这一创新实践提供某种启示或参考，并且也有助于更好地从创新实践中学习及提高。特别地，管理创新与思维方式的变革不仅是一个组织管理的问题，同时也具有广泛的社会和思想观念的深层次含义，需要结合多方面的理论研究来给予概括和论述，以为思维方式的变革提供明确的理论基础。

应该指出，很多时候尽管事先做了充分的考虑，根据某种想法所采取的创新措施或行动，其可能产生的结果也不是完全能够把握，因此在现实的创新活动中往往要借助“试错法”。不过“试错法”并不否定理论的作用，而且理论与实践的关系是客观和明显的。在已有的成功实践经验，以及在对客观事物规律性认识的基础上产生的理论，都能对现在的创新实践提供指导和借鉴。在正确理论的指导下，也会有助于减少“试错法”中的曲折和失误。

由于管理创新和思维方式的变革是以社会和心理逻辑为主，因此特别要重视从人文社会科学的角度开展的理论研究。一般来讲，自然科学技术知识和人文社会科学知识对管理活动都是必要的。就我们的观点来看，由于管理的主体是人，而人的思维方式在管理活动中有重要作用，因此人文社会科学知识可能还更加重要一些[①]。

（四）提高管理者的哲学素养

哲学与思维方式密切相关。黑格尔说：哲学可以定义为对于事物的思维着的考察……哲学仍是一种特殊的思维方式——在这种思维方式中，思维成为认识，成为把握对象的概念式的认识[②]。因此，提高管理者的哲学素养，对其发展和应用管理的思维方式有很大意义。

就管理者思维方式的发展而言，（辩证唯物主义）哲学有三种功能：首先，哲学是系统化、理论化的世界观，为人们提供了一个哲学意义上的世界图景，揭示了人与世界的复杂多样的关系，从而为人们认识和处理自己同外部客观世界的关系规定了一般的思维和理论前提。其次，哲学是最高层次的方法论，是人们处理自己同外部客观世界的关系的基本规范和准则。哲学方法论是人的思维方法的核心，对各种具体的思维方法起着制约作用，掌握正确的哲学方法论，是提高人的思维水平、完善人的思维方法的根本途径。最后，哲学是一种信念和理想，对人们的精神世界有积极的导向和激励作用[③]。

管理活动中，一方面，需要有（而且也确实存在）理论的指导，但理论也需要辩证地理解与运用；另一方面，管理现实纷繁复杂，理论不可能完全概括或反映，很多时候管理者也要面对新情况、新问题。这时，具备哲学素养就既能为现有理论的运用提供辩证思维的基础，同时也有助于管理者自觉、能动地运用辩证思维观分析、解决所面对的各种新情况、新问题。尤其是有助于管理者提升其思维的高度，跳出管理具体问题的束缚，从更高层次来看待和把握管理活动及其发展与创新。概括来讲，就是哲学能够从社会、自然和思维发展过程的概括角度，以及追求“真、善、美”和谐的最高层次为管理活动及其发展提供参考意见和建议；哲学能够以其辩证思维观为管理活动及其发展提供理性思维的工具；哲学能够帮助人们对管理活动及其发展的历史进行逻辑的反思；坚定的哲学信念也能

---

① 现在一些大学管理学专业招生大都是文理兼收，有的还特别强调招收理科学生。这就容易给人一种印象，似乎管理属于理科，而对人文社科不加重视，甚至有意疏远，这种倾向应该尽力避免。

② 黑格尔：《小逻辑》，商务印书馆 1980 年版，第 38 页。

③ 参见肖前、李秀林、汪永祥《辩证唯物主义原理》修订本，人民出版社 1991 年版，第 9 页。

够为人们在管理活动及其发展过程中所遇到的各种问题提供理性的支持。

管理者哲学素养的提高有多方面的内容，例如袁凤哲认为，管理者的哲学素养包括：科学的世界观和人生观的形成；高层次的理论思维能力和水平；科学思维方法的应用①。孙华则概括为三个方面：一是体现在管理目标上的哲学素养。管理者应明确自己从事管理活动的目的，应当把实现自身的价值和积极奉献社会结合起来，并将这种思想融会贯通并付诸实践，从而达到高层次的境界。二是体现在管理方法上的哲学素养。首先是应当用变化的方法处理管理中遇到的各种问题；其次是应当用和谐的方法处理管理中遇到的各种问题。要重视系统思考，和谐处理人与人的关系、人与物的关系，同时强调“实事求是”。三是体现在管理主体上的哲学素养。就是管理要以人为中心，把提高人的素质、处理人际关系、满足人的需求、调动人的主动性、积极性、创造性的工作放在首位②。

我们认为，不论管理活动中涉及哪些具体方面，都应将以下内容作为管理者提高哲学素养的总体要求：第一，实现管理活动中科学性和创造性的统一。既要从实际情况出发，实事求是，按照管理对象的客观运动规律办事；同时也要解放思想，充分发挥人的主观能动性，使管理活动具有创造性和开拓性。第二，从全面性、发展性和联系性的辩证思维观点去分析解决问题。现代科学技术进步和社会发展，使社会经济活动越来越丰富多样化，管理活动也日益复杂。管理者具有全面、联系、发展的辩证观点，才能适应并处理好管理活动中遇到的各种问题。第三，树立积极的信念和理想，以“真”、“善”、“美”作为基本标准。“真”即作为主体的人在认识和实践上充分地接近和适应管理客观对象的必然性；“善”包括人在物质、自然以及社会关系方面的各种需要得到满足的实在价值；“美”即“真”和“善”在新的基础上达到了统一的境界，是以主体尺度为尺度的主客体高度统一。可以认为，“真”、“善”、“美”是管理活动中应该实现的最高价值标准，也是管理者应该努力达到的最高境界。

---

① 袁凤哲：《论提高企业家哲学素养的重要性》，《中国劳动关系学院学报》2005 年第 6 期。

② 孙华：《现代企业管理者应如何提高自身的哲学素养》，《管理科学文摘》2006 年第 7 期。

附录　关于管理理论价值的讨论

关于管理理论的价值，现在还是存在多种争论。概括起来，主要是两个方面：一是管理学中是否包括了经过检验的规律性、客观性知识，是不是管理中有关问题的“科学的”认识；二是管理学理论及知识是否具有普遍性。

一　管理的科学性

管理学发展到现在的程度，很多人认为管理学已经成为一门科学。例如，孙剑认为，管理的科学性也在于管理作为一个活动过程，其间存在着一系列的基本客观规律。管理是一门科学，是指它以反映管理客观规律的管理理论和方法为指导，有一套分析问题、解决问题的科学的方法论。管理的科学性是指管理是有理论可循的，可以通过学习掌握管理知识①。

张科豪和慕继丰认为，科学无非是一种知识系统，管理有自己的概念、判断和推理，这套概念、判断和推理组成的知识系统能说明过去、解释现在、预测未来，科学的重要特征在于知识的可累积性、可检验性，管理当属科学无疑②。

徐国华主编的《现代企业管理》认为，现代管理的科学性主要表现有三个方面：一是实践性，管理是从实践中产生并发展起来的一门学科，它所包含的知识都是人们多年来实践经验的总结，它的直接目的就是有效地去指导实践。二是客观性，管理的研究对象是人类社会中各种组织的管

① 孙剑：《论管理的科学性和艺术性》，《科技咨询导报》2007 年第 24 期。

② 张科豪、慕继丰：《管理思想的演进及管理的发展》，《商业研究》2003 年第 2 期。

理活动，它从客观实际出发，揭示管理活动的各种规律，这些规律是客观存在，违反了就会受到惩罚。三是系统性，现代管理不是零散的、个别或局部经验的总结，已形成了一整套的理论，这是通过大量的甚至是世界范围内的实践经验进行概括和总结而成的，管理理论的各个部分相互间有着紧密的联系，从而形成了一个合乎逻辑的系统[①]。此外，管理也广泛的利用其他学科的成果，利用严格的方法来收集数据并对数据进行分类和测量，建立一些假设，然后验证这些假设来探索求知的东西。所以说管理是一门科学。

孔茨和韦里克也认为管理是一门科学：运用条理有序的管理学知识，管理人员会把管理工作完成得更好。而也正是这种知识构成了科学。因此，管理实践是一门艺术，而指导这种实践活动的有条理的知识，可以被称之为一门科学。在管理领域里，理论的作用在于提供一种手段，把重要的和有关的管理知识进行分类。例如，在拟定有效的组织结构时，存在一些相互关联的和对管理人员来说富有预测价值的原则。管理方面的原则是基本真理（或者说，在一定时间内被认为是真理），用于解释两组或多组变量之间的关系，通常说明一个自变量和一个因变量之间的关系[②]。

反对的观点则认为管理学并不是科学，如管理中的艺术派认为，过去和现在均不存在，并且原则上根本不可能存在任何管理科学，因为管理是艺术，而艺术是不可能循规蹈矩、编成法规、用密码表示的。例如，奥迪奥恩认为，从管理的条件来看，（管理）不服从任何的理论分析。他援引美国经理协会主席埃普尔的一句话："在许多方面，管理理论是在那里瞎诌"[③]。反对观点的一个代表是格里斯利，他特别反对管理知识的"真理性"或"真实性"。例如，他在《管理学方法论批判》中表达了如下观点：

管理学在其一般意义上并不是一门学科，它整合了其他学科的材料，因此它更适合被称做超学科。管理是一个双层概念，内层为管理的核心，

---

① 徐国华主编：《现代企业管理》，中国经济出版社1993年版，第7页。

② 哈罗德·孔茨、海因茨·韦里克：《管理学》第十版，经济科学出版社1998年版，第8页。

③ 转引自A. M. 奥马罗夫主编《社会主义经济管理的科学原理》，生活·读书·新知三联书店1979年版，第271页。

即利用给定的资源达到结果，外层描述了运行的具体方式。外层是高度可变的，受到个人、组织及全局因素的影响。所以管理理论不能被视做知识的稳定主体，它随着环境的变化而变化。管理技术实际上是一门软科学，它必须借助于同其他资源的关系和组织、产业面临的挑战与任务来理解。复杂的知识环境意味着管理思想并不像某些学科那样只是简单的知识体。判断管理研究有两个核心标准——真实性和有用性，很明显，管理研究领域几乎不可能达到真实性。即使能达到，这种“真实性”或者过于近似或者过于依赖研究的环境因素，以致不可能太清晰[①]。

他认为我们应该接受教训：管理不是一套经过严格界定的普遍性法则和实践活动。因此，对于这一古老的问题——管理是艺术还是科学？这种讨论从根本上说是毫无价值的，这些术语的灵活性太大。最重要的一点是，管理调查不必非要和证据、证明（这些通常与知识或真理相联系）联系在一起。

在这方面，有些作者的论述中常透露出一种倾向：似乎管理的科学性与实践性是对立关系，由于管理具有很强的实践性，因此它很难达到科学性。一些作者用医学做比喻，认为管理学不是科学，它像医学一样，充其量只是实践。但多数作者不这样认为，如徐国华主编的《现代企业管理》把实践性看做科学性的一个主要表现。霍尔茨纳认为，医学是科学，医学在概念上有科学的因素，但它是取向实用的。因此正规知识也包括实用性知识和正规性知识……实用性专业就是为了进行实际操作[②]。艾伯斯也认为，经理人员的培训问题很像律师、医生及其他专业人员的培训，有些知识和技能可以通过正规教育，而有些则需要通过实践经验才能获得。从医学或法律学校毕业的并不就是“成品的”医生和律师。对于在大学培训经理人员，教学规划中培养出来的经理人员也可以这样说。专业所必须具备的很多知识和技能是通过长期的实践经验之后取得的[③]。所以在这方面，至少还是应该强调，管理的科学性并不与其实践性相矛盾，特别不能将管理的实践性作为否定其科学性的依据。

① 保罗·格里斯利：《管理学方法论批判》，人民邮电出版社 2006 年版，第 205 页。
② 伯·霍尔茨纳：《知识社会学》，湖北人民出版社 1984 年版，第 68 页。
③ 亨利·艾伯斯：《现代管理原理》，商务印书馆 1980 年版，第 10—11 页。

二　管理的普遍性

关于管理理论的普遍性问题，也存在两种观点的对立：一种观点认为管理理论存在普遍性；另一种观点认为不存在普遍的管理，只有具体的管理。

如艾伯斯认为，管理的各种职能结合在一起，构成为组织结构中的管理过程。管理过程存在于各种组织中——企业的、政府的、军事的、劳工的、教育的以及宗教的组织。它是各种业务职能，诸如销售、生产、财务以及人事管理的组成部分。在各级管理中，诸如总的管理、部门的管理、基层的管理，也都执行着这些职能。他认为，所有这些管理过程的性质都是相同的①。

格里斯利则明确表明管理学知识不具有普遍性。这主要是由于两个方面的原因，一是管理实践的多样性，二是文化和意识的限制，因此管理研究很难产生出普遍性的知识。概括地说，管理学知识的核心形式都是那些用来解决实际问题的局部性方法。他特别强调：管理学研究的关键在于应用性。……管理学与实践有着密切的内在联系。与实践的联系是管理学研究最重要的特征②。

在管理的实际研究活动中，也大致存在这样两种倾向，一种是对具体管理的研究；另一种则是对普遍的管理理论的探讨。对此，王凤彬和陈莉平曾经作了一个比较③。他们认为，德国与美国走的是两条不同的管理学发展道路。德国是企业经济学，也可称做企业管理学。美国的绝大多数管理学家，包括孔茨、西蒙、德鲁克、明茨伯格等都主张，管理学研究中提示的原理适用于各类的组织，包括营利性的企业组织和非营利性的其他各类组织。因此，他们是面向各类组织开展管理研究的。最流行的是围绕管

① 亨利·艾伯斯：《现代管理原理》，商务印书馆1980年版，第1—2页。

② 保罗·格里斯利：《管理学方法论批判》，人民邮电出版社2006年版，第5、6、38、215页。

③ 王凤彬、陈莉平：《学科研究与企业管理科学的发展》，《管理世界》2002年第7期。

理者的职能（如计划、组织、领导、控制等），针对各类组织（包括企业、事业单位、政府机构、军队、教会等）提出组织运行的规范，使管理人员按照规范的原则要求和职能程序来运作和管理他们的组织。他们所建立的管理理论，通称为“管理学”。美国管理学家大都致力于研究管理者的使命、任务、责任，探索管理的哲理、科学、艺术，从各式各样组织的运行中归纳有效管理之道。

从有关文献的表述来看，管理的科学性和普遍性也相互关联，如正方观点认为，由于管理理论的科学性，所以也有普遍性；或者因为管理理论具有普遍性，因而也是科学的。反方观点则是：因为管理理论不具有科学性，所以也没有普遍性；或者由于管理理论不具有普遍性，因而它也不是科学的。

关于管理学研究中的这些争论，我们的观点是：第一，这些争论涉及的其实是管理理论的价值问题，包括有什么价值、价值的范围和程度，这些问题也确实值得深入讨论。第二，这些争论有很大意义，因为只有通过争论才能促使我们深入思考，以便更好地理解管理理论的价值。其实，这样的探讨不仅仅发生在管理理论身上，历史上也曾有过类似的问题，例如，对数学“真理性”的讨论①。

三　关于数学“真理性”的争论

19世纪之前，许多数学家相信数学是真实现象的准确描述，并且认为他们自己的工作揭示了天地万物的数学设计。数学确也研究抽象，但并不比物理对象（或事件）的理想形式更抽象。甚至像函数和导数这类概念，也是为真实现象所要求的，并且是为描写它们服务的。总之，数学是关于自然的一组真理。但在19世纪，由于多种几何（如非欧几何、n维几何）和多种代数（如四元数、各种各样的函数、超限数）等思想的发展，同时由于公理化运动，使一些在真实世界里没有直接对应物的概念被引入数学，从而引起了关于数学本质的争论：数学是不是从自然界里抽取

① 参见M.克莱因《古今数学思想》第4册，上海科学技术出版社1981年版，第43章。

出来的、本质上是真实事物的理想化；数学还是不是关于自然的一组真理；数学是不是对任意结构的研究。

争论中的一种观点认为，数学不一定要与真实世界一一对应。数学能够引进并研究一些相当任意的概念和理论，或者像四元数那样，它们没有直接的物理解释，却是有用的；或者像n维几何那样，它们满足一种普遍性的要求。汉克尔（Hankel）的观点可作为代表：数学是“纯粹的智力，一种纯粹的形式理论，其对象不是量的组合或者它们的表象——数，而是那些可以对应于实际事物或实际关系的思维的东西，即使这种对应并不必要”[①]。其他如康托尔（Cantor）主张数学和其他领域的区别在于它自由地创造自己的概念，而无须顾及是否实际存在；希尔伯特（Hilbert）也支持并鼓励了数学是与自然界里的概念和法则全然不同的观点。

进一步，一些数学家认为，数学里的一切公理都是任意的。公理只不过是导出结论的推理的基础，它不再是关于包含在它里面的概念的真理，因此可以不用去管这些概念的物理意义。当公理和实在之间产生某种联系的时候，这种物理意义至多只能是发现（真理）的向导。但是也有许多数学家反对这种数学真理的丧失和数学是关于任意结构的研究的观点，他们强调数学不能离开自然和现实中的具体问题，数学应该注重应用，这才是数学发现的最丰富的源泉。最终，这一争论导致了纯粹数学和应用数学的分野。

关于数学的本质，我们的观点还是如恩格斯所说：纯数学的对象是现实世界的空间形式和数量关系，所以是非常现实的材料。这些材料以极度抽象的形式出现，这只能在表面上掩盖它起源于外部世界的事实。但是，为了能够从纯粹的状态中研究这些形式和关系，必须使它们完全脱离自己的内容，把内容作为无关重要的东西放在一边[②]。但在当时，由于社会时代的限制，数学本质的争论没有在这一方面得出确切一致的结论。但是也产生了另外的某种结果，即数学与一般自然科学（或经验科学）有区别。为此克莱因写道：数学从自然界和科学中解脱出来，继续着它自己的

① M. 克莱因：《古今数学思想》第4册，上海科学技术出版社1981年版，第105页。

② 《马克思恩格斯选集》第3卷，第77页。

行程[1]。

那么应该如何看待数学呢？很多数学家倾向于数学是一种方法，例如Novalis就认为，数学方法是数学的本质，充分了解这种方法的人才是数学家[2]。现在来看，数学的一个重要价值在于：它为我们提供了探索自然、改造自然的方法。而能否在科学实验与生产实践中加以应用，则是检验其价值的重要标准。只要数学仍在提供这样的方法，那么不管怎么争论，都不会影响数学的发展和应用。

管理理论不是数学理论，因此不能把数学争论的后果直接套用到管理理论的争论上。但是数学本质的争论也为我们提出了启示：一是不同学科的理论都有其特点和价值，并不一定都要和自然科学（或经验科学）相等同；二是理论的价值与实践相联系，如果离开了理论和实践的关系，也就失去了理论价值的基础。

---

① M. 克莱因：《古今数学思想》第4册，上海科学技术出版社1981年版，第114页。

② 《数学译林》1983年第4期，第66页。当然，也有其他说法，例如，米山国藏特别推崇坎托的观点："数学的本质在于其思维的完全自由"，突出的是数学发展不能受传统思想的束缚（米山国藏：《数学的精神、思想和方法》，四川教育出版社1986年版，第74页）。